民办高职"二元思维"视阈的治校研究

The Administration of Private Higher Vocational Colleges
from the Perspective of Dualistic Thinking

周肖兴　张宝灵　著

南京大学出版社

图书在版编目(CIP)数据

民办高职"二元思维"视阈的治校研究 / 周肖兴，张宝灵著. — 南京：南京大学出版社，2018.2
ISBN 978-7-305-19850-2

Ⅰ. ①民… Ⅱ. ①周… ②张… Ⅲ. ①民办高校—高等职业教育—学校管理—研究—中国 Ⅳ. ①G718.5

中国版本图书馆 CIP 数据核字(2018)第 009170 号

出版发行　南京大学出版社
社　　址　南京市汉口路 22 号　　邮　编　210093
出 版 人　金鑫荣

书　　名　民办高职"二元思维"视阈的治校研究
著　　者　周肖兴　张宝灵
责任编辑　谭　天　　　　　　　编辑热线　(025)83686308
照　　排　南京南琳图文制作有限公司
印　　刷　江苏凤凰通达印刷有限公司
开　　本　718×1000　1/16　印张 27.25　字数 470 千
版　　次　2018 年 2 月第 1 版　2018 年 2 月第 1 次印刷
ISBN 978-7-305-19850-2
定　　价　78.00 元

网　　址　http://www.njupco.com
官方微博　http://weibo.com/njupco
官方微信　njupress
销售咨询　(025) 83594756

＊版权所有，侵权必究
＊凡购买南大版图书，如有印装质量问题，请与所购图书销售部门联系调换

破解困局的"二元思维"
（代序）

国庆期间，无锡南洋职业技术学院院长周肖兴先生送来他即将出版的新著《民办高职"二元思维"视阈的治校研究》，邀我写序。

周肖兴院长是我在苏州大学的同事，他曾经在苏州大学团委、财经学院、建筑与城市环境学院等多个部门担任领导，与我的工作多有交集。他所在学院的主办方上海中锐集团董事长钱建蓉先生、总经理毛恩先生也是我多年的朋友。在苏州期间，他们参与了苏州职业教育园区的开发建设，对我的工作给予了许多支持。我在他们公司刊物的专栏也写了十多年的文章了。于情于理，我只能打破自己一般只为新教育同仁的著作写序言的规矩，答应肖兴院长的要求。

既然要写序，就要读书。首先要弄清楚的，就是书中的关键概念，何谓"二元思维"？其实就是唯物辩证法的思维，即按照对立统一的观点分析问题和解决问题。这一点在民办教育中，显得格外重要。当今的民办教育，面临的矛盾格外多，如办学性质的公益性与市场性，培养目标的人文性与职业性，等等，每一组矛盾都需要用"二元思维"去观照，去解决。书中写到，民办高职"二元思维"是指由于国家教育政策对民办教育的规定导向，民办高职院校需要利用非国家财政性经费办学，其办学路径是自筹资金、自主办学、自负盈亏，由此催生出两个思维模块：一个是办学公益性思维，即办学服务社会，实现社会效益；另一个是经济思维，即如何筹措充足的办学经费，保障办学质量，实现经济效益。民办高等职业院校虽然不以盈利为目标，但是只有生存下来，才谈得上社会效益的实现。

作者按照辩证法理论，对这两个看似相互对立，实则不可分割的方面进行了详细解析，揭示了民办高职"二元思维"两个模块"合作、依存、相互依存"的关系，强调了"二元思维"机理合作的互通、互惠、互利，分析了如何在充足的办学资源和外在条件的基础上，实现社会与市场的不可分离、相互依靠、相互信赖。从而揭示出"二元思维"的基本路径，是要从办学现实条件出发，适应社会需要、注重以人为本，以市场为导向，按照职业教育规律，培养德艺兼备的人才。这本书是无锡南洋职业技术学院办学二十年的经验总结，也是周肖兴主政南洋八年的理论思考。严格说来，它还不是一本体系严密的学术专著，而是一本理论联系实际的案例分析，是以无锡南洋职业技术学院的大量案例为基础的实证研究，总结出一套关于民办高职院校办学的思维逻辑和行为准则。

首先，它从问题入手，厘清了"二元思维"的渊源与办学取向，揭示了"二元思维"对学校发展的意义。认为高职院校要应对"二元思维"带来的挑战，就要重视"二元思维"的视阈维度，分析办学环境，确立办学定位，规划办学发展的战略。

其次，它探讨了党对高职院校发展的作用，明确党组织的政治核心作用和监督作用，提出党政同责的论点。

再次，它从顶层设计、秩序共识、大部制管理、开源节流、绩效问责、二级机构的委托代理等方面，全面论述了在"二元思维"指导下的学校治校策略。

最后，从专业能力建设、课程结构改革、教育教学一体化育人、职业素养教育、教师能力建设、学情管理等方面，探讨了如何解决高职院校办学中"二元思维"下的学校治理问题。

多年来，无锡南洋职业技术学院正是在"二元思维"的理论指导下，从坚持以生为本，关注每一名学生的成长、成才、成人，到坚持校企合作办学模式，到积极拓展办学空间，到校园文化创建，形成了良好的校风和学风，被评为"江苏省安全文明校园""江苏省高等学校和谐校园""江苏省文明单位"。

事实证明，"二元思维"的治校方法论，协调了学校与政府、企业、市场、社会之间的战略性合作与互动，促进了优质资源在大学、政府、企业、市场和社会之间的跨组织整合与流动，形成了良好的内外部互动机制和结构性安排。

二十岁，是风华正茂的年纪。期待无锡南洋职业技术学院在未来的岁月里，继续完善和丰富"二元思维"治校的理论与实践，积极探索高等职业技术院校的办学规律，以新的辉煌，迎接自己的三十而立。

朱永新

2017年国庆，于姑苏滴石斋

目 录

引言 ··· 1

第一章 民办高职的"二元思维" ····································· 5
第一节 民办高职"二元思维"概念 ······························ 5
一、民办高职"二元思维"的界定 ································ 6
二、民办高职"二元思维"的办学理念 ·························· 10
三、民办高职"二元思维"的办学品质 ·························· 12
四、民办高职"二元思维"的办学目标 ·························· 14
五、民办高职"二元思维"的功能 ································ 16

第二节 民办高职"二元思维"的渊源分析 ····················· 19
一、与职业教育发展的渊源 ·· 20
二、与民办教育政策的渊源 ·· 21
三、与民办高职自身发展的渊源 ·································· 23
四、与外域职业教育模式渊源 ····································· 23

第三节 民办高职"二元思维"的办学取向分析 ················ 27
一、民办高职"二元思维"的价值观 ····························· 27
二、民办高职"二元思维"的公益观 ····························· 28
三、民办高职"二元思维"的利益观 ····························· 30

第二章 "二元思维"的办学视阈 ··································· 33
第一节 "二元思维"视阈维度 ···································· 33
一、视阈一:重视顶层设计 ··· 33
二、视阈二:重视全面谋划大局 ·································· 35
三、视阈三:重视把握要点 ··· 36

四、视阈四：重视统筹兼顾 ························ 37
　　五、视阈五：重视循序渐进 ························ 37
第二节　办学环境分析 ······························ 38
　　一、地理经济分析 ······························ 38
　　二、人才市场分析 ······························ 40
　　三、政府行为分析 ······························ 42
第三节　办学定位 ·································· 43
　　一、办学定位的确立 ···························· 43
　　二、办学定位内涵 ······························ 46
　　三、办学定位的必要性 ·························· 49
第四节　办学发展战略规划 ·························· 51
　　一、规划理念、特征和原则 ······················ 51
　　二、规划基本点 ································ 53
　　三、规划内涵 ·································· 55

第三章　党在民办高职的作用 ···························· 59
　第一节　党在民办高职的地位 ························ 59
　　一、党组织的政治核心地位 ······················ 59
　　二、党组织的监督作用 ·························· 61
　　三、党组织的权力 ······························ 63
　第二节　党政同责 ·································· 66
　　一、民办高职院校党组织机理分析 ················ 67
　　二、党组织与董事会的联席会议机制 ·············· 70
　　三、党政联席会制度 ···························· 72
　　四、基层党组织建设 ···························· 74
　第三节　党组织对教代会、工会的领导 ················ 76
　　一、教代会和工会在民办高职的地位 ·············· 76
　　二、充分发挥教代会和工会的作用 ················ 77
　　三、维护好、引导好工会、教代会工作 ············ 78
　案例："南洋"党建工作拓展 ························ 79

第四章　治校策略 …… 86
第一节　治校的顶层设计 …… 86
　一、治校理念、目标、功能 …… 86
　二、治校框架 …… 88
　三、治理执行力 …… 92
第二节　秩序共识 …… 95
　一、民办高职院校章程建设 …… 96
　二、董事会制度建设 …… 99
　三、董事会与校长的委托代理关系 …… 104
　四、校长：民办高职院校的"管家" …… 107
　五、管理干部能力认定 …… 110
第三节　大部制管理 …… 113
　一、大部制管理理念 …… 114
　二、大部制管理的目标 …… 115
　三、再造职能结构 …… 117
　四、大部制改革的风险规避 …… 119
案例："南洋"大部制的"五个再造" …… 121
第四节　开源节流 …… 123
　一、办学投资分析 …… 123
　二、财务管理 …… 125
　三、成本效益最大化 …… 131
第五节　绩效问责 …… 134
　一、工作清单制 …… 135
　二、工作绩效考核 …… 138
　三、问责制 …… 143
案例："南洋"绩效考核 …… 145

第五章　二级机构的委托代理 …… 150
第一节　二级委托代理的概念 …… 151
　一、二级委托代理的界定 …… 151

二、二级委托代理基本思路 …………………………………… 153
　　三、二级委托代理目标 ………………………………………… 155
　第二节　二级代理权种分布 ……………………………………… 158
　　一、代理的"权、责、利" ……………………………………… 158
　　二、二级代理权力配置 ………………………………………… 158
　　三、二级代理权运行步骤 ……………………………………… 161
　　四、正确处理四个隶属关系 …………………………………… 162
　第三节　二级代理责任管控机制 ………………………………… 163
　　一、二级职权代理约束机制 …………………………………… 163
　　二、二级代理"控制权激励"制度 …………………………… 164
　　三、二级代理"经费绩效审计"制度 ………………………… 165
　案例："南洋"二级代理探索与实践 …………………………… 168

第六章　专业能力建设 ……………………………………………… 171
　第一节　专业能力评估 …………………………………………… 171
　　一、专业能力评估的依据 ……………………………………… 172
　　二、专业能力评估的原则 ……………………………………… 174
　　三、专业能力评估基本要求 …………………………………… 175
　第二节　专业能力创新 …………………………………………… 176
　　一、专业能力创新的思路和目标 ……………………………… 176
　　二、专业能力个性化 …………………………………………… 177
　　三、专业能力建设的主要资源 ………………………………… 179
　　四、专业能力建设的教辅资源 ………………………………… 185
　第三节　专业能力建设实体化、成果化、产业化 ……………… 189
　　一、专业能力建设理念、目标与保障机制 …………………… 189
　　二、专业能力建设实体化 ……………………………………… 191
　　三、专业能力建设成果化 ……………………………………… 194
　　四、专业能力建设产业化 ……………………………………… 197
　案例："南洋"专业能力建设 …………………………………… 202

第七章 课程结构改革 ... 212
第一节 课程结构改革的定位 ... 212
一、课程结构改革的渊源 ... 213
二、构建"突出职业岗位能力"的课程结构 ... 215
三、课程结构质量评价 ... 218
第二节 课程结构改革的支撑要素 ... 220
一、外部专属表象 ... 221
二、构建以"职业岗位能力"为导向的教学模式 ... 223
三、基本支撑要素 ... 224
第三节 课程结构改革的内涵表象 ... 226
一、课程结构信息化 ... 226
二、课程结构实体化 ... 227
三、课程结构工作过程化 ... 228
四、课程结构国际化 ... 229
第四节 课程结构改革的关注点 ... 229
一、构建"职业素养教育"的通识课程 ... 230
二、构建"工学融合"的专业课程 ... 231
三、构建"中高职衔接"的课程体系 ... 232

第八章 教育教学一体化育人 ... 235
第一节 教育教学一体化育人概念 ... 235
一、教育教学一体化育人的界定 ... 235
二、教育教学一体化的育人观 ... 239
三、教育教学一体化育人的二元结构 ... 241
四、教育教学一体化育人的基本条件 ... 243
第二节 教育教学一体化育人的体系设计 ... 246
一、教育教学一体化育人的设计思路 ... 246
二、教育教学一体化育人体系的框架内涵 ... 248
三、教育教学一体化育人的过程要点 ... 252
四、目标:卓越就业力的准职业人 ... 254

案例:"南洋"商学院教育教学一体化育人实施方案 …………… 256
第三节 靶向培养:教育教学一体化育人的核心内涵 ………… 260
　一、靶向培养的主张 ……………………………………… 260
　二、靶向模式(一):校企合作办学 ……………………… 265
　三、靶向模式(二):工学交替 …………………………… 268
　四、靶向模式(三):顶岗实习 …………………………… 270
　五、靶向模式(四):现代学徒制 ………………………… 271
案例:"南洋"靶向培养机制和模式 ……………………………… 272
第四节 教育教学一体化育人的质量管理 …………………… 277
　一、管理的特点 …………………………………………… 278
　二、岗位职责 ……………………………………………… 279
　三、岗位考核 ……………………………………………… 281
　四、质量监控与评估 ……………………………………… 284

第九章 职业素养教育 ………………………………………… 288

第一节 对高职生的职业素养分析 …………………………… 288
　一、什么是职业素养 ……………………………………… 288
　二、高职生与职业素养的关联性分析 …………………… 289
　三、高职生的学业水平分析 ……………………………… 291
　四、高职生职业素养阶序分析 …………………………… 292
　五、高职生的显性和隐性素养分析 ……………………… 293
　六、高职生角色与职业人角色的差异分析 ……………… 294
第二节 构建高职生的职业素养教育体系 …………………… 297
　一、高职生的职业素养教育应该遵守什么原则 ………… 297
　二、构建以职业素质为中心的职业化学习评价体系 …… 298
　三、构建高职生职业适应的指导体系 …………………… 300
　四、显性职业素养培养的实践路径分析 ………………… 301
　五、隐性职业素养培养的实践路径分析 ………………… 302
第三节 高职生职业素养培养路径 …………………………… 303
　一、高职生职业素养教育标准 …………………………… 303

二、培养框架设计 ·· 306
　　三、高职生的职业素养基本内容 ······························ 309
　　四、职业实训:培养的基本步骤 ································ 316
　第四节　准职业人:高职生职业素养目标 ····················· 320
　　一、获得正确的职业意识 ······································ 320
　　二、获得合格的职业能力 ······································ 321
　　三、实现"三个转变" ·· 326
　案例:"南洋"职业素养教育方案 ·································· 327

第十章　教师能力建设 ·· 331
第一节　教师聘用契约化 ·· 331
　　一、聘用契约理念 ··· 331
　　二、教师管理目标 ··· 333
　　三、教师管理基本原则 ··· 334
　　四、契约招聘:合同制约 ·· 335
第二节　教师结构设计 ··· 337
　　一、教师问题分析 ··· 337
　　二、教师结构的分析 ·· 338
　　三、专任教师结构优化 ··· 339
　　四、构建教师长远发展机制 ··································· 342
第三节　教师能力建设体系 ··· 343
　　一、教师能力建设概念 ··· 343
　　二、教师培养培训体系 ··· 349
　　三、教师专业素质提升体系 ··································· 352
　　四、教师教学能力提升体系 ··································· 357
　　五、教师科研能力提升体系 ··································· 359
第四节　构建教师能力管理文化 ··································· 362
　　一、教师能力管理文化内涵 ··································· 362
　　二、教师能力管理文化的价值 ································ 363
　　三、教师能力管理文化的效能 ································ 364

案例:"南洋"青年教师业务考核和达标 ………………………… 368

第十一章 学情管理 ……………………………………………… 373
第一节 高职生学情管理策略 …………………………………… 373
一、学情分析 ……………………………………………… 373
二、学情管理的"三贴近"路径 …………………………… 375
三、学情管理的"四结合"机制 …………………………… 376
四、学情管理的"六注重"方法 …………………………… 378
第二节 高职生主体利益教育机制 ……………………………… 380
一、学生的主体意识培养 ………………………………… 380
二、学生的主体利益保护 ………………………………… 381
三、维护好学生的利益诉求 ……………………………… 383
第三节 高职生安全教育机制 …………………………………… 385
一、政治安全 ……………………………………………… 385
二、学习安全 ……………………………………………… 390
三、校园生活安全 ………………………………………… 394
四、就业安全 ……………………………………………… 398
第四节 高职生管理定位机制 …………………………………… 400
一、学生的自我定位教育 ………………………………… 400
二、学生党员定位 ………………………………………… 402
三、班主任定位 …………………………………………… 403
四、辅导员定位 …………………………………………… 404
五、对班主任、辅导员的管理 …………………………… 406
案例:"南洋"学情管理 …………………………………… 409

参考文献 ……………………………………………………………… 414
后　记 ………………………………………………………………… 420

引　言

　　"办学"作为一个概念，其内涵多样，外延宽泛。《辞海》解释，办：创设；兴办。① 《现代汉语词典》对"办学"的解释是"兴办学校"。② 从民办办学模式的语境中理解，"办学"含有"立"和"办"两重含义："立"，即"资金筹措、投资兴建"的意思，指由谁来出资办学；"办"为经营和管理，是指学校的运行机制，包括学校的规章制度、校长和教师的聘任、内部治理和管理方略、人才培养方案等。从民办高职院校的办学实践来说，其举办者③对办学理解主要有三：一是为育人做事，举办学校；二是为做好教育的公益性，力求办学有质量，获得社会效益；三是具体地举办、投资、经营和管理学校，获得一定的经济效益。

　　办学须有效益。办学效益是民办高职院校办学者的一种态度、一种思维，更是其办学者的办学抱负水平、办学意志和办学目标。如何获得办学效益？其关键或许在于民办高职院校办学者的思维视阈。思维视阈是什么？我们认为，它是探索、研究和厘清办学问题的思维度。视阈的核心重点是什么？那就是在民办高职院校的办学思维和语境里讨论办学服务社会，怎样办学，如何获得效益等问题。这些基础性问题给民办高职院校的办学带来巨大的影响、压力和挑战，也带来无限的鞭策和激励，需要办学者认真思考和对待。

　　我们知道，民办高职院校是一种以民办教育文化为核心，以民办教育法律法

---

① 辞海编辑委员会：《辞海》，上海辞书出版社，1989年（缩印本），第530页。
② 中国社会科学院语言研究所编辑室：《现代汉语词典》，商务印书馆，2012年（第6版），第36页。
③ 从办学实践过程中看，民办高职院校的办学主体大致有四：一是举办者、投资者是一人，兼职经营和管理；二是举办者、投资者是合伙人，经营和管理另选他人；三是举办者、投资者、经营者和管理者各为独立人，实行所有权、经营权、管理权分离机制；四是根据民办办学实际，其他领导体形式。本篇列举出举办者、投资者、经营者和管理者，笔者认为，他们都是办学者，他们以各自的身份职责诠释了对民办办学的认识，其共性思维都会聚焦在办学服务社会、筹措资金服务办学两个基本点上，形成"二元思维"。当然，民办高职院校不论采取什么样的办学主体形式，都是在教育法律法规、民办教育政策的框架内努力办好让社会满意的学校。

规为依据、实行独立经营、自负盈亏,集权与分权相结合的董事会体制。① 民办高职院校与公办高职院校都是经上级教育主管部门批准的具有独立颁发学历文凭资格的学校,办学属性上相同、办学目标一致。民办高职院校与公办高职院校之间的区别就是办学经费来源不同。公办高职院校的办学经费来源于国家或地方财政的计划性拨款,而民办高职院校受民办教育政策的规定限制,办学需要自筹资金、自主办学、自负盈亏。民办教育政策规定的"非国家财政性经费"办学路径,说明国家只给民办教育的办学者提供相关政策,不给其经费。民办高职院校办学只能靠自身智慧、能力和渠道,想办法筹措资金或面向市场搞创收,以支撑办学经费的支出。

面对如此办学现象,民办高职院校的举办者,包括投资者、经营者和管理者无论是办学伊始还是办学过程中都是绕不开、跨不过去的"门槛",需要认真思考和研究,需要对这些问题的本源进行缜密的厘清,做出不可重复的判断及给出正确解决问题的方法。所以,民办高职院校的举办者,包括投资者、经营者和管理者都需要具备两个身份功能,一个是社会服务者:办教育、培养人才、做公益、服务社会;另一个是办学资金筹措者和办学经费管理者:办学需用经济的眼光经营学校、管理学校、发展学校。所以,"利用非国家财政性教育经费"支撑的民办高职院校,必须自己养活自己,办学投资成本与盈利核算必须始终贯穿于学校运作的整个过程。况且,"自负盈亏"这个"幽灵"时刻都在办学者的办学思维里徘徊,迫使举办者,包括投资者、经营者和管理者把"怎样筹措资金""办学怎样少投多效"和"资金支出利益最大化"与"如何提高办学质量促成产生经济效益和社会效益"的双向思维有机地结合。由此,催生出民办高职院校办学的"二元思维",其中一个思维是民办高职院校办学如何服务国家和社会,即"社会效益思维",或者说是"公益性思维";另一个思维是如何筹措充足资金支撑办学、办学经费如何开源节流、资金支出效益最大化、办学有适度的经济回报,即"经济性思维",或者说是"经济效益思维"。

从办学发展的维度说,民办高职"二元思维"是民办高职院校的举办者,包括投资者、经营者和管理者的一种办学思维方式。"思想、观念是属于潜在的、深层次的东西,似乎看不见、摸不着,然而它对于人的行为,包括决策、政策以及具体

---

① 王国聚:《我国民办高职院校发展的问题与思考》,载《职业教育研究》,2008年,第10期。

的实施等,都具有直接的起决定作用的支配力和影响力。"[①]民办高职"二元思维"对民办高职院校办学具有直接的起决定作用的支配力和影响力,其关键作用在于规范和增强民办高职院校办学秩序及其办学健康、稳定发展,它促成了一套关于民办高职院校办学的思维视阈和行为准则,具有一定的合理性、系统性和非随机性。民办高职院校需要以"二元思维"为指导,根据自身办学条件,发挥民办办学优势,自主确定办学机制和办学自主权,包括专业设置、用人等方面,提高对市场的适应能力和自主发展能力;自主确定办学方向,制定自己的发展战略,增强办学活力;自主确定内部管理架构,采取自己的管理方式,制定自己的管理制度;在教学、管理、后勤服务各个方面,以学生为本,考虑实际需求,合理引导,提供好的教育资源、师资力量。民办高职院校理想的办学能力和效果表现在:

——投资办学以最小的成本换取最大的价值;

——创新优良的教学条件,具备先进的实训设备;

——视办学质量为生命,注重教育教学内涵建设;

——以德立校,营造职业素养教育的环境和氛围;

——推行人才培养的职业能力化专业特色、企业化运营的育人模式;

——形成深度融合的校企合作,实现人才培养质量优化;

——毕业生走出校门融入社会,产出优质高薪的就业质量。

当然,这些办学基本目标要素,需要民办高职院校站在"二元思维"办学发展的视阈层面,用"经济效益和社会效益融合"的眼光统筹落实。

民办高职"二元思维"认为,民办高职院校办学发展的关键不仅在于外部提供的条件和权力的保障,其实质是一种学校自主性的提高,是学校内部的个人、集体以及学校整体的自主意识的唤醒、自主精神的张扬;是学校主动、自觉地利用外部赋予的条件、机会和资源来确立明确的目标,合理使用自己的选择、决定的权力;是学校为了学生全面发展这个目的,不断自我调整、完善、变革学校内部的理念、关系、结构、规则和环境,使学校成为一个真正地促进学生生活、学习、工作的生机勃勃的地方。

综上所述,我们认为,民办高职院校的举办者,包括投资者、经营者和管理者基于民办办学的属性,"尊重和激发首创精神,以外部体制创新、内部机制改革、

[①] 陈乃林:《高等职业教育理论与实践》,南京师范大学出版社,1996年,第15页。

院校功能拓展为抓手"①,对办学的理念、资金、规模及整体框架设计和办学过程中的问题,通过办学实践,凝练出民办高职"二元思维"的态度、观点、方案及解决问题的方法和手段。换句话说,民办高职"二元思维"是对民办高职院校办学发展的元思考,包括依法治校、领导体制、规范办学、教育理念、办学定位、师资队伍建设、专业建设、教育教学改革、人才培养方案以及学生职业素养教育等多个方面的理论聚合,是民办高职院校办学从已知达到未知的桥梁,是民办高职院校的办学实际与民办教育政策相结合的产物。

---

① 摘自教育部《高等职业教育创新发展行动计划(2015～2018年)》。

第一章　民办高职的"二元思维"

高职教育是我国职业教育的重要组成部分,担负着培养面向生产、建设、服务、管理第一线需要的高技能、应用型专门人才的使命。大力发展职业教育,提高高等职业教育质量,这是我国高职教育事业发展中永远不变的主题。[①] 民办高职院校是高职教育事业中一个重要的形式和载体,承担着为区域经济发展、产业转型升级输送技术技能型人才的重要任务,是国民文化素质、职业素质和职业能力水平提升的重要力量之一,在我国的高等教育发展中发挥着举足轻重的作用。[②] 国家发展民办高职的本质就是要把其作为教育事业发展的重要增长点,作为促进教育发展的重要力量。

民办高职院校作为公办高职教育的补充,国家给予政策性鼓励、扶持、保护等办学规定。民办高职院校,包括具有民办性质的学校和机构,与公办高校在办学路径上,国家给出两种不同的政策规定、两种不同的资源配置制度,导致其具备两种不同的社会身份。这是我国高等教育在办学过程中出现的"二元结构"框架,也是孕育民办高职院校办学"二元思维"的平台及其产生的机理基础,使民办高职院校具备"国家机构以外的社会组织或者个人,利用非国家财政性经费,面向社会依法举办学校"[③]的办学身份。

第一节　民办高职"二元思维"概念

民办高职院校在办学伊始和办学过程中,面对如何认识职业教育的本质及属性,把握职业教育规律及职业教育现象,如何全面了解民办教育政策的特殊性

[①] 袁贵仁:《中国职业教育发展的道路》,载《中国职业技术教育》,2012年,第16期。
[②] 胡卫:《民办教育的发展与规范》,教育科学出版社,2000年,第2页。
[③] 摘自《中华人民共和国民办教育促进法》。

及导向性，如何准确利用民办教育政策筹措办学资金，如何使学校更能凸显办学服务社会的公益性等问题，无不是对其举办者、投资者和经营者的办学思维的撞击。民办高职"二元思维"的产生是民办高职教育发展的必然成果。研究和深化民办高职"二元思维"是民办高职院校举办者，包括投资者、经营者和管理者的必修课。

一、民办高职"二元思维"的界定

思维是人脑对客观现实概括的和间接的反映，它反映的是事物的本质和事物间规律性的联系。① 思维的概括性表现在它对一类事物非本质属性的摒弃和对其共同本质特征的反映。② 按照这一原理，我们认为，民办高职的"二元思维"是民办高职院校在办学过程中通过亲身实践，对民办办学这一特殊现象的特别认识，所凝练出的民办办学思想。

1. 什么是民办高职"二元思维"

思维影响行为，行动折射思维。所谓民办高职"二元思维"是指，由于国家教育政策对民办教育的规定导向，民办高职院校需要"利用非国家财政性经费"③办学，其办学路径是自筹资金、自主办学、自负盈亏，由此催生出两个思维模块：一个是办学公益性思维，即办学服务社会，实现社会效益；另一个是经济思维，即如何筹措充足的办学经费，保障办学质量。换句话说，民办高职院校的"二元思维"是举办者的办学主观能动性与民办范式下的办学现象的辩证结合，其核心是民办办学的"效益思维"。所谓"效益思维"中的"效益"指的是民办高职院校办学所产生的"社会效益"和"经济效益"。这两个"效益"即民办高职院校办学发展的出发点和归宿。

恩格斯指出："当我们深思熟虑地考察自然界或人类历史或我们自己的精神活动的时候，首先呈现在我们眼前的，是一幅由种种联系和相互作用无穷无尽地交织起来的画面，其中没有任何是不动的和不变的，而是一切都在运动、变化、生成和消失。"④因此，要认识民办高职"二元思维"，就应该研究其内核结构的相互

---

①②章晖丽：《马克思主义基本原理概论》，航空工业出版社，2012年，第155页。
③ 摘自《中华人民共和国民办教育促进法》。
④ 中共中央马克思恩格斯列宁斯大林著作编译局：《马克思恩格斯选集》(第3卷)，人民出版社，1995年(第2版)，第359页。

作用关系。民办高职"二元思维"的内核结构要素包含"两服务、一坚持",即"办学服务社会、经费服务办学,坚持教育的公益性"。民办高职"二元思维"内核结构的"两个思维模块"形成有机组织,互为一体、相互联系,各成体系、相互支撑,充满着辩证关系。

民办高职"二元思维"的两个思维模块的相互关系是:

——合作。"两个思维模块"之间具备统一的认识和规范,为达到共同目的,彼此相互配合,采用一种有机联合行为对付办学过程中遇到的各种困难和阻碍,完成一致的既定目标。"办学服务社会"是民办高职"二元思维"的核心理念。"经费服务办学"是民办高职"二元思维"保障办学的根本路径和方法。"坚持教育的公益性"是民办高职"二元思维"的首要要务。"办学服务社会""经费服务办学"和"坚持教育的公益性"是民办高职"二元思维"机理合作的三角形互通、互惠、互利的支持要素。

——依存。"两个思维模块"均具有合作依赖的生存和发展的基础,在相互作用的空间上的最佳配合距离,时间上的准时、有序合作等都有其依存的条件。当然,"两个思维模块"的依存需要外在条件支撑,如必要的办学资源(管理机制、生源规模、师资水平、教学设备、文化氛围等),相应的教育政策引导、区域经济发展的导向、地方政府支持、人才市场需求和行情标准等。充足的办学资源和外在条件是"两个思维模块"视对方为己的依存与合作能顺利进行的基础。"两个思维模块"的依存环境和氛围是民办高职"二元思维"构成要件的基础和保障。

——相互依存。"两个思维模块"不可分离,相互依靠,相互信赖的合作态势固化坚定,创造相互理解与支持的良好气氛是有效合作的重要前提。"两个思维模块"相互依存性是相互作用的变量之一,例如,举办者需要以经济的眼光、市场的视阈来设计、安排、处理办学内外的一切问题,同时,需要办学的社会效益来支持,包括社会认同。办学需要赢得社会赞誉,而社会的认同和赞誉则是由办学特色、办学质量、办学效益来实现的,其背后需要强有力的办学经费支撑。只有"两个思维模块"的相互依存,民办高职"二元思维"在民办办学初始和过程中才能发挥自有的功能作用,创造出理想的标志性成果。

"任何一个正确的理论认识都是对某一客观事物的某种程度或发展过程的

某一阶段的本来面目的反映"①。民办高职"二元思维"是民办高职院校办学在民办教育政策框架中运作及市场经济中实践的反映,是民办高职院校在举办过程中面对人才培养与社会需求对接的压力及自身生存与发展的经济风险挑战的反映,是民办高职院校为解决"办学服务社会与经济创收服务办学"两项主体任务凝练出的办学思维模式,是民办高职院校在国家民办教育政策的框架内、民办办学体制的影响和约束、办学外部环境与内部教育管理实际的融合、长期办学实践的体验等要素中凝练出的理论概括。它是民办高职院校的举办者和经营者长期的民办办学实践、探索和研究的智慧结晶,更是其办学发展的指导思想。当然,"人的认识是从实践产生,为实践服务,随实践发展,并受实践检验的"②。所以,民办高职"二元思维"依赖于实践,受实践检验。

2. 民办高职"二元思维"的特征

民办高职"二元思维"从办学现实条件出发,为追求"办好学校"的信念,适应社会需要,以人为本,以市场为导向,按照职业教育规律,审视和设计学校发展路径,引领民办高职院校的办学发展方向,创新其治校策略与举措。其基本特征是:

(1)针对性。任何的思维都有本源的针对性。民办高职"二元思维"存在其固有的适应范围,具有针对民办高职院校办学实际及其办学规律所产生的本源思维的针对性。民办高职"二元思维"是对民办高职院校办学外部环境与内部教育实际的融合中,以及长期办学实践的体验中凝练出的办学态度和民办职业教育理论的概括,直接能动性地指导、引导和规范了民办办学行为,进而提升教育教学水平,使人才培养质量螺旋式上升。

(2)概括性。民办高职"二元思维"的形成是民办高职院校举办者和经营者对高等职业教育现象之规律已有了一定的认知。这种认知具有概括的广度和深度,并孵化出符合职业教育规律的民办高职院校办学的想法和观念,对其办学制度机制和行为准则进行不断地改革和创新,使学校沉淀出既符合民办办学文化又符合职业教育规律的办学理念,制定出高水平人才培养方案,为培养出创新能

---

① 郑祥福,王珉,王朝增,等:《马克思主义哲学教程》,上海三联书店,2001年,第254页。
② 马克思主义基本原理概论编写组:《马克思主义基本原理概论》,高等教育出版社,2015年(修订版),第65页。

力强、服务社会能力强的技术技能型人才做好意识形态的准备。

（3）客观性。民办高职"二元思维"是对民办高职院校办学发展的客观现象的本质或特征整体性的认识、理解和诠释，并有其相对应的客观理解的深度和宽度，并以此认知和把握民办高职院校的办学规律和办学路径、办学定位和发展战略规划，内部治理和过程管理、人才培养的层次和规格，量体裁衣和实事求是地与地方经济社会发展需求保持高度的思想契合度，竭尽全力为社会服务、培养符合现代职业教育要求的技术技能型人才。

（4）逻辑性。民办高职"二元思维"诠释了民办高职院校办学现象的信息内容，反映出其理念是一种抽象的理论认识，表明了民办高职"二元思维"的核心思想的论述和概括遵循着一定的民办高职院校的办学规律，有一定的形式和内容，并按着一定的方法和手段在进行。并且举办者和经营者坚信，只要遵循和坚持以民办高职"二元思维"作为办学指导理论，就能获得与外需（地方经济社会发展需求的）一致的优越的标志性办学成果。

3. 民办高职"二元思维"的办学原则

在事物的发展过程中，规律揭示的是事物运动发展中的本质的、必然的、稳定的联系。[①] 民办高职"二元思维"遵循职业教育规律、教学规律，遵循现代职业教育法律法规体系、标准体系和运行机制等规则，坚持和推动自己的办学发展的原则，构建民办高职"二元思维"视阈的办学路径。

（1）公益性原则。民办教育是一项公益事业。民办高职"二元思维"坚定不移地执行党的路线、方针、政策，与党中央保持高度一致，贯彻国家的教育方针，坚持正确的办学方向；遵守法律、法规，坚持办学服务社会，加强教育管理和教学质量；发挥民办办学优势，坚持产教融合、校企合作，加强学生的职业素质教育，以就业为导向，培养学生多方面的技能与专长，使学生职业心理健康发展，适应社会职业环境，成为国家建设所需要的技术技能型人才。

（2）经济性原则。一是民办高职"二元思维"积极开拓多元资金渠道，筹措一定的办学经费，以保障自身正常办学活动的需要，保证其办学质量水平；二是民办高职"二元思维"以经济的眼光和视阈，设计、制定和管理办学资源，诸如办

---

① 马克思主义基本原理概论编写组：《马克思主义基本原理概论》，高等教育出版社，2015年（修订版），第54页。

学场所、教学设备、师资水平、生源数量与质量、教学网络智能规格、后勤保障、管理层次等。坚持办学经济性原则是"二元思维"办学发展的基础和前提，也是解决办学过程中一切问题的出发点。

（3）自主性原则。民办高职"二元思维"认为，坚持自主办学原则是国家教育政策赋予民办高职院校的权力。民办高职院校依法享有办学自主权，并保持做到：坚守社会责任，办学服务社会；坚持自主健全治理结构，内部运行顺畅；坚持自主办学条件达标，办学行为规范；坚持自主规范资产财务管理，实行校务公开和民主管理；坚持办学质量卓越，社会声誉良好，办人民满意的职业教育。自主办学原则也是民办办学文化的基本要求——按照各自学校的办学能力、办学规模、办学属性，独立自主地经营好、管理好、发展好学校的一切。

（4）服务性原则。民办高职"二元思维"遵循教育规律，坚持公益性办学，转变教学思想，改革教学内容、注重对学生素质和能力的培养，增强学生对社会的适应性；注重办学道德修养和办学实际能力、水平、质量的提高，造就能够适应市场经济发展需要，能够跻身国际市场激烈竞争的、具有良好素质的熟练劳动者和生产第一线的建设者。办学服务社会的原则是民办高职"二元思维"办学的出发点和归宿，民办高职院校办学的一切行为都围绕着"办学服务社会"这个核心。

二、民办高职"二元思维"的办学理念

办学理念是学校的灵魂，是引领学校改革与发展的旗帜。它包括学校的办学宗旨、办学目标、办学策略等方面。先进的办学理念对内是凝聚力、向心力，对外就是核心竞争力。只有明确办学思路，确立先进的办学理念，才能推动学校的全面和谐发展。办学理念通俗地说就是办学的出发点，具有一定的价值观。①

民办高职"二元思维"是民办高职院校办学理念的元基。之所以这样认定，是因为民办高职"二元思维"的办学思想符合民办办学规律，具有民办办学的前瞻性、超越性、规范性和创新性等特点。它反映了民办办学的规律性、真实性、可行性，是民办高职院校办学的纲领性思维意识，是民办高职院校办学发展的灵魂，是引领民办高职院校办学实践的动力源泉。民办高职"二元思维"的办学理念：

---

① 刘汉良：《树立先进办学理念，促进学校和谐发展》，载《中小学校长》，2013年，第5期。

1. 教书育人的理念

育人理念是民办高职"二元思维"对培育什么样的人和怎么样培育人的理性思考和认识,是民办高职院校办学理念的核心。确立了"以人为本,德育为先"的育人理念就是坚持德育的首要地位。"以德立校",坚持社会主义的办学方向,坚持把培养德、智、体、美全面发展的人放在办学发展的第一位。民办高职院校构建和实施"职业知识、职业能力、职业素养"三位一体的培养模式,科学地设计了人才培养方案,明确了学生综合素质目标、基本知识目标和基本技能目标,制定了包括思想品德、心理健康、养成教育、礼仪知识、公关知识、就业指导等为主要内容的职业素养培养计划,对学生实行分阶段、分层次、分目标的培养和教育。

2. 人才质量的理念

人才质量理念是民办高职院校对其所追求的目标境界,即要办一所什么样的民办高职院校的思考和信念,它直接关系到民办高职院校对自身发展方向、使命及其应当承担的责任和义务的选择,也直接影响到对民办高职院校的职能、作用、目标和任务的确定。民办高职院校确立了"特色、精品、品牌"为核心的质量理念,就是始终坚持内涵发展,坚持改革创新,坚持发挥民办新体制、新机制的办学优势,坚持走"民""特""新"的发展之路;就是发挥办学优势,注入质量活力,形成鲜明特色,增强竞争实力;就是坚持精品发展,不求大而全、但求特而精,不求最大、但求最好;就是坚持人才兴校,坚持国际化道路,主动适应高职教育国际化趋势,逐步走向世界。

3. 科学管理的理念

民办高职"二元思维"强调,民办高职院校的科学管理理念是"严、精、细"相结合。民办高职院校的管理理念是一种具有相对稳定性、延续性和指向性的管理思想体系,与其他组织的管理相比较,民办高职院校管理尤其具有特殊性,它是以培养人才为中心、以知识为中介的各种资源要素有机结合的管理活动,其核心是以人为本、依法治校、民主管理、科学管理,根本目的是出人才、出质量、出效益。这里的效益主要是指社会效益,即充分利用民办高职院校的各种资源、降低成本,提高管理效率和管理效能。

4. 服务社会的理念

民办高职院校与其他院校一样,以公益性作为发展的旗帜,承担着服务经济社会发展的历史使命。一是突出公益性是民办高职院校构建民办高职"二元思维"内涵的重要基础和前提之一,也是民办高职院校应有的定位和生命力之所在。民办高职院校坚持办学服务社会的价值理念,同时也以经济的眼光筹措办学资金和搞好经济创收作为自身发展基础。二是民办高职院校充分发挥办学主体作用,加强内涵建设,促进产教融合、校企合作,激发学校办学活力,提高民办高职院校人才培养能力,更好地服务于地方经济社会发展,适应行业发展需要。

三、民办高职"二元思维"的办学品质

民办高职院校在扩大教育资源总量,满足社会对教育的差异化需求,弥补国家教育投入不足,促进教育公平,以及促进教育开放、教育体制改革等方面发挥着重要作用。虽然,民办高校在办学规模上不断扩展,已成为我国教育业发展的重要组成部分。然而,办学品质是实现民办高职院校可持续发展的关键。民办高职"二元思维"认为,民办高职院校的办学品质具体表现在其办学职能上,与高等教育的职能相一致。一般认为,高校的职能主要表现在三大方面:培养人才、发展科学、开展社会服务。① 然而,高等职业教育有其特殊的职能,尤其是在高等教育体系里的民办高职院校为了自身的生存和发展,更是注重办学品质的凝练。

1. 社会效应与经济效益并重

民办职业教育作为公益性的事业,其办学的目的是教育人、培养人,民办高职"二元思维"是有效解决民办高职院校在发展中如何平衡社会效应与经济效益之间矛盾的有效办学思想。民办高职院校在办学经费紧缺的情况下,以民办高职"二元思维"的观点,实现低成本、高效益的运转,并在机制和体制上创新办学模式,使社会效应与经济效益同步发展。民办高职院校在办学过程中都将教育效益放在第一位,以推动教育的发展,确保学生的发展健康。在此基础上,将经济效益放在其次。遵循社会效益的规律,将社会效益放在第三位。民办高职院校只有教育效益好,社会声誉才会高,学生的就业前景也会被看好,进而经济效益相应提高,社会效益也日臻显著,由此形成良性循环。

2. 构建人才培养的逻辑结构

民办高职"二元思维"的人才培养逻辑结构内涵有三:一是调查研判市场人

---

① 周川:《高等教育学》,南京师范大学出版社,2015年(修订版),第79页。

才需求。民办高职院校在办学中会进行持续、广泛和深入的市场调研，了解经济社会发展走向，研究所在地区域经济社会发展和行业科技进步对劳动力的市场需求、职业岗位要求、技术应用现状和发展趋势，做到办学"心中有数"。二是学科专业培养市场需求人才。民办高职院校根据经济社会发展对人才的需求和高职院校所在地区的劳动力市场需求，设置新专业、深化已有专业，确定人才培养规格，并按照市场需求配置原则进行相应的教学基本建设投入。三是人才产品满足市场。深化教育教学改革，创新人才培养模式，充分利用社会物质资源和智力资源，依托行业企业，实施"双证制""多证书"教育，共同培养满足市场需求的技术技能型人才，在提高教育教学质量和人才培养质量的同时，努力提高毕业生的实践技能、职业素质和岗位适应能力，进而提高其就业能力、就业竞争力和就业率。

3. 专业设置与岗位技能对接

专业设置准确是民办高职院校发展的生命力所在。从宏观上看，专业设置是教育与经济的桥梁，是社会需求与实际教学工作紧密结合的关键环节，是民办高职院校服务社会发展、适应经济建设的出发点和归宿。从微观上看，专业设置是受教育者直接就业的纽带，是民办高职院校全部教育教学活动的主要依据，它影响着民办高职院校的建设和发展，制约着教育教学目标、过程和结果，是教学工作的逻辑起点。因此，科学合理地设置专业是实现民办高职院校教育培养目标和特色形成的基础工程，更是民办高职院校人才培育的核心理念。针对地域经济发展的要求，灵活调整和设置专业，是民办高职院校办学的一个重要特色和法宝。民办高职院校要根据教育上级行政部门所发布的各专业人才培养规模变化、就业状况和供求情况，及时调控与优化专业结构布局，同时要及时跟踪市场需求的变化，主动适应地域、行业经济和社会发展的需要，根据自身办学条件，有针对性地调整和设置专业。

4. 人才培养质量与服务社会同步发展

人才培养质量涉及民办高职院校的具体发展方向，也是关于民办高职院校整体发展的价值追求和理性认识，它决定着民办高职院校的教育行为，指导民办高职院校的办学方向，定位民办高职院校的品牌形象。人才培养对形成办学特色具有重要的选择与定向、激励与调控作用。一所享有崇高社会声誉、为公众认可的富有特色的高职院校，实际上是教育思想和办学理念的物化形态。民办高职"二元思维"在对市场需求充分调查的基础上,科学设置专业,大胆变革办学方式,强化职业教育与经济、社会同步发展,特别是与所在地域经济发展的紧密联系,突出职业教育为地方经济和社会发展服务的特色,突出对学生实践技能的培养。民办高职"二元思维"是民办高职院校创建特色发展的核心,要在理解内涵、把握原则的基础上,努力做到办学模式的开放性、培养目标的复合性、专业设置的市场性、教育教学的实践性、实训模式的先进性。

四、民办高职"二元思维"的办学目标

民办高职院校办学目标,民办高职"二元思维"认为,应该是主动适应区域经济发展需要、以就业为导向、坚持人才质量第一、积极打造名师团队、坚持开放创新、提高服务社会能力、满足社会需要等教育价值观。只有不断实现办学的目标,进一步实现跨越式发展,才是民办高职院校的必由之路。

1. 坚持办学与区域经济发展需要对接

民办高职院校必须为地方经济、社会建设发展服务,培养高质量的适需对路的各类专业技能型人才。以服务为宗旨,首先要明确的是学校办学要为学生及家长服务,满足学生及家长对教育的期盼和需求。民办高职院校的高职生既是受教育者,又是特殊形式的教育消费者,同时是教育投资者。对民办高职院校的高职生做这样一种角色定位,是一种全新的办学理念和教育理念的体现。民办高职院校举办者是高职教育这一社会服务行业的服务提供者,民办高职院校的高职生及其家长则是教育服务的消费者和服务对象。因此,民办高职院校贯彻"以服务为宗旨"的办学方针的出发点和核心就是服务学生。

2. 坚持办学以就业为导向,突出学生与工作岗位的有机结合

以就业为导向的办学方向是由高职教育的本质内涵所决定的。职业教育的本质特征是"针对取得某种社会职业资格的教育"。高职教育的实质就是直接面向就业的教育。而就业实质上就是人与工作岗位地有机结合,真正的结合需要自觉选择,自觉的选择来自于对高职教育的"职业自觉"。提出"职业自觉"是希望能更深刻地认识"职业导向"的现实意义和理论价值。根据国际高等教育改革发展的一些新的观念,丰富了我们对"就业导向"的理解并引来新的改革要求。

3. 注重办学质量、坚持办学能力全面发展

坚持创新工学结合、校企合作的人才培养模式,根据教学规律、学生特点和

专业类型,采取工学交替、分段培养等灵活教学方式;增强高职院校的开放性,把学校建成人才开发、技术培养、劳动力培训的综合基地;建立专业动态调整机制、行业企业参与课程和教材开发机制,促进专业设置、课程教材与经济社会发展需求紧密衔接;探索弹性学习制度,试行学分银行;积极开展现代学徒制试点工作;加强教学标准建设,建立健全行业企业、用人单位和第三方机构等深度参与的职业教育质量评价机制。

一是坚持教学与校企合作相结合。民办高职院校的职业化教育教学需要通过多种形式的校企合作,实施产学结合并进而有条件地促进产学研结合。民办高职院校教育与现代化的生产劳动相结合的发展趋势,必将伴随着与科学研究相结合。民办高职院校在实际工作中,产学合作、校企合作主要是寻找专业对口的岗位和任务,作为整个教学计划中专业教学的实践环节、职业实训来安排,其主要目标是提高学生的专业实践能力,着眼点放在专业学习水平、职业实训能力、社会适应能力以及人才基本素质的提高。

二是坚持打造名师团队。人才资源是民办高职院校的第一资源,民办高职院校要积极实施人才强校战略,认真抓好师资队伍的培训学习和继续教育,加大高层次人才的引进力度,加强学科带头人和骨干教师的培养,积极实施名师工程,努力打造一支人数多、素质高、在国内外有较大影响的名师团队。深化人事分配制度改革,努力建立科学有效的激励约束机制,营造尊重知识、尊重人才、尊重劳动、尊重创造的校园氛围,建设一支高素质的师资队伍。

三是坚持人才质量第一。坚持人才质量第一是民办高职院校的第一要务,是民办高职院校坚持"以服务为宗旨""以就业为导向"得以实现的根本道路和基本保障。民办高职院校要以民办高职"二元思维"指导和统领学校工作的全局,正确处理民办办学与开放创新的关系,办学规模与其结构、质量、效益的关系,教育教学一体化育人与教科研、实训、实习的关系,职业理论教学与实践教学的关系。坚持以社会需求为导向,以教学为中心,以专业建设为龙头,以改善办学条件为基础,积极推进学校的各方面建设,实现民办高职院校教育事业的跨越式发展。

4. 开放创新是民办高职院校生存发展的不竭动力

民办高职院校要发挥学校根植地域经济社会和本土文化传统的沃土,融入地域内的产业、行业和企业职业文化环境的优势之中,推进民办高职院校的开放创新。坚持多元化办学,积极探索中外合作办学新模式,加强国际交流合作,纳各方之才,集精英之智,促进学校的跨越式发展。遵循办学规律,敢为人先,锐意创新,积极创建民办高职院校教育和社会企业文化的对接,增强民办高职院校的发展动力和竞争实力。民办高职"二元思维"认为,民办高职院校只有"坚持开放、强化基础、加强应用、注重能力、提高质量",才是民办高职院校办学战略发展之基础。

5. 服务社会是民办高职院校的责任所在

坚持办学服务社会,是民办办学发展的出发点和归宿。民办高职院校牢记办学的历史使命和社会责任,主动投身地域经济社会发展和产业转型升级建设,确立民办高职院校教育培养技术技能型人才的教学目标,使民办高职院校教育既注重基础性理论知识的传授,更侧重实践知识的要求,强化学生的实际工作能力,培养高素质的技术技能型人才,在服务中实现价值、在服务中求得支持、在服务中确立地位。进而让学校与社会上广大企业之间的联系更加紧密。

6. 培养高素质、高水平的技术技能型人才

坚持"校企互动、产教对接、学做合一"的办学理念,适应区域经济结构调整、产业升级对高技能人才的需求,按照建设以生产服务业和高新技术产业为主体的要求,通过优化专业结构,不断加强内涵建设,构建了工学结合、校企合作、顶岗实习的人才培养模式,提高了人才培养的质量。一是把握内涵准确定位,深化教学改革保证质量。结合行业企业发展趋势,关注人才市场需求动态,实施"三个全部",即全部专业优化了人才培养方案、全部课程统一更新了课程标准、全部课程融入了职业素养养成教育,完成了人才培养标准的优化工作。二是重视应用人才培养质量,保障教育过程整体推进。坚持在"学中做做中学,学做统一,学训一体"的基础上,按照"真设备操作、真项目训练、真环境育人"的要求,培养高素质、高水平的技术技能型人才。三是积极开展全方位、深层次、重实效的校企合作,构建了"学校+科技园区""专业+大型企业""专业+龙头企业+企业联盟""专业+校内企业基地"和"专业+行业协会"五种典型产学合作模式,构筑起合作办学、合作育人、合作就业、合作发展的校企合作平台。

五、民办高职"二元思维"的功能

马克思说过,"观念的东西不外是移入人的头脑并在人的头脑中改造过的物

质的东西而已"。① 民办高职"二元思维"是举办者对高职教育的性质、职能和学校办学使命、目标及其与社会关系接触等一系列基本问题的理性认识、理想追求、实践总结。民办高职"二元思维"的功能可以概括为以下几点：

1. 为民办高职院校办学指明办学方向

其一，民办高职"二元思维"对民办高职院校办学理念的支撑。一是民办高职"二元思维"指导民办高职院校清晰办学理念，突出各自的办学特色，把办学过程中自身教育实践的积淀，长期的教育理性思考及实践概括为学校的思想观念、精神向往、理想追求等办学发展要素；二是民办高职"二元思维"帮助民办高职院校确定办学目标，并引导学校如何自身发展和追求理想的既定目标；三是民办高职"二元思维"指导民办高职院校实现办学目标，即如何筹措办学资金、如何管理学校、如何发展学校，实现办学既定目标。

其二，民办高职院校以"二元思维"的视角和思想来统领和设计办学定位及其规模、层次和质量。民办高职院校坚持以立德树人为根本，以服务发展为宗旨，以促进就业为导向，深化办学机制和教育教学改革，全面提高适应社会需求能力和水平，发挥办学主体作用，加强内涵建设，促进产教融合、校企合作，激发学校办学活力，提高人才培养能力，更好地服务于地方经济社会发展，适应行业发展需要。

其三，民办高职"二元思维"引导并指导民办高职院校坚持以办学能力为重点，全面发展办学整体要素。民办高职"二元思维"根据民办高职院校的教学规律、学生特点和专业类型，采取工学交替、分段培养等灵活教学方式，增强高职院校的开放性，把学校建成人才开发、技术培养、劳动力培训的综合基地，同时建立专业动态调整机制、行业企业参与课程和教材开发机制，促进专业设置、课程教材与经济社会发展需求紧密衔接，积极开展现代学徒制试点工作，建立健全行业企业、用人单位和第三方机构等深度参与的职业教育质量评价机制。

2. 规范民办高职院校的办学行为

其一，民办高职"二元思维"奉行主动适应经济社会的发展需求。民办高职"二元思维"坚持依法治校，深化办学理念、内部治理、机制改革等自我诊断、自我

---

① 中共中央马克思恩格斯列宁斯大林著作编译局：《马克思恩格斯选集》(第2卷)，人民出版社，1995年(第2版)，第112页。

修复的办学发展路径，规范各项工作的管理秩序，重点发展教育教学一体化育人和培养人才品质和技能，坚持问题导向与需求导向相结合，打造融人文素养、职业精神和职业技能为一体的育人文化，使学校办学定位准确、专业特色鲜明、社会服务能力强、综合办学水平领先、与地方经济社会发展需求契合度高。

其二，民办高职"二元思维"主动诊断、修复办学发展短板。民办高职"二元思维"强化主动作为意识，勇于负责，敢于担当，建立市场人才质量与教学质量相互依存的诊断机制，以市场人才质量要求和人才培养工作状态数据为依据，构建教学工作诊改指导方案，针对教学不同发展阶段特点确定诊改重点，开展教学诊断和改进工作，采用"结论、排名、反馈"的形式，反过来促进教学诊断和质量认定。

3. 具备"主动作为"意识

其一，主动调研。民办高职"二元思维"具备"主动作为"意识，提高办学发展的针对性和实效性，积极调研经济社会发展态势、行业企业转型升级态势、人才市场发展态势，强化"主动作为"意识，激活办学创新和发展心态；在办学中注入新的精神元素，以激情、活力、开放的心态不断追求新的更好的可能性，把促进办学发展作为履行职责的第一要务，不断强化"主动作为"意识，对办学方向，主动研判、准确理解，赢在执行和创新。

其二，主动服务。随着办学治理和管理理念的更新扩充、办学思维境界的广博开启、战略视野的有序拓展，民办高职"二元思维"着眼办学全局，服务社会大局，发挥民办高职院校的教育资源、能力资源、创新资源，主动革新传统教学，创新教学结构转型升级，注入教学内涵新成果，实现人才培养规格与地方经济发展需求对接，服务经济社会发展。

其三，主动创新。民办高职"二元思维"密切关注区域的新经济、新产业、新业态，以"应用为主、需求导向、产业引领"为目标，制定专业发展策略，增强人才培养的竞争能力，占领更广阔的专业服务市场。专业建设按照"保持优势专业、发展特色专业、巩固基础专业、扶持新兴专业"的原则，打造专业的"精、透、强"，统筹协调教学、科研和社会服务。

4. 诠释民办高职院校的社会作用

民办高职"二元思维"认为，民办高职院校在社会、经济、文化、教育诸多领域发挥了巨大的作用，产生了积极影响，为国家排了难、为家长解了忧、为青年成才铺了路、为教育改革创了新。

其一，为国家承担了社会责任。民办高职院校在举办不同类型和内容的教育过程中，务必充分吸纳社会资金投入教育事业，客观上减轻了国家投资教育的压力。民办高职院校尊重教育市场的需求，尊重求学者的个人意愿，想方设法解决社会各类群体、各个成员接受不同教育的供需矛盾。民办高职院校的办学发展充实了国家职业教育的不足，弥补了教育经费，在适应市场需要方面发挥了不可替代的作用。

其二，为学生的家长解除了后顾之忧。民办高职院校强化了家长的教育投资消费意识，使全社会更加重视投资办学。民办高职院校在排除家长对子女求学无门的担忧、消除学生因无一技之长无法就业方面发挥了积极作用。民办高职院校为数千万的求职求学者提供了高等职业教育的机会，对稳定社会秩序、缓解就业压力、增进社会和谐与家庭和谐、促进社会和谐发展等都做出了贡献。

其三，为中职后学生、高考后学生和社会青年成才提供了职业教育机会。广大青年面对民办高职院校，拓宽了自己的求学之路，增加了个人对不同教育的选择。一是许多青年通过在民办高职院校的学习，不少人取得大专或本科毕业证书，还有的考上研究生继续深造，为继续求职求学奠定了基础。二是民办高职院校的类别众多，专业设置、课程设置与市场经济接轨紧密，通过学习，学生普遍能掌握一技之长，就业问题基本得到保障。这为青年实现自己的人生转折，服务社会、创业成才创造了条件。

其四，为教育体制创新做出重要贡献。民办高职院校融入职业教育体制，创新了职业教育格局，促使职业教育在办学体制、运行机制、经费统筹、管理模式、人员聘任、专业设置、教学内容、教学方法、后勤管理、招生就业等全方位发生了变革，改变了过去体制单一、机制僵化，教学内容滞后，人员不能流动，经费来源单靠政府拨款，学生就业靠分配的状况。民办教育作为改革开放的产物，与市场经济一脉相承，对深化职业教育的办学体制改革发挥了重要作用。

第二节 民办高职"二元思维"的渊源分析

民办高职"二元思维"是引导民办高职院校办学发展、服务国家经济发展、服务高等职业教育的民办办学思维。说明其渊源具有办学的客观规律性和实存性，它与职业教育的社会需求、民办教育政策的影响和导向以及民办高职院校自身办学的经济性存在一定的渊源。

一、与职业教育发展的渊源

当今世界新一轮科技革命和产业变革与我国加快转变经济发展方式形成历史性交汇,国际产业分工格局正在重塑。新一代信息技术与制造业深度融合,引发了影响深远的产业变革,形成了新的生产方式、产业形态、商业模式和经济增长点①。国家经济发展的综合需求与制造业深度融合,加之新一代信息技术如"互联网+"的参与融合,将会引发区域性产业结构转型升级,呈现出新的生产方式,新的产业形态和经济增长点将会出现链条式效应,给职业教育提供了良好的契机和发展空间。②"职业教育需要产教融合、特色办学。同步规划职业教育与经济社会发展,协调推进教师开发与技术进步,推动教育教学改革与产业转型升级衔接配套"。③

职业教育的发展对民办高职院校提出了具体的要求,促进其办学者、经营者和管理者深度理解和把握职业教育的内涵和外延及其发展方向,这同时使得民办高职"二元思维"与职业教育的融合,孕育出必然的渊源。民办高职"二元思维"督促民办高职院校必须做到:

1. 办学必须适应经济社会发展要求

国家经济发展进入新常态,产业结构转型升级势在必行。围绕实现制造强国的战略目标,国家将大力推动新一代信息技术产业、高档数控机床和机器人、航空航天装备、海洋工程装备及高技术船舶、先进轨道交通装备、节能与新能源汽车、电力装备、农机装备、新材料、生物医药及高性能医疗器械等十大重点领域的发展。在这些重点领域实施突破性发展,需要大量的基础性、辅助性、专业性技术来支撑,大量的技术岗位需要大批次的应用型职业技术人才来充实,这给民办高职院校提供了良好的契机和巨大的发展空间。民办高职院校应该审时度势,聚焦战略性新兴产业的新结构、新业态、新模式、新技术,创新办学定位,整合教育资源,深化办学能力,强化教学方法和手段,提升师资水平,调整专业结构、层次,把重点放在培养高水平、高质量、高规格的应用型职业技术人才的标准上,

---

①②摘自《中国制造2025》国发〔2015〕28号。
③摘自《国务院关于加快发展现代职业教育的决定》国发〔2014〕19号。

破解人才培养质量的难点和关键点,履行应尽的历史性职责,负起应有的责任担当。民办职业教育需要适应"五位一体"总布局的要求,主动服务经济发展方式转变和工业化、信息化、城镇化、农业现代化同步发展,主动服务人民民主、社会稳定建设,主动服务文化强国建设,主动服务和谐社会建设,主动服务生态文明建设。

2. 办学必须符合职业教育规律

民办职业教育需要遵循职业教育规律、教学规律和技能型人才成长规律,不断深化教育教学一体化育人改革,增进校企合作、产教结合、工学结合,完善现代职业教育和运行机制,推动现代信息技术课堂教学应用,促进中高职的知识和技能教育有机衔接和协调发展。

3. 办出人民满意的职业教育

民办职业教育必须坚持以人为本,办好符合时代特点、顺应人民意愿、满足人民需求的职业教育,必须以人民满意为目标,提高学生就业质量,推进社会公平,保障和满足社会人才需求。所以,民办职业教育必须走符合中国国情发展道路,必须坚持以服务为宗旨、以就业为导向的办学方针,坚持政府主导、行业指导、企业参与的办学机制,坚持工学结合、校企合作的人才培养模式,面向社会、面向人人,培养区域产业发展同步的技术技能型人才。[①]

二、与民办教育政策的渊源

模具决定产品模样。有什么样的民办教育政策就有什么样的民办高职院校。民办高职院校的办学运作空间跨越不了民办教育政策的限定范围,这也体现了民办高职"二元思维"与民办教育政策的渊源性。

民办教育立法经历了一个适应民办教育事业发展的需要,从无到有,不断发展和完善的过程。其间,1993年中共中央、国务院发布的《教育改革和发展纲要》以及1994年国务院发布的《关于〈中国教育改革和发展纲要〉实施意见》,确定了民办教育的地位和发展方向。之后,1997年国务院颁布的《社会力量办学条例》对民办教育的一些基本问题作了规范,推动了民办教育事业的快速发展。《中华人民共和国民办教育促进法》,2002年12月28日第九届全国人民代表大

---

① 摘自《高等职业教育创新发展行动计划(2015～2018年)》教职成〔2015〕9号。

会常务委员会第三十一次会议通过,自2003年9月1日起施行。

《中国教育改革和发展纲要》中规定,"国家对社会团体和公民个人依法办学,采取积极鼓励、大力支持、正确引导、加强管理的方针",首次确定了国家对社会力量办学所实行的十六字方针。后来国务院制定颁布的《社会力量办学条例》,将这一方针用行政法规的形式肯定下来。这体现了国家对民办教育的一贯政策。

但是,民办教育在随之而来的发展中也遇到了一些新情况、新问题,如民办教育的地位和作用还没有得到社会各方的充分认识,鼓励和扶持民办教育的政策措施落实还不够有力,民办教育在发展中还存在产权不清、管理不规范、师资队伍弱、办学效益低等问题,急需从法律法规上进一步明确和规范。2016年11月7日,第十二届全国人大常委会第二十四次会议审议通过了《关于修改〈中华人民共和国民办教育促进法〉的决定》,对2002年颁布的《民办教育促进法》共作出16项修订。《民办教育促进法》的修订,是我国民办教育发展史上的一件大事,也是教育发展史上的一件大事,可以说从制度上解决了我国民办教育发展的瓶颈问题。新法有八个方面的重要内容:

——加强党对民办学校的领导;

——完善民办学校分类管理改革的标准及相关规定;

——健全民办学校内部治理结构;

——建立对民办学校差异化的扶持措施;

——明确对民办学校举办者合法权益的保护;

——加强对民办学校教职工合法权利的保护;

——完善对民办学校的监督、管理;

——明确分类管理改革过渡的基本要求。

结合《国务院关于鼓励社会力量兴办教育促进民办教育健康发展的若干意见》,以及教育部等部门印发的《民办学校分类登记实施细则》和《营利性民办学校监督管理实施细则》,更进一步完善了民办教育政策体系。

民办教育政策是民办高职"二元思维"形成的依据和基础,是其形成和发展的根源。民办高职"二元思维"脱离了民办教育政策则是空洞的、片面的。所以,民办高职"二元思维"必须依靠民办教育一系列政策的引导和指导,才能做出办学发展的正确判断和选择及办学发展方案。

三、与民办高职自身发展的渊源

民办高职"二元思维"认为,民办高职院校为了自身的发展,需要在办学思想上有一个科学可行的符合职业教育规律、符合区域经济发展、符合自身办学规格和水平的民办高职院校办学思维框架,来指导、规范办学行为,规避办学风险,使其筹措资金有门道、办学质量卓越、办学效益最大化。

当然,民办高职院校也为了自身办学理念发展、内涵发展、能力发展、质量发展,更需要结合自身办学实际和实践,凝练出切实可行的办学思维模式,"深化办学机制和教育教学改革,加强办学内涵建设,激发内部办学活力,促进产教融合、校企合作,提高人才培养能力和社会服务能力,服务和满足地方经济社会发展的需要"①。

民办高职院校为了学校越办越好、保持可持续发展水平,需要构建民办办学思维模式,清晰如何适应经济社会发展走向、行业企业转型升级态势、市场需求职业技术人才的层次和规格,以充分发挥自身办学优势,借鉴国内外职业教育优秀成功模式、行业企业或公司的管理办法、市场经营运作手段,依照民办政策和教学规律路径,扎扎实实地实施办学管理科学化、规范化、合理化及经济效益和社会效益最大化。

四、与外域职业教育模式渊源

我们认为,民办办学的"二元思维"的构建与外域的职业教育有着一定的渊源。教育无国界,各国优秀的教育是全球的财富。借鉴外域职业人才培养经验是发展本国职业教育的基本路径,不断地采纳和吸收外域职业教育成果,丰富和加快我们的职业教育发展,是利国利民的好事。

1. 瑞士的"工匠技术"②

提到瑞士的"工匠技术",人们首先想到的就是各种精密的仪器和手表。事实上,瑞士的服务业也因其优质的形象而受到全世界的关注。每年全球规模最大的职业教育展是展现瑞士学徒制的成果,也从一个侧面显示出瑞士职业教育

---

① 摘自《高等职业教育创新发展行动计划(2015~2018年)》教职成〔2015〕9号。
② 匡瑛:《比较高等职业教育:发展与变革》,上海教育出版社,2004年,第168页。

对本国综合竞争力和经济的推动,其中不仅有酒店服务,还包括木工、铺路工等许多基建项目。瑞士人对职业教育一点也不排斥,有些人虽然可以进入大学深造,但为了获得一门技艺,会先进入高职学院学习。瑞士的有关部门,会根据劳动力市场对职业资格的要求和岗位空缺情况,决定职业教育和培训招生计划。

瑞士人从小就被灌输职业学习理念。瑞士的职业教育法规定,小学二年级就要开设各种手工课,以培养孩子的劳动兴趣和习惯;从初中二年级开始,学校要对学生进行系统的职业指导。此外,瑞士企业的用人标准是"够用就好",因此很少有高学历应聘低职位这种教育资源浪费的现象。显然,在这样的社会环境中,没有人会因为选择了职业教育而感到低人一等。

瑞士的职业教育是一种衔接高等教育、面向终身教育的体系。瑞士职业教育成功的秘诀,在于由企业、政府和学校三方紧密合作的学徒制教育模式。在瑞士,职业教育由公司和学校一起承担,课程全部由行业组织、公司和政府共同参与设计,从而保证了内容与行业现状、未来发展的紧密对接。这样学习3~4年后,学生就能掌握所学行业的专业技能。

2. 德国的"双元制模式"[①]

"双元制"是德国职业教育管理体制的显著特点。"双元"即指学校和企业,学生既在职业学院接受专业理论和相关文化知识,又到相关企业接受职业技能培训。"双元制"管理体制就是将学校与企业、理论知识培训与实际技能培训紧密结合起来,这是一种主要培养专业技术技能型人才的职业教育管理体制。总体上看,德国的职业教育与高等教育"立交桥"是互通的,整个教育体系是开放和完整的。其职业技术教育不是"断头教育",是与普通高等教育相衔接,能为学生持续发展提供各种教育机会的终身教育。接受"双元制"教育的学生,首先要具备普通中学的毕业证书,之后自己或通过劳动局职业介绍中心来选择一家企业,根据相关法律规定,同这家企业签订培训合同,再到相关的高职院校登记,取得其理论学习资格。

学生的学制一般为三年。第一学年主要进行职业理论教育,集中学习职业基础课和文化课。第二学年进行专业实习实践训练。第三学年继续向特定职业(专业)深化。学生在整个教育培训过程中具有双重身份,在学校叫学生,在企业

[①] 匡瑛:《比较高等职业教育:发展与变革》,上海教育出版社,2004年,第169页。

叫学徒工。学生也有两个教育受训点：即学习文化知识、专业理论的高职院校和为其提供实习实践的企业。在"双元制"管理体制下，基于工作过程的项目化教学模式和校企的紧密合作是德国职业教育成功的秘籍。

在德国，无论是"双元制"管理体制下的高职院校，还是"双元制"教育后的技术员与技师培训学院，在进行专业（职业）教学时，必须严格执行学校所在州的有关专业（职业）教学大纲，并接受州教育部、德国工商总会、手工业协会及企业代表组成的考核小组对其学生进行学业考核，学生只有考核合格后，才能获取由德国工商总会或手工业协会颁发的毕业证书。

3. 英国的"工读交替模式"[1]

"工读交替模式"是英国的高等职业教育模式，这是一种工作和学习交替进行的教育模式。"工读交替模式"教育的承担者主要是英国的继续教育学院，继续教育学院起步于18世纪工业革命后，以适应不同工作岗位对职业资格证书的不同要求，而开设不同的职业教育课程。英国低级水平的职业教育相当于我国的中等职业技术教育，高级水平的职业教育相当于我国的高等职业教育。学生通过不同职业技能的学习与培训，习得工作能力，获得国家认可的职业资格证书，进入劳动力就业市场就业。

"工读交替模式"具体采取的实施方式，即学校职业教育与企业实习时间各占一半。这种人才培养模式分三个阶段：① 学生中学毕业后，先在企业实习一年；② 随后到学校学习两年或三年的专业理论；③ 然后再到企业实习一年，即"1+2+1"或"1+3+1"教育计划模式。这种模式的职业教育，能把学校教学与企业生产实际紧密结合起来，让学生在实际生产过程中，加深对专业理论知识的理解，进而更好地掌握生产技巧和生产过程中的有关知识，熟悉自己所从事的业务在整个生产过程中的地位及前后衔接关系。

4. 澳大利亚的"TAFE模式"[2]

"TAFE模式"(Technical and Further Education)系澳大利亚新型现代学徒制度。这种模式的教育主要特点是"技术与继续教育"，是一种由政府主导，与行业企业密切合作，统一培训教育标准，以高等职业技术教育培训为主的教育；

---

[1] 匡瑛：《比较高等职业教育：发展与变革》，上海教育出版社，2004年，第170页。
[2] 匡瑛：《比较高等职业教育：发展与变革》，上海教育出版社，2004年，第171页。

是一种面向职业资格准入,融合职业教育和职业资格,强调终身教育,并充分体现以"能力为本"的高等职业教育模式。中学毕业生直接进入"TAFE"学院接受技术职业教育,时间一般为2～3年,这部分生源约占全部TAFE学生总数的40%,其他约60%的学员是工作后再回到学院学习的。另外,也有一些大学本科毕业生或研究生也进入TAFE学院接受短期培训。

"TAFE模式"高等职业教育管理体制体现了"学习—工作—再学习—再工作"的循环式终身教育模式。这种教育模式既结合学生实际,又注重实践教学,加之学制灵活,学校与行业企业密切合作,教师都是具有深厚专业背景的"双师型"教师,生源广泛。"TAFE模式"教育培训质量日益受到国家、社会与企业的一致好评。国家资格认证框架对"TAFE模式"的资格认证,使"TAFE"教育完全被社会所接纳。"TAFE"教育的中级证书相当于我国的中职文凭,高级证书相当于我国的高职文凭。

5. 借鉴与启发

同我国现行的偏重系统理论传授的职业教育教学内容相比,以岗位要求为培训目标的国外职业教育更受企业的欢迎。以工人技术等级考核标准的要求为培养目标并构建与之相适应的教学大纲和教学内容体系,应当是我国职业教育教学改革的重要内容。国外有些国家的职业教育,由于跨企业培训中心具有其他形式无可比拟的优势,被越来越多地用来作为培训机构不足的补救措施。对我国而言,众多的中小企业难以单独举办职业教育中心,因此,组织企业与高职院校联合举办或者由行业与高职院校联合主办跨企业培训中心将是一个非常重要的发展职业教育的途径。

当前,我国政府借鉴国外职业教育模式,政策上大力支持和鼓励职业教育与国外职业教育相结合,创新中国式职业教育。《国务院关于大力发展职业教育的决定》中指出:职业教育要以服务现代化建设为宗旨,为提高劳动者素质特别是职业能力服务。实施校企合作、产学融合的教学模式,对推进职业教育改革,加强与企业生产实际的紧密结合具有积极的现实意义和广阔的发展前景。中国的高职院校也纷纷推行双元制教育模式,学习德国"双元制"成功的经验,使现在的毕业生与以往的相比,在方方面面都有着显著的提高。

第三节　民办高职"二元思维"的办学取向分析

　　价值揭示外部客观世界对满足人的需求意义关系的范畴,是指有特定属性的客体对主体需求的意义。① 民办高职"二元思维"是民办高职院校长期办学思想的标志性理论成果,它对民办高职院校的办学行为具有基础性指导,带来的红利具有理论价值和现实实践价值。

一、民办高职"二元思维"的价值观

1. 民办高职"二元思维"是民办高职院校办学的专属办学思想

　　第一,民办高职"二元思维"渊源国家对民办教育的政策规定与民办高职院校的办学实际。只要有民办教育和民办高职院校的存在,民办高职"二元思维"意识才能存在。第二,民办高职"二元思维"树立创新发展责任意识和教育质量理念,指导民办高职院校办学生存和发展,使其逐步建立并不断完善学校内部治理质量保证体系及诊断、整改和修复机制;指导民办高职院校树立办学创新发展的责任意识,提高人才培养质量。第三,民办高职院校充分认识民办高职"二元思维"的科学性和二元辩证统一关系,以民办高职"二元思维"的视角把握民办职业教育发展脉搏,领会经济社会转型和人才社会需求实质,确定自身办学定位、办学层次、人才培养规格,督促自身规范办学行为,提升办学水平,提高人才培养质量。

2. 民办高职"二元思维"是民办高职院校一切办学行为的指南

　　民办高职院校充分认识民办高职"二元思维"的科学性、合理性和实用性;充分认识民办高职"二元思维"对学校治理与管理的指导定位功能,用民办高职"二元思维"意识规范内部治理和管理,制定学校的机制、制度,对照、检查和总结办学过程中的得与失。民办高职院校以民办高职"二元思维"作为办学指导方针,坚持发展自身办学特色道路:一是理念更新,坚持教育质量核心论。二是办学适度,规模可控,投入适当。民办高职院校的教育质量可提升社会信誉,进而提升

---

① 马克思主义基本原理概论编写组:《马克思主义基本原理概论》,高等教育出版社,2015年(修订版),第79页。

学校办学影响力。三是科学灵活地做好经济与教育双项得利,疏通好、运作好与办学有关联的社会关系和工作。

3. 民办高职"二元思维"反映教育与经济关系的实质精髓

民办高职院校办学离不开市场经济是民办教育政策的限定。民办高职"二元思维"积极协调和适应教育与经济的关系,根据市场经济发展要求,运用经济理论指导教育管理与教学,实现两者规律的有机结合。民办高职"二元思维"重视市场经济的创新功能,引入市场经济机制,依靠市场经济杠杆调节学校办学内涵,使之具有主动适应市场经济发展的能力,有效地实现学校办学目的。需要指出的是,抓经济创收支撑教育发展和抓教育质量促进经济效益增长,是民办高职院校办学思维的核心价值。民办高职"二元思维"的实质是其教育的经济价值取向和社会价值取向的反映,用教育质量带动经济创收是民办高职院校办学发展的根本。一般来说,民办高职院校办学服务社会和经济创收的两个指标并不矛盾,因为经济创收的目的是为了更好地投资教育,使职业教育教学优质化,进而能更好地服务社会。民办高职"二元思维"认为,教育与经济是相互依存的关系,用教育质量带动经济创收是民办高职院校的中心任务之一。

4. 凝练民办高职"二元思维"意识,努力提高办学质量

民办高职"二元思维"是民办高职院校人才培养动力的思想源泉,对提质教育教学水平,培养出用人单位认同、社会满意的人才起着基础性作用。民办高职院校一定要创新两个办学尺度:一个是创收投入对改善办学条件的程度;另一个是培养的人才对社会的贡献度。社会对人才需求是横坐标,学校人才培养质量是纵坐标,纵横坐标的交叉处,是学校发展的最佳选择方位。民办高职院校应厘清民办高职"二元思维"的内涵,认真分析经济社会发展的现状,充分考虑社会需求和自身办学实际优势,规划好发展方向,坚持引进公办或国外的先进教育要素与民办办学特色相结合,走培养人才符合社会需求之路。

民办高职院校的办学实践和成果充分证明,民办高职"二元思维"指导和构建的办学路径可以产生良好的社会服务和经济效益,为民办办学和民办教育做出一定的贡献。

二、民办高职"二元思维"的公益观

所谓教育的公益性,是指教育的这样一种性质,即它所提供的产品或服务只

能由人们共同地占有和享用。①　教育是一项公益性事业，这是人们对教育的利益属性和价值特征的基本判断，事实上也是人们从利益归属的资源配置等方面对教育运行规律的基本概括。依据这一判断，人们提出了教育实践上的公益性原则。②民办高职"二元思维"遵循《民办教育促进法》所确定的"民办教育事业属于公益性事业"③的本质属性，把"办学服务社会"作为己任，思维联系实际，不断丰富民办高职"二元思维"的办学内涵。

1. 民办高职"二元思维"始终坚持教育公益性是民办办学的根本信念

民办高职院校的举办者在理解教育公益性原则时，将它与办学形式和目标联系在一起。民办高职"二元思维"认为，公益性是教育事业客观存在的一种社会属性，它不以举办者的主观意志为转移，无论由政府办学还是由非政府组织或个人办学，教育都具有公益性。"教育作为公共服务，它已经不是纯公共产品，它既可以由公立学校来提供，也可以由接受政府资助的私立学校来提供。教育的公益性并不表现为政府充当唯一的办学主体，由社会团体及个人出资创办的学校并不影响其公共教育的属性。民办学校尽管是民间性质的教育机构，但在本质上与公立教育一样具有公共服务的基本特性和功能"④。《民办教育促进法》明确指出，"民办教育事业属于公益性事业"。这与民办高职院校的"二元思维"的教育本质思想是一致的，民办高职院校办学的第一要务是办学服务社会，凸显教育公益性。民办高职"二元思维"认为，民办教育具有公益性，公益性是民办教育内在的核心社会属性，与办学形式无关。坚守教育公益性是民办教育和民办高职院校举办人的第一要务。

2. 民办高职"二元思维"积极捍卫民办高职院校办学的公益性品质，不论营利或非营利

在当下的语境中，很多人把民办高职院校的公益性等同于非营利性，认为非营利性和公益性概念之间有着必然的关系。这种说法有些片面，民办高职"二元思维"认为，民办高职院校无论营利性或非营利性都具有办学公益性的社会属性。公益性以满足不特定多数人的利益为目的，强调行动的动机与结果具有公共利益的导向。而营利性或非营利性的民办高职院校更具有包容性，不仅有公

---

①②④　邢永富：《教育公益性原则略论》，载《北京师范大学学报》（人文社会科学版），2001年，第2期。
③　摘自《中华人民共和国民办教育促进法》。

益性组织,也有互益性组织。从民办教育政策的层面看,营利性或非营利性的民办高职院校的办学社会属性具有公益性质。民办高职"二元思维"认为,教育活动本身都具有一定的公益性,所以,民办高职院校是否是非营利性或营利性不妨碍其办学的公益社会属性。

3. 民办高职"二元思维"不反对效率价值取向

一般说,教育是事关人们公共的精神利益、文化利益、政治利益的精神文化过程,既讲人文精神价值、公平正义价值,也要讲物质功利价值、经济效率价值的纯粹文化事业。民办高职"二元思维"认为,在对教育公益性原则的理解上,不应该将它与个人的物质利益、民办高职院校的教育效率和社会的经济效益等效率价值对立起来。把教育与民办高职院校的资金经营、教育效率结合起来,与社会的经济目标、效率价值结合起来,是教育公益性的根本价值取向。"应当看到,在教育公益性原则中充实进物质利益、经济利益的内容,因为只有在教育公益性原则中包含了物质利益、经济利益的内容之后,才标志着教育开始普及广大劳动人民中,成为劳动人民解决自己物质生存问题的手段,而不是有闲阶级专有的精神消费品"①。

4. 民办高职"二元思维"积极适应市场经济规则

对市场经济与民办高职院校的关系,我们可以从两种视角来考察,一是市场经济作为资源配置方式对民办高职院校的作用与影响;二是市场经济作为社会关系体系对民办高职院校的作用与影响。"市场经济虽然在某些方面会给教育带来消极影响,但是在根本上又促进了民办教育的进步和发展。从总体上说,商品经济是我们这个时代的社会基础和主要标志。民办教育必然以商品经济为基础,因此也必然要求其教育与这个时代的基础相适应和协调。民办教育的公益性与市场经济并不对立和冲突,相反两者在总体上倒是应该协调一致的。"②

三、民办高职"二元思维"的利益观

1. 民办高职"二元思维"的主体核心任务:做好民办公益性

《民办教育促进法》指出,民办教育属于公益性事业,是社会主义教育事业的重要组成部分。民办教育的公益性与可营利性并不矛盾,允许部分教育机构合

---

①② 邢永富:《教育公益性原则略论》,载《北京师范大学学报》(人文社会科学版),2001年,第2期。

法地营利,不仅无损其公益性,甚至还会促进整个教育事业的发展,从而增加社会公益。① 目前,民办高职院校大致分为非营利性和营利性两个类型,其内涵界定分别为:① 非营利性的民办高职院校,注册为民办非企业单位,办学不要求利润回报,办学结余全部投入学校发展,不用于分配,举办者只能获得固定的收入,不拥有学校资产的剩余索取权,政府对非营利性的民办高职院校参照公办学校进行免税、财政资助等配套管理;② 营利性的民办高职院校,注册为企业法人,举办者要求利润回报,可以对办学结余进行规定范围内的分配,获得基于财产所有权的投资回报,拥有民办学校财产的最终所有权、使用权、收益权和处置权,基本参照公司、企业的办法管理,拥有充分的办学自主权,面向市场运作,依法纳税。

2. 民办高职"二元思维"的多元利益路径

民办高职"二元思维"认为,对民办高职院校的举办者而言,则面临一个如何选择的问题:是"非营利性民办学校",还是"营利性民办学校"? 选择"非营利性民办学校",虽然能享受到很多政府的优惠政策,但也面临产权丧失,投资利益无法实现,民办高职院校办学自主权受限的现实影响;选择"营利性民办学校",虽然可以获得充分的办学自主权,实现投资利益,保障产权,但也存在政府隐形的税费负担,办学成本提高,社会压力加大的风险。由于目前我国民办教育机构设置比较复杂,在举办和实践中,大致可分为以下几种形式:②

——捐资办学的投资人不参与管理的纯公益性学校;
——投资人投资并参与管理但不求获得利润的公益性学校;
——有投资人投资并不参与管理但要获得利润的公益性学校;
——投资人投资并参与管理并要求获得利润的学校;
——有以经营为目的的民办教育机构。

根据我国国情和我国民办教育的发展特点,在制定相关政策法规时需注意以下几点:明确民办高职院校的法律地位;严格区分捐资办学与投资办学;政府要对民办高职院校给予政策扶持及财政投入;要健全非营利组织的管理体制。

3. 民办高职"二元思维"与民办营利性不矛盾

民办高职院校主要是利用非财政性经费投资办学的高等教育机构,营利性

---

① 文东茅:《论民办教育公益性与可营利性的非矛盾性》,载《北京大学教育评论》,2004年,第1期。
② 石邦宏,王孙禺:《民办高校营利性与非营利性的制度思考》,载《中国高教研究》,2009年,第3期。

是其可持续发展的现实需要,也是部分投资者的个人需求。但投资者把办学剩余经费主要用于学校发展,而不是个人分配,并且学校自身也在其发展过程中表现出了较强的公共性,因此,非营利性是对民办高职院校投资办学行为和办学结果的客观描述,营利性与非营利性这对看似不可调和的矛盾,在民办高职院校办学中有机地融合在一起。"要合理回报型"民办高职院校与"不要合理回报型"民办高职院校相比,主要区别是:"要合理回报型"投资人是投资办学而不是捐资办学;"不要合理回报型"民办高职院校投资人主要是捐资办学,即使是投资,也有很大的捐献性质。"要合理回报型"民办高职院校投资人的主观目标不完全是公益性的,投资人有获得投资收益的目的。"不要合理回报型"民办高职院校投资人投资办学的主观目标是完全公益性的,投资不图收益回报。"要合理回报型"民办高职院校投资人的投资行为是资本运营行为,投资者虽然投资教育事业不能以营利为目的,但还是希望通过投资获得一定收益。"不要合理回报型"民办高职院校投资人投资办学的行为是义举,是对祖国教育事业的无私奉献。依照《民办教育促进法》规定,投资人可从办学结余中取得合理回报。

4. 民办高职"二元思维"认可"合理回报"

合理回报是基于我国国情的一种独特的制度安排,它实际上是对民办教育中已经存在的营利行为的一种妥协或变通。①《民办教育促进法》关于"民办学校在扣除办学成本、预留发展基金以及按照国家有关规定提取其他的必需的费用后,出资人可以从办学结余中取得合理回报"的规定,与民办高职"二元思维"办学思想不对立,更与民办教育坚持公益性不矛盾。国家坚持和维护"合理回报"这一政策的连续性,并进一步明确取得合理回报的具体办法,使其更加规范和更具可操作性,切实保护了社会力量投资教育事业的积极性,保障了民办高等教育健康发展。民办高职院校的"合理回报"不能简单地与企业或公司的"利润分配"相等同。非营利性的举办者可以取得以"合理回报"为表现形式的"收益",并不改变其非营利性学校的实质。

---

① 王一涛:《对开展营利性民办高校试点的思考》,载《教育发展研究》,2011年,第24期。

第二章 "二元思维"的办学视阈

民办高职"二元思维"属于民办高职院校的办学思想方法,在于它侧重研究和解决民办高职院校的全局性和长远性的实际问题,尤其是办学治理问题。也就是说,民办高职"二元思维"是对民办高职院校的办学主体方向、规模、目标和质量等问题的厘清性、探索性的思考,从实践到深度认识,凝练成的一种民办办学的大局思维、整体思维、发展思维、责任思维,一种民办办学范式的价值观和方法论。

伴随着经济社会的发展、行业企业的职业性用人、民办高职教育的需求,民办高职院校的办学,无疑不能再依靠"摸着石头过河"的思维,也不能依靠局部突破、以点带面的思维,而需要从民办高职"二元思维"视阈全面看待、谋划和推进学校办学发展。可以这样说,用民办高职"二元思维"的观点、视阈来认识、探索、研究民办高职院校办学中的一切问题现象是其举办者,包括经营者和管理者的办学思考与民办办学问题现象的碰撞结晶。

第一节 "二元思维"视阈维度

民办高职"二元思维"放眼全局,而不是局部;瞄准长远,而不是当前;关注在实践上具有可行性和有效性的,而不是虚无缥缈的空想;所解决的问题直接关系到全局性、永久性的成果,而不是局部或暂时的得失。

一、视阈一:重视顶层设计

顶层设计,管理层自高端开始的总体构想,顶层设计是运用系统论的方法,从全局的角度,对事务发展的各方面、各层次、各要素统筹规划,以集中有效资源,高效快捷地实现目标。从民办高职"二元思维"视阈来看,只有进行自上而下的顶层设计,民办高职院校的办学发展才能获得最佳的整体成效,这是民办高职院校举办者,包括经营者或管理者的期盼和最佳选择。

所谓民办高职院校顶层设计,即充分发挥校董事会、董事会联席会议或学校党政联席会议的核心作用,充分发挥管理部门的职能作用,师生共同参与,各部门之间相互协调,从办学全局的视阈,对学校办学发展,或学校某个领域、某项任务或某个项目的各方面、各层次、各要素统筹规划,以集中有效资源,高效快捷地实现目标。

民办高职院校的顶层设计任务:站在新的高职教育历史起点上,分析以往多次局部改革的利弊,从全局最优、长远最优来考虑设计的最终目标、指导思想、整体方案、分项方案,尤其是各项任务之间的配套与协调。

"顶层设计"不是自下而上的"摸着石头过河",而是自上而下的"系统谋划"。对民办高职院校办学发展来说,若能把学校办学问题调研和分析顺利且透彻进行,必须进行顶层设计。民办高职院校的顶层设计特征包括:

——顶层决定性。顶层设计是学校自高端向低端展开的设计方法,核心理念与目标都源自顶层,需全面、理性、客观、谨慎地思考。因为顶层决定底层,上对下顺。

——整体关联性。以点带面、纲举目张。顶层设计强调设计对象内部要素之间必须围绕核心理念和顶层目标形成有效的匹配与有机衔接。办学发展的关联性要求顶层设计必须有大局意识、整体意识、关联意识和重点意识。

——目标针对性。顶层设计的目标关系民办高职院校办学发展的质量、办学的可持续性,必须是清晰的、正确的,经过努力可以实现的;必须是有针对性的、有指向的,经过大家认可的;必须是客观的,符合规律的,经过实践检验可行、有效果的。

——实际可操作性。顶层设计的基本要求是按事物发展规律,实事求是地规划,科学、合理地设计,确保设计成果实施的可行性、有效性。

3. 民办高职院校的顶层设计要素

办学思维决定办学方向。顶层设计须有办学主体方向、规模、目标和质量等问题的厘清性、探索性思维。民办高职院校要完成办学发展这一项重大工程,就要实现理念一致、目标正确、功能协调、结构统一、资源共享、治理规范化等系统论的到位,从全局视阈、整体视阈、发展视阈出发,对办学发展的各个层次、要素进行统筹考虑、设计,确保办学方向的正确性。

办学文化决定办学高度。办学文化是民办高职院校顶层设计的灵魂。民办高职院校的办学文化不是信条、不是几条励志的语言、不是口号,而是学校目标是什么的问题。这需要民办高职院校顶层科学设计树什么旗、走什么路,设计办学文化,因为办学文化是学校办学者和广大教职员工的心声,可转化为学校的办学性格、学校的办学风格。

办学定位是办学发展的根本。办学的定位清晰,办学思路才会清晰;办学的定位清晰,教职员工、教学团队的工作方向才会清晰;办学的定位清晰,才能够适应市场竞争环境。民办高职院校必须把握好顶层的理念设计、治理设计、管理设计、教学设计、财务设计。顶层设计做得越全面、越科学、越缜密,办学就更具有生命力,才能凝聚广大教职员工的才智和能力。

办学质量决定办学生存。办学质量是办学生存和发展的前提与基础,更是办学发展的生命线。民办高职院校必须用发展的眼光来看待顶层设计,通过发展解决质量问题,建立健全科学、完善、有效的教学质量保证和监控体系,对促进教学质量的提高,保证应用型人才的培养有着重要的作用。

薪资体系决定人才流失。"人才"是民办高职院校未来竞争的核心力,因为有了人才,才能保证教学质量、生源、资金收入及学生就业前景。所以,民办高职院校顶层必须着重设计科学合理的薪资体系,形成足够强大的磁场而吸引人才不断地注入。

二、视阈二:重视全面谋划大局

用"二元思维"来谋划民办高职院校办学发展,必须要有大局意识,思考关系整个办学发展全盘的大局事宜,让各项工作齐头并进。民办高职院校的顶层设计涉及的内容很多,通常包括专业和专业群建设、师资队伍建设、人才培养方案、教科研和编撰教材、资源分配、开放办学、制度与文化、党建与思想政治工作等。用民办高职"二元思维"来谋划民办高职院校办学发展,重在要设计好办学发展的大局,围绕大局进行全面谋划。

民办高职"二元思维"认为,民办高职院校的办学应该具备三个基本要素:一是对办学环境的分析;二是办学定位准确;三是办学发展战略规划科学合理。办学环境的分析是办学的前提,"知己知彼""心中有数",也是办学定位与办学发展战略规划的依据;办学定位需要办学环境的数据和理由,是办学发展战略规划的基础,更是办学发展的层次、规格、品质的创造渊源;办学发展战略规划是办学定位的外延、办学发展的蓝图和办学发展的标杆及目的。三者相互联系,充满着辩证关系。

在民办高职院校内部,如何调动全员积极性、优化配置资源、实施有效的绩效考核。从民办高职"二元思维"来看,只有从大局去谋划综合治理,才能抓住这个关系全局的牛鼻子,才能推进各项工作稳步前进。

需要指出的是,干部的作风直接影响着民办高职院校的办学发展,学校的学风、教风,关系着人才培养的质量。干部作风建设必须与学校教学、管理、人才培养一起作为重中之重去考虑,干部要起到管理育人、服务育人、环境育人的特殊功能和推动工作、促进发展、凝聚人心、树立形象的作用。

三、视阈三:重视把握要点

民办高职"二元思维"告诉我们,大局中有重点。把握重点,解决重点,是抓好大局的关键。毛泽东曾说:任何一级的首长,应当把自己注意力的重心,放在那些对他所指挥的全局来说最重要最有决定意义的问题或动作上,而不应当放在其他的问题或动作上。

民办高职院校办学的重点是什么——有人认为,办学重点应瞄准民办高职院校内部管理体制,要彻底去除"行政化";有人认为办学重点应是薪酬分配制度,要将有限的薪酬资金向优秀人才倾斜;有人认为办学重点应是教学评价体系,要向公办高职标准看齐;还有人认为办学重点应是资源分配方式,要突出分配公平。

民办高职"二元思维"认为,民办高职院校的办学发展归根结底是要围绕办学目标,抓住以人为本的发展理念和制度设计。事实上,深入分析管理体制、薪酬分配、教学评价、资源分配等方面存在的问题,也都归结到"以人为本"。对瞄准教学和服务一流、人才培养特色而奋斗的民办高职院校来说,尤其体现在全校师生员工、学生和家长、办学投资者和用人单位的满意度。因此,民办高职院校的办学发展应从制度上、物质上和文化上调动全员积极性,紧紧抓住办大家满意的民办高职院校这个重点,进行谋划、设计和实施,并以这个重点来检验民办高职院校的办学发展成效。

四、视阈四:重视统筹兼顾

在把握重点的同时,注意统筹兼顾,这是民办高职"二元思维"的一个基本要求。在推进民办高职院校办学的过程中,统筹兼顾是需要特别重视的工作方法和领导艺术。

将"以人为本"作为民办高职院校办学发展的重点,民办高职院校内部师生的利益需要极为多样,正确处理和协调各群体的利益成为民办高职院校治理的最大热点和难点。例如,民办高职院校的管理方案中都提出要建立新的薪酬体系,但如何调整干部的薪酬、如何保障普通教职工的薪酬无疑成为难题。因此,在办学发展中,如何运用统筹兼顾的方法,处理好各种利益群体的关系,对民办高职院校的决策者提出了重大考验。

统筹兼顾,不是平铺直叙、面面俱到,也不是"和稀泥""大锅饭"。统筹兼顾,是在把握大局和重点的前提下,按照同时兼顾其他方面这个原则进行谋划和协调。在"以人为本"这面大旗下,要优先考虑最基层教职工及广大学生的利益。只有处处从最广大师生的利益出发,解决师生的实际问题,才能凝聚力量、克服困难,蹚过民办高职院校办学发展的"深水区"。

五、视阈五:重视循序渐进

循序渐进的工作方法是民办高职"二元思维"的一项基本要求,也是民办高职院校治理中必须坚持的原则。民办高职院校办学发展的经验表明,很多挫折都源于民办高职院校决策者的主观主义错误,没有按高职教育发展规律办事,循序渐进地推进工作,在办学发展过程中需要提前超越历史发展阶段,不能落后于时代发展要求。

民办高职"二元思维"认为,在推进民办高职院校办学发展的过程中,尤其要防止过快、过慢,以及"冷热病"。特别对薪酬分配等极为敏感的深层次改革,由于涉及广大教职工的切身利益,绝不可超越民办高职院校的实际发展的客观阶段,脱离学校实际而随心所欲。必须依照预定的谋划和设计,循序渐进,有组织、有计划、有步骤地推进。否则,就有可能使发展走上歧途。另一方面,在现实迫切需要发展、发展时机已经成熟的条件下,若犹豫不决、当断不断、错失机会,也会付出代价。在办学发展中,如何运用循序渐进的方法,需要民办高职院校的决策者深入基层、倾听教师意见,深入企业、了解就业情况,不断获得信息反馈,实时进行办学发展的动态调整。

第二节 办学环境分析

一、地理经济分析

所谓地理经济,是指一个地区发展经济的一系列条件,既包括地理位置、资源条件,更包括创新机制、文化氛围等。地理经济是人的经济活动的环境,人是经济活动的主体,"以人为本"这是一切经济活动的归宿。地理经济是开放的,其界限是模糊的。地理经济的健康、可持续发展是由地域产业发展所决定,而产业劳动力的职业知识和技能需要高职教育来培养。所以,地理经济的健康、可持续发展更是民办高职院校办学发展参考的主要依据。

1. 地理经济对民办高职院校办学具有导向作用

一是地理经济直接影响民办高职院校办学活动,也是民办高职院校发展的推动者、受益者和参与者,是民办高职院校办学的重要因素,这不仅是地理经济可持续发展的需要,也是民办高职院校的教育和定位发展的走向需要。二是地理经济在民办高职院校发展过程中主要发挥需求导向作用。民办高职院校与地域企业的深度有效合作是地理经济发展的生命线之一。地理经济实体的发展速度对民办高职院校办学和民办高职院校管理体制会提出诸多要求,赋予民办高职院校举办者更多的自主权。三是地理经济促使民办高职院校与行业企业的合作成了一种必然。产教融合、校企合作模式已是民办高职院校培养地理经济发展所需求人才的必经之路。

2. 地理产业结构、层次是民办高职院校办学的基础和依据

随着地域经济的发展和升级转变以及经济体制改革的深化,地理产业结构和层次不断地优化升级,人才市场对整个高职教育和民办高职院校办学会有很大的影响。这种影响或快或慢,总要反映到民办高职院校办学发展和管理体制中来。从民办高职院校的发展可以看出,引入"市场"理念,学校可以获得新的动力和源泉。民办高职院校必须和区域企业对接,加大对地域产业转型升级的支持力度,优化专业服务产业,适应地方智能化、服务化、高端化产业发展方向。

3. 地域劳动力需求量对民办高职院校办学动力有直接影响

地域产业品种类别多元、密度和幅度均衡、劳动力需求分布合理，这对地域人才市场的需求与供给起着利好的发展作用，也对高职教育和民办高职院校办学发展有极大的促进作用。民办高职院校会主动适应地理经济发展态势，积极参与地域产业改革创新，调查和研究地域经济发展规律，掌握地域行业、企业、产业分布，积极主动与行业企业联系，了解人才需求的结构、层次、数量和质量，优化调整人才培养结构、专业结构、师资队伍结构，在深化职业教育内涵的基础上和人才培养的内创力方面，调整、新设、交叉专业并与区域产业结构转型升级的应用技能对接，确保人才培养质量与地域企业人才需求高度融合。

4. 办学质量的地理性认可度是民办高职院校的生存价值

民办高职院校办学质量与地域人才市场认同和当地社会第三方评价紧密相连。如果民办高职院校与地域企业合作困难，学生实训能力水平不足和不高，毕业生质量难以适应地域企业需求，学校的办学预警就容易出现。这些问题的主要原因在于，民办高职院校没有调整好专业与企业需求的对接和融合。只有民办高职院校与地域企业共同积极参与校企合作、产教融合，才是民办高等职业教育健康发展的战略引擎和本质要求。因此，民办高职院校办学必须始终贴近企业和市场需求，贴近职业岗位，科学设置专业，设计教育教学一体化育人模式，深入研究社会各行各业对技术技能型人才的需求状况，对已设置和将要设置的专业进行市场跟踪调查、做好信息搜集，准确把握市场需求方向并适时对专业做出相应调整。民办高职院校一定要面向企业需求办学，企业把需求及时和民办高职院校教育对接，这样才能真正实现校企共赢。

5. 民办高职院校需要积极主动服务地理经济发展

地理经济的发展需要高职教育和民办高职院校的辅助与支持，地域产业的劳动力质量很大程度上取决于民办高职院校的人才培养质量。民办高职院校应本着办学与地方经济发展对接、专业设置与地方主导产业对接、人才培养目标与行业需要对接、人才培养质量和规格与就职岗位技能要求对接、人才培养过程体现校企合作的需求，以解决产业结构转型升级的应用技术为主，强化技术知识、注重技术应用、突出技术实践，并从人才市场和产业需求出发，强化人才培养的职业技能性、职业适应性、技能应用性、技能可用性和技能有效性，改变人才培养类型，更新专业内容，深化教学模式及方法和手段，加大应用型人才培养力度，使专业设置与实际应用型技能、实际操作相结合,培养出"到岗即用"的人才。

二、人才市场分析

在市场经济下,市场在人才资源配置中起着基础性作用,人才供给是开放的、人才需求是流动的,人才总是流向能挣钱的地方。那些人才市场因素更活跃的地方,往往对当地企业具有巨大的吸引力,从而能够实现快速发展。可见,市场经济下的区域优势在于这个地区具有充满活力的高等教育机构,包括民办高职院校及其机制和文化。这些高职院校,包括民办高职院校能够产生和造就具有创新精神的高水平服务区域能力的技术技能型人才。如果一个地区追求经济发展,就必须努力打造这个区域内的高职教育服务优势。

1. 人才市场需求量影响民办高职院校的办学定位与规模

办一所什么样的民办高职院校,规模多大,即学校的定位与规划,必须要依据市场来决定。民办高职院校是在市场经济条件下发展的,市场经济的需要规范着民办高职院校的发展定位。民办高职院校自建立那一天起,就与市场有着亲密的关系。一方面,民办高职院校举办者要依据市场来选定办学地点、办学初始规模、开设专业、招生人数、办学层次等。另一方面,民办高职院校培养的各级各类人才进入社会。社会需要他们,同时又检验着培养质量,只有符合社会需要、素质较高者才能得到社会的认可。所以,民办高职院校在运行与发展中,必须时刻跟紧市场变化,依据市场需要,权衡竞争的激烈程度,决定取消或者新增何种专业,扩大还是减小招生规模,培养综合性还是特色专门型人才,等等。

2. 人才市场需求是影响民办高职院校发展的核心要素

人才市场关系到民办高职院校办学规模、经济创收、办学方向等。人才市场主要在民办高职院校的资源配置、课程体系和专业设置、招生与就业、人才培养目标与培养方法,以及教师管理等方面起着重要作用。就民办高职院校而言,企业需求、社会需求是市场,学校学生是产品。只有建立使产品适应市场需求的体制,才能促进学校健康发展。但当市场出现失灵的时候,也需要地方政府的宏观调控与指导。进一步发挥市场的作用,要充分发挥市场对学校专业设置、学生就业分配等的作用,以促进高水平民办高职院校的出现,进而为我国整个高等教育管理体制改革,提高民办高职院校的教育教学质量提供一条参考路径。

3. 人才市场需求与民办高职院校办学的博弈

民办高职院校对社会产业和市场变化更加敏锐,适应性更强。然而,人才市场需求规律是不以民办高职院校的办学思路而转移的,会出现不如人意的现象。在市场经济条件下,人才需求的多元化,意味着民办高职院校的专业建设和其教学方式要随市场需求的变化而变化。

人才结构市场需求矛盾突出。当前,民办高职院校各专业毕业生就业情况出现了明显的"冷热不均"现象。工科专业就业比较紧俏,文科、经济管理类就业困难。以往的一些热门专业,由于高职院校盲目扩招,导致供需比例失调严重,就业困难,由"热门"变"冷门",譬如外贸英语、计算机专业,尤其是民办高职院校知名度不高,其毕业生就业就更加困难。受社会大环境影响,房地产相关专业就业情况严峻,而房地产部门表现不佳又直接导致了建筑、施工设计行业的不景气,导致这些专业的学生遭遇到以往没有的"冷遇"。法学、中文、数学等传统专业就业表现较差。生物、化学等专业就业情况相对稳定,最热门的专业是市场营销。人才市场对高职院校,尤其是民办高职院校毕业生的需求冷热,导致其专业建设和发展的困惑,进而影响民办高职院校办学兴荣或举步维艰。人才市场对民办高职院校来说就是温度计和晴雨表。

用人单位选材的误区。民办高职院校的高职生毕业后,要成长为一名合格的技术人员,需要在毕业后的工作岗位上经过一段时间的继续学习,才能完成这一转变。但是现在由于高职生供求关系发生变化,高职生在择业方面的谈判地位急剧下降,许多用人单位有条件拒绝承担高职生就业后的"在岗培训"费用,并提出不承担高职生社会保障费用、任意延长试用期、不签订规范的就业合同等不合理要求,严重妨碍了高职生就业。

招聘存在性别歧视。由于女性的生理特征,使得单位在聘用女职员时要付出更高的劳动成本,造成很多用人单位歧视女高职生。生源地域歧视。很多民营中小企业考虑到本单位的业务情况与当地联系紧密,希望招聘的高职生熟悉当地方言及风俗习惯,甚至有一定的人际关系网,只选用本地人才。有些单位和部门从自身利益出发,在社会上毕业生需求日益下降的情况下,明令只接收本地区生源,对外地生源严格控制。

通过以上分析,民办高职"二元思维"认为,民办高职院校的办学发展需要遵循市场规律配置人才,完善三个机制是关键。一是要遵循和运用市场供求规律,完善人才培养机制。要完善人才培养的主动措施,畅通人才服务渠道,让市场配置选才聘才,使人才资源发挥作用,进一步促进人才供求主体到位。二是要遵循和运用市场价值规律,完善人才培养评价机制。建立健全与就业业绩紧密联系、充分体现人才质量价值,促进人才自身价值与人才社会价值相匹配。三是要遵循和运用市场竞争规律,建立健全人才供给机制。健全完善公开、公平、竞争、择优的人才供给机制,促进人与岗位相适、用当其时、人尽其才,实现人才资源配置效能的最大化。

三、政府行为分析

《国家中长期教育改革和发展规划纲要(2010~2020年)》出台以来,我国职业教育的发展理念、社会地位、政府重视程度和经费投入力度等都发生了可喜的变化。政府按照"扶需扶特、促优促强"的原则,加强扶持国家经济社会发展需要的、有特色的民办职业教育,促进优质的、实力强的民办职业教育发展。

1. 明确地位,将民办职业教育纳入职教法修订

新修订的《民办教育促进法》明确指出"民办职业教育"的范畴,对民办职业教育性质、层次等做出具体规定;教育部制定了一系列民办教育政策,明确政府对民办职业教育的法律责任,明确民办职业教育在国家各类财政资金拨款、生均经费和补助等方面享有的权利;出台鼓励和支持民办职业教育发展的意见,落实支持民办职业教育发展的措施。

2. 筹措经费,对民办职业教育增加投入力度

各地政府按照区域同级同类公办院校预算内生均拨款水平的一定比例给予民办职业院校经费补助,享受与公办院校同等的教师社保、人事代理、税费优惠等政策;各级政府设立职业教育校企合作发展专项资金,用于资助民办院校为学生办理实习责任保险、校企共建实训基地、科技成果转化奖励、校企联合开发地方特色教材等。

3. 搞活机制,开创民办职业教育产教结合新局面

许多地方政府大力支持办学主体多元的职教集团发展和职教园区建设,促进校企双方在产业链、教学链、就业链的融合;鼓励企业自办职业院校,鼓励民办职业院校利用现有办学资源创建校办企业,在建设用地、税费减免等方面给予政策优惠,形成"前店后校"式的办学格局;注重金融创新,支持民办职业院校利用

现代金融服务加快发展,积极引导和支持民办职业院校拓宽融资渠道。

4. 减少审批,增强民办职业院校的办学自主权

有资料显示,各级政府对民办教育给予大力支持和扶持。一方面,政府对民办职业教育发展方向、规模、层次等进行统筹规划,合理引导民间资金投入职业教育领域;另一方面,通过减少审批、简化手续、清理对民办教育不平等待遇的政策文件等,形成有利于民办职业教育发展的政策环境,例如将民办职业教育的收费审批制逐步改为登记制,由事前审批改为事后监管。

第三节 办学定位

民办高职"二元思维"认为,民办高职院校只有设立科学合理的办学定位,才具有差异化的核心竞争力和可持续发展的潜力。民办高职院校的可持续发展需要学校良好的声誉度和知名度,而良好的声誉度和知名度主要依靠学校特色建设的实施,特色创建的第一步是实施正确的办学定位。民办高职院校在办学伊始就应找准自身的定位,形成办学特色,不断提高核心竞争力,走可持续发展的道路。同时,在办学过程中,民办高职院校应该从学校发展方向、优势专业、师资团队、人才培养目标等方面出发,不断深化办学定位,从而形成核心竞争力,才有可能在众多高职院校中脱颖而出,打造属于自己的人才培养的个性、特色和品牌。

一、办学定位的确立

所谓定位,即目标与位置的确定,其过程是一个不断发展的动态过程,既包括确定的过程,又包括确定后的不断变更。[①] 定位是组织系统进行管理活动的重要内容,定位的根本是寻找并确立自己的位置,其意义在于以此为基础进行科学规划。[②]诚然,民办高职院校发展的定位不是一成不变的,随着学校发展到一个较高的阶段,社会需求以及职业教育结构也会随之发生很大变化,学校就需要适时反省原来的定位,进而更确切、更合理地为学校发展重新定位。

[①②] 潘懋元,吴玫:《高等学校分类与定位问题研究》,载《复旦教育论坛》,2003年,第3期。

1. 民办高职院校的办学定位

所谓民办高职院校的办学定位,是指民办高职院校的举办者和经营者及顶层决策者和管理者遵循职业教育自身发展规律和所处社会的政治、经济、文化发展的需要以及学校所处的具体办学环境,来确定学校的发展方向、奋斗目标、建设的重点和办学的特色等。民办高职"二元思维"认为,办学定位是关于办学举办者希望把学校办成什么样子的一种教育理念。因此,民办高职院校的办学定位,虽然是学校举办者和经营者及决策管理层的一种战略决策,这种行为的产生并不是主观意志的结果,而是遵循民办高职院校办学规律,依照民办高职院校办学的客观事实,构建一个正确的办学发展目标的定位,是举办者和经营者的主观思维与学校的客观实际的统一,是学校办学过程继承与重点发展的统一,是举办者遵循教育规律与自主创新的统一。

2. 民办高职院校的办学定位原则

民办高职院校要准确定位,那么定位的根据是什么?民办高职"二元思维"认为,主要是两条:一是了解区域经济发展对学校是什么样的需求;二是审视和认识自身办学发展的现状、优势与不足。把社会对学校办学的需求看作是横坐标,把自身的现状、优势与不足看作是纵坐标,两个坐标的相交之处,就是民办高职院校定位的最佳选择。

(1) 兼顾共性和个性原则。民办高职院校的全部活动必须遵循职业教育规律,因此,民办高职院校的定位也必须按职业教育规律构建,这是共性。但不同的培养目标,不同的类型和不同模式的民办高职院校,其发展模式均呈现出不同的特点,这是个性。民办高职院校教育服务对象虽然具有共性,但在办学层次、培养目标、教学内容、教学手段等又有各自不同的个性。民办高职院校只有兼顾共性和突出个性,办出学校特色,它在社会上就有了存在的理由,有不可替代的地位,就能站稳脚跟,就能适应社会需要而去谋求更大的发展。

(2) 重视现实性和前瞻性原则。民办高职院校定位要从实际出发,要通过系统地调查研究,准确地了解地区经济和社会发展对职业技能人才的实际需求情况和对职业教育的具体要求,认真分析本校的办学条件,找出其优势和劣势之所在。在此基础上,结合办学现实的具体需求和自身办学优势,对办学基本要素做出明确的定位。民办高职院校的举办者和经营者要认真关注区域的经济发展及行业企业的发展态势,关注社会发展的大趋势,深刻分析经济与社会发展对未来职业技术技能型人才的需求变化,依此适度调整对学校的一些基本的定位要素。

(3)把握变动性与稳定性原则。民办高职院校的准确定位要有一个过程。这是因为民办高职院校对社会需求的了解和对自身优势的认识都要有一个过程。同时,社会人才需求和自身办学优势也是不断变化的。因此,民办高职院校的定位不可能一蹴而就,也不会一劳永逸,而是一个动态的、逐步逼近准确目标的过程,是随着客观情况不断变化而变化的过程。另一方面,民办高职院校的定位又必须是相对稳定的。就是说,一旦对办学的基本要素做出了定位,就不要轻易改变。这是由职业教育规律的特殊性所决定的。一般来说,职业教育具有周期性,一项职业教育活动在它的周期没完成之前是不能随意改动的。否则就打乱了教育秩序,甚至造成十分严重的后果。由此,在确定民办高职院校定位时要十分慎重,要经过充分科学的论证。

3. 把握好民办高职院校的办学定位的几个关系

(1)正确处理社会效益和经济效益的关系。民办高职院校的办学定位,第一,还是应把社会效益放在第一位。要坚持教育的社会公益性质,全面贯彻国家的职业教育方针,与公办高职院校一样承担起为国家培养职业技术技能型人才的重任。第二,坚持以民为本,以满足社会多样化的高职教育需求为出发点,自觉地维护受教育者的权利,最大限度地满足家长和学生的要求。第三,搞民办高职院校教育一定要信守承诺,讲究信誉,合理营利。

(2)正确处理眼前利益和长远利益的关系。民办高职院校要把职业教育当作一项千秋万代的大事业来办,不应有短期行为,来不得半点虚伪和投机。既要不失时机地加速发展,又要脚踏实地从长计议,不可急功近利。在办学发展上要有远景规划,并制定分步实施的战略,有计划、分步骤、高标准地施行,逐步上规模,上档次,创品牌,必须始终如一地高度重视人才培养质量,坚持以质量求生存、以信誉求发展的办学原则。民办高职院校要坚持改革创新,不断地总结自己的办学经验,同时虚心地学习别人的经验,积极参与外部竞争,全面加强办学研究和管理,积极推进民办高职院校教育管理、教学创新、人事招聘、财务支出等方面的改革,克服弊端,消除障碍,使学校办学持续健康地向前发展。

(3)处理好粗放型发展与集约型发展的关系。所谓粗放型发展和集约型发展,就是要放弃单纯依靠投资盲目上规模、抢市场,一味做大,不重视质和量的统一。要遵循职业教育规律,依靠尊重知识、尊重人才,依靠科学管理,优化内部结构,降低办学成本,提高办学效率。总之,民办高职院校要准确定位,形成办学特色,合理配置有限的教育资源。

二、办学定位内涵

民办高职院校多为地方高职院校,在制定办学定位时应遵循国家和社会经济发展的需要,了解和把握国内外高职教育发展的趋势,以长远的眼光审视学校所处的内外部环境,坚持实事求是,有所为、有所不为的发展战略,根据办学优势找准自身发展和市场需求的结合点,把办学定位建立在地域经济建设和社会发展服务的基础之上,以培养适应区域行业企业需要的高素质应用型技术技能型人才为己任,积极主动地参与所在地域的政治、经济、文化等各个领域的建设,努力使学校的定位既体现前瞻性,又体现可行性。①

1. 目标定位

办学目标是民办高职院校的奋斗目标和努力方向。高质量的民办高职院校必定有一个明确且生机勃勃的办学目标。民办高职院校的办学目标定位是指在某个较长的时期或某一阶段内,对学校未来发展趋势、发展方向的科学决策的创新性思考。总体上即确定民办高职院校在高职教育系统中处于或将要处于的位置,它自身对办学规模、办学水平、办学结构、办学特色、办学层次起着规定性作用。民办高职"二元思维"认为,积极的、具有前瞻性的办学目标能够起到凝聚人心、鼓舞斗志的作用,对民办高职院校发展具有战略性的指导意义。

2. 层次定位

办学层次主要是指民办高职院校人才培养的层次。办学层次的定位是与学校的办学目标定位、办学类型定位相对应的。民办高职院校既然定位为高职院校,就应该立足于"高职"层次办学,积极深化高职教育内涵,争取在较短的时间内实现办学规模、内涵、运作方法的稳定性。民办高职院校与公办高职院校相比,不能仅仅表现在规模的外延扩展上,更应体现在教学与管理上有更深一步的内涵发展,培养地域性应用型技术技能型人才。应用型技术技能型人才培养目标主要体现为:具有良好的人格、扎实的理论基础、较强的实践能力、组织管理和

---

① 潘懋元,吴玫:《高等学校分类与定位问题研究》,载《复旦教育论坛》,2003(3)。

人际协调能力。民办高职院校培养的人才是具有创新精神和实践能力的应用型技术技能型人才,人才培养更强调应用性,理论基础较为系统扎实,自主学习能力、知识更新和实践创新的能力较强,自我发展有后劲。

3. 规模定位

办学规模定位是民办高职院校对招生数量及配套设施做出的界定,是数量目标定位。民办高职院校办学的规模与结构、质量、效益密切相关。一个时期以来,在市场驱动和国家政策的引导下,高职教育的规模在不断扩大,民办高职院校应运而生,这是我国经济和社会发展对高职教育的现实要求,也是我国实现高职教育大众化的必然选择。但规模与效益应协调发展,一所学校由于受到办学条件的限制,都有一个最佳办学规模,在这个规模下才可以达到最佳办学效益。超出这个规模,意味着人均占有资源的下降,势必降低人才培养质量,继而降低民办高职院校的社会声誉。民办高职院校的美誉度和影响力在于教学质量,不在于办学规模。培养和造就一批社会所需的高素质应用型人才,是民办高职院校赖以生存和发展的基础,应遵循办学质量与办学规模相统一、办学质量优先的原则,量力而为。[①]

4. 特色定位

就民办高职院校而言,办学特色是民办高职院校在长期办学过程中形成的、本校特有的、优于其他学校的独特优质风貌。办学特色决定学校的服务面向,决定学校的人才培养规格,决定学校的可持续发展。民办高职院校的办学特色是其赖以生存和发展的生命线,是自身发展的亮点和动力,也是实现快速发展、跨越发展的必由之路。民办高职院校在长期的办学历史中,积累了一定的经验,形成了初步的特色,应进一步强化和发展。专业特色是民办高职院校办学特色的重要标志和集中体现。学校所处的区域优势,如独特的自然资源条件、地域文化、经济基础,是学校生存发展的重要基础和特色建设的重要资源,理应成为民办高职院校的特色专业建设的着眼点和切入点。人才培养是民办高职院校的首要职能,也是其特色表现最直接的领域。因此,民办高职院校的办学特色更应体现在学生的创业能力、就业能力、学习能力的培养上,体现在满足地方经济和社会发展的需求上。这就要求民办高职院校大力深化教学改革,把实践教学和技

[①] 阎凤桥:《民办教育规模在同级教育中所占比例的影响因素分析》,载《教育研究》,2004(9)。

术应用能力的培养落到实处，不断提高人才培养质量。

5. 专业定位

专业定位是指民办高职院校设立的专业门类多少及其在整个专业体系中的地位和比例关系。专业建设水平是民办高职院校综合实力的标志，分别体现了民办高职院校人才培养职能，并决定了其办学特色、社会地位及为社会服务的能力。对民办高职院校来说，反映办学水平和人才培养质量的标志综合来自于专业建设水平。因此，明确专业建设内涵，对民办高职院校做好专业建设工作具有重要的意义。专业教育是民办高职院校的培养特征，应紧扣学校办学和发展定位，做好顶层设计，以专业建设为龙头，通过人才服务社会，检测和不断完善专业建设，以深化教育教学一体化育人内涵作为专业建设水平提高的支撑和保障，统筹规划专业建设。民办高职院校要充分发掘现有专业优势，积极改善办学条件、加大专业建设力度，为优势专业的改造和发展注入新的活力。同时，又要根据地方支柱产业和资源优势，培育富有地方特色的优势专业，优先大力发展与地方经济紧密结合的应用型专业，不断增强专业建设的核心竞争力。

6. 人才培养定位

人才培养是民办高职院校的首要和主要职能。人才培养目标定位就是民办高职院校对人才培养规格、方向等方面的定位。社会对人才的需求呈现出多元化的特点，除了需要一定数量的高素质创新型人才外，还迫切需要大批具有技术能力，基础理论较为扎实、实践动手能力强，能够直接参与企业一线生产，解决企业实际技术问题的高素质应用型技术技能型人才。民办高职院校的人才培养目标定位，就是培养适应地方经济和社会发展的具有创新精神与实践能力的高素质应用型技术技能型人才。民办高职院校应认清高职教育发展的地方化属性，把人才培养目标建立在为地方经济和社会发展服务的基础上，以服务求支持，以贡献谋发展，在服务中体现自身办学的社会价值，并不断发展壮大，彰显特色。

7. 服务面向定位

服务面向定位是指民办高职院校服务社会的空间范畴，即民办高职院校在履行人才培养、社会服务等职能时所涵盖的地理区域或行业范围。从服务面向维度来看，民办高职院校属于区域性或地方性高职院校，是在地方政府的扶植下成长起来的高职院校，具有"个人投资""地方监管""办在地方""服务地方"的办学特点。作为地方院校，就其历史性、现实性、未来性而言，民办高职院校的生存与发展都与区域经济社会的发展有着千丝万缕的联系。立足地方、面向市场,主动适应地方经济社会发展需求,为地方经济培养高素质技术技能型人才,努力为区域经济建设与社会发展服务,是民办高职院校义不容辞的责任和神圣使命,应该成为民办高职院校的服务面向定位。

三、办学定位的必要性

1. 民办职业教育的重要地位决定了民办高职院校要进行科学定位

民办职业教育的形成是一个发展过程,对民办高职院校进行科学的定位,是民办职业教育科学化发展与规范化发展所必须要解决的首要问题。民办职业教育是在改革开放之后,适应教育国际化的趋势,顺应国内教育体制的改革而逐步产生、发展和壮大的,是热心于教育的有识之士对历史机遇和国家政策的有效把握与积极实践。民办职业教育在国办教育之外形成了丰富的教育资源,满足了人民群众接受高等教育的强烈愿望,为高等教育实现高等教育大众化做出了重要的贡献。民办高职院校如果不能进行科学的定位,其社会服务和人才培养的质量将得不到社会的认可,不仅民办高职院校自身难以实现有效的发展,整个职业教育发展也会受到影响。

2. 科学定位是民办高职院校规避风险的需要

风险是指在特定时期内,人们对对象系统未来行为的决策及客观条件的不确定性而引起的可能后果与预期目标发生多种偏离的综合。[①] 民办高职院校的经费自筹、投资办学、市场化运作等基本特征,决定了民办高职院校在办学过程中将面临因政策、生源、市场主体、组织管理、财务等内外环境的不确定性而导致的紧张状况,即民办高职院校有一定的办学风险。具体来说:第一,国家希望社会力量利用非国家财政性经费举办学校,但又担心这些学校的公益性和质量问题,所以在政策方面,国家不能给予民办高职院校同国办高职院校一样的、壁垒式的保障制度。第二,与公办高职院校相比,民办高职院校是顾客支持型的、非公众支持型的高等教育机构,所以民办高职院校更容易遭受生源市场、就业市场等因素的影响而经受市场风险。第三,与公办高职院校的受控性和稳定性不同,民办高职院校属于自主办学,具有较强的灵活性与流动性的特点,这增加了管理

---

① 秦立强:《我国民办高校规避倒闭风险研究》,河北师范大学,2015年,第7期。

的不确定性,增加了管理的难度从而带来一定的风险。第四,学生的学费是民办高职院校主要的甚至是唯一的经费来源,民办高职院校投资滚动式发展的特点决定了民办高职院校在条件投入和素质投入上的不足,从而将面临质量上的风险。民办高职"二元思维"认为,之所以民办高职院校会面临这些风险,首要的原因就是其办学理念与定位上的偏差。所以,民办高职院校要防范和规避风险就要调整内外变量,进行科学的定位。

3. 办学定位为人才培养的层次和规格树立了标杆

一是办学定位以创新人才培养模式为统领,以提高教学质量为目标,重点围绕教学资源库、课程体系、专业带头人、教学团队、实训基地及校企合作等环节和内容对专业展开重点建设、特色建设、品牌建设,把提高人才培养质量作为专业强校的核心,遵循职业教育规律,以学生就业为导向,结合专业实际情况,培养道德品质好、技术技能优、服务能力强的技术技能型人才。二是办学定位坚持与技术先进、管理规范、社会责任感强的企业深度合作,共建生产性实训基地,面向企业的生产和创新需求,提高专业的技术协同创新能力。三是办学定位坚持专业集成发展、集群发展。培育以重点专业为龙头、相关专业为支撑的专业群,争创品牌专业。充分发挥已有专业的比较优势、后发优势、竞争优势,敢于突破,拓展专业特色。四是各专业根据自身优势和特点,选取在"精、透、强"方面的着力点,准确把握专业特色,促进专业发展。

4. 办学定位是办学发展战略规划的根基

办学发展战略规划以办学定位为根基。其一是民办高职院校办学与地方经济发展对接;其二是专业设置与地方主导产业对接;其三是人才培养目标与行业需求对接;其四是人才培养规格与工作岗位要求对接;其五是民办高职院校邀请企业参与制定人才培养方案,强化技术理论、注重技术应用、突出实践教学,人才培养过程体现校企合作、工学交替;其六是科学研究以解决生产实际问题的应用技术研究为主。所以,办学定位其专业设置和发展必须与当地的经济社会发展紧密结合,办学规模的大小完全取决于社会需求;专业必须具有显著的职业导向,人才培养方式注重实践导向,课程、课题、项目与工作实际需求紧密结合,重在培养应用技术型人才,服务地方经济发展。

第四节 办学发展战略规划

所谓民办高职院校的办学发展战略规划,就是对民办高职院校整体的、系统的设计,是基于民办高职院校现实状态而进行的面向未来一定时期的发展状态的设想。民办高职院校发展战略规划来源于民办高职院校发展与社会需求的平衡。民办高职院校发展战略规划的具体内容一定要明确民办高职院校发展的总方向、总目标,以及包括民办高职院校发展规模、人才培养规格、专业建设、教学研究、校园规划、办学质量与效益等内容的具体目标,并以此来激励学校的全体师生员工为实施目标而努力工作。

一、规划理念、特征和原则

民办高职院校的发展战略规划是指重大的带有全局性的方略,民办高职院校的目标是其发展战略规划的核心,民办高职院校的民办高职"二元思维"是其灵魂。基于战略的作用在于加强定位与规划,民办高职院校的发展战略规划是以学校的办学类型、办学层次和人才培养目标为基点的较长期的发展目标。

1. 发展战略规划理念

发展战略规划须有发展战略理念。所谓民办高职院校的战略理念,就是做好谋全局、谋重点、谋长远等策划思想,是思维工作的基础性、根本性的民办办学思想。发展战略理念的核心要素如下:

(1)谋划全局。发展战略规划涉及民办高职院校发展方向、基本指导思想等,在发展战略规划中二级学院发展、专业建设、教学与科研等都是放在民办高职院校全局中来考虑的,是从全局发展的需要来设计的。因此,在局部与整体的关系上,整体优先于局部,局部服从于整体。在发展战略规划中,局部的战略意义就在于它是影响全局的重要因素,谋划全局时必须高度重视局部设计。

(2)谋划重点。民办高职院校发展面临的机遇和挑战有很多,往往令人在规划中难以取舍和抉择。发展战略规划就是要超越各种具体问题,抓住影响民办高职院校发展的重大问题、核心问题和关键性问题进行重点谋划。如此方可提纲挈领,将民办高职院校发展的总体思路梳理清楚。发展战略规划编制完成后,民办高职院校整体的发展局面就像一盘棋,步步衔接,以方便具体工作的计划和安排。

（3）谋划长远。发展战略规划所覆盖的时限往往要持续一个时期。发展战略规划所关注的是可以预期的未来,现在信息越来越发达,预测手段越来越先进,预测和规划能力不断提高,对民办高职院校长远的发展状态可以进行比较准确的预测和设计。所以,发展战略规划要谋划长远,不能短视或近视,要看到长远发展和未来趋势。①

2. 发展战略规划理念特征

——它是一种整体思维,着重于宏观涉及,超越一般的、具体的层面而关注民办高职院校发展到整体性问题。

——它是一种重点思维,确定优先发展的问题和发展的核心问题,将这些问题集中起来进行重点思考,从中找到民办高职院校发展的方向。

——它是一种主题性思维,强调因事制宜、因时制宜、具体问题具体对待,形成民办高职院校自身的主张和追求。

——它是一种责任思维,是基于民办高职院校的社会责任而进行的谋虑,是对民办高职院校院举办人、董事会和校长的办学理念、办学发展、办学责任的认同。

——它是一种理想思维,以高等职业教育理想为支撑,不畏惧各种困难和风险,不断探索和实践民办高职院校办学新模式,更具理想化特征。

3. 发展战略规划原则

（1）方向性原则。民办高职院校的办学发展战略规划必须坚持社会主义办学方向,全面贯彻党和国家的教育方针,坚持育人为本,德育为先,根据经济社会发展和市场需求培养德才兼备的合格人才。

（2）规范性原则。民办高职院校的办学发展战略规划既要遵守国家的法律、法规和政策,自觉接受教育部门的管理和监督,同时又要制定学校内部的治理和管理制度,维护和规范教育教学秩序。

（3）质量性原则。质量是民办高职院校办学的生命。民办高职院校的办学发展战略规划要牢固树立正确的办学思想,建设一支稳定的、高素质的教师队伍,不断改善办学条件,突出办学特色,要千方百计保证教育教学质量。同时追求效益,既讲经济效益,又讲社会效益。

---

① 胡卫:《民办教育的发展与规范》,教育科学出版社,2001年,第34页。

（4）服务性原则。民办高职院校的办学发展战略规划要提高服务意识，树立为学生服务、为家长服务、为社会服务的观念，以良好的服务赢得生源，赢得学校的发展空间，赢得社会的认同和荣誉。

4. 发展战略规划思维的三个框架结构

（1）方向和目标。民办高职院校的发展战略规划目标应当是明确的，其内容应当使人得到振奋和鼓舞。目标要先进，但经过努力可以达到，其描述的语言应当是坚定和简练的。一是剖析民办高职院校外部环境；二是了解民办高职院校内部优势和劣势；三是帮助民办高职院校迎接未来的挑战；四是提供民办高职院校未来明确的目标及方向；五是使民办高职院校每个成员明白学院的目标；六是拥有完善战略经营体系的比没有该体系的民办高职院校有更高的成功概率。

（2）约束和政策。民办高职院校要找到环境和机会与自己组织资源之间的平衡。要找到一些活动集合组织，使它们能最好地发挥资源的长处，并最快地达到发展的目标。这些政策和约束所考虑的机会是还未出现的机会，所考虑的资源是正在寻找的资源。民办高职院校个性化的战略计划明确了每一个人的责任，可以充分调动每一个人的积极性。这样一方面激励了大家动脑筋想办法；另一方面增加了民办高职院校的生命力和创造性。在一个复杂的组织中，只靠高层领导一个人是难以识别所有机会的。[1]

（3）规划指标执行。规划执行责任在于进行机会和资源的合理匹配。一是执行力度良好。好的发展战略规划应当是通俗的和明确的，应当是民办高职院校各部门的工作向导，使各部门能确切地了解它，执行它，并使自己的战略和它保持一致。二是组织人事落实。制定战略的人往往也是执行战略的人，一个好的战略计划只有具备了好的人员执行，它才能实现。因而，战略计划要求一级落实，直到个人。三是灵活性好。民办高职院校的规划指标可能不随时间而变，但它的活动范围和组织计划的形式无时无刻不在改变。发展战略规划应当进行周期性的校核和评审，把握好执行规划的灵活性，使之容易适应发展战略的需要。

二、规划基本点

民办高职院校与其他高职院校一样承载着为区域经济发展服务的重大历史

---

[1] 胡卫：《民办教育的发展与规范》，教育科学出版社，2001年，第34页。

使命,选择正确的发展战略规划的基本点,既是区域经济发展对民办高职院校有效履行其社会服务职能的客观要求,也是民办高职院校不断提高其社会服务质量与水平的必然选择。

1. 主动紧扣区域经济发展"产业脉搏"

民办高职院校的专业设置与建设必须适应区域经济社会发展的需要,这也是民办高职院校服务区域经济的基本途径。民办高职院校能积极主动使专业设置与建设服务区域经济结构进行调整和转型升级,紧扣经济社会发展脉搏,紧跟产业结构调整步伐,按照区域经济中产业发展和人才规格的需求,围绕区域的支柱产业、新兴产业的发展,设置与区域经济社会发展相适应的特色专业,以此为龙头形成与区域工业化、信息化、城镇化、农业现代化建设等密切相关的专业群。同时,建立起主动适应、动态开放、自我调整的专业发展机制,解决好人才培养的市场性和区域性之间的矛盾。

2. 人才培养模式适应区域经济发展模式

基于区域经济发展创新人才培养模式,是时代的要求。民办高职院校深化"订单培养""工学交替""对证教学"等适应专业性质的多样化人才培养模式改革,根据企业生产运行和用人需求特点试行"多学期""分段式"的教学组织模式,吸纳行业企业参与人才培养评价,将就业质量、企业满意度作为衡量人才培养质量的核心指标,建立健全以学校为核心、政府主导、社会参与的教学质量保障体系,以培养高素质技术技能人才为主渠道,推动产业结构升级、提高区域竞争力、促进区域经济发展。

3. 课程开发与改革及区域特色岗位需求主动衔接

课程建设与改革是提高民办高职院校教育人才培养质量的核心,民办高职院校的课程建设与改革要突出与区域经济的结合,加大本土特色课程、特色教材的开发。高职的职业性特征决定了民办高职院校课程的建设与改革必须走校企合作之路,课程的确定应立足于区域经济发展所需,以开发实践类课程为主,体现"教学做"一体化,课程体系必须打破学科的限制,以职业行为能力的培养为导向重构课程体系,反映新知识、新技术、新工艺和新方法的应用,及时把生产一线中使用的先进经验、先进方法、先进技能挖掘出来;课程的考核评价,应以职业能力标准作为测试学生最终成绩水平的基准,实现课程标准与行业标准对接,使人才培养质量更加贴近行业企业的实际需要。高职的职业性特征决定了民办高职院校课程的建设与改革必须走校企合作之路,课程的确定应立足于区域经济发展所需,以开发实践类课程为主,体现"教学做"一体化,课程体系必须打破专业的限制,以职业行为能力的培养为导向重构课程体系,反映新知识、新技术、新工艺和新方法的应用,及时把生产一线中使用的先进经验、先进方法、先进技能挖掘出来;课程的考核评价,应以职业能力标准作为测试学生最终成绩水平的基准,实现课程标准与行业标准对接,使人才培养质量更加贴近行业企业的实际需要。

4. 主动成为区域经济发展的内在动力要素

民办高职院校以推动人才培养质量与社会服务水平的提高,走"产学研"结合发展道路,促进和支撑区域经济转型升级。一是组建应用性的教学团队,形成结构合理、相对稳定的研究队伍,打造以老带新、抱团发展的教学队伍。二是强化校企合作。以民办高职院校办学优势为基础,以区域经济建设需求为目标,大力推进校地合作、校企合作、校研合作、校校合作等横向教育教学一体化育人研究,提高民办高职院校社会服务功能,以优质的人才服务促进社会发展。民办高职院校将与企业开发的应用性教学科研成果在改造后置换到人才培养方案中,提升人才培养质量。

5. 校企文化融合是民办高职院校推动区域经济发展的软实力

民办高职院校积极构建具有鲜明区域或行业文化特色的校园文化,搭建高职院校文化与民办文化深度融合的平台,通过校企联合办学、订单培养、产学结合的载体,寻求校企文化对接的有效衔接点,实现民办文化的渗透,逐步培育具有民办高职院校特色的职业文化。在物质文化、精神文化、制度文化、行为文化建设中吸收区域或行业的优秀文化,注重将其与校园文化有效融合,不断创新民办高职院校校园文化,用充满活力和生机的校企文化,来促进社会需求的技术技能型人才的培养,实现为区域经济社会发展服务的目标。

三、规划内涵

1. 树立"育人为本""质量立校"的办学理念

办学理念是学校的灵魂,它包括学校的办学宗旨、办学目标、办学策略等。当前,生源质量是制约民办高职院校发展的最重要因素之一。人才培养质量的高低直接决定民办高职院校的存在与发展,所以民办高职院校更应该把人才培养工作放在学校发展的重要位置,牢固树立教学工作的中心地位,深入分析教育教学规律，使学生学有所长、全面发展。民办高职院校的多数学生知识基础较弱，文化成绩不高；不过他们思维活跃、动手能力强。民办高职院校应该根据学生的这一特点有针对性地进行教学，注重应用性学科的教学，培养学生动手能力和创新思维能力，并以此促进学生较为全面的发展。育人为本的另一层含义在于，民办高职院校应该承担社会责任，不以盈利为目的。超越盈利是超越物质的一种精神境界，一种崇高理念的人文品质；超越盈利并不是不讲求办学结余，而是指办学结余应该用于学校发展。盈利是为了办学；办学不是为了盈利。育人为本的同时也坚决反对急功近利，反对把有限的教育资源使用到错误的地方。"育人为本"还须"保证质量"。质量不仅是教育教学质量，也有与之相配套的管理体制、社会服务质量，只有全面提高这些质量，"育人"才能真正地实现。坚持质量立校就是要求民办高职院校走内涵式发展之路，在人才培养、社会服务等方面精益求精，形成人人关心质量，创造高质量、享受高质量的大学精神文化氛围。

2. 坚持"差异发展"的战略方针

在现实背景下，只有实施错位竞争才能建立专业错位层次、融入专业主流、提高专业竞争力，实现有效发展。错位发展即行为主体根据自身的条件，有意识地选择一种与众不同的方式和路径来谋求发展。一方面，民办高职院校要合理定位，明确自身在整个区域高职院校体系中的地位、使命与责任，确定学校改革发展的层次与规模，明确办学方向。这就要深入分析学校现状与环境，确定学校当前面临的主要任务和需要解决的主要问题。对民办高职院校而言，提高教学质量、吸引更多更优质的生源是当前的主要任务，所以应该确立职业化的办学方向，而不应该盲目超越，迷失重点。另一方面，民办高职院校要差异发展。民办高职院校要在专业建设、人才培养规格、科学研究重点等方面"求异存同"，避开同质化、强势专业建设的主要内容，寻找新的发展空间，实现专业的跨越式、可持续发展，最终克服学校发展的同质化倾向，通过发挥专业优势和培育专业特色，办出特色和水平。差异发展的内涵是"弯道超越"的发展模式。弯道超越原意是指，车手利用弯道超越对手。相对于直道而言，弯道上艰难险阻、危机四伏。但是危机中，孕育着发展机遇；弯道超越就是要克服机械模仿、盲目追赶的发展思路，树立辩证的、唯物的发展观，把劣势转化为优势，化挑战为机遇，在弯道处奋起直追。

3. 结合校情，把握重点，突出特色

其一，坚持应用技能型的办学方向。区域民办教育的兴起是经济体制转轨条件下私有空间释放的结果;同时,区域经济发展水平的提高带来行业企业对高质量、多元化职业教育的需求,这为民办高职院校的生存和发展提供了空间。现在,由于社会对应用型、复合型、技能型人才的需求日益加大,因此专业化教育、应用型人才,以市场为导向,专业设置灵活,民办高职院校自身潜力的释放便有了一定的空间。民办高职院校应该加快制定实施专业技能标准,推进应用型专业人才培养基地试点工作,加快实习实训基地建设;完善"双师型"教师队伍的组建以及培养工作;注重教学创新团队、科研平台、研究基地建设;加强学校与社会的联系,促进科研成果的转化,加强院校与地方经济社会共生关系研究,积极争取企事业单位人才培训、项目管理等课题。

其二,建立特色教师库。人才是民办院校强校的根本,人才决定民办高职院校的发展高度。高水平的人才队伍不仅可以提升学校教育的教学质量,还可以附带提升学校的科研水平以及专业建设。民办高职院校必须以人才队伍建设为改革创新的切入点,充分调动和发挥人才的引领作用。人才领先就是要把师资队伍建设放在民办高职院校发展的优先位置,人才组织协调机制、薪酬体系、考评机制、后勤保障体系都要围绕师资队伍建设而展开。提前建设、培养一支数量充足、结构合理、水平较高、素质优良的教师队伍、管理人员队伍和后勤保障队伍,加快实施人才强校战略,民办高职院校应加倍重视人才引进工作,重视教师的师德师貌和专业技能;提高教师待遇,加快实行绩效工资;加强人性化管理,培养师资队伍的幸福感、责任感和自豪感,提高忠诚度;加强教师在职培训,鼓励教师业务进修,培养专业学术带头人和专业教学团队,建设自己独特的教师库,以此带动学校整体实力的提升。

其三,突出优势专业、特色专业。民办高职院校靠特色求发展,靠质量求生存。突出特色既是战略思想,也是战术策略,既有宏观的指导意义,也有现实的操作要求。其特色体现在民办高职院校的方方面面,民办高职院校既要在管理模式上、教师聘任上、后勤保障上突出机动灵活的特色,更要在专业建设上突出特色。专业是民办高职院校教育教学的基本组织形式,民办高职院校教育教学的特色主要体现在专业特色上。

4. 创新机制,完善办学的保障体系建设

民办高职院校在自主办学、民主管理、社会参与上都较公办院校灵活得多;民办高职院校学术权力与行政权力之间的对抗也没有公办院校那么激烈;民办高职院校服务社会的意识与积极性也更强;民办高职院校在改革行政管理体制、创新人才培养模式上面临的阻力也小得多。民办高职院校应该发挥先天性优势,根据学校自身实际,不断创新。为促进学校工作全面快速展开,民办高职院校应该大力完善后勤保障与经费保障体系建设。后勤保障不仅是简单的行政管理和福利工作,更是一种经济工作和教育工作,要发挥生产功能和体现教育价值。经费问题是影响到民办高职院校快速发展的经常性问题,经费短缺是制约民办高职院校发展的重要因素。开源节流是民办高职院校解决经费问题的必然选择。除了学费这一来源之外,民办院校还应该通过提升自身质量、巩固已有成绩来争取政府的财政支持以及社会、企业界的项目委托;要搞好校友会建设,争取校友的支持;扩大经费使用透明度,做好社会服务工作,争取社会捐赠;加强经费使用管理,提高使用效率。

5. 规划价值

(1) 发展战略规划有助于民办高职院校形成一种系统理性的发展路径。发展战略规划各个方面被纳入一个全景式的思维之中,使人们能够清楚地认识高职院校发展中什么是最重要的,核心价值是什么,应当解决的主要问题是什么。明确了这些问题,民办高职院校发展就可能走出经验发展的模式,构建一套适应民办高职院校发展的新的理性模式。

(2) 发展战略规划有助于民办高职院校形成一套全员主动参与的管理理念。发展战略规划涉及学校今后发展的路线图、对外联系和对内管理的路线、方针和政策,是学校发展的战略指南。发展战略规划能够让民办高职院校领导层、管理层和每个教师明确院校、部门和个人的使命和任务,根据整体构想积极主动地开展工作。

(3) 发展战略规划有助于民办高职院校形成一个注重效率和效益的发展观。各部门、各二级学院以及每位教师所开展的工作与学校总体发展目标是什么关系,哪些是有意义的,哪些是关系不大的,发展战略规划会予以明确定位。遵循规划办学,能够合理协调各种关系,优化资源配置,减少消耗浪费,提高发展效率。发展战略规划在实践上能否真正发挥这些作用,还取决于民办高职院校对待规划的态度及其工作力度。

第三章 党在民办高职的作用

确立民办高职院校党组织的政治核心地位是我国的国家性质和我党的执政地位所决定的。① 民办高职"二元思维"强调民办高职院校的党组织建设,维护党在民办高职院校的政治核心作用,确保学校始终坚持社会主义办学方向。根据《关于加强民办高职院校党的建设工作的若干意见》的精神,民办高职院校党委发挥的是政治核心作用,在办学管理体系中,党组织是政治核心,起监督及保证作用。

第一节 党在民办高职的地位

民办高职院校与公办高职院校有三方面不同:一是投资主体不同;二是管理体制不同;三是单位属性不同。这些不同点决定了民办高职院校党组织的功能定格,即政治核心作用和依法监督作用,其实质是要切实加强民办高职院校的思想政治领导工作,全力增强民办高职院校党建工作的实效性,为民办教育事业及民办高职院校的实体运作保驾护航。也就是说,民办高职院校的党组织与公办高职院校的党组织的不同定位是,公办高职院校的党委被明确规定为政治核心和领导行政,民办高职院校党委定位是行政领导的政治核心,并非领导行政。

一、党组织的政治核心地位

民办高职院校的管理体制,一般是实行董事会领导下的校长负责制,董事会聘任的校长及校务委员会,是学校的最高权力机构。由于投资主体和投资渠道不同,民办高职院校在管理体制方面有其自身的特点,董事会是学校的办学决策

---

① 摘自中共中央组织部和教育部《关于加强民办高校党的建设工作的若干意见》(教党〔2006〕31号)。

机构。然而，党在民办高职院校的政治核心地位是中共中央组织部和教育部联合颁发《关于加强民办高校党的建设工作的若干意见》文件的核心要求。坚持党在民办高职院校的政治核心地位，这是对民办高职院校全面贯彻党的教育方针，坚持社会主义办学方向，不断提高人才培养质量的基本保障，对促进民办高职院校办学健康发展，具有重要而又深远的意义。

1. 界定

党组织在民办高职院校的政治核心地位，即民办高职院校党组织要发挥党委的政治核心作用、党支部的战斗堡垒作用、党员的先锋模范作用，宣传贯彻党的路线、方针、政策和上级党委决议、决定，加强思想政治工作和德育工作等，在民办高职院校的党建、思想政治工作和德育工作中起着绝对领导作用。在实际工作中，民办高职院校党组织以社会主义核心价值体系为统领，统筹课内、课外思想政治教育，统筹教书育人、管理育人、服务育人，以提高学校党的思想建设和思想政治教育工作水平。

2. 党组织在民办高职院校政治核心地位的主要特征

——在党建、思想政治教育工作中起领导作用，推进党的建设和党的工作全覆盖，巩固社会主义意识形态和思想阵地。

——在全面落实党的教育方针、社会主义办学方向上起保证作用，围绕办学发展这个中心积极开展党的建设工作。在参与学校决策时，把握社会主义办学方向和党的教育方针并落实到学校的育人工作中。

——在依法办学方面，发挥坚持教育公益性等方面的监督作用，管控民办高职院校投入资金所具有的资本的逐利性；充分发挥党组织政治优势，把党建工作融入学校管理之中，渗透于办学环节中，促进学校建立健全办学保障机制和工作制度。

——在巩固校园安全、构建和谐平安校园中起保障和协调作用。通过党组织负责人参与决策，保障教职工的合法权益，通过加强对群、团、工会等群众组织的领导，广泛了解师情和学情，反映师生意见和建议，协调民办高职院校举办者、管理层和广大教职工之间的利益关系。

3. 党在民办高职院校政治核心地位的功能

（1）党的政治核心地位是民办高职院校的党建核心任务。完善和加强民办高职院校党建工作的体制机制是民办高职院校的党建第一要务。首先取决于领导班子中党员的数量占多数,最好是行政一把手兼任党委书记,这样,党组织的地位便具有政治核心的权威,在学校的决策和落实上,便能发挥决定性的作用。其次,要正确认识党组织与行政组织的不同职能,不能以党代政。民办高职院校的中心工作是教学,在学校中主持日常工作的是校董事会、校长及二级学院代理人,学校党委和各级党组织的作用在于保证和监督学校的教学工作沿着正确的方向顺利前行,不要过多地干预正常的教学工作。

(2)民办高职院校党的政治核心地位是促进学校规范办学和健康发展的组织保证。如果仅仅成立了党组织,只不过是领导机构的点缀和附庸,发挥不了党组织的保证和监督作用。民办高职院校党组织负责人是抓党建工作的第一责任人,要协调民办高职院校董事会决策机构、行政管理机构成员,根据分工抓好职责范围内的行政、教学、管理、后勤等工作,形成党组织统一协调,董事会、校长统一领导,有关职能部门各司其职、密切配合的工作格局,确保学校规范办学和健康发展的政治生态。

(3)党的政治核心地位是民办高职院校的党建工作不断创新的智慧和力量源泉。民办高职院校党组织根据学校办学特点和工作实际,探索充分发挥党组织和党员作用的有效方法,创造性地开展工作。要不断总结民办高职院校党建工作的好经验、好做法,运用到实际办学路径中去。要根据实际,建立民办党建工作示范点,加大支持和指导力度,发挥示范点的辐射带动作用。要积极加强调查研究,组织党务人员和教师开展对党组织在民办高职院校的经验进行科学研究,为加强民办高职院校的党建工作提供理论支持和决策依据。

(4)党的政治核心地位是民办高职院校的党建工作评估检查的标尺。民办高职院校要积极探索建立党建工作在民办高职院校的开展方案及成果评估指标体系,定期开展民办高职院校的党建工作的督导检查,发现问题,及时解决。要会同校董事会,认真开展民办高职院校年度检查,把党的建设和思想政治工作情况作为年度检查的重要内容,促进学校提高党建工作水平。

二、党组织的监督作用

1. 监督和领导民办高职院校的思想政治教育工作

民办高职院校党组织的监督权主要体现在引导和监督学校坚持社会主义办学方向,依法治教、规范办学。民办高职院校党委通过政治核心作用的发挥,确保学校始终坚持社会主义办学方向和教育公益性原则,确保学生的思想政治素质和社会主义核心价值观,确保民办高职院校在社会主义市场经济条件下健康、有序地发展。具体表现在:一是确保把社会主义核心价值体系融入高职生思想政治教育的全过程,用马克思主义中国化的最新成果教育学生,使马克思主义成为高职生的精神支柱和强大思想武器;二是深入开展理想信念教育,引导高职生牢固树立中国特色社会主义共同理想,大力弘扬以爱国主义为核心的民族精神和以改革创新为核心的时代精神,引导高职生要始终保持奋发有为的精神状态;三是广泛进行社会主义荣辱观教育,推动形成知荣辱、讲正气、促和谐的良好风尚,努力拓展高职生思想政治教育的有效途径;四是深入开展社会实践,大力建设校园文化,主动占领网络思想政治教育阵地,切实加强心理健康教育,认真做好民办高职毕业生的就业指导和服务工作,充分发挥党团组织、学生组织和班级、社团等组织的作用,不断增强思想政治教育的针对性、实效性和吸引力、感染力。

2. 监督和指导民办高职院校的人才培养全过程

民办高职院校党组织一定要确保监督和指导人才培养方案制定、教学水平提升、人才质量巩固发展,一定要坚定不移地把党建工作真正渗透到内部治理管理、专业建设、教学过程和学生管理之中,使学校每一个成员真切地感觉到党建工作对学校中心工作的引领和促进作用。民办高职院校的党组织要积极探索适合于民办高职院校自身发展的党建工作路径,不断创新党建工作举措,充分发挥党组织的监督及保证作用,确保学校持续、健康与快速地发展。

3. 监督和检查民办高职院校的管理工作考核与评估

民办高职院校的党组织与学校董事会和校长一定要坚持分类监督、指导、检查原则,采取全面评估、重点评估、考察评估的方式对学校管理进行科学评估。在管理干部评估方面,要建立年度工作考核制度,加强对学校领导班子成员德、能、勤、绩等方面的考核,健全群众评议机制,激发班子成员的工作积极性。对评估不达标者要进行综合治理,从而使评估工作成为衡量学校综合实力的一个重要依据。在二级学院党组织的党建评估内容上,要突出基础党组织自身建设、党组织政治核心作用的发挥、党员队伍建设、思想政治教育工作、安全稳定工作、党建创新等方面。在科学合理的考核与评估基础上,坚持用发展的眼光正确看待办学发展过程中存在的问题,鼓励和支持领导干部和管理者根据学校特点和工作实际,大胆探索,充分发挥有效方法,创造性地开展工作。

4. 监督和引导民办高职院校的安全稳定的工作

具体表现包括:一要加强学校安全稳定的基层基础工作。加强以二级学院党组织和学生党支部为核心的基层组织建设,推动完善维护安全稳定的基层组织网络。二要强化学校内部管理,加强应急管理工作,推进学校安全保卫工作队伍建设;加强师生安全教育和法制教育,提高师生守法自律意识,有效预防违法违纪行为;配合有关部门持续开展学校及周边治安综合治理,维护学校正常的教学、工作和生活秩序。三要严格落实维护安全稳定责任追究制。推动建立学校安全稳定工作责任制和工作制度,逐级签订责任书,建立安全稳定的工作责任体系。民办高职院校党委要加强对学校安全稳定工作的督导检查,对抓安全稳定工作成绩突出的要予以表彰;对思想上不重视、工作不得力的要提出批评,限期整改;对不认真履行职责,没有及时解决责任范围内的安全稳定问题,造成不良影响和严重后果的,要追究相关责任人的责任。

5. 监督和构建民办高职院校的和谐校园

民办高职院校党组织是学校和谐稳定的保护者,在积极推进和谐校园建设工作中起着重要的领导作用。构建和谐校园已成为当前所有民办高职院校的重要任务。民办教育的规模、特点、师生成分背景的复杂性决定了民办高职院校和谐稳定工作的艰巨性和重要性。只有充分发挥基层党组织战斗堡垒和党员先锋模范作用,充分调动各方面的积极性和主动性,民办高职院校才能克服重重困难,化解和应对社会发展新时期派生出来的各种矛盾和问题,确保学校始终处于稳定和谐的良好发展态势。

民办高职院校党组织要积极协调校董事会、校务会等决策机构、行政管理机构,研究部署学校的安全稳定工作及督促检查工作;推动学校建立科学有效的利益协调机制、诉求表达机制、矛盾调处机制、权益保障机制和舆情分析研判机制;拓宽师生意愿表达渠道,推行学校党政负责人接待师生、联系师生制度;综合运用法律、政策、行政等手段和教育、协商、疏导等办法,统筹化解矛盾纠纷。

三、党组织的权力

在实际工作中,民办高职院校党委与校董事会通过建立相互沟通的协商机制,正确处理经济效益与社会效益、市场规律与教育规律的关系。校党委通过认真做好支持校董事会工作,引导董事长和校长依法行使职权,全面提高教育教学质量,通过建立党政分工合作、集体领导、民主决策、集中指挥的工作机制,做到党政工作目标一致、相互融合、全面推进、全面发展。

1. 政治领导权

民办高职院校党组织是学校的"政治核心",具有"政治上的领导权",而不是行政的"领导核心"。政治上的领导权主要体现在宣传和执行党的路线、方针和政策,全面领导学校党建、思政工作和德育工作。党建工作的健康发展首先体现在对学校党委的正确定位上。民办高职院校党组织的政治领导权大致归纳为以下几点：

——发挥党组织的政治核心作用,积极宣传和执行党的路线、方针和政策,坚持社会主义办学方向和教育公益性原则,致力于引导和扶助民办高职院校培养社会主义建设事业的技术技能型人才。

——引导和监督民办高职院校遵守法律法规,参与学校重大问题的决策,支持学校董事会和校长依法行使职权,督促其依法治教、规范管理。

——支持民办高职院校内部改革发展,及时向政府职能部门反映学校的合理诉求,帮助解决影响学校办学发展稳定的突出问题。

——全面加强民办高职院校党的思想、组织、作风和制度建设,做好党员的教育管理工作。

——领导民办高职院校的思想政治工作和德育工作。领导民办高职院校的工会、共青团、学生会等群众组织和教职工代表大会。

2. 干部推荐、教育和管理权

民办高职院校党组织应该与公办高职院校党组织一样,负起党管干部的职责。但两者的职责有着本质的区别：公办高职院校党组织除了对党员干部(包括非党员干部)的培养、教育、选拔外,最重要的一条是可直接任命领导干部。民办高职院校的党组织只能对党员干部或非党员干部进行培养、教育、检测和监督。对管理层干部只有筛选和推荐权,没有任命权。民办高职院校的干部任命由校董事会或党政联席会决定。

民办高职院校党组织如何把热爱民办高职院校教育、工作能力卓越、执行力强的优秀人才筛选、推荐到管理岗位上,使他们成为民办高职院校的中坚力量,这是民办高职院校党组织一个很重要的创举。

（1）筛选、推荐干部的思想认识到位。民办高职院校党组织筛选干部是党组织对加强干部负责的一个要义，而不是单指哪一个具体人或具体部门去负责干部筛选工作而言，它体现了党组织对民办高职院校管理层干部的筛选、教育、培养、使用等全面管理的职能作用。不论谁负责这项工作，他都代表学校党组织和班子整体的意图，是通过发挥党组织集体领导的作用和智慧去筛选，是从政治、方向、路线上去筛选。所以学校党组织筛选干部是一项严肃的政治工作，是有原则、方案、程序及范围和约束机制的。党组织筛选干部的关键在于选用那些坚决执行党的路线的人，模范遵守党纪国法的人，全心全意为民办高职院校教育服务的人。真正把在学校有突出绩效的人选拔到管理岗位上。

（2）明确推荐什么人、怎样推荐人。民办高职院校党组织推荐干部不是一句口号，它有实质性的内容和要求，概括起来主要有以下几个方面：一是被推荐人能坚持贯彻党的路线、方针、政策，具备选拔干部的标准条件；二是推荐干部坚持任人唯贤，反对任人唯亲，防止用人上的不正之风；坚持公开透明，公平竞争，走群众路线；三是党组织负责对干部的全面培训、教育考核，监督检查。此外，对中层以上干部的任免，须由校董事会或党政联席会集体讨论，在推荐任免上，要经过集体讨论，严把质量关。

（3）克服党管干部中的各种思想偏见。一是克服论资排辈、求全责备的思想观念，按党的干部路线要求去选用干部，克服只有委任才是党管干部的偏见，增强干部筛选、推荐的竞争性。二是克服党管干部的神秘化，增强群众参与意识，克服选用干部的本位主义现象，实行干部聘任制和双向选择机制。三是建立党管干部的规章制度，制定新型的党管干部的规章制度。建立干部考核体系、培训体系，制定不同层次、不同岗位的任职条件和考核标准、方法等，逐步做到干部管理的规范化、制度化和程序化。

（4）坚持党管干部的程序。从实践看，在干部任免上应坚持以下几个程序：一是由校党组织推荐，由校党政联席会共同协商后拟定名单；二是由组织人事部门进行考核，由工会组织民主评议、民意测验，征求对干部的使用意见，向校董事会汇报考核、评议情况，最后由董事会根据实际需要决定。

（5）坚持走群众路线，公开透明，相信群众中的大多数。要使干部选得准、管得好，必须走群众路线，坚持民主推荐、民意测验、民主评议。一个人竞争要靠能力强、靠政绩优秀、靠群众的威信。只有突显能力、做出政绩来，才能得到群众的相信，受到群众的拥护。

3. 教育教学管理的参与权

民办高职院校担负着培养社会主义事业的建设者和接班人的重任，所以必须加强党组织参与教育教学工作。这也是促进党和国家的方针、政策在学校的落实，保证民办高职院校坚持社会主义办学方向的必然要求。如果民办高职院校党组织不参与学校的行政、教学、后勤和学生管理工作，党在这里的群众基础和执政基础就会被削弱，党的教育方针和政策很难得到及时落实，也就很难保证学校办学质量和可持续发展。

4. 办学发展的监督权

民办高职院校的党组织一定要通过各种途径和形式，监督顶层决策管理、行政管理、学生管理、教学管理、后勤管理及其他管理，对管理人员、行政工作人员、任课一线教师、后勤工作人员及服务人员进行政治思想教育、业务项目指导。校党委和二级学院党支部只有正确定位、主动监督行政事务，不越位不错位，才能在坚持正确的政治方向和人才培养工作中有所作为。民办高职"二元思维"认为，正确监督就是最好的定位，民办高职院校党委要发挥党组织的政治核心作用，把握党组织地位，完善党委参与和监督决策管理、行政管理的领导体制和机制。

第二节　党政同责

民办高职"二元思维"的党政同责[①]指的是，民办高职院校党委与校董事会，在办学治理、教学管理、人才培养等方面协同承担职责。同时，校党组织实行一岗双责，即校党委和二级学院的党支部书记，除了履行自己的党内职责外，还要承担一定的行政职责。民办高职"二元思维"的党政同责、一岗双责，其目标是党政联手、齐抓共管，共同承担应有的责任，解决的是党政在办学过程中的同心、同行和同责问题，让党政基于各自的角色，共同做好办学发展的各项工作。当然，由于党政同责开展工作，两者的角色有差异，校党委和基础党支部与校董事会、

[①] 民办高职"二元思维"的"党政同责"的解释有三：一是民办高职"二元思维"重视党在民办高职院校的地位和作用。二是"党政同责"的"政"指的不是政府，而是民办高职院校的董事会、校长办公会，包括举办者和经营者。三是"党政同责"的施展平台是民办高职院校的党组织与董事会的联席会议、党政联席会制度。

校长及部制管理者所承担的职责内容和方式是不一样的。

一、民办高职院校党组织机理分析

民办高职院校党组织设置在严格按照中央和上级组织要求的基础上,科学分析民办高职院校办学管理中的党的执政规律,加强和改进党的领导方法,科学构建民办党建的体制机制,更有效地发挥党组织的作用,实现在民办高职院校办学中党的建设科学化,从不断提高在民办高职院校的政治能力,确保政治领导权,满足民办高职院校规范办学、和谐发展的内在需要。

1. 机构设置

根据《中国共产党党章》《中国共产党基础党组织选举暂行条例》的规定及地方党组织机构设置的实际情况,可分为:

党委:一般情况下,党员人数超过100名的基层单位,经上级党组织批准,可成立党的基层委员会。有的基层单位党员人数虽然不足100名,但因特殊情况和工作需要,经上级党组织批准,也可以成立党的基层委员会。

党总支:党员人数超过50名的基层单位,经上级党组织批准,可成立党的总支部委员会。有的基层单位党员人数虽然不足50名,但因特殊情况和工作需要,经上级党组织批准,也可以成立党总支委员会。

党支部:正式党员人数超过3名、不足50名的基层单位,经上级党组织批准,可成立党支部。其中,党员人数超过7名的,应设支部委员会;党员人数不足7名的,只设书记1人,必要时可设副书记1名。正式党员人数不足3名的,可以和临近单位的党员成立联合党支部。

党的基层委员会由党员大会或党员代表大会选举产生,党的总支部委员会由党员大会选举产生。为完成某项临时性任务而成立的临时单位、临时机构、短期学习班等,经批准可以成立党的临时委员会、总支部委员会或支部委员会。临时党组织的书记、副书记和委员会委员由上级党组织指定。

民办高职院校的党组织机构设置一般是:学校层面设党委;二级学院和行政职能部门则根据工作需要或党员人数,设党总支或党支部。

2. 政治环境建设

(1) 制定对外联络机制。构建民办高职院校的党建工作的外部协调、联络机制,设专人负责联络上级党务部门,协调对学校党的建设进行调查、研究、检查、指导事宜。

（2）加强制度建设。积极推进民办高职院校的党建制度建设，着力于党组织工作制度的制定和出台，形成推进党建工作深入开展的制度体系，促使学校党建工作制度化、规范化。

（3）建立党组织常规运行机制。校党委要深入学校各个方面，研究其党建工作的新情况、新问题，对学校党建工作进行定期检查评估，向二级学院党组织反馈问题，敦促改进。

（4）探索和完善民办高职院校党组织领导体制和管理体制。积极推进董事会、行政机构、党组织各层面的"双向进入，交叉任职"制度的落实，学校管理层面保障党组织负责人进入学校决策机构参与讨论学校重大问题和重大事项的地位和权力，建立和完善党政联席会制度。二级学院层面要比照校级层面落实具体要求。

（5）健全民办高职院校党组织队伍建设和经费保障机制。应切实加强对学校党组织负责人的选任和培训工作，努力打造一支让上级党委放心、让师生满意的党组织负责人队伍。同时，要加强教育管理和考核监督，使党组织负责人恪尽职守，敢于坚持原则，廉洁自律。

3. 思想建设

（1）党政提升认识、相互支持工作。民办高职院校的举办者和董事会要提升认识，提升对学校党建工作的认识，认真落实以"坚持参与决策、坚持党政协调、坚持党要管党"为原则的"双向进入、交叉任职"的党政领导工作机制，学校党委分管负责，党办、宣传部门、学生处和团委等部门紧密配合，学校教务处等职能部门协同配合，学校党委、二级学院党总支、教师和学生党支部相互衔接的工作体系，形成齐抓共管的工作格局。

（2）强化理论武装和思想建设。民办高职院校要健全各级领导班子和全校师生的理论学习制度，努力在学习内容的"深度""力度"和"广度"上下功夫。要深入开展主题学习活动，坚持党员经常性教育活动和全校性主题学习活动不断线，达到学以致用、以用促学的效果，切实加强对师生的教育培养。

（3）积极推进党组织工作载体建设。民办高职院校党组织要紧紧围绕学校中心工作，不断加强工作载体建设，充分发挥党组织的服务作用。一要积极推动基层党组织设置创新，按照有利于基层组织开展工作、有利于充分发挥基层组织战斗堡垒作用的原则,加强基层组织建设。二要加强党组织负责人队伍建设。按照"选优配强"原则,将业务骨干、行政部门负责人调整为支部负责人。三要加强教育培训,要提要求、下任务,加强培训力度和强度。四要加强对先进典型的培养和管理,从制定方案到健全制度、从发掘典型到培养指导和树立宣传等环节,都要有章可循,切实推进典型选树工作的深入开展。

(4)做好党员发展工作。民办高职院校的党组织在党员发展程序上,要始终坚持将"政治标准"放在首位,突出程序严格规范;要坚持把发展党员工作与提高党性教育紧密结合起来,充分发挥党员在提升教育教学质量中的战斗堡垒作用和先锋模范作用;要把发展党员与服务地方经济社会发展的模范带头作用紧密结合起来,突出党员在服务社会中的价值导向作用;要坚持把发展党员与平安和谐校园建设紧密结合起来,突出党员在平安和谐校园建设中的服务作用。

4. 组织建设

民办高职院校党建工作面临学校法人治理结构的特殊性、党建工作自身的探索性、校园文化时空的有限性等客观现实。党组织在民办高职院校中的作用必须得到应有的重视。在具体实践中,民办高职院校党建工作可以参照公办高职院校党建工作模式,正确把握党在民办高职院校中的定位,积极主动地开展工作,体现政治核心和监督保证作用。

(1)加强党组织领导班子建设。民办高职院校党委坚持用马克思主义中国化的最新成果武装头脑、指导实践、推动工作,不断提高各个党组织领导班子成员的思想政治素质和工作能力。校党委要贯彻民主集中制原则,积极推进双向进入、交叉任职,党组织领导班子成员可通过法定程序进入学校决策机构和行政管理机构。民办高职院校建立党组织与学校决策机构的协商沟通机制,与学校行政管理机构的联席会议制度。党组织对学校的发展规划、人事安排、财务预算、基本建设、招生收费等重大事项提出意见或建议,参与研究讨论。选好配强民办高职院校党组织负责人,必须有一名以上的专职党组织负责人。民办高职院校党委要加强教育培训,不断提高党组织负责人的素质;加强考核监督,确保党组织负责人努力工作,廉洁自律。

(2)加强党组织的政治意识。民办高职院校要获得生存和发展的空间,关键在于提高教育教学质量,为社会培养具备良好思想政治素质和职业道德的专门人才,实现科学发展。这就需要民办高职院校党组织具有强烈的政治意识、市场生存意识和可持续发展意识,能组织广大教师努力探索市场经济条件下的办学模式和发展路子,一定要为学校发展创造和赢得良好的政治和政策环境,引导教职工在办学特色、教学改革、管理水平等方面积极进取,最大限度地提高教育质量,力求多出人才、多出成果,不断促进学校的良性发展。

(3) 增强党组织凝集力,充分发挥党员先锋模范作用。民办高职院校建校时间一般没有公办高职院校长,各种建制有待循序规范,党员数量少,且流动性较大。教职工一般由学校从全国各地自主招聘,把这些从四面八方招聘的教职工凝聚在一起,在对其进行专门的岗位培训的基础上,党组织应及时对新入职党员教职工建立名册,通知他们积极参加党组织活动,激励他们开拓思路努力工作,在工作岗位上发挥先锋模范作用。此外,党组织还要凝聚党外教职工一起为学校的科学发展献计献策争做奉献。所以,民办高职院校党建工作的特殊地位和作用发挥,是学校其他任何组织所代替不了的。

(4) 加强民办高职院校党员教育管理。抓好学习培训,通过培训班、党课、报告会和研讨会等形式,有计划地组织好党员的学习教育。加强实践锻炼,深入开展"创先争优"主题实践活动,组织党员立足于本职岗位发挥先锋模范作用。严格组织生活,认真执行"三会一课"制度,定期开展民主评议党员、党员党性分析评议。加强流动党员管理,在民办高职院校从事专职工作半年以上的党员,应转入组织关系。积极而慎重地做好发展党员工作。坚持和完善发展党员工作的标准和程序,成熟一个发展一个,实行发展党员公示制和发展党员票决制,确保民办高职院校新党员的质量。坚持把培养教育贯穿于发展党员工作的全过程,切实加强入党前、入党时、入党后教育,实现党员组织入党和思想入党的统一。

二、党组织与董事会的联席会议机制

党组织与董事会的联席会议是民办高职院校办学发展的主要议事机构,其本质是全面贯彻民主集中制原则,加强党组织与董事会的联席共同负责、集体领导的制度化建设,促进党政领导各司其职,分工合作,实行集体领导与个人分工负责相结合的制度,保证党组织与董事会的联席议事民主化、规范化、科学化。党组织与董事会的联席会议制度是民办高职院校日常管理重要工作决策的基本形式。

1. 党组织与董事会联席会的功能

董事会是决策中心,校行政是管理中心,校党委是政治核心。党委领导班子主要成员进入学校董事会和行政管理机构,形成了双向进入、交叉任职的领导管理体制。校长既是董事会成员,还兼任党委书记,全面负责学校党政工作,既确保了办学方向,也能有效调动各方力量提升学校内涵建设。党委工作部门与行政职能部门对口合署办公,形成了科学决策和沟通机制,从工作目标上改善党建工作与学校中心工作联系,既减少了权力内耗,又提高了管理效率。

2. 党组织与董事会联席会的议事范围

凡属议事范围内的事项都应召开党组织与董事会的联席会议。党组织与董事会的联席会的主要任务是贯彻落实党和国家的方针、政策以及学校的各项规定、决议。党组织与董事会的联席会议成员包括校党委和董事会全体成员。围绕学校党组织与董事会的联席会工作部署和学校年度目标责任,学校教学、科研、管理等工作中的各项重大事项应由党组织与董事会的联席会讨论决定。议事范围包括:

——贯彻执行党和国家有关方针政策以及贯彻落实学校党组织与董事会联席会工作计划的具体实施意见;

——学校的办学战略发展规划和年度计划、年度总结,重要改革措施,重要规章制度;

——学校专业建设,师资队伍建设,教师绩效考核,专业技术职务评聘、奖惩等重要问题;

——学校年度经费预算、使用和检查,创收工作中的重要问题和分配方案,大宗资金使用、收入分配等;

——教师和学生的思想政治工作、德育工作和安全稳定工作等;

——学校招生计划和毕业生就业指导;

——学院党组织与董事会的联席会交办的其他重要事项,以及其他需要提交研究的问题。

党组织与董事会联席会的议题确定。党组织与董事会联席会的议题由校董事会主要负责人商定。除临时召集外,党组织与董事会联席会的议题和有关材料要提前送达与会者,以便做好议事准备。凡提交党组织与董事会联席会的议题,有关人员应事先准备好相关材料,内容包括汇报要点、需要讨论决定的事项以及解决问题的建议或方案。凡未经党组织与董事会联席会主要负责人会前审定的议题,一般不列入会议的议程。

3. 党组织与董事会联席会程序

党组织与董事会联席会议的召开。党组织与董事会联席会原则上每月召开1~2次。区别不同事项由党组织负责人或董事会负责人主持。党组织与董事会的联席会一般应在全体成员到会时方能召开。出席会议的成员若少于2/3,会议应改期进行。党组织与董事会的联席会议事时,凡涉及本人及夫妻关系,直系血亲关系,近姻亲关系的职务聘任、职称晋升、出国和奖惩等问题时,本人及有关成员应主动回避。议事时按照少数服从多数的原则,经应出席会议的成员半数以上通过方为有效。如对讨论的议题存在分歧,则不宜匆忙做出决定,待进一步调研、论证、协商后讨论决定。议事时,行政秘书应认真做好记录,存档备查。党组织与董事会的联席会需要保密的有关内容和决议、决定形成的过程等必须严格保密,违者要追究责任。

党组织与董事会联席会的决定或决议的执行与反馈。党组织与董事会联席会的决议和决定应形成《会议纪要》,经主持人签批,例会人员阅签后存档。对党组织与董事会联席会的决定、决议,全体会议人员应按照各自的分工认真组织落实,并将落实情况及时向党组织与董事会联席会汇报。

4. 坚持党组织与董事会联席会的意义

一是党组织与董事会联席会的重要性和紧迫性。加强民办高职院校党组织与董事会联席会的思想、组织、作风和制度建设,充分发挥民办高职院校党组织与董事会联席会的凝聚人心、推动发展、促进和谐的作用,为促进民办高职院校办学的健康发展提供坚强有力的政治、治理、管理保证。二是健全组织,理顺关系。明确民办高职院校党组织与董事会联席会的作用和职责,建立健全民办高职院校党组织,具备建立党委会条件的,必须及时建立党委会。党委会应本着精干、高效和有利于加强党的建设的原则配备必要的工作人员。

三、党政联席会制度

党政联席会制度是民办高职院校常见的领导班子集体议事的会议形式,其本质是协调党政联系,保障集体领导,促进工作决策的民主化,及时研究、处理重大问题,及时交流和沟通思想,统一行动,提高工作效率和决策水平。

1. 党政联席会制度与党组织和董事会联席会的异同

相同部分:坚持民主集中制原则;实行集体讨论与董事会或校长负责相结合

的制度。无论是党政联席会制度,还是党组织与董事会的联席会,党、董之间或党、政之间既要明确职责,合理分工,又要协同合作,形成合力,形成制度完善、相互配合、和谐融洽、协调运转的工作机制。

不同部分:从民办高职院校的党组织与董事会联席会的实践运行中看,校长兼党委书记"一肩挑"的占多数,很少看到校长与党委书记职位分离。校长兼党委书记在联席会议上做出的决定包含了董事会、党委和校长的共同思想。党政联席会制度比党组织与董事会联席会制度要低一个级别,是董事会领导的校长负责制开展工作的一种形式,讨论解决的问题相对狭窄些。

无论是党政联席会制度,还是党组织与董事会的联席会,这两种制度都没有法律依据,不是国家行政编制机构,因而没有法律效力。

2. 议事规则

党政联席会议的组成成员为学校党政领导、工会主席。党政联席会议的组成成员具有议事与表决权,议题涉及学术、教学、科研、学科建设、队伍建设等。党政联席会议主持人由党委书记和校长商定,涉及党委的工作事项由党委书记主持;涉及行政的工作事项由校长主持;属于党政工作交叉性质的议题由党委书记和校长协商确定议题主持人。党委书记和校长要充分沟通酝酿,交换意见。党委书记和校长是一人兼任的,应与常务副校长商议。党政联席会议原则上每周召开一次,根据工作需要,可提前或延期召开。党政联席会议应严格按照预定议题进行,一般不得临时动议。党政联席会议讨论决定工作实行少数服从多数、回避的原则。决定重大问题要进行表决,获得党政联席会议应到会成员半数以上同意的,方可形成决议、决定。党政联席会议实行一题一议。

3. 议事内容

党政联席会制度的议事内容和党组织与董事会联席会的议事内容基本一致,主要包括:传达学习上级业务主管和学校有关重要文件、指示和会议精神。研究贯彻落实党的路线、方针、政策,上级领导机关和学校的有关决议、决定以及工作部署等;在经学校"双代会"充分酝酿的基础上,研究制定、修改和完善学校发展战略规划、年度工作计划以及教学、科研、管理等方面的重大改革方案和重要规章制度;研究决定学校人才培养、科学研究、师资队伍建设、学科建设、学生教育管理、学术交流、招生、就业指导、社会服务等工作中的重要事项;研究决定学校人员岗位设置、聘任、人才引进、考核、奖惩、晋级、专业技术职务评聘等工作中的重要事项；研究决定学校年度经费预算，通报财务收支情况、大额经费使用、大型设备购置、办学资源调配、奖金分配等财经方面的重要事项；研究决定学校党的建设、思想政治工作、党风廉政建设以及工会、共青团等方面的重要事项；研究制定学校维稳工作的方案，研究排查学校影响稳定和安全的各类隐患及其他需要研究决定的重要事项。

四、基层党组织建设

所谓民办高职院校基础党组织是指，学校党委领导的二级机构以下的党总支和党支部。民办高职院校基层党组织工作的特殊性主要体现在，管理体制上的特殊性、基层党组织工作对象的复杂性和基层党组织工作内容和方式的创新性。客观分析民办高职院校基层党组织工作的现状，认真剖析存在的问题，提出加强民办高职院校基层党组织工作的建议，包括协调党组织与董事会、行政领导班子的关系，加强党组织自身建设，创新民办高职院校党员的教育管理制度，建立民办高职院校党务与行政互动的工作模式等。

1. 准确定位

民办高职院校的运行机制是董事会领导下的校长负责制，只有准确把握基础党组织的定位，才能发挥其党组织的基础战斗堡垒作用。第一，民办高职院校基层党组织的主要作用是领导所在单位的思想政治工作和德育工作；第二，基层党组织的作用是引导和监督同级主要负责人和领导依法治校、规范管理；第三，基层党组织的作用是参与同级单位视阈的决策，支持二级机构改革发展，帮助解决影响二级机构发展稳定的问题；第四，基层党组织的作用是宣传和执行党的路线、方针、政策，全面加强二级机构的党建工作，做好党员管理工作。

2. 完善机制

民办高职院校基层党组织应该不断探索民办党建工作规律，以制度建设推进基础党组织建设的科学化、系统化、规范化，不断完善科学、系统的管理机制，推进二级机构各项建设，提升党组织在职能部门和二级学院建设中的地位。第一，是建立并完善基础党组织与同级行政的沟通协调机制。基础党组织领导班子要积极参与二级学院领导班子建设，做到党政兼顾，全面参与二级学院的行政决策，更好地行使监督权，并依靠组织广泛征求到的群众意见，进行科学决策，体现党组织的政治核心作用和监督作用。第二，是建立完善学生党员培养、发展、管理的机制。民办高职院校基层党组织要积极探索有利于学生全面成长、成才的途径,要做好发展党员工作,将具备标准的优秀青年高职生及时吸纳到党组织中来,提高党组织的战斗力,保持党组织的活力。第三,是建立完善教工党员管理的机制。民办高职院校教职工对学校缺乏强烈的主人翁意识和归属感,凝聚力不强,很多人是兼职,关系不在学校。基础党组织要因地制宜,与时俱进,及时构建教职工党员发展平台,使教职工凝聚力和战斗力得到显著提高。

3. 加强基础党支部书记的能力建设

(1) 提升党政业务的能力。职能部门党支部书记和二级学院党支部书记,不仅要懂党务,而且要懂业务,才能更好地指导支部工作,也就是说在具备党务知识的同时还要具备自己所在部门工作相应的业务水平,掌握一定的专业知识,这样才能既做好支部工作,又能做好部门的行政管理工作。

(2) 提升组织建设的能力。如何发挥组织建设的作用,把组织建设得更好,使一个组织日益团结、向上,是每个党支部书记都应具备的能力。作为一名支部书记,就要协助行政领导,协调好各项工作,充分发挥每位党员及其他职工的作用,踏踏实实做好每一件事情,集中部门的智慧与能力,做好各项工作。

(3) 提升激励、扶助的能力。党支部书记要善于激励他人,善于自我激励。要让他人充分发挥自己的才能努力去工作,要把"要我去做"变成"我要去做",实现这种转变的最佳方法就是对他人进行激励。如在实际工作中用平等的激励的而非命令的方式安排工作,就能够使对方体会到领导对自己的信任,工作中就会积极进取,迎难而上。此外,作为一名支部书记,自我激励是缓解来自各种压力的有效手段。通过自我激励把压力转化成动力,增强工作成功的信心。

(4) 提升倾听、沟通的能力。在日常工作中常常会遇到这种情形:本部门人员因为一件事情想不通或感到自己待遇不公而需要诉说。作为一名党支部书记,就要注意倾听员工的困惑、建议与意见,在第一时间掌握他们的所思所想,及时调整管理方法,从而更好地协调部门工作,增强部门的凝聚力。

(5) 提升与上级领导相处的能力。要充分尊重领导,并且在遇到困难时要善于获得领导的支持。

4. 加强党员素质建设

素质是能力的基础,能力是素质的表现。素质是根本,能力的大小是由素质的高低而决定的。民办高职院校的党员必须具备以下素质:

(1) 良好的思想政治素质。作为民办高职院校的党员,在具体工作中要按照校党委的部署安排开展工作,做好战斗堡垒、模范带头作用,要具有坚定的共产主义信念,自觉加强党性修养,对党忠诚,热爱祖国和人民;必须努力提高自己的理论修养水平,努力改造自己的主观世界,确立正确的世界观、人生观和价值观。要有为学校的建设和发展无私奉献的精神,为教师、为学生全心全意服务的精神,要有把学校办得更好更强的信心。

(2) 科学文化素质。作为民办高职院校的党员,要想把本职工作做好,把业务工作做扎实,就要具备各个方面的知识。要具有扎实的文化基础知识和相应的专业知识,这样才能带领本部门同志共同进步;要善于理论联系实际,在实际管理工作中正确认识问题、分析问题并解决问题;要掌握一定的计算机和网络知识,学会应用计算机辅助管理,学会从网上获取信息,共享资源。另外,还要掌握一些现代管理理论和方法以及其他社会科学和自然科学的有关知识等。

(3) 职业道德素质。民办高职院校的党员要时刻严格要求自己,为人师表,要具有严谨的工作作风、严肃的生活作风和高雅的生活情趣。对人态度亲切,真诚友好;对事坚持原则,实事求是,不存私心。要牢固树立"党员服务意识",全心全意为广大师生服务。

(4) 身体和心理素质。健康的体魄是做好一切工作的根本保证,无论做什么事业,健康的身体对每个人都是十分重要的。一名优秀的党员必须具有良好的心理素质。要做到心境宽松平和,以一颗平常心对待工作中的任何事情,始终保持充沛的精力开展工作。要保持积极的情绪,避免消极情绪,工作勤奋努力,一丝不苟。要心胸宽阔,具有甘为人梯的思想境界。要保持坚忍不拔的毅力,敢于面对逆境,坚持原则,坚定信念。

第三节 党组织对教代会、工会的领导

一、教代会和工会在民办高职的地位

民办高职院校教职工代表大会是实施民主管理和民主监督的基本组织形式。民办高职院校的办学发展问题,如扩大校园规模与经费来源问题,建设投资与职工福利问题,教学设施滞后与保证教学质量问题,教师教学质量问题,学生

管理问题、生源问题、就业问题等。这些问题的研究解决,需要群策群力,需要学校工会组织教师参与民主讨论、研究和出谋划策,协商解决。

教代会作为代表组织之一,可以让权力之间、利益之间、职能之间相互制约达到平衡。一是建立健全教代会制度,奠定学校民主建设基础。教代会是学校管理体制的重要组成部分,是全体教职工行使民主权利、依法参与民主管理和监督的基本形式,是学校领导听取教职工意见,科学民主决策的重要渠道,是学校民主管理的具体体现。二是紧密结合实际,推进民主管理。学校把民主管理与党风廉政建设相结合,通过民主管理,把学校领导干部的廉洁勤政置于教职工的民主监督之中,把民主管理与学校日常工作相结合,推动学校民主管理、监督和科学决策,促进学校发展。三是把民主管理与学校规范管理相结合,通过依法治校,促进学校民主政治建设。四是把民主管理与教代会相结合,落实教职工在学校重大工作中决策、咨询、建议和监督作用,形成科学决策、民主监督的氛围。①

工会在民办高职院校民主管理中占据重要地位,民办高职院校在推行民主管理改革的进程中,工会应充分发挥组织引导、沟通协商、利益协调的作用。

民办高职院校党组织重视指导学校教代会和工会工作。民办高职院校工会和教代会是学校民主管理的主要组织形式,加强教代会和工会组织建设,充分发挥其职能,对促进民办高职院校管理的民主化和科学化具有重要意义。

二、充分发挥教代会和工会的作用

1. 民办高职工会和教代会的作用共同点

地位和性质相同。学校工会和教代会都是学校民主管理的重要组织形式,是学校的"参政议政"组织,是学校的监督和审议机构,非决策机构。学校党组织要建立健全工会和教代会组织制度,充分发挥工会和教代会的作用,正确引导他们参政议政。

目的任务相同。学校工会和教代会的任务是在学校党组织领导下开展民主管理工作,依法维护教职工的合法权益,调动广大教职工的积极性和创造性。民办高职院校一定要依靠工会和教代会办好学校,发动工会和教代会为办好学校献计献策,推进校务公开,促进学校廉政建设,在学校、工会和教代会之间架起一

---

① 聂运治:《论高校教代会的性质、地位和作用》,载《湖北广播电视大学学报》,1998年,第4期。

座"连心桥",增强沟通和理解,凝聚人心。

组织制度相同。教代会和工会都实行民主集中制,即民主选举,个人服从组织、少数服从多数。教代会和工会的组织制度的功能就是辅助学校深化内部治理和管理、职业化教育管理和教学、职业教学改革,促进教师专业发展和学校可持续发展。

2. 工会和教代会的作用不同点

组织形式不同。按照工会章程规定,学校教职工只要本人自愿申请,经工会小组讨论通过,工会基层委员会批准,即可成为工会会员;工会委员会由会员或会员代表选举产生;工会组织不仅实行"个人服从组织、少数服从多数",还要求"下级组织服从上级组织"。教代会代表由教职工选举产生,教代会会议由会前代表推举的主席团主持,教代会没有常设机构,教代会除接受学校党组织的领导和上级主管部门的指导外,不存在上级教代会领导的问题。

职责不同。工会的主要职责是维护教职工的合法权益(含民主政治权利、经济文化权利等各种法律规定的权益);工会可召开工会会员会议,主要审议工会委员会的工作,包括审议和批准工会委员会的工作报告,审议和批准工会委员会经费审查委员会的工作报告,选举工会委员会和经费审查委员会等。教代会的主要职责可概括为"五议一问"。"五议":一是审议,审议学校工作报告;二是决议,决定学校重大问题;三是评议,评议校长和学校领导班子;四是提议,以提案的形式为学校发展建言献策;五是商议,对学校的有关事项进行磋商。"一问"就是质询,即就学校发展和涉及个人切身利益的事项向校长提出质疑和询问,获得答复和解释。

活动方式不同。工会的活动方式以"活动"为主,组织教职工开展文体、读书、慰问、节庆等活动,以创建"职工之家"为载体,让教职工体验到"家"的温暖、关怀与和谐。教代会的活动方式以"会议"为主,一年召开一至两次会议,通过会议履行其职责。

三、维护好、引导好工会、教代会工作

民办高职院校党组织要充分发挥工会与教代会的职能作用,促进学校管理科学化。民主的制度化、程序化是民办高职院校行使民主的重要保证,加强教代会制度建设和工会组织建设既是校长负责制的应有之义,也是推进学校管理民

主化、科学化的根本途径。"建立健全教职工代表大会制度,不断完善科学民主决策机制。"①"工会依照法律规定通过职工代表大会或者其他形式,组织职工参与本单位的民主决策、民主管理和民主监督。"②教代会是教职工行使民主权利、参与学校民主管理和民主监督的基本形式和制度,是学校管理体制的重要组成部分。教代会能否充分发挥其职能,取决于工会组织的运作。为此,作为学校工会组织,在发挥自身职能作用的同时,要把教代会制度建设作为重要任务。一是自觉接受党组织的领导,主动请示汇报。二是要建章立制,按章办事。三是规范程序,如代表的产生、会议的程序、会议的主持等。规范的形式能使教职工代表得到深刻的体验,并增强自豪感。四是固定时间,每年定期召开会议,必要时可临时召开。

一般情况下教职工都可能是工会会员,工会和教代会属于是一套人马、两个机构,主体相同,任务相同,形式不同,之所以采用不同的形式是为了给教职工行使民主权利提供更多的机会。工会作为常设组织,在教代会闭会期间就成为其工作机构。在教代会召开前,工会要认真做好筹备工作;在教代会召开期间,工会就是教代会的主办者;教代会闭幕后,工会要负责落实教代会交办的各项工作(主要是督促学校落实教代会的各项决议)。学校党组织要高度重视工会和教代会的工作,充分发挥其作用,通过工会和教代会为办好学校凝心聚力。

案例:"南洋"党建工作拓展

一、党委、董事会行政议事机制

如何处理党组织与董事会、院行政的关系,是民办高职院校党建工作的关键所在。在实践中,无锡南洋职业技术学院党委认为,党组织的政治核心作用主要体现在三方面:一是积极参加学院重大问题的决策,支持学院董事会和院长依法行使职权;二是支持学院的改革发展大业,全面加强学院党委的思想、组织、作风和制度建设,做好党员教育管理工作;三是领导学院思想政治工作、德育工作及和谐校园创建工作。真正做到定位正确,职责明确,工作到位,有地位更有作为。

---

① 摘自《学校教职工代表大会规定》(中华人民共和国教育部令,第32号)。
② 摘自《中华人民共和国工会法》(1992年4月3日第七届全国人民代表大会第五次会议通过)。

按照学院董事会章程，董事会赋予院长办学自主权。院长兼任党委书记，并进入董事会，从而确保了党委对学校的发展规划、人事安排、财务预算、基本建设、招生收费等重大事项的管理参与权。凡是学院发展的重大问题，院长兼党委书记都要与董事长及时沟通，开诚布公交换意见，达成思想上的共识、行动上的一致，做到心往一处想、劲往一处使，形成合力。在工作实践中，学院党委十分注意将党务工作的重要信息，如机构的设置、党务干部的任免、重要活动的安排等及时向董事会通报，使董事会充分认识到党委是学院办学方向的扶正者、事业发展的推动者、和谐发展的保证者，从而对学院党委的工作从人、财、物等各方面给予大力支持。管理上的参与权主要体现在参与学校改革、建设和发展以及教学、行政管理等工作中重大问题的讨论与决策。

学院党委和二级学院党总支都十分重视团委、学生会工作，经常给予关心指导，按照《全国高职生联合会章程》精神，积极支持学生会独立自主地开展工作，充分发挥学生会"自我管理、自我教育、自我服务"作用。一是学生会组织机构健全，规章制度完善，作用发挥充分。二是领导高度重视和支持，凡是学生重大活动，院领导一般都尽可能参加，并由分管领导讲话，给予方向上的正确引导，增强了活动的实效性与影响力。三是建立了16个大型学生社团，其中"南洋剧社""蓝调摄影""轮舞飞扬""知味文学社"等社团，在江苏省高职院校具有较高的知名度，连续多年被评为"无锡市十佳社团"，对提高学生的组织能力、沟通能力、独立能力、职业素养，培养学生互助友爱、亲密合作的团队精神起到了很大的促进作用。在这些平台上，学生干部的组织、协调能力与团队合作精神得到了提高；多才多艺的学生塑造了自我，找回了自信，激发了对学院的热爱。通过校园文化活动抢占思想文化制高点，渗透思想政治教育，为做好高职生党建工作打下了坚实的群众基础。

二、基层党组织建设"延伸"模式

民办高职院校党组织积极探索人才培养模式，创新党建工作延伸机制，把党建工作的触角延伸到民办高职院校的教育教学工作的新领域和重点领域，使党的建设紧贴学院改革发展的大局，真正发挥党组织的政治核心作用和战斗堡垒作用。根据民办高职院校的特点，无锡南洋职业技术学院积极探索党组织发挥作用的途径和方法，创新党建工作"延伸"模式：一是以"党员之家"为平台，将党建工作延伸到企业；二是以党支部为堡垒，把党建工作延伸到海外；三是建党员活动之家,把党建工作延伸到学生公寓。

1. 党建工作延伸到企业

结合工学交替人才培养模式的特点,学院党组织提出"学生学习生活到哪里,党组织就跟进到哪里,党组织的战斗堡垒作用和党员先锋模范作用就发挥到哪里"的工作思路,积极探索学生党建工作延伸到企业的模式。主要做法是针对目前在企业进行工学交替的学生以一年级学生为主的现状,在相关企业建立以申请入党学生为主体,以入党积极分子为骨干的"党员之家",并以"党员之家"为平台开展党建和思想政治工作。

搭建组织平台,为党员之家壮骨。"党员之家"能够有效地开展活动,首先要搭建组织机构和建章立制。选择责任心强、工作能力强的教师党员担任"党员之家"主任,全面负责"党员之家"的管理工作,在有条件的企业,聘任企业党员担任"党员之家"的主任或顾问,同时让学生参与"党员之家"的管理工作,选拔表现优秀的学生党员或入党积极分子担任干事或秘书等职。

创新管理规范,为党员之家立规。一是管理程序清晰,由党政办代表党委总抓企业"党员之家"工作,企业"党员之家"的建设和管理以相关二级学院党总支为主,团总支为辅。二是建章立制,企业的"党员之家"都有程序可依,制度可循。三是创新活动开展形式,建立活动招标机制,把部分"党员之家"大型理论学习和专项活动拿出来,公开招标,鼓励社团组织参加竞标,重点扶持那些有能力的社团开展活动,使"党员之家"活动更加丰富多彩。

建立培训体系,为"党员之家"铸魂。在工学交替的人才培养模式下,合理利用学院和企业的优质资源,开展形式多样的申请入党学生、入党积极分子和党员的教育培养工作。一是利用企业的设施建立分党校,将党校教育工作延伸到企业;二是除了学院定期派教师到企业上党课外,还聘请企业的党员为学生上党课,增加党课学习的吸引力;三是利用企业资源,结合所学专业开展党课实践教育活动;四是建立理论学习小组,通过学生的自我管理和自我教育来提高学生党员、入党积极分子和申请入党学生的党性觉悟。

做好党员发展工作,为"党员之家"输血。一是根据民办高职院校学制短的特点,立足"早抓"的思路,做到"早教育、早选苗、早培养、早发展",党员发展工作程序上要环环相扣,时间上要不留空白。特别是学生在企业学习的这段时间更要注重教育和考察。二是建立一支高素质的入党积极分子队伍,积极鼓励在企业实习的学生申请入党,通过"党员之家"开展教育和考察。三是注意做好学生在企业与学校流转过程中学生党员和申请入党学生的教育、考察工作的衔接,通过有计划有针对性地花大力气做好"接力培养",确保政治素质高、党性觉悟高的学生能顺利迈入党组织的大门。

发挥示范作用,为"党员之家"添彩。一是充分发挥学生党员和入党积极分子的模范带头作用,为他们搭建展示风采的舞台。根据学生在企业的工作分布、居住方位和他们的思想现状及专业技能特长,"党员之家"将学生划分为五个责任区,即安全管理责任区、专业帮扶责任区、和谐稳定责任区、思想进步责任区、心理健康手拉手责任区,做到定期汇报、检查评比,并及时调整帮扶对象,助推学生由他律向自律方向发展。二是撑起一片天,学生干部是"党员之家"的骨干,他们的自身素质和组织协调能力如何,直接影响工作开展的质量。开办"党员之家"学生干部定向培训,注重对"党员之家"干部培养使用结合,多途径、多方式提高他们的思想政治素质和组织管理能力,夯实"党员之家"理论基础,使活跃在一线的"党员之家"干部不仅知理论,而且懂实践,用理论指导工作。三是开好一个会,为提升"党员之家"的凝聚力和号召力,分学期召开"党员之家"研讨会,总结经验,创新思路,使"党员之家"的工作稳步推进。四是设计好一个活动,二级学院党总支对"党员之家"每次活动的质与量都要提出要求,每次活动都要精心设计,认真筹划,尽最大力量使活动能够向思想性、艺术性和群众性方向发展。

2. 党建工作延伸到海外

新英格兰学院是无锡南洋职业技术学院的二级学院,成立于1999年。随着对外办学项目的不断拓展,新英格兰学院出国留学生不断上升,党员数量也不断增加,为加强对这部分党员的教育管理,更好地发挥他们的作用,学院于2010年9月成立了海外党小组,2012年2月成立了新英格兰学院党总支澳洲党支部,学院党委于2012年3月亲临澳洲新英格兰大学(UNE)主持了党支部成立大会。截至2013年4月底,澳洲党支部共有28名党员。近年来,澳洲党支部在学院党委的关心引导下,扎实开展支部党建工作,以榜样带动、制度建设、作用发挥为抓手,加强党员组织生活和理论学习,及时做好党员转正工作,积极组织党员开展丰富多彩的活动,提高了党员的思想觉悟,增强了爱国主义和报效祖国的责任意识;使同学们找到了家的感觉,充分感受到党的温暖、亲人的关怀;增强了党支部的凝聚力和战斗力,进而扩大了影响力。

规范组织生活,提高党支部的战斗力。一是建立健全制度,确保党组织生活规范正常。根据澳洲党支部人员分散的实际情况,党支部在不断探索总结的基础上,制定了《海外党员定期联系"五个一"制度》《海外党员党费交纳管理的规定》和《海外预备党员考察工作规定》等制度,对组织生活、党费缴纳、党员转正等工作进行了详细的规定。目前澳洲党支部能按规定开展各类活动,按时缴纳党费,按时对预备党员进行转正,使支部工作步入规范化、正常化的良性轨道。二是完善网络平台,提升党建工作实效。充分利用网络功能,加强联系沟通。建立了澳洲党支部QQ群,每个党员以实名加入QQ群,保证联系畅通,确保上情与下情的及时下达和上传。如2012年下半年,党的十八大胜利召开,澳洲党支部利用QQ群组织党员认真学习十八大精神,将党员学习心得放在群里相互交流,并相对固定一个时间集体上网,在群里进行讨论,提高了学习效率,增强了学习效果。党员发展转正也充分发挥了网络的联系功能,从党员考察谈话、听取群众意见到党员转正材料的归集,都利用了网络,使得各项工作得以顺利完成。

开展多彩活动,扩大党组织的影响力。一是送关怀,做好迎接新生工作。每年年初,为迎接新同学的到来,澳洲党支部协同学生会积极筹备迎接新生的各项工作。新生到达阿米代尔后,支部党员带领同学们到机场迎接新生,热情协助找房子安顿住宿,带他们上银行办理银行卡、电话局办理手机卡等,生活上给予细致周到的帮助;新生安顿好后,又指导他们选课,传授学习经验和体会,进行学业上的耐心指导,这点点滴滴的帮助,使刚到异国他乡的新生倍感亲切和温暖,充分感受到党组织的关怀和"家"的依靠,顺利度过适应期。二是送温暖,维护关心留学生的权益和生活。2009级在UNE留学的一名男生,在读到大四时,家庭突然发生了重大变故,父亲不幸病逝,家里的顶梁柱轰然倒了,由于家庭主要的经济来源一下子没有了,再加上父亲生病期间所支付的高额医疗费,使这个家庭陷于困境,接下来的学费、生活费全无着落,关键时刻党组织出面动员大家伸手相助,为他筹得学费,在同学们的帮助下,加之其自身的努力,他终于能留在澳洲坚持完成学业,实现自己的梦想。三是开展活动,异国他乡倍感党的温暖。为帮助在海外留学的南洋学子克服身处异国他乡的孤独感和生活文化上的种种困惑,澳洲党支部积极组织留学生开展各种类型的聚会活动,营造家的氛围。如举办"迎中秋 庆国庆"活动,增进了各国人民的友谊和交流,弘扬了中华文化,受到了阿米代尔市政府领导、新英格兰大学校方以及外国友人的一致好评。此外,澳洲党支部还成功组织了北京奥运会志愿者护旗游行等活动,受到来自各界的赞誉。

一个党员一面旗帜,树立党员形象促健康成长。2010年以来,澳洲党支部先后共有45位党员,这些同学积极参加党组织活动,发挥了党员的模范带头作用。一批已经参加工作或现在正在悉尼大学、墨尔本大学、新英格兰大学读研的同学,在他们榜样作用的带动下,赴澳洲新英格兰大学留学的学生能团结互助、认真学习,他们所取得的学业成就已获得了UNE校方的高度赞扬。

3. 党建工作延伸到学生公寓

从学生思想工作进公寓的实际出发,努力探索高职生党建工作新载体。在学生公寓分三个片区建立"党员之家"。在注重发挥楼长等学生骨干和入党积极分子作用的同时,积极推动党建工作向学生公寓的延伸,使"党员之家"功能日益明确,管理制度日臻完善,影响日渐扩大,成为学生党员、入党积极分子及广大高职生的精神家园,促进了整个学生党建工作的发展。

分级培训,明确职责。为充分发挥"党员之家"的正能量作用,学生公寓"党员之家"框架搭建后,首先对各"党员之家"负责人和成员进行了分级培训。虽然"党员之家"的主任都是较为优秀的年级组长和辅导员骨干,有着较强的责任心和工作经验。但工作站成立后,还需要对他们进行职责和能力的专项培训,制定了工作计划和目标。其次是通过党团活动进公寓以及校园文化广场等系列活动的开展,发挥党员和积极分子的带头作用,引导全体学生文明行为规范的养成。

拓宽空间,扩展外延。"党员之家"实际空间毕竟有限,丰富其内涵、拓展其外延才是"党员之家"建设的重点。"党员之家"的成员是由服务意识和奉献精神的党员、入党积极分子和优秀团员志愿者组成的,成立后,他们发挥了良好的作用。一是围绕宿舍文化、开展主题教育活动。学生公寓"党员之家"开展以"爱自己、爱公寓,构建和谐,共创文明,从我做起,从公寓做起,从身边事做起"为内容的主题教育活动。结合主题教育,在公寓内开展了积极向上、有益学生身心健康的文体活动,通过开展一系列主题教育活动,营造了积极向上、安全健康的学生公寓氛围。二是推进学生党员公寓表现考察制度。为了对要求入党的学生进行全面考察,学校党委提出了学生入党考察、预备党员转正、优秀党员评比与公寓内的思想行为表现相挂钩的要求,对在公寓表现良好的学生及时向团委和二级学院进行推荐,使表现良好的学生得到了应有的鼓励与表彰。三是党员寝室挂牌公示。实行学生党员、文明公寓挂牌制度。凡是有1名及以上学生党员(包括预备党员）的公寓，都要悬挂"党员公寓"的牌子，同时将学生党员、干部连同宿舍和本人照片公布在每栋公寓楼的醒目位置，让同学们更多地了解他们，也让学生党员主动接受同学们的监督。四是三位一体，明确学生管理公寓责任。实施"三位一体"的管理模式。各二级学院党总支、"党员之家"、宿舍管理中心三个组织密切配合，通过研讨会、共同检查评比和个别沟通等形式达到相互配合、相互联系，信息互通的目的。

三、党组织的"三帮一"活动

针对民办高职院校大多数学生家庭比较富有、自我中心意识强、人生目标较为模糊、学习缺乏动力等特点，学院党组织积极开展"三帮一"活动，即一名学生党员联合一名辅导员（或班主任）或一名学生骨干共同帮助一名学生，帮扶的学生对象为希望思想上更进一步的优秀学生或某方面有待纠正与改善的普通学生，以"实实在在地服务学生"践行"为人民服务"的宗旨，切实帮助那些"进步需指导、学业遇困境、成长有问题"的学生。通过开展有计划的帮扶教育，促进学生积极进取，健康成长；以此进一步增强党员的宗旨观念，提升党员的先进性意识，共同开创学院思想政治教育工作的新局面。党员"三帮一"活动的基本内容包括：

思想政治上的帮助。通过交流，及时了解受助学生的思想状况和心理需求，通过各种优秀事例进行教育，激励他们早日加入党组织，逐步提高其学习兴趣，激发他们发展自身优势和潜力的愿望。

学习上的帮助。了解受助学生的学习现状，帮助他们端正学习态度，制定学习目标，争取在学习上更进一步，取得更优异的成绩。

生活上的帮助。了解受助学生的生活状况及困惑，具体问题具体分析，对他们的困难及时给予力所能及的帮助。使其感受南洋家的温暖，体会到党员的关怀和温情。经常与辅导员、学生干部进行交流，全面了解受助学生的思想、生活和学习情况，分工协作，做好帮扶工作。每位党员帮扶工作至少一学期两次，鼓励持续关注其发展状况。在帮扶过程中，要做好工作记录；学期结束前，撰写帮扶工作心得并上交支部。各支部注意记录帮扶工作成功案例，并形成总结，保留相关图片、视频资料。机关党员"三帮一"活动的开展，增强了党员同志的荣誉感和责任感，大家在活动中找到了自己的位置，拥有了发挥作用与体现价值的宽广舞台。这份荣誉和骄傲也吸引了广大的师生，使更多的人向党组织递交了入党申请书，增强了党组织的号召力。

第四章　治校策略

民办高职"二元思维"认为,民办高职院校在办学过程中一定要依法治校,通过出台学校章程、完善内部治理结构、强化治理制度和机制,创新管理方法、提高办学水平。换句话说,民办高职院校需要着眼于"治"的视角,从办学治理能力提升的必要性、现状及困境出发,对学校各种主体的利益协调整合,通过树立依法治校、优化职能结构、创新规章制度及机制,达到办学治理效率与效益契合的理想目标。

第一节　治校的顶层设计

所谓的民办高职院校办学治理是指在高职教育"管办评"[①]宏观政策体制下,围绕民办高职办学的各利益相关者之间的责权利,所做出的一系列制度安排以及内部组织机构设置及其相关管理行为的规定。"二元思维"认为,做好治校顶层设计是民办高职院校办学发展之基,建立和完善符合民办高职院校特点的办学治理结构,既是理论问题,又是实践问题,应该遵循民办办学文化及规律,从管理的各个环节,不断地实践和探索。从单向管理向多元治理转变,不仅是民办高职院校办学理念的创新,更是依法治校在民办高职院校的实际实践[②]。

一、治校理念、目标、功能

1. 治校理念

所谓民办高职院校的治校理念是,民办高职院校遵循民办办学文化和规律,厘清办学思路,统一思想,明确目标,集合力量,主动适应社会需求,为完成办学

[①] 教育部《教育部关于深入推进教育管办评分促进政府职能改变的若干意见》教政法〔2015〕5号。
[②] 孙霄兵:《民办学校的依法治理》,载《中国高教研究》,2015年,第11期。

发展目标而进行的内部管理的改革与创新。其本质是民办高职院校的改革与发展经过学校顶层设计,以市场需求(就业)为导向、以服务区域经济发展为主旨,在人才市场竞争激烈的环境中,实现办学目标及打造优质品牌,以赢得社会的尊重和认可,为民办高职院校发展的内部管理需求所做的科学可行的调理和整顿,为人才培养模式改革提供体制与机制保障。

2. 治校目标

(1) 完善法人治理结构。民办高职院校作为法人组织,是由法律赋予了人格的团体人、实体人,需要有相适应的组织体制和管理机构,使之具有决策能力、管理能力,行使权利,承担责任。这种结构使学校法人能有效地活动起来,是民办高职院校的组织制度核心。因此,民办高职院校首先应完善法人治理结构,通过制定学校章程,确定学校决策、执行、监督的运行机制和规则,建立起现代高职办学制度,是民办高职院校争创办学竞争优势、实现办学可持续发展的基础和前提。

(2) 推进内部职能结构的改革。建立科学合理的职能结构,是民办高职院校组织创新的基础。民办高职院校职能结构的改革,首先要优化基本职能结构,加强教学计划实施之前的市场研究、专业开发和后期的毕业生就业、跟踪服务等薄弱环节。其次,要走专业化的道路,大力推进内部制度创新,集中资源强化核心专业与竞争力,建立富有民办高职院校特色的职能机构。机构设置要在高效精简和扁平化的基础上,以服务教育教学、人才培养质量为中心。

(3) 推进内部组织体制的创新。组织体制就是指以集权和分权为中心的、全面处理民办高职院校纵向各层次,特别是学校与二级院系之间的责权利关系的体系。组织体制的关键是正确处理集权和分权的关系,既要保持必要的统一性,又要具有高度的灵活性,高度集权和分权。伦敦商学院的管理发展学教授查尔斯·汉迪提出:"组织既要集中化,同时又要分散化,既是紧密的,又是松散的,它们必须既作长远计划,又保持灵活性,它们的工作人员一方面应具有自主性,另一方面更应具有集体主义精神。"[1]

(4) 推进内部治理流程的创新。治理流程再造原指对治理流程进行根本性的再思考和彻底性的再设计,以便在成本、质量、服务和速度等衡量治理绩效的

---

[1] 聂德宗:《公司法人治理结构的立法模式及发展趋势》,载《法学评论》,2000年,第6期。

重要指标上取得显著性的进展。① 将民办高职院校办学服务过程视为企业业务流程,并要求部门之间加强横向协作联系,缩短响应时间和中间环节,对提高服务质量,降低学校运行成本,具有现实的意义。民办高职院校治理流程再造的前提是明确职能部门与二级院系之间的职责范围,以信息化为主要实现手段,通过横向沟通使信息传播的路径缩短,通过信息手段缩短响应时间,为职能部门和二级院系完成工作任务提供组织和技术保障,为学生提供快速准确的服务。

3. 治校功能

民办高职院校的治校,意在学校内部特殊复杂系统的相关主体,为媾和相关主体利益、达成系统目的所采取的契约、指导、控制等所有方法措施制度化的过程与成果体现。② 民办高职院校的办学治校,本身就是学校顶层决策者的"二元思维"对办学内部机理状态不能符合办学发展需要的修正,是举办者、经营者及管理层的治理思想的行为表现,其功能包括:

(1) 导向功能。治校的导向功能表现为治理对民办高职院校自身办学发展的引导、约束和激励作用。通过分析和诊断民办高职院校办学发展面临的外部环境,包括自身所处的宏观环境、中观环境和微观环境的诊断,清晰自身条件,找出办学发展存在的问题与困难及其原因,以战略目标为核心,采取有效的发展对策,引领学校发展,约束其不偏离发展方向。

(2) 控制功能。治校的控制功能表现为民办高职院校的治理能够提高办学过程中的自我监控能力和反思能力,及时纠正办学实践中的失误,为科学决策,有序调配资源,合理安排各项工作服务,在管理的日常性事宜、行政事宜和教学事宜中起到重要作用,彰显治理的效率与效益。

(3) 凝聚功能。治校的凝聚功能表现为治理的质量效果是董事会、校长和教师群策群力、反复论证的集体智慧的结晶,不只是领导者的独角戏。在治理过程中极大地彰显了全校教师参与治理的积极性,增强了全校的凝聚力。

二、治校框架

治校框架的构建是民办高职院校保障自主办学,提升治理能力的客观需求。

---

① 聂德宗:《公司法人治理结构的立法模式及发展趋势》,载《法学评论》,2000年,第6期。
② 彭宇文:《高校法人治理结构的构建》,载《教育研究》,2005年,第3期。

《高等教育法》第 11 条规定:"高等学校应该面向社会,依法自主办学,实施民主管理。""依法自主办学"就是要依据相关法律法规正确处理学校教学、科研、招生、专业设置、学生管理等事务,享有充分的办学自主权。作为教育系统内的一分子,民办高职院校在办学发展过程中要将"依法自主办学"进行科学定位、合理设置专业、推进教学改革、制定人才培养方案。

1. 岗位职责

帕森斯认为:"权力是一种保证集体组织系统中各单位履行有约束力的义务的普遍化能力。"[①]"权力的结构来源从根本上反映了劳动分工和不同部门、团队和群体中的成员关系。几乎任何特定条件要素,都可能成为组织中权力的来源。"[②]民办高职院校的治理权力来自学校顶层决策者对职能部门和二级院系的各类工作岗位人员的职责授权。

民办高职院校的岗位职责,是指学校每一位任职者为履行一定的组织职能或完成工作使命,所负责的范围和承担的一系列工作任务,以及完成这些工作任务所需承担的相应责任。具体职责包括[③]:

——根据工作任务的需要确立工作岗位名称及其数量;

——根据岗位工种确定岗位职务范围;

——根据工种性质确定岗位使用的设备、工具、工作质量和效率;

——明确岗位环境和确定岗位任职资格;

——确定各个岗位之间的相互关系;

——根据岗位的性质明确实现岗位目标的责任。

民办高职院校治理权力与职责的关系。权力与职责是相辅相成的,有权力就有职责。换句话说,学校的治理权力是可以改变个人或团体行为,即学校的治理权力是引起学校他人或团体采取与原来不同的行为力量。民办高职院校的治理以"权力"的合理配置与运行为核心,是内部权力在各个不同利益群体之间进行分配并产生相互的权力作用关系,是各个管理主体之间的权力配置模式。民办高职院校的"权力"来源于举办者、董事会或校长的授权,责任与权力具有一致

[①②] 杨东平:《现代大学制度的形成、演变和创新》,载《国家教育行政学院学报》,2005 年,第 5 期。

[③] 萧延高,唐小我,赵璧全:《试论我国民办高职院校治理机制的重构》,载《高教探索》,2004 年,第 3 期。

性和对应性,权力行使主体的权力越大,责任也越大。民办高职院校的职能部门或二级院系管理者的责任用清单制度形式确定,是对其职责的有效激励、督促和评估。职能部门或二级院系的管理者要把责任清单内的事情做好,也是对自己能力和绩效的诠释。

防止拥权者滥用"权力"。民办高职院校的治校核心是学校利益相关者之间的权力分配与制度设计。民办高职院校必须对职能部门或二级院系的"权力"进行"限制"和给出职责清单,通过一定的制度对其权力划定"限制范围"和其效率及效益规定。岗位职责权力者必须在相关规定的范围内行使其"权限",并达到一定的治理标准。责任清单要明确强调部门的履职事项,每个职能部门都要有各自对应的职责事项。

2. 民主监督

构建和完善民主监督机制是民办高职院校制度建设的重点内容。民主管理是推进依法治校,促进民办高职院校民主政治建设的重要途径。此外,实现民办高职院校行政权力与专业教科研权力的和谐发展,也需要有民主管理与监督的平台。民办高职院校实行民主管理就是以发挥教师主人翁地位为基础,集中群众智慧管理学校,这既体现了教师参与管理学校的权利,又保障了在民主监督下学校的健康发展。

"民主管理"就是要依靠师生员工,发动党的基层组织、工会、教代会等各方积极力量,发挥各方积极性,参与民主监督。"二元思维"认为,民办高职院校必须深化管理方式,努力构建开放、多元共治的治理模式,借助民主力量激发治理动力、完善治理体系、提升治理能力。只有完善民办高职院校治理体系,发挥各相关利益者的积极性,相互协调,才能真正做到面向社会,依法自主办学和实施民主管理。

3. 治校的方法与步骤

民办高职院校的内部治理需要一个程序过程。为了科学地、有步骤地进行组织结构变革,需要遵循一定的合理程序和步骤。科学完整的治校环节应该包括以下程序:

(1)诊断设计。民办高职院校根据学校管理运行中出现的问题征兆,提出治理的目标和客观存在的问题,以实际调查和问卷调查等作为主要手段,收集职能部门或二级院系出现问题的相关资料和信息,进行综合分析和研究。根据收集的信息和对问题的分析研究结果,设计学校治理的目标、指导原则、方式手段、执行策略、评估步骤等。

(2)方案执行到位。第一,要做好治理的准备工作,包括对组织治理的意义、必要性、改革方式进行思想动员和宣传,构建和确定治理的领导机构和实施机构,进行人、财、物的准备工作。第二,做好治理计划实施过程中的指挥、沟通、控制、协调等工作,使组织治理始终按照既定方案有序推进。第三,治理执行过程严肃、认真,按既定方案逐一落实,规避执行风险,防止执行偏差,达到预期治理效果。

(3)总结评估。治校必须做好对治理的情况进行检查、分析和评估。要选择好评估的手段,以既定目标作为评估标准,衡量治理的实际成果与计划方案之间的差距。评估的结果要返回到第二阶段,以修正执行计划,继续进行治理,直到达到组织要求标准为止。

4. 管理与治理的融合

治理是管理达到了一定水平才出现的状态。[①] 管理是治理的上位概念,治理是管理的内在追求。管理强调的是目标的实现,治理强调的是过程的井然有序。民办高职院校内部治理是将治理的权、责、利合理划分及协调其权力在运作过程中所形成的相互依存又制约的关系。在治理理念上要与时俱进,将管理转化为治理。在校内治理方面,调集各方人员,促使他们之间经过权力切割、职责分管与利益共享,强化对权力的监督与制约。同时从现行的行政管理转向学术管理,重视利益相关者的权力,以调集全部管理的活跃要素,加速民办高职教学的改革与发展,全面提高人才培育质量和办学水平,更好地发挥民办高职院校在培育技能型人才,推进民办高职院校的管理工作。

5. 分类治理,创新内部管理

实施分类治理指的是按照管理工作的性质和特点,建立适合学院特色的内部治理。根据不同专业、不同岗位、不同人员分门别类地进行管理,以提高管理的有效性。[②] 并且各种类型的人员联系与合作都要遵从一些相同的准则,诸如

[①] 张铭:《从"治"的视角着眼提升高职院校内部治理能力》,载《黑龙江生态工程职业学院学报》,2016年,第3期。

[②] 汤迪操:《民办高校开展依法治校工作的几点思考》,载《职业技术》,2015年,第9期。

民主监督准则、重视实绩准则、管理准则等。分类准则的主要目的是职位的分类,根据职位的任职条件、难易程度及性质等要素,加以分类,作为挑选人员的依据。实施职位分类有助于职能部门的合理配置,明确职业定位,提高管理效率。实施分类治理,防止不同部门之间的重复交叉管理,使得每个人都专注从事本职工作,提高管理水平。实施分类治理,创新内部管理工作,合理配置职能部门的人力资源,加强民主监督,重视实绩,提高了管理效率和水平。①

三、治理执行力

1. 治理执行力概念

所谓治理执行力就是民办高职院校的岗位工作及附带项目或任务的运作过程和完成的力度,换句话说,就是在既定的岗位工作和愿景的前提下,对内外部可利用的资源进行综合协调,制订出可行性方案执行计划,并通过有效的执行措施从而最终实现既定治理目标、达到治理满意的一种力量。民办高职院校的顶层决策者和管理者如何培养部属的治理执行力,是民办高职院校总体执行力提升的关键。治理执行力对民办高职院校而言就是经营、治理、管理等能力。治理执行力的关键在于透过制度、体系、民办文化等规范及引导和规范执行者的行为。

民办高职院校的治理执行力的基本特征:第一,它是贯彻治理意图、完成预定目标的操作能力,是把治理转化成为效益、成果的关键。治理执行力包含完成治理的意愿,完成治理任务的能力,完成治理任务的程度。第二,它是治理执行的一个变量,不同的执行者在执行同一件事情的时候也会得到不同的结果。治理执行力不但因人而异,而且还会因时而变。如果要想解决执行力的若干问题,就必须先剖析影响执行的根源,然后再找相关方法,这样解决问题自然就会变得清楚些,容易些。第三,它可以反映治理执行力的整体素质,也反映了管理者的治理角色定位。管理者的治理角色不仅是制定和下达命令,更重要的是必须具备执行力。

---

① 王一涛,冯淑娟:《我国民办高校内部治理的基本类型分析》,载《浙江树人大学学报》,2015年,第6期。

2. 治理执行力的环境

(1) 目标共识。目标共识反映的是在民办高职院校的管理中不同个人与部门对使命、愿景及治理工作的共同认识和责任。它要求从顶层到一线教职工对治理工作有一致的理解并在心理和情感上已经接受,否则,治理工作行为将缺乏合力,不同方向的牵引力将会导致和加剧治理工作的内部摩擦,无谓地消耗时间和资源,致使治理目标无法实现。

(2) 执行的相关制度健全。科学的制度设计和严格的制度约束是实现民办高职院校治理的基础和保证。一般情况下,在治理工作的质量执行中存在两方面的突出问题:一是相关制度不健全,制度设计不科学;二是不严格按制度办事,制度执行不力,随意性较大。

(3) 形成优厚的"执行力文化"氛围。突出表现在:一是学校办学文化的价值观必须内化于教职工思想和行为之中,使教职工对学校产生高度责任感、归属感和强烈的主人翁意识;二是办学文化具备崇尚行动的精神内核和积极有效的行动与落实;三是学校顶层决策者在思想上把自己的角色定位设置准确,既注重治理和管理制度制定,又治理执行细节性的工作。内部层级间、部门间的定位,职责清晰,权力配置合理。

3. 治理执行资源

所谓治理执行资源是指,治理工作执行主体实施治理工作职责时所必须具备的客观与主观条件。治理执行是内部资源的流动过程,其本身也就需要一部分资源的耗损。因此,对治理工作执行资源的分析,即进行治理工作执行的成本收益的分析。

(1) 财产资源。治理执行中都会需要一定的财务资源投入,需要借助一定的工具和资金的支持,因此充足的经费以及优良的物质设备供给,将是治理工作有效执行的必要投资和重要手段。执行主体可以在其能够承受的经济、物质压力下,完成执行工作,保证治理方案目标的实现。如果执行主体难以承受,那么治理方案的出台也只能是空泛的。

(2) 人力资源。人力主要指治理执行人员的配置问题,包括人力资源供给的结构建设、人力输入输出和素质优化等问题。实现目标总需要有知识、有能力、有经验的执行人员。人是组织中的活灵魂。不管制定的治理方案多么理想,建立的机构多么完善,如果没有人的参与,则都是静态的理想国。选择素质高、能力强的执行人员是民办高职院校治理内部事务的一项重要工作。人力资源的供给应根据治理职责的具体执行情况而定。

(3) 信息资源。治理执行过程也可以被看作是信息的流转过程,它包括执行组织内部的信息传播与供给,也包括执行内部与外部信息的交换与加工过程。往往因宣传不力而造成信息非对称性,就会产生方案执行的偏差。因此,充足的信息资源、科学的信息加工、流畅的传播渠道、完全的信息产出是方案有效执行的重要保证。

(4) 权威资源。民办高职院校的治理执行力需要对执行资源有一种权威性分配。没有权威,就意味着没有权利和资格进行资源的分配。因此,权威资源是治理执行的重要资源。在运作过程中,执行主体将依照学校董事会赋予的权力和权限执行方案,不可越权、侵权。同时执行主体也要以身作则、率先垂范,以增加个人的领导魅力、树立良好的执行者形象,并获得董事会的赞赏和信任及同仁和下属的拥护。

(5) 制度资源。制度是治理执行程序化的基本保证,也是对执行主体的权力和权限的保障,或依照民办高职院校的相关规定予以对执行主体行为责任的保障,或予以追究的基本依据。只有完善的制度体系,才能够保障执行人员的治理得以顺利进行。执行制度建设至少包括对执行者的人格保障、身份保障、职务保障、执行过程保障、权限裁量等的规定,这些保障与执行者的责任幅度、绩效考核、经济收入、存在地位相互联系。

4. 治理执行力的效率与效益

所谓治理执行力的效率与效益是指,民办高职院校的行政部门、二级院系和个人在贯彻、落实、执行工作任务时将人员、任务、管理的各个环节进行合理运用,通过团队和个体的共同努力,以达到阶段任务与长远任务的实现和改进,执行主体按时、按要求、按质量地完成各项工作指标。治理执行力的效率和效益需要部门与部门之间、个人与组织之间、个人与个人之间相互配合、相互理解、相互支持、相互补台,形成合力,发挥每个人的优势,同心同德,共同努力去实现。治理执行力的效率和效益的"双赢",需要注意以下几方面的问题:

(1) 完善规章制度,形成约束机制。俗话说,人管人是管不住的,只有靠制度来管人。一是执行职责还需进一步明确,避免相互推诿;二是治理工作流程还需进一步固化,杜绝随意性;三是日常治理与管理还需进一步加强,克服盲目性;

四是治理的规章制度还需进一步规范和完善,做到有章可循等。

(2)注重素质培养,强化能力建设。需要对执行主体的心理、业务、文化等综合素质进行培养,为治理工作执行力的提高奠定素质基础。包括较高的知识水平、较强的工作能力、较好的道德素养及综合能力、分析和处理问题能力等的培养,同时也包括责任意识、忧患意识和大局意识及良好心态的树立。

(3)明确角色定位,勇于责任担当。治理工作的执行主体要充分认识自己的角色定位和应肩负的重任,要清楚自己到底在做什么?到底在为谁负责?负什么样的责?怎样才能按董事会及学校领导的要求去执行工作的每一个环节?怎样才能执行好工作的每一个环节?只有清楚了这些,才能为下一步更好地工作打好基础,才能保证预定目标顺利圆满地实现。

(4)加强有效沟通,提高工作效率。沟通是战斗力,也是凝聚力,更是向心力。沟通是做好治理的基础,也是治理工作职责的灵魂,有效的沟通决定了治理执行的效率。任何时候,沟通都显得至关重要,若沟通不好,则往往容易产生各种各样的不良后果。岗位职责执行中,由于沟通不畅,协作不好,则会造成治理效率低或完成治理任务较差。只有加强有效的沟通,才能提高治理效率,治理任务也才能完成得更好。

(5)建立考核机制,实施有效监督。治理执行力的强与弱,需要监督、评价和考核,通过评价考核来促进治理执行力的提高,形成一个良性循环。没有一套有效的监督和考核机制,没有形成闭合考核和监督是难达其效的。

第二节 秩序共识

任何一个组织都需要健康的秩序来维持,秩序控制就是有条理地、有组织地安排各构成部分以求达到正常的运转或良好的外观状态。[1] 民办高职院校的组织治理,即根据《民办教育促进法》等有关法律法规规定,民办高职院校所构建和维系的在体制机制管辖范围内的交往过程中形成相对稳定的关系模式、结构和状态。所谓民办高职院校的秩序共识是指,学校有条理、有组织地安排各构成部分,达到正常的运转或良好的状态,而从事民办高职院校教育的同仁们志愿对所

---

[1] 陆克斌,王娅莉,金成林,等:《管理学原理与实践》,国防工业出版社,2014年,第330页。

在学校的规章制度、机制、环境文化、育人文化，在思想上、认识上、行为上保持的共同价值取向及意见和看法保持一致。

一、民办高职院校章程建设

民办高职"二元思维"认为，民办高职院校要坚持社会主义办学方向，贯彻国家教育方针，必须以制定办学章程、完善法人制度、健全治理结构为重点，全面推进依法治理，构建自主办学、依法治校、民主参与的治理格局。

1. 制定办学章程的必要性

《中华人民共和国教育法》规定，"设立学校及其他教育机构，必须具备章程等基本条件"。《国家中长期教育改革和发展规划纲要（2010~2020）》指出："各类高职院校应依法制定章程，依照章程规定管理学校。"《高等学校章程制定暂行办法》，明确制定章程的目的是"为完善中国特色现代大学制度，促进高等学校依法治校、科学发展"。《国务院关于加快发展现代职业教育的决定》提出，"高职院校要依法制定体现职业教育特色的章程和制度，完善治理机构，提升治理能力"。《现代职业教育体系建设规划（2014~2020）》进一步明确，"完善体现职业教育特色的高职院校章程和制度，明确董事会、校长、专业指导委员会和教职工代表大会的职权，提高高职院校治理能力"。因此，制定和实施章程是法律的要求，可以进一步推动学校依法自主办学，从人治管理转向法治管理，实现教育治理体系和治理能力现代化。民办高职院校是高等教育的重要组成部分，兼具高等性、职业性、区域性、行业性的特征，与社会的联系紧密，章程的制定对明确办学目标，确立法人地位，规范管理行为，协调权力运行，实现民主管理，保护师生合法权益，处理学校与政府、行业、企业的关系等都具有十分重要的意义。[①]

民办高职院校的办学章程依据国家有关法律法规和学校举办者的办学指导思想、办学目标，就办学中最基本、最重要的问题做出规定，反映了学校办学的总体设计。在学校章程中，要对学校的办学目的、办学方向、办学性质、办学层次、办学类型、办学人员，学校的管理体系和管理机构、办学的经费来源与使用、校产的归属、使用与处置、学生的来源等重要问题做出明确规定。学校章程是举办者在申请办学时制定的，并提交审批机关审批。当学校被批准成立后，学校决策机

---

① 董圣足，李蔚论：《民办高校章程的制定与完善》，载《高等教育研究》，2008年，第6期。

构相继成立,举办者同时成为学校决策机构中的一员,修改章程的职权便由学校决策机构来行使。[①]

2. 民办高职院校章程特征

依照《教育法》的规定,办学章程是设立民办高职院校的基本内容之一,按照章程自主管理是民办高职院校的一项重要权利。办学章程是民办高职院校举办者依照国家法律、法规制定的有关民办学校组织与活动基本规则的法律性文件。因此,定立章程是设立民办高职院校的必要条件和必经程序。民办高职院校的章程,是民办高职院校依法自主办学的重要自律性文件,对学校的办学活动有较强的约束力,是审批部门检查、监督学校教育教学活动的重要依据。

(1) 在宗旨中突出职业教育的使命。民办高职院校章程要体现"以服务为宗旨,以就业为导向,走产、学、研相结合的发展道路"的办学宗旨,结合学校特点,明确学校使命。为此,民办高职院校应全面总结学校办学特色和传统,深入调查,细致分析学校的发展优势和办学需求,准确把握学校定位,明确发展阶段,凝练办学理念,彰显学校特色。

(2) 体现职业教育在培养目标、专业设置、办学模式等方面的特色。民办高职院校章程要体现坚持为生产、管理、经营和服务一线培养高素质技能型人才,坚持紧密结合产业和行业发展的人才需求设置专业,坚持在课堂教学中培养学生实践操作能力。章程还应体现坚持校企合作的办学模式,建立行业、企业参与办学的长效机制;建立政、行、企、校等多元主体参与的内部治理结构;建设"双师型"教师队伍,重视教师的行业、企业经历,加强兼职教师队伍建设,从行业、企业聘请专业技术人员;重视社会的监督和行业、企业对人才培养质量的评价等内容。

(3) 体现民办高职院校内部治理结构的特色。民办高职院校要结合职业教育特点和自身实际情况构建学校内部治理结构,充分体现政府、学校、行业、企业等多元主体参与的内部治理结构,正确处理行政权力、教育教学权力和民主权力的关系,努力构建开放、多元主体共治的治理模式。

---

① 董圣足,李蔚论:《民办高校章程的制定与完善》,载《高等教育研究》,2008年,第6期。

3. 民办高职院校章程主要内容①

一般而言,民办高职院校章程记载的事项分为法定记载事项和任意记载事项。所谓法定记载事项,是指依照法律、法规的规定而必须记入章程的事项,是民办高职院校具有的内容。所谓任意记载事项,是指在法定记载事项之外,举办者认为需要在章程中载明的其他事项。依照《民办教育促进法实施条例》第14条的规定,民办高职院校的章程应当载明下列事项:

(1) 学校的名称。民办高职院校的名称是使民办高职院校特定化的标记,民办高职院校以自己的名称区别于其他高职院校。依照教育法律、法规的规定,民办高职院校的名称具有以下特点:

——合法性,即民办高职院校的名称应当符合有关法律、行政法规的规定,不得损害社会公共利益;

——唯一性,即民办高职院校只能使用一个名称;

——特定性,即民办高职院校在学校登记机关辖区内不得与已登记的其他学校名称相同或者近似;

——排他性,即民办高职院校的名称经依法登记,由该学校在法律规定的范围内享有专用权,禁止他人擅自使用。

此外,民办高职院校名称的使用和变更还应当遵循法律、行政法规的规定。《民办教育促进法》第55条规定:"民办高职院校名称、层次、差别的变更,由学校理事会或者董事会报审批机关批准。"

(2) 学校地址。民办高职院校的地址即学校的所在地。民办高职院校的地址应当清楚、准确,标明学校所在地的行政区域及具体特点。明确学校的地址,对民办高职院校办理有关优惠措施、接受相关的监管、行使民事权利与承担民事义务都有着重要的作用。依法经过登记的民办高职院校地址是其法定住所,具有公示效力。

(3) 办学宗旨、规模、层次、形式等。办学宗旨是民办高职院校举办者的办学目的、所实施教育的性质和培养目标的体现。民办高职院校的办学宗旨应当符合《教育法》所规定的国家教育方针,符合国家教育的性质、任务、培养目标和教育的基本原则。办学规模是根据办学投入所形成的民办高职院校的办学条件

---

① 张耀明:《民办学校章程主要内容》,载《中国教育报》,2004年9月16日。

而确定的招生数量。办学形式,涉及招生对象、学习期限,是普通全日制教育,也是业余、函授等教育形式。

(4) 学校资产的数额、来源、性质等。具备与拟设立民办高职院校相适应的资产,是设立民办高职院校的基本条件。依照《民办教育促进法实施条例》的有关规定,民办高职院校的举办者可以用资金、实物、土地使用权、知识产权以及其他财产作为办学出资;民办高职院校成立以后及存续期间,举办者不得抽逃出资。一般说来,民办高职院校除了举办者上述投入以外,还有国家的资助和接受捐赠的财产。这些资产的具体数额、来源和性质都应当在章程中载明。民办高职院校在章程中还应当明确学校的经费来源、使用、管理和财务制度。收取学费是民办高职院校最主要的经费来源,经费的使用和管理则是民办高职院校财务管理的重要内容。在章程中应当明确规定民办高职院校的财务会计制度,经费支出范围、项目和基本比例,教职工福利基本标准,经费支出的审批和支付程序,以及财务监督制度等内容,使民办高职院校依法自主管理,以便审批机关和有关部门进行检查和监督,也有利于受教育者和社会进行监督。

(5) 决策机构产生办法、人员构成、议事规则等。董事会或者其他形式的决策机构,是民办高职院校内部管理制度最重要的组成部分。基于决策机构对民办高职院校发展的重要性,《民办教育促进法实施条例》要求章程必须明确规定董事会的下列事项:一是董事以及董事长的产生办法,需要在章程中明确。二是董事会的人员构成。章程应当规定适当的教职工代表数量。三是董事的任期。《民办教育促进法》及其实施条例没有规定董事的任期,但要求在章程中做出明确规定。我国公司法关于有限责任公司和股份有限公司董事的任期为三年,借鉴这一做法,民办高职院校董事会的任期也不宜过长。四是董事会的议事规则。即董事会讨论民办高职院校具体事项的议事方式和表决程序。

(6) 学校的法定代表人。根据《民法通则》的有关规定,依照法律或者法人组织章程规定、代表法人行使职权的负责人,是法定代表人。法定代表人通常代表法人对外发生法律关系,签署具有法律效力的文件。法定代表人依法履行职务的行为,即法人的行为,由法人承担由此产生的权利与义务。

二、董事会制度建设

确定学校董事会的地位、构建和完善学校董事会制度内涵、理清学校董事会制度的范围是民办高职院校办学发展的基础和前提。民办高职"二元思维"认为,民办高职院校董事会的地位与其决策权责的界定,在办学运行机制中基本包含的要素是:其一,学校成为法人办学实体,努力建立法人治理结构;其二,通过董事会与校长的分权建立委托代理关系,使其形式上达到所有权与经营权分离,出资人所有权和学校法人财产权分离;其三,通过对利润分配的干预来贯彻办学服务社会为目的的原则。

由于民办高职院校的产权属于举办人及董事会,理所当然在管理职权分配上应由董事会执掌所办学校的决策权。董事会是民办高职院校最高的决策权力拥有者,同时也是最大的责任承担者,最大的风险承担者,是民办高职院校办学中最高权、责、利、险的承担载体。

1. 董事会章程建设

民办高职院校董事会章程是学校董事会内部的工作准则,章程由学校董事会依照国家法律法规和学校章程制定。董事会章程一般应规定以下内容:

——董事会的地位;
——董事会人员的组成原则,董事会成员的资格和职权;
——董事会的职权;
——董事会的议事规则;
——董事会的工作制度。

在以上内容中,关于董事会的议事规则和工作制度非常重要,一般法律法规对此没有明确规定,但它是董事会正常开展工作,保证董事会科学、民主行使其决策权的重要制度保障。[①]

民办高职院校的章程是自身办学内部的最高准则,董事会章程应当依照国家有关法律法规和学校章程制定,董事会章程应当服从于学校章程。董事会章程与学校章程的修改权都属于学校董事会,但董事会章程不得违背学校章程的有关规定,如果二者不一致,或需要修改调整时,应当先修改学校章程。

2. 民办高职院校董事会的法律地位认定

民办高职院校的董事会是民办高职院校内部的最高权力机构和决策机构,是民办高职院校依法自主办学的核心。在国家相关法律法规范围内,学校董事

---

① 詹捷慧:《我国民办高职院校董事会管理模式研究》,载《华南师范大学》,2007年,第1期。

会有权决定学校的一切重大事项。民办高职院校的董事会，必须对国家负责，保证学校全面贯彻国家教育方针和国家有关法律法规，维护学校师生的权益。同时，也要对学校的举办者和投资者负责，保证学校的健康运行，维护学校举办者和投资者的合法权益。因此，民办高职院校董事会必须经审批机关以备案方式认定后，方能生效。

(1) 民办高职院校董事会的定位。《民办教育促进法》第19条规定："民办高职院校应当设立理事会，董事会或者其他决策机构。"此规定已明确把董事会定位为决策机构。民办高职院校董事会的决策权可划分为人事决策权、学校事业发展决策权、经费筹措与分配决策权、建立制度决策权四大决策权以及其他重大事项决策权。

(2) 民办高职院校董事长的定位。《民办教育促进法》明确规定："民办高职院校的法定代表人由理事长、董事长或者校长担任。"由此规定可知，凡设立董事会的民办高职院校，学校董事会的董事长的定位是法定的代表人。

3. 民办高职院校董事会的组成

民办高职院校董事会应当由学校举办者、学校出资人、学校校长、教职工代表、社会知名人士、捐资人或其他有重要贡献者等人员组成，必要时学生家长、毕业生代表和政府官员也可以加入学校董事会。民办高职院校董事会必须保证1/3以上成员具有5年以上相应层次的教育教学经验，并考虑作为董事会成员的必要基本条件。根据《民办教育促进法》第20条的规定，民办高职院校董事会应该可由以下几个利益相关者组成：[1]

(1) 举办者。举办者是民办高职院校的设立者，是学校的设立主体，是民办高职院校办学责任和办学风险的承担者。一般情况下，民办高职院校的举办者就是学校办学的出资人。但是也有例外，出资人也可以不是学校的举办者，经出资人推举，具有办学能力的社会组织或个人，也可以成为民办高职院校的举办者。一般情况下，学校的举办者、学校出资人都应该是民办高职院校董事会的责成人员，并且他们应当在董事会中扮演重要角色。

(2) 校长。民办高职院校的校长是由学校董事会聘任的，其主要职责就是贯彻执行学校董事会的决定，指挥学校教育教学活动的正常开展。校长作为学

---

[1] 詹捷慧：《我国民办高职院校董事会管理模式研究》，载《华南师范大学》，2007年，第1期。

校的行政负责人进入决策机构,一方面熟悉学校情况,可以向学校董事会全面、及时、准确、充分地反映学校管理中的实际情况,有利于决策机构做出正确的决策;另一方面,可以准确把握董事会决议精神,并在学校管理中及时、准确地贯彻执行学校董事会做出的各项决议。

(3) 社会知名人士。国内外经验表明,吸收热爱教育事业、对教育事业有丰富经验的社会知名人士或专家学者参加民办高职院校的决策机构,因他们具备丰富的社会经验和社会关系,见多识广,可以高瞻远瞩地指导学校的发展建设和教育教学工作;因其自身利益与学校联系较少,可以站在更加客观、公正的立场上发表自己的意见,有助于保证民办高职院校办学的公益性。

(4) 教职工代表。教职工是学校办学的重要依靠力量,是影响教育教学质量和学校教育服务水平的主体力量。教职工代表参加学校董事会,有利于反映学校教育教学和行政管理第一线的工作情况和意见,也有利于维护学校教职工的权益。教职工代表进入学校决策机构,有利于真正推动学校决策的民主化。但在目前情况下,民办高职院校的教职工代表要进入学校董事会等决策机构的难度比较大。为了发挥学校教职工在学校决策与管理中的参与作用,更多的是在董事会之外,建立学校职代会制度。

(5) 学生家长。学生家长是学校教育消费者的代表,参加决策机构便于反映消费者的意见,监督学校的工作,这也是推进学校决策和管理民主化的有效方式。同样,目前看来,高职生家长进入学校董事会的难度也还比较大,学校一般通过成立家长委员会的方式来听取学生家长对学校办学的意见或发挥学生家长有限参与学校民主管理的作用。

(6) 学校捐资人或者对学校有重要贡献的人。通过捐资或其他方式,对民办高职院校的建设和发展做出了重要贡献的人,应当可以被吸收进学校董事会等决策机构,进一步发挥这些有贡献者对学校发展的积极作用。

进入学校董事会最高决策机构的人员,除了符合上述条件外,还应该同时具备以下条件:

——具有政治权利和完全民事行为能力;

——具有较高的政治素质和文化修养;

——热爱教育事业,关心支持学校发展;

——品行端正,身体健康。

此外,根据《民办教育促进法》的规定,在组建民办高职院校董事会过程中必须注意:一是民办高职院校董事会的人数应当由奇数成员组成,并设一名董事长。董事会具体人数多少根据学校规模大小自主确定。二是民办高职院校决策机构中,1/3 以上的成员必须具有 5 年以上的教育教学经验。保证决策机构中一定数量的人员具有相当的教育教学经验,有利于保证民办高职院校贯彻国家教育方针,有利于学校工作遵循教育规律,避免由于决策机构组成人员结构单一而忽视教育规律、过分或单纯追求经济效益的现象。

4. 民办高职院校董事会的职责

依据《民办教育促进法》的有关规定,民办高职院校董事会的职责应当包括以下内容:①

——聘任和解聘校长,包括学校其他中层以上高级管理人员;

——制定、修改学校章程、董事会章程和学校的规章制度;

——制定学校的发展规划,批准年度工作计划,筹集办学经费,审核学校财务预算、决算;

——决定教职工的编制定额和工资标准;

——决定学校的分立、合并、终止;

——选举和罢免董事长、副董事长,聘任和解聘董事,包括选聘名誉董事长;

——确定学校的办学宗旨、方向、规模、培养目标、专业设置;

——监督校产的管理、使用;

——审查确定校长提交的教职工工资、福利开支标准及学校经常性办学经费的比例;

——审议校长年度工作报告,审核学校财务报表并对学校财务实施监督和审计;

——确定学校法定代表人人选,按照学校董事会章程规定选举产生下一届学校董事会;

——管理和使用学校的奖励基金和发展基金;

——指导、监督学校举办者、校长的办学行为和管理行为;

——行使国家法律、法规及学校章程赋予学校董事会的其他重要职权。

---

① 詹捷慧:《我国民办高职院校董事会管理模式研究》,载《华南师范大学》,2007 年,第 1 期。

5. 校董事会运行机制的重要环节

为确保民办高职院校董事会的规范运行,应当抓住几个重要环节:一是在民办高职院校《董事会章程》中明确董事会的地位、职权、组成、变更、议事规则和工作制度等。二是规范民办高职院校董事会(包括董事长)与校长的关系。董事会与校长是建立在平等法律地位基础上,通过协议聘任方式而形成的委托与被委托关系。三是完善董事会的监督体系。通过有效机制形成对民办高职院校董事会及其成员的监督机制。①

6. 对民办高职院校董事会的监督

民办高职院校董事会的监督一般包括外部监督和内部监督。外部监督是指,通过一系列法律法规或社会机构对民办高职院校董事会及其运行进行监督;内部监督是指,在民办高职院校内部设立相应的机构监督董事会及其运行,如在民办高职院校内部设立监事会或教授会等。民办高职"二元思维"认为,从民办高职院校发展的实际情况看,加强对民办高职院校董事会的监督是必要的:一要民办高职院校完善建立内部监督机制。比如发挥教职工代表大会或工会组织的作用;设立有教职工、学生家长、学校毕业生和社会知名人士等人员参加的学校监事会。二要建立和发挥行业协会、社会中介组织的监督作用。比如通过行业协会加强行业自律;通过社会评估机构开展独立评估、公布评估信息等。这些措施不仅是对民办高职院校董事会的监督,也是对民办高职院校办学行为和办学质量的有效监督。

三、董事会与校长的委托代理关系

1. 民办高职院校的委托代理关系分析

从新制度经济学②的观点来看,民办高职院校决策组织机构与执行组织机构实际上分别体现了民办高职院校举办者与经营者之间的关系,即谁拥有学校

---

① 詹捷慧:《我国民办高职院校董事会管理模式研究》,载《华南师范大学》,2007年,第1期。
② 新制度经济学(New Institutional Economics)是一个侧重于交易成本的经济学研究领域,交易成本指在建立商品交易过程中,没有被易主考虑到而损耗掉的成本,譬如讨价还价花去的精力与时间,为防止受骗而采取的保险措施等,这些活动花费的成本都是交易成本。交易成本的提出,对新制度经济学具有重要意义。由于经济学是为研究稀缺资源而配置的,交易成本理论表明交易活动是稀缺的,市场的不确定性导致交易也是冒风险的,交易也有代价,也就有如何配置的问题。资源配置问题即经济效率问题。

举办权,谁就最有资格充当决策的主体角色,而受所有者委托或授权的学校经营者,即执行学校管理的执行者。民办高职院校办学实践中,学校举办者及董事会是学校的办学者,校长则是受举办者委托或授权的经营者。

委托代理是现代社会中的一种普遍现象,只要存在两个或两个以上人的合作性活动,就会构成委托代理关系。① 在民办高职院校中,由于出资权与经营管理权的分离,学校董事会作为委托人,把学校经营管理任务委托给校长。校长则接受学校董事会的委托,成为全面负责学校经营管理的代理人。董事会与校长之间也就构成了实际的委托代理关系。校长是由董事会选举任命产生,代表学校行使法人的权利,行使对学校法人财产的经营管理权,并对董事会负责。校领导班子由校长组建,全权负责学校的教育教学和行政管理工作,形成了"事权清晰、职责明确、各司其职"的管理体制。民办高职院校需要构建和谐的校董关系,以保证学校教育教学改革的深入和办学水平、办学质量的不断提高。

2. 民办高职院校的董事会与校长之间的委托代理关系

委托代理关系可以理解为一种契约关系,在这种契约关系下,为了使董事会与校长双方的利益关系得到协调,委托人希望设计一种契约机制授权给代理人从事某种活动,并要求代理人为委托人的利益行动。当然,代理人在实现委托人的利益时,也要实现自己的利益。② 在民办高职院校中,董事会作为学校出资者代表将学校财产委托给校长经营管理,校长则接受董事会的委托,全面负责学校事务。董事会成为委托人,校长则成为学校的代理人,董事会与校长之间也就构成了委托代理关系。其要点包括:

(1) 民办高职院校的出资权与经营权的分离。随着经济社会的发展,民办高职院校维持办学发展,需要的巨额资本,必须要高起点、大投入,才能在激烈的竞争市场上具有必备的竞争实力,绝非一般单个出资者所能提供。民办高职院校的投资者逐渐从个人转向机构,举办形式也由最初的家族学校,向由教育投资公司或教育集团或多个股东共同投资的股份制形式学校转变,在多元化投资举办的学校中,并非每位出资者、股东都能直接参与学校的经营管理活动,只得通过代理契约,把学校的经营管理权委托给学校校长。这样委托代理关系就在两

---

①② 杨炜长:《民办高职院校董事会与校长的委托代理问题》,载《高等工程教育研究》,2006年,第9期。

权分离中产生。

（2）市场的不确定性和个人能力的有限性。民办高职院校教育市场如同其他市场一样，存在大量的不确定性和复杂的市场环境。同时，由于人的理性是有限的，市场环境中的每一个人都不可能成为全智全能者。人与人之间也现实存在天赋的差别，文化背景的不同、知识累积程度的大小和偏好的不一致，由此产生人力资本的专用性。因此，最好的解决办法是将民办高职院校交由专业人士（校长）进行管理，由校长全面负责学校的事务，校长就拥有了学校的管理权和代理权。这样，委托代理关系就随即成立。

3. 董事会与校长之间委托代理冲突问题

委托代理理论认为，如果代理人能够完全为委托人利益行事，则这种代理关系不会产生额外成本。代理人与委托人毕竟都是追求利益最大化，两者追求的利益目标可能不一致，他们之间还存在信息的不对称、责任的不对称等现象。[1]因此，民办高职院校在委托代理制度的实际运作中，会出现各种各样的不确定性，需要在实践中加以解决。

（1）委托人和代理人的目标不同。民办高职院校的出资者作为委托人拥有剩余索取权，所追求的目标即资本增值以及学校持续发展所带来的社会效益和经济效益的最大化。拥有学校经营管理权的学校校长作为代理人，一方面追求更高的薪金、奖金、津贴等货币效用；另一方面还力图获得更高的非货币效用，如舒适的办公条件等，从而使委托人利益受损。在委托人与代理人目标不一致的情况下，代理问题不可避免。[2]

（2）委托人和代理人之间存在信息不对称。民办高职院校的举办者，出资者由于行业隔阂和专业知识问题，他们难以直接参与学校机构的运作和管理实务；相反，作为代理人的校长们在具有充足的学校管理知识和经验的情况下，更充分地掌握学校信息，更密切地参与学校管理活动，也更能按自己的想法和利益来行事。这种信息的不对称性，可能诱使掌握实际控制权的学校代理人产生机会主义。他们知道委托人所不知道的情况，知道如何躲避监督，如何应付委托人的官僚主义行为，损害委托人的利益。[3]

---

[1] 付姣：《我国民办高职院校董事会问题研究》，载《厦门大学学报》，2006年，第5期。
[2][3] 孙鹏：《民办高职院校董事会领导下的院校长负责制刍议》，载《民办教育研究》，2004年，第6期。

(3) 委托人和代理人之间还存在责任不对称。校长作为学校代理人掌握着学校各类经济资源配置的控制权,但个人对学校经济状况的好坏在法律上不承担具体责任。民办高职院校的法人代表大多是董事长,作为代理人的校长所作的决策只要是沿着正常设定的秩序进行的,决策失误无论有多大,其经济责任由法人代表或法人组织所承担,作为代理人的校长不会因此受到经济损失。当然,因决策正确给民办高职院校带来了极大收益,若没有制度许可,代理人也不会从中抽取一定数量用于增加个人收入。①

四、校长:民办高职院校的"管家"

校长的教育理念、专业素质、管理能力、治校谋略如何,直接关系到民办高职院校的办学质量,关系到校董事会决策的落实。著名教育家陶行知也曾说过:"校长是一个学校的灵魂。要想评论一个学校,先要评论他的校长。"也就是说,一个学校是一个整体,校长则是这个整体中的管理者和组织者。学校的校风如何,很大程度上取决于校长的风格和工作的态度。

1. 管家理论概述

管家理论(Stewardship Theory)最早由戴维斯和唐纳森(Davis & Donaldson)提出。他们在对代理理论的基本假设和主要观点进行分析的基础上指出,代理理论对人性的假设是片面的,在组织现实中,还存在另一种角色的管理人员,他们希望通过成功地完成工作而得到内在的满足,希望得到同事或他人的认同,这种对成就的需要使得他们的行为更容易受非金钱的激励。② 在管家理论中,管理人员不再是一个机会主义者,而是资产的一个好的管家。在管家理论中,管家会自觉地产生有利于组织目标实现的行为。事实上,控制可能会为生产效率带来负面作用,因为它减弱了管家有利于组织行为的内在动机和外在行为。③ 管家理论运用民办高职院校办学实践的核心思想是,应当创设一种授权和参与的环境,使管理者与被管理者的关系建立在相互信任的基础上,最大限度地挖掘和发挥管理者的潜能。管家理论认同的激励理论主要是马斯洛(Maslow)需要层次理论中较高层次的需要、阿德弗(Alderfer)的成长需要、麦克利兰

---

① 孙鹏:《民办高职院校董事会领导下的院校长负责制刍议》,载《民办教育研究》,2004年,第6期。
②③④ 李福华:《大学治理与大学管理》,人民出版社,2012年,第79页。

(Mclelland)的成就需要等。④

2."校长管家"的理念

在管家理论主导下的民办高职院校的"校长管家"理念,由于委托人(举办人)和管家(校长)双方的目标都是组织目标的实现,管理者和师生员工具有管家的心理状态,会从实现组织目标中实现个人效用的最大化。其理念的基本要求是,委托人应当努力创造一种授权和参与的环境,使双方的关系建立在相互信任的基础上,让管理者和师生员工最大限度地发挥潜能。

管家理论主导的民办高职院校的"校长管家"理念特征:一是倡导学校管理形式是以董事会领导下的校长负责制模式为主,董事会领导下的校长负责制享有较大的办学自主权,内部管理体制的选择、教工聘任、自主招生、自主设置专业,校财产管理和使用、重大事项议事和校内监督等权利均可自主选择;二是董事会领导下的校长的法律定位及其权责注定校长在坚持教育管理、教育理念、尊重教育规律基本方向的同时,必须坚持市场管理的理念,尊重市场经济规律,注重实用主义的价值取向和经营管理,讲求社会效率与经济效益;三是董事会领导下的校长负责制较好地体现了民办高职院校董事会作为学校产权的所有权代表与校长作为学校产权经营权代表二者的关系。

管家角色产生的一个非常重要的条件是"信任"。长期以来,加强董事会的独立性,要求董事长与校长分设、增加外部或独立董事、薪酬与考核挂钩等做法被视为民办高职院校治理的"灵丹妙药"。事实上,这些观点即使在西方也没有得到定论,与此相反,二职合一、强调内部或关联董事的作用、弱化物质激励等做法还得到一定程度的理论和实证支持。突破传统的代理理论研究假设和思路,从委托人(举办者)、管家(校长)两个利益主体的角度去分析他们之间的合作关系,对民办高职院校的治理研究是一个很好的案例,有利于解释民办高职院校治理实践中所暴露的种种问题,有利于对学校内部治理结构和治理机制进行有益的修正。

3."管家"校长资格

民办教育相关法规定:"民办学校参照同级同类公办学校校长任职的条件聘任校长,年龄可以适当放宽,并报审批机关核准。"①

---

① 参照《中华人民共和国民办教育促进法》第23条。

民办高职院校的校长资格条件：一是拥护中国共产党的领导，热爱祖国，热爱社会主义的教育事业，认真贯彻执行党和国家的教育方针、政策、法规；关心爱护学生，刻苦钻研教育、教学业务，热爱本职工作，有一定的组织管理能力；团结同志，联系群众，严于律己，顾全大局，言行堪为师生的表率。二是民办高职院校校长年龄应在70岁以下，具有大学本科以上学历，副高级以上专业技术人员职称，有在高等院校任职五年以上的教育教学经历，且具备相应要求的政治思想素质。品德高尚，管理能力强，熟悉民办高职院校办学特点，能够抓住工作重点，突破工作难点，根据教育方针、政策、法规，把握教育教学规律，扎扎实实办好民办高职院校者，才有资格在民办高职院校中任职校长。三是身体健康，能胜任工作。①

4. 校长法律定位

《民办教育促进法》第24条明确规定，民办高职院校校长负责学校的教育教学和行政管理工作，行使职权：一是执行学校董事会或其他形式决策机构的决定；二是实施发展规划，拟定年度工作计划，财务预算与学校规章制度；三是聘任与解聘学校工作人员，实施奖惩；四是组织教育教学，科学研究活动，保证教育教学质量；五是负责学校的日常管理工作；六是学校董事会或其他形式决策机构授予的其他授权。

由《民办教育促进法》的上述规定可见，民办高职院校校长可以拥有六项权责，基本上是执行董事会的规定，即拥有执行权责，但在董事会授权主持学校教育教学科研及为教育教学服务的财务、行政和人事管理工作的范围内，也拥有日常管理的决策权。

5. 校长的责任

校长任职后要根据学校的实际情况制定切实可行的学校发展规划。一是要根据当地的社会环境、教育环境、政策环境、人文环境制定出切实可行的学校发展规划。校长要在学校内部发展、办学理念及教育思想方面形成成熟思想，这样才能让办学有清晰的方向与奋斗的目标，把学校办成当地最具影响力的民办高职院校。二是负责院校安全。校长要把民办高职院校的安全工作作为工作中的头等大事来抓。董事会要把院校安全工作纳入对校长工作的评价体系中来。三是使学校形成民办办学特色。民办高职院校应该有自己的办学特色，这种特色

---

① 熊汉潮：《试论民办高校校长任职的基本条件》，载《中国民办教育》，2004年，第5期。

是课程特色、教学和管理特色、文化理念特色。四是有阶段性的总结汇报。董事会要在每个学期结束后召集相关人员评审校长办学报告,校长要就学校工作及个人工作开展情况进行述职报告,从而促进学校的健康发展。

6. 董事会、董事长和校长之间关系协调

董事会、董事长与校长的关系,在法律关系上即聘任与被聘任的关系,校长接受学校董事会的委托,负责管理学校,具体就是负责学校的教育教学和学校内部行政管理工作,属于办学的微观层面管理。学校校长要在符合国家法律法规的前提下,对学校董事会负责,要执行举办者的办学意图,实施学校发展规划,在法律上属于被委托的当事人一方。但是,在法律地位上,董事会、董事长与校长是基于平等的法律地位,是一种建立在平等、自愿基础上的合同双方。从这个角度出发,当双方产生纠纷时,解决纠纷的办法和程序适用民法和合同法的有关规定。在办学过程中,处理好董事会、董事长与校长之间关系的关键环节是依法签订聘用合同,并明确职责分工和建立相互监督的机制。从根本上说,民办高职院校的董事会、董事长与校长在办好学校、提高效益上是一致的。

董事会、董事长和校长之间经常出现矛盾的现象很多,主要表现在董事会是董事长的董事会,董事长权力过于集中,董事会缺乏相应的监督机制和权力制衡机制,董事长任人唯亲,"家族式"管理较为普遍。原因在于董事长更多的是从产业与经营的角度来考虑学校的建设和发展,校长则往往从学校的特点、教育的规律来考虑问题。而且,董事会领导下的校长负责制强调校长对董事会负责,校长和董事会之间是一种契约或合同关系,尽管这种关系受到有关劳动法的规范及相关部门不同程度的干预,但由于这种关系是一种聘用合同关系,校长负责制本质上反映了雇佣关系,校长对董事会(长)负责,其绩效是以与董事会签订的合同承诺或契约为准,责任分担也由此来衡量。校长负责的内涵随董事会与校长之间有形和无形的约定而定。校长是民办高职院校董事会成员,是学校管理的具体执行者,是学校运行的指挥者和组织者。在董事会集体领导下,校长执行董事会决议,向董事会负责。

五、管理干部能力认定

根据罗伯特·卡茨(Robert L. Katz)的研究,管理干部应该具备技术技能、人际技能和概念技能三项技能。① 技术技能始终使用某一专业领域内有关的程序、技术、知识和方法完成组织任务的能力;人际技能是指,与处理人际关系有关的技能,即理解、激励他人并与他人共事的能力;概念技能是指综观全局、认清为什么要做某事的能力,即洞察组织氛围和环境要素相互影响和作用的能力。② 民办高职"二元思维"认为,民办高职院校的管理干部除具备上述三项技能外,还应该具备以下条件:

1. 管理干部的选拔原则与条件

民办高职院校选拔任用的管理干部,把管理干部建设成为全面贯彻党的教育方针,善于把握学校发展,全心全意为学校服务,结构合理、团结务实、朝气蓬勃、坚强有力的管理集体。③

(1) 选拔任用管理干部,要坚持下列原则:

——党组织筛选、推荐,董事会任用原则;

——任人唯贤、德才兼备、以德为先原则;

——群众公认、注重实绩原则;

——民主、公开、竞争、择优原则。

(2) 管理干部应当具备下列基本条件:

第一,具有中国特色社会主义坚定信念,坚持党的路线、方针、政策,坚持社会主义办学方向,具有一定的马克思主义理论素养,努力用马克思主义的立场、观点、方法分析和解决实际问题。

第二,热爱民办教育事业,熟悉民办高职院校教育规律和有关法律法规,具有胜任领导工作的组织能力、文化水平和专业知识。

第三,有强烈的事业心和责任感,有奉献精神和服务意识,能把主要精力投入管理工作,坚持解放思想、实事求是、与时俱进,注重学习提高和调查研究,视野开阔,思路清晰,开拓创新,实绩突出。

第四,公道正派,作风端正,廉洁自律,依法办事,以身作则,密切联系群众,自觉接受董事会和群众的批评和监督。

第五,有民主作风,有全局观念,胸襟开阔,顾全大局,善于集中正确意见,善

---

①② 陆克斌,王娅莉,金成林,等:《管理学原理与实践》,国防工业出版社,2014年,第14页。
③ 刘季花:《科层制与大学的二元权力》,载《成都理工大学学报》(社会科学版)2004年,第3期。

于团结同志,包括团结同自己有不同意见的同志。

概括地说,民办高职院校的管理干部必须具备良好的职业道德和合格的管理能力。良好的职业道德要求管理干部做到尽心、忠诚和谨慎,能像任何一个理性的人对待自己的财产那样管理学校的人、财、物。这样的管理干部才是优秀、合格的管理人。

2. 管理干部的能力认定

职业素质(Professional Quality)是劳动者对社会职业了解与适应能力的一种综合体现,其主要表现在职业兴趣、职业能力、职业个性及职业情况等方面。影响和制约职业素质的因素很多,主要包括:受教育程度、实践经验、社会环境、工作经历以及自身的一些基本情况(如身体状况等)。[①] 民办高职"二元思维"认为,民办高职院校的管理干部除具备上述条件外,还应该是全面发展的人,必须具备以下素质要素:

(1) 具有高度的政治素质。首先要讲政治,始终保持政治上的清醒和坚定。必须熟悉教育政策法规,正确贯彻党的教育方针,坚持正确的办学方向,并结合职能部门或二级学院实际,用科学的理论指导工作。管理干部如果没有一定的政治理论素养,就很难全面理解党的路线方针政策,也就更难以做到正确贯彻执行。同时,管理干部作为职能部门或二级学院的主要负责人,要廉洁自律,自觉接受监督,使职能部门或二级学院成为一个廉洁的、有战斗力的集体。

(2) 具备较好的业务素质。业务素质是管理干部最重要的资本,这主要反映在教育教学与二级学院管理上。管理干部必须具有较强的专业技能素质,具体表现在以下几方面:一是有较高的教育教学水平。管理干部首先应是教学能手,懂得教育教学的规律,熟悉各方面的教学工作,深入课堂教学第一线,掌握教学的第一手材料,坚持和师生共同研究教学教育问题,参与指导开展教研工作,创造良好的教学竞争气氛,让教师在实践和竞争中增长才干。二是具备科学管理二级学院的能力。管理干部处事要有战略头脑,深思熟虑,在管理实践中要有科学远见,统观全局,协调好整体利益和局部利益,事事讲原则、讲风格,体现管理干部的领导风范。在对人的管理方面,要注意处理好与教师和学生之间的关

---

① 杨立敏,周伟:《如何提升企业员工职业素养》,载《商场现代化》,2014年,第13期。

系。对教师的任用，要做到任人唯贤，人尽其才，达到整体优化的目标。三是具备一定的协调能力。管理干部具备良好的协调能力。在职能部门或二级学院内部，直线关系上要处理好与校董事会和其他行政部门之间关系，从感情上、工作上加强沟通。在横向关系上，要认真自觉协调处理好与教师的关系。

（3）具备全面、系统的专业知识。一是作为职能部门或二级学院代理人不仅要具备很好的管理知识，还应具备全面的专业知识，做一个博学多才的管理者，才能在师生中树起很高的威信，发挥自己的影响力。二是职能部门或二级学院代理人有继续学习的能力和水平，使自己能永远站在教育改革的前列。三是职能部门或二级学院代理人有很好的语言和书面表达能力。职能部门或代理人的口头表达能力很重要，往往能使其工作得心应手。同时，具备很好的书面表达能力，让自己能从理论上系统地总结工作中的经验和教训，以便交流学习。

（4）具备良好的心理品质。一是职能部门或二级学院代理人要有健康的情绪。学校工作千头万绪，时常会受到成功的喜悦和挫折的困扰，职能部门或二级学院代理人一定要保持平衡的心理状态，做到喜怒有常、喜怒有度。二是职能部门或二级学院代理人要有坚强的意志。基础工作的复杂性和繁重性，决定了职能部门或二级学院代理人工作在时间上的连续性，空间上的广泛性，方法上的随机性，要挑起职能部门或二级学院代理这副复杂而又繁重的担子，必须有坚强的意志。三是职能部门或二级学院代理人要有宽阔的胸怀。管理干部要有全局意识，有宽阔的胸怀，以热情忘我的态度、科学的精神、优良的作风，投身到代理工作中去。

第三节　大部制管理

所谓民办高职院校大部制管理，即在学校的部门设置中，将那些职能相近的部门、业务范围趋同的事项相对集中，由一个部门统一管理，最大限度地避免学校内部职能交叉、多头管理，从而提高行政效率，降低行政成本。进一步说，民办高职院校内部权力按照职能和职位进行分工和分层，以规则为管理主体的组织体系和管理方式，它既是一种组织结构，又是一种管理方式。

民办高职院校的大部制的高效管理使得学校教学井然有序，运转稳定，是民办高职教育教学与学生管理的重要保障和导航。所以，民办高职"二元思维"认为,大部制改革对民办高职院校内部治理是一个创新,是一个很有意义的实践性研究。通过对民办高职院校实施大部制改革,能更好地集中学校的管理能力,提升其管理水平,这也是民办高职院校管理研究的一个重要课题。

一、大部制管理理念

任何一个组织从建立到运作都应当寻求一种适合自身组织特性的管理模式。[①] 作为培养技术技能型人才的职业教育组织,民办高职院校的大部制管理遵循民办办学规律,实践和创新其组织结构的大部制管理机制,强化组织管理结构的科学性、可行性和效率、效益及求真务实的价值取向,使民办高职院校的内部治理得以健康、可持续的发展。

1. 民办高职"二元思维"的大部制管理理念

(1) 管理的简约化。在组织机构的设置上,大部制管理保留最低限度的行政管理机构,以避免机构的重叠与膨胀;在行政人员的配备上,大部制管理严格控制数量,甄选精干的人员组成学校的管理队伍;在管理工作的操作上,大部制管理简化管理程序,减少不必要的管理活动;大部制管理让责任人专注自己的本职工作,而不至于受到过多的行政命令的干扰。

(2) 管理的重心前移。大部制管理是为教育教学目标的达成而开展的服务性和保障性活动,大部制管理敦促管理者深入教育教学第一线,掌握第一手资料,为教师创设良好的工作环境,解除后顾之忧。

(3) 确立"以人为本"的管理思想。大部制管理建立"以人为本"的管理模式,在制度层面上,规范性文件要体现人文精神和人文关怀;大部制管理制度以"管理"为目的到以"服务"为宗旨的转变,从"权力本位"观念向"权利本位"观念转变,倡导和强化服务职能。

(4) 增强民主意识。大部制管理紧密联系民办高职院校的实际,充分尊重民意,促进决策的民主化、科学化,要让广大教师有充分的知情权、监督权、发言权和参与权,以公开求公正,提高科学化解矛盾的能力;大部制管理增强监督意识,把法规制度作为基本依据,将个人权力置于法规制度之下,通过依法治校,强化依法管理学校的意识,确保学校各项建设走上法制化轨道。

[①] 徐绪卿:《民办高职院校内部管理体制改革若干问题探析》,载《中国高教研究》,2010年,第5期。

2. 民办高职院校的大部制管理特征

(1) 层次结构。大部制管理结构呈金字塔形,分为顶层决策、中层管理和基层执行。顶层负责人的职能是决策;中层负责行政或业务主管,主要职能是贯彻决策;基层是一般工作人员,主要职能是执行决策。这样,每个管理层都能对其下属行为的决定负责。

(2) 权力集中。与层级结构相一致,在管理体系中,大部制管理按照管理权限和责任将每个管理机构排列在不同的层级上,由低到高,权力逐渐集中,构成一条垂直分布如金字塔形态的权力线。

(3) 职能分工。大部制管理每层管理成员在工作上应有专门分工,按个体受过的训练和技能经验来指派他们各自的任务,并详细规定各个职位的权力和责任范围。

(4) 制度制约。大部制管理以规章制度来控制管理人员的决定行动,使每个成员都必须按规章制度从事职务活动,并以成文的规章制度为依据,由此保证一致性、可预料性和稳定性。

(5) 人情关系的淡化。民办高职院校实施大部制管理,职能部门的成员要除去纯粹个人的情绪干扰和非理性因素,以此保证学校内部人与人之间是一种非人格化的关系,减少成员间的摩擦,使成员在学校统一的指导和控制下服从系统化的管理纪律。

二、大部制管理的目标

1. 厘清职能,划清权责边界

职能是一个组织所承担的职责和功能,机构则是职能的载体。[①] 不能简单地把大部制管理理解为部门合并、机构精简,它必须建立在职能合理调整的基础之上,并以职能整合为重点带动机构整合。责任划分不清,会造成部门间的责任推诿与扯皮;职责重叠,会造成冲突,会浪费精力并会产生非故意的冗员。因此,要对现有部门的具体职能进行分解和整合,弄清哪些职能应当合并,哪些职能需要增加,哪些职能需要剥离等,并按照"大职能"的理念,对各项具体职能进行整合,优化职能结构,划清职能边界。在此基础上,进行机构重组,对职能相同或相

---

① 梁海燕:《深化民办高职院校科研管理职能研究》,载《网络科技时代》,2008年,第22期。

近的部门进行整合,建立大职能、宽范围的综合性部门,从而理顺部门之间的职责关系,解决职责不清、职责交叉、职责划分过细等问题,提高职能部门的运行效率和管理效能。

2. 合理分权,优化权力结构

大部制管理的实质,即一种权力结构的重组和再造。民办高职院校应以大部制改革为契机,推进向基层系统的"双向分权":一是纵向分权,即学校的校部机关向基层院系分权,实现管理重心下移。二是横向分权,即学校向职能部门和二级学院分权,促进二级代理的责、权、利均衡。要约束职能部门和二级学院行政权力的行使,避免不正当的干预和冲突。同时,要促进学校和大部门内部决策权、执行权、监督权相对分离和独立,确保决策科学、执行顺畅、监督有力。

3. 强化服务,转变管理职能

实现管理职能转变是大部制管理的重要目标。实施大部制管理,必须推进管理部门职能的转变,使职能部门更好地服务于教学活动。民办高职院校必须以"服务"为中心,在推行职能部门大部制改革过程中,应坚持"以人为本"的管理原则,对内部管理职能进行重新定位,强化职能部门和党政权力的服务职能,实现从管理型机关向服务型机关的转变,形成职能部门为教学科研机构服务,管理人员为师生服务的"大服务"格局。

4. 加强协调,提高行政效率

从管理角度来看,建立大部制管理结构主要是想解决因职能部门划分过细而导致的部门和部门之间协调困难的问题,降低协调难度与成本,以提高管理效率。在大部制管理中,要充分发挥大部制"职能广、机构大"的优势,将部门之间的协调转化为部门内部的协调,从而避免因部门之间长时间的讨论磋商、讨价还价,甚至利害冲突而使学校工作受到影响,加快内部信息传递,提高工作效率。

5. 精简机构,降低行政成本

精简机构、裁减冗员,并非易事,却是大部制管理的基本目标之一。大部制管理要不断完善"能上能下、能进能出"的用人机制,逐步进行人员调整,经过一个时期的努力,循序渐进,最终实现机构设置和人员编制的合理匹配。

三、再造职能结构

1. 职能结构的分析

民办高职院校的内部管理作为一个有机的系统,它所具备的各种职能不是彼此孤立、简单并列的关系,而是相互联系、在不同环节和层次上发挥着不同作用,所构成的具有内在联系的整体。因此,将学校管理的各种有机的机制联系起来,称为职能结构。职能结构概念说明,描述或设计民办高职院校的组织结构,必须做到两点:一是识别学校管理系统的各种各样的职能,也就是职能结构的要素;二是阐明这些组织职能之间的相互关系,即这些职能在学校中是如何配置、是依照怎样的关系连接起来的。

所谓对职能结构的分析,是指民办高职院校实现内部职能部门和二级学院的管理目标所需要的各项管理工作以及比例关系。其分析维度包括职能交叉或重叠、职能冗余、职能缺失、职能割裂或衔接不足、职能分散、职能分工过细、职能错位、职能弱化等方面。

民办高职院校对各职能部门和二级学院在办学运行系统中的作用、各职能部门和二级学院的分工、隶属、合作关系是否明确等进行分析,判断学校内部现有组织结构中各单位的职能是否缺失、交叉、冗余、职能错位等,结合学校办学发展的需要,对各运行环节的职能进行逐个分析,这样思路就会非常清晰,确定主要职能改进领域与改进重点。

2. 再造职能结构的优点

以"南洋"为例,民办高职院校大部制是一种由核心化的学校行政决策中枢(校务会)及其办事机构(校务部)、综合化的职能部门(教务部、学务部、后勤部)、专门化的执行机构(二级学院)三个要素形成的学校组织架构,目标是行为规范、运转协调、质量保障、绩效优化。

民办高职"二元思维"认为,要改变民办高职院校管理职能划分过细、职能部门设置过多的现状,应推动民办高职院校管理机构改革向"大部门、大职能、大服务"范式转变,实行大部制的职能结构再造是非常有必要的,因为民办高职院校内部管理需要严格的分工、明确规定的职权等级和部制条例的约束。

再造职能结构的优点:

——以职能整合为基础。对行政体系承担的职能进行重新梳理和划分,对相近职能进行整合,理清职能结构,明确职能界限。

——以机构合并为基本特征。根据职能调整,对机构进行重新拆分或合并,对人员进行分流,形成承担大职能的大部门。

——以实现决策权、执行权、监督权相对独立为核心。通过职能划分和机构重组,实现决策、执行和监督三个职能相对分离和独立。

——以提高管理效率、降低行政成本为基本目标。精简机构,消除冗员,降低行政成本,同时,加强机构之间和机构内部的协调,提高管理效率和质量。

3. 再造职能结构,需要稳中求进

(1) 健全领导,提高认识。民办高职"二元思维"认为,民办高职院校的大部制管理应由学校党委、行政统一领导,并将此工作列入重要议事日程,明确主抓大部制管理的责任人。按照"谁主管、谁负责"的原则,明确各部负责人为本部门的第一责任人。搞好大部制管理,干部是关键。要制定一级抓一级、一级带一级、一级对一级负责的大部制改革责任制。从落实好大部制改革的各项任务的高度、从加强执行能力建设的高度,深化对加强大部制管理的重要性和必要性的认识。在提高认识的基础上,认真排查存在的突出问题,开展批评与自我批评,力陈自身的不足。各部结合自查情况和群众意见制定出切合实际、客观科学又便于操作的整改方案,坚持边学边改、边查边改。

(2) 提高素质,增强本领。民办高职"二元思维"认为,大部制管理要把提高全体干部和行政人员的理论素质和业务素质,增强干部和行政人员的本领,作为一项长期的任务贯穿于大部制管理的全过程。在民办高职院校,干部和行政人员的理论水平和素质参差不齐,首先,必须提高干部和行政人员的政治理论素质。要加强他们的政治修养,不断提高理论水平。其次,必须提高干部和行政人员的工作业务素质。随着民办高职院校的不断发展,这就决定了干部和行政人员必须不断提高业务素质,具有过硬的专业工作能力,做到对自己所从事的工作驾轻就熟,得心应手。再次,干部和行政人员还必须掌握相关的技能知识。由于工作的需要,高素质的干部和行政人员还要掌握网络信息的多种技能和知识。

(3) 建立和健全规章制度以进行规范管理。民办高职"二元思维"认为,良好的工作作风除了长期的、自觉的养成以外,也要靠完善的法律制度来约束和规范。建立健全规章制度是科学管理、规定服务的前提,也是考核评价服务质量、工作水平、工作业绩的依据。要根据各部的工作性质和工作特点,建立健全各项规范制度。明确各部工作职责和人员的岗位职责，使各项工作有章可循，有序可依。要从大处着眼，从小处着手，细化目标、细化任务、细化要求，从而有力保证治理工作落到实处。

（4）强化监督，奖励分明。民办高职"二元思维"认为，民办高职院校如果缺乏一个奖惩制度，则是大部制的改革问题之一。大部制管理的监督和检查，表扬先进，激励后进要经常化、制度化，不能走过场。学校应该根据大部制改革的具体内容和任务，不定期地开展监督和检查活动。如检查考勤情况，包括考勤制度是否落实，签到与在岗情况是否相符，上下班是否准时等检查办事情况，根据检查情况表扬奖励好的单位，通报批评差的单位。

四、大部制改革的风险规避

大部制管理的风险规避是民办高职院校在大部制管理过程中，对可能发生的风险和危机进行事先预测和防范的一种战略管理手段，是为了学校大部制管理及自身生存发展而采取的必要措施。在整个大部制管理框架中，风险预警意识会时刻提醒学校的决策者应根据事先发现的迹象和征兆，警醒预判，密切关注，及时采取必要的防范和措施调整，以实现民办高职院校的可持续性发展和教育事业的稳定发展。

民办高职"二元思维"认为，民办高职院校应该在大部制管理上采取强有力的措施，科学提高管理质量、调整发展战略、办出职业教育特色、形成职业教育品牌，规避社会信誉危机和生源危机。从发展的眼光看，大部制管理还存在许多不足的现象，学校必须审时度势，认真厘清大部制管理中的主要障碍和风险，采取积极有效的措施，化解、消除、减缓这些障碍和风险。

1. 建立问题诊改机制

民办高职"二元思维"认为，风险规避是民办高职院校大部制管理始终牢记的事，构建大部制管理的问题诊断、修复机制是非常必要的。诊断和修复的大致内涵如下：

——诊断大部制管理的责任主体的工作思想、态度、思路、精神面貌；
——诊断大部制管理的机制、制度、方法、手段、路径；
——诊断大部制管理的效益和效率；
——诊断大部制管理中存在的显性和隐性问题；

——改变大部制管理中责任主体不符合工作实际的理念、做法；

——纠正大部制管理的制度漏洞及方法和路径的偏差；

——规避大部制管理问题风险的举措。

民办高职院校大部制管理制度具有自主性、常态性、实时性、动态性、引导性等特征。大部制管理的主体是学校的举办者、董事会、校长、教师与学生。大部制管理诊断制度的根本出发点，即提高办事质量、保证行政运行优质化，使民办高职院校管理走向制度化、常态化的轨道。开展大部制管理的主要依据，即来自管理的实时数据与信息，同时吸收第三方和其他渠道的诊断意见。"诊改标准是开放的、动态的，没有起止时间限制，注重的是过程。"[①]

2. 建立常态修复机制

民办高职"二元思维"对大部制管理风险诊断与修复机制的四项工作要求：

一是加强大部制管理的行政队伍建设。民办高职"二元思维"认为，民办高职院校一定要建立一支承担运行、监控、改进等任务的专职行政机构及人员。人员配备齐全的专职行政队伍是大部制改革的基础。大部制管理必须加强在职行政人员的业务培训与考核，合格的行政人员是把握大部制管理质量的保障。在大部制管理中，行政人员能熟练掌握管理和教学质量的客观标准，开展质量精准评价，提出质量保证的改进举措，确保诊断修复质量的真实性。

二是完善和保证大部制管理标准和制度体系。民办高职院校一定要依据办学标准要求，形成完整、规范的大部制管理质量标准体系，建立包含大部制管理的质量保证制度，定期开展大部制管理质量的自我诊断和修复，推动大部制改革工作持续改进并形成良性循环。

三是保证大部制管理规划落实与资源统筹。民办高职院校应该依据学校办学质量保证体系建设规划，制定诊改和修复大部制管理工作方案与实施细则，以落实改进为重点，统筹经费投入与资源条件保障，优先保证大部制改革的教学条件、资源建设及其综合管理的需要，进而保障办学质量。

四是建立大部制管理信息发布与监控系统。民办高职院校一定要根据自身特点，完善数据平台在内部管理运行中的状态分析和监控功能，使之不仅能进行

---

① 张铁明，肖理想：《民办教育风险预警机制的构建——基于社会成本的视角》，载《教育发展研究》，2009年，第4期。

日常管理和监控,还能满足查找问题与薄弱环节的需要,保证信息发布与监控系统的真实性和可控性,推动大部制管理,确保大部制管理质量不偏离所设定的质量目标。

案例:"南洋"大部制的"五个再造"

无锡南洋职业技术学院的大部制管理中的"五个再造"

1. 目的与期望

组织:机构更精简、人员更精干、组织更精练;

运行:统筹更有力、执行更到位、运行更顺畅;

机制:职责更明确、流程更优化、机制更活力;

干部:管理更有效、培养更有力、成长更迅速。

2. 思路与途径

组织架构"全院三大板块、行政四个大部、运行三层交互"。

(1)组织架构:将全院组织架构分为党群组织、行政部门、教学单位三大板块。

(2)运行流程:整个新的管理运行流程可分为三个层面,即决策层、执行层、监督层。决策层:全院各项决策在学院院长统一领导下,由院务会议决定;执行层:根据院长指示,院务会议决定,各大部具体执行各项相关工作;监督层:对各大部执行情况,应有不属于相应大部(至少不是全部)的专门组织或人员进行监督、检查、评估(价)或考核(若有必要),以期对决策层的要求目标不偏移、贯彻不走样、执行不打折、结果不落空。

3. 框架设置

学院机构设置分三大板块,一是党群组织;二是行政部门;三是教学单位。

(1)党群组织。整个党群组织在学院党委统一领导下开展各项工作,具体组织形式有两种,一是七个总支,二是其他党务职能部门及群团组织。

(2)行政部门。行政功能板块采用实设与虚设两种形式。实设行政部门采用大部制架构,虚设形式主要指院内各种"委员会"或"领导小组"。实设单位配置相应岗位及编制,并安排专门工作人员。虚设形式主要为兼职(聘请校内、外人员兼任)。实设单位:将全校原有16个处(办、室、中心)调整重组,新设4部1

办,共5个部门。虚设单位(工作委员会与领导小组):为了有些专业(专项)或专门工作更有利于开展,而成立长期设置的工作领导小组或委员会,如专业建设委员会或学术委员会、教学指导委员会、校企合作专家委员会、综合治理工作委员会、人才培养工作领导小组、岗位竞聘职称评审工作领导小组、信息化建设工作领导小组、学生宿舍管理工作领导小组、招生就业工作领导小组、招投标工作领导小组等。

(3) 教学单位。全院共设9个教学单位。每个二级学院下设办公室,负责本级学院的各种事务工作。

4. 运行机制:五个"再造"

(1) 岗位设置再造。根据"合理实际、精简高效、从严从紧、突出效能"的原则,从岗位实际工作任务、工作量及学院对岗位设置要求出发,制定相应部门岗位编制。一是党群组织与行政相应部门整合,党政兼顾。二是各行政部门全部按职员制岗位要求,设管理岗及职员岗,新的5个行政职能部门管理岗为中层管理岗,设部长(中层正职)、副部长(中层副职),各部根据情况按功能板块可在职员中设主管。三是教学单位岗位设置。管理设院长、书记、教学副院长(双肩挑)、行政主管、教学秘书等岗。教师岗、实训岗、辅导员岗。四是职员岗位薪酬体系。新的职员制薪酬体系原则上包括:人事经费总量控制、薪酬减员增资、结构双轨并行。管理岗位工资结构采用职务、职级双轨并行的新职员制薪酬体系。管理岗任命相应的职务(中层正职、副职),主要体现在"业绩能力"导向。职员岗主要体现在"年功积累"。

(2) 部门和岗位职责再造。围绕新的机构改革指导思想及学院发展要求,从"为啥干、干什么、怎么干"三个问题,强化管理向服务职能的转变,重新建造部门和岗位职责,进一步明确任务分工,着重解决职责不清、责任不明、推诿扯皮等问题。

(3) 管理服务流程再造。根据新的部门和岗位职责重新制定相应的工作流程,进一步优化工作路径,提升工作效率,特别是强化行政部门从"管理"向"服务"的职能转变。

(4) 管理岗位聘任机制再造。根据新的岗位设置及职责,管理人员择优聘任或竞争上岗。干部实行三年为一届的聘期制度及交流制度,到期考核后再重新竞聘,保证适度的压力,引导管理干部不断创新。

(5) 运行机制再造。一是对原有相关制度按新的要求重新修订;二是建立新的与大部制相配套的管理制度,如部、委员会和工作领导小组例会制、章程或工作规定等;三是建立运行流程中"决策层、执行层、监督层"三个层面的相应管理制度。

第四节　开源节流

民办高职"二元思维"认为,民办高职院校由于办学资金需要自筹,办学的效果自负盈亏,所以,在办学花钱方面必须开源节流,需要考虑办学经费上如何增加收入,如何减少支出。具体来说应该做到以下几点:

——广开门路,筹措资金;

——增加生源,以增加收入;

——提高工作效率和质量,合理支出;

——提高资金的利用率,效益最大化;

——降低消费成本,包括降低行政成本、教学成本、管理成本、财务成本、人工成本。

一、办学投资分析

1. 民办教育投资的公益性

从法律上看,《中华人民共和国教育法》第25条规定:"……任何组织和个人不得以营利为目的举办学校及其他教育机构。"《民办教育促进法》第3条规定:"民办教育事业属于公益性事业,是社会主义教育事业的组成部分。"这些规定以法律的形式明确了民办教育行业的公益性,这是目前无法改变的法律事实。从社会上看,民办教育能够增加国家和社会的公共利益,为受教育者(及其直系亲属)以及其他社会成员带来经济的和非经济的收益,具有公益性。主要体现在以下两方面:首先,通过人才培养产生的公益性。通过接受民办教育,受教育者的知识、能力、体力和品德都可以得到发展,这些受教育者在接受教育之后,不仅能使自己的经济收益和各种非经济收益得到提高,而且作为受过教育的合格公民,举办者可以通过工作和日常生活,为经济和社会发展做出自己的贡献。其次,通过举办教育而产生的公益性。

2. 民办教育投资的营利性

从法律上看,《民办教育促进法》第 51 条规定:"民办学校在扣除办学成本、预留发展基金以及按照国家有关规定提取其他必需费用后,出资人可以从办学结余中取得合理回报。"这一规定以法律的形式明确了民办教育的投资者可以取得合理回报,也就决定了民办教育投资具有可营利性。从社会上看,民办教育投资具有营利性。首先,民办教育的投资者是以营利为目的的经济组织和个人。他们将资金用于投资办学,一方面遵循国家要求培养符合国家建设与发展所需要的人才;一方面从其自身的生存与发展的需要,要求投资增值以期获得经济回报。其次,民办教育的投资者已获得相应的经济回报。营利性组织在投资过程中的一个显著特征就是有回报预期,当回报预期短于预期时间或回报额大于预期回报额时,将激发起投资主体的积极性。

3. 民办教育投资体现公益性和营利性的统一

民办教育公益性与营利行为之间并不是非此即彼的矛盾关系。实际上,公益性与营利性是两个不同层面的话题,前者涉及的是价值取向,后者则指向行为的结果。不以营利为目的确保民办教育的公益性,针对的是学校的办学目的,也就是不单纯为了营利而损害教育质量。只要学校达到了既定的教育标准,即使它营利,也不能说它违背了教育的公益性原则。经营的结果不等于经营的目标。市场化运作的教育活动能否实现教育的公益性,最终并不取决于其办学的结果营利与否,而是取决于办学者办学的目的,取决于教育准市场制度的成熟程度,取决于政府对这类办学行为的监管水平和力度。在政府严格监管、充分公平的市场竞争、办学者合法经营(预示着其经营活动必然会按照法律的引导而实现教育的公益性)的条件下,合理营利不仅不会与公益性对立,反而会成为实现教育公益性的有力手段之一。著名教育学家潘懋元教授在民办高等教育高级论坛上也曾指出:"公益性和营利性,是教育在一定时代背景下相辅相成、相得益彰的两种属性。各具营利性才能生存、才能发展,才能更好地彰显教育的公益性。"不得以营利为目的,不是说不能营利,营利是进入市场经济阶段后必然存在的。公益是目的,营利是手段,法律没有规定不得以营利为手段,而是说可以获得合理的回报。

二、财务管理

民办高职院校根据《中华人民共和国会计法》《中华人民共和国民办教育促进法》和《民办高等学校办学管理若干规定》,参照《事业单位财务规则》《高等学校财务制度》,实行"统一领导、分级管理、集中核算"[①]的财务管理体制,确保经济资源配置、财务收支预算、会计核算等统一。

民办高职院校应该"坚持科学理财、依法理财、民主理财、廉洁理财、效益理财,统筹协调规模、结构、质量、效益之间的关系;优化支出结构,以提高人才培养质量为宗旨,促进内涵发展"[②]。

民办高职院校实行"统一领导、分级管理、集中核算"的财务管理体制,主要起到三方面作用:第一,可以调动各职能部门和二级学院增收节支的积极性;第二,学校手中有了钱,可以集中财力办全校性的、有战略性的大项目;第三,增强了全校的凝聚力。民办高职院校依法享有法人财产权。在其存续期内,所有资产由民办高职院校依法管理和使用,任何组织和个人不得侵占。[③]

1. 财务理念

民办高职院校的财务理念是规范学校的会计核算和财务行为,保证会计信息质量,提高资金使用效益,保障民办高职院校健康发展。

财务理念是民办高职院校财务文化价值观的集中导向。民办高职院校财务理念建设要秉承其财务精神,树立"责任、服务、安全、廉洁"的财务理念。运用诱导、沟通、培训、激励、惩戒等手段对团队成员进行财务理念和财务精神文化的渗透,自觉规范行为导向,展示民办高职院校的财务文化精神风貌。用团队共识的财务理念塑造广大教职员工的行为模式,向外传递民办高职院校的财务管理文化。

2. 财务管理的基本原则

——执行国家有关法律、法规和财务规章制度;

——坚持勤俭办事的方针;

——正确处理事业发展需要和资金供给的关系,社会效益和经济效益的关系,国家、集体和个人三者利益的关系。

[①③] 程红英:《民办高校财务管理探讨》,载《经济视野》,2014年,第11期。
[②] 摘自《江苏省教育厅关于进一步规范和加强高等学校财务管理工作的意见》。

民办高职院校应将办学发展与规范管理相结合,明晰产权与风险防范相结合,经济效益与社会效益相结合,落实投资者、管理者权责利和保障学校师生员工权益相结合。按"小机构、大网络、高效率"原则设置机构,资金管理和使用应遵循国家相应规章制度,规范和强化内部会计制度与财务管理,设立必要的财务监理人员以及亲属回避制度。[①]

3. 民办高职院校财务管理的主要任务

——合理编制预算,如实反映财务状况;

——依法组织收入,努力节约支出;

——建立健全财务制度,加强经济核算,提高资金使用效益;

——加强资产管理,防止资产流失;

——对民办高职院校经济活动进行财务控制和监督。

换句话说,就是建立健全财务管理制度,规范校内经济秩序,如实反映财务状况;依法多渠道地筹集办学资金,防范并降低财务风险;合理编制学校预算,加强预算执行控制和管理;有效配置学校资源,加强核算,节约支出,切实提高资金使用效益;落实法人财产权,加强资产管理,防止资产流失。[②]

4. 日常的财务管理

建立规范的财务管理机构。民办高职院校高度重视财务管理工作,按照《会计法》《民办教育促进法》等法律法规的规定,建立专门的财务机构,配备专业的财会人员,所有财会人员应持证上岗,以保证财务管理工作的正常运行,提高民办高职院校的财务管理水平。建立各项财务管理制度。没有规矩,不成方圆。民办高职院校要制定各项财务管理规章制度,做到有章可循,奖惩有依有据。

加强民办高职院校的会计核算工作。会计核算是财务管理的基础,财务管理所需的绝大部分资料来源于日常的会计核算数据。根据当今信息化时代的需要,民办高职院校应积极推行会计电算化,一方面提高会计核算的效率,以便及时准确地提供财务管理所需的资料;另一方面由于日常的会计核算工作主要由计算机来完成,这样财务人员就可以抽出更多的时间来加强财务管理工作。

加强财务计划管理。财务计划是未来计划期内所要达到的目标,是财务管

---

① 摘自《上海市民办高等学校财务管理办法(试行)》。
② 李秀桃,马吉航:《民办独立学院财务管理问题及对策研究》,载《时代经贸》,2000年,第2期。

理总体目标的具体量化指标,如生源计划、学杂费收入计划、费用开支计划、基建计划、结余资金计划等。财务计划是民办高职院校财务管理的首要环节,民办高职院校的财务人员应会同学校领导及相关人员,于每年年初根据历史资料,结合以后的发展趋势,运用科学的财务预测方法和财务决策方法,制订出整个学校的财务计划作为奋斗目标,并细化逐级分解下达到各处(科)室、各系,以及各责任人,做到每个部门、每个人都有一个目标,以充分调动各部门、各责任人的积极性,确保总体目标的顺利实现。①

加强财务控制。财务控制就是在财务管理过程中运用有关信息和一定的控制手段,对民办高职院校的财务活动进行有效的监督检查和调节,使之按照既定的财务目标运行,最终完成或超额完成财务计划的过程。事中财务管理是财务管理的主要环节,财务人员大量的日常工作就是进行财务控制。财务控制主要有以下两方面:一方面是监督检查学校财务管理制度的执行情况,通过日常的监督检查,发现管理中存在的漏洞,以及教职工的营私舞弊行为,及时提请学校领导处理。另一方面就是控制财务计划的实施情况,财务人员根据学校下达给各部门、各责任人的财务计划,运用管理会计中责任会计的方法。划分责任单位,明确责任目标,进行责任核算,实施责任奖惩,将学校的各处(科)室或各责任人划分为责任单位,分别建账核算,定期编制财务计划完成情况表,反映各责任部门、责任人的工作业绩,供学校领导实施考核、奖惩,全年通算,逗硬兑现。在财务控制过程中如发现实际偏离计划过大等特殊情况,还应及时查明原因,提请学校领导立即采取补救等措施加以调整,确保财务目标的顺利完成。

加强财务分析。财务分析就是财会人员运用专门的财务分析方法(定性的或定量的分析方法),定期或不定期地对学校的财务状况进行分析研究,找出存在的问题,提出解决方案,为学校领导提供决策依据,为下一步的财务管理工作打下基础。例如:分析人均教育成本,可通过与本校历年的人均教育成本、与其他学校的人均教育成本比较,以及人均教育成本的结构变化、国家的相关政策等因素来进行分析,从中找出是否节约或浪费,以及节约或浪费的程度等,为以后的财务管理提供依据。财务分析虽然为事后财务管理,但它具有承前启后的作

---

① 费宏凤:《关于民办高职院校的财务管理过程中监管和效果评估的执行性》,载《才智》,2013年,第21期。

用，因此不可忽视，必须加强。

5. 资产管理

资产是指过去的交易或事项形成并由民办高职院校拥有或控制的资源，该资源预期会给民办高职院校带来经济利益或服务潜力。包括各种财产、债权和其他权利。资产可分为流动资产、长期投资、固定资产、无形资产、受托代理资产等。

流动资产是指预期可在1年内（含1年）变现或耗用的资产，主要包括现金、银行存款、短期投资、应收款项、预付账款、存货、待摊费用等。各种应收及预付款项应当定期与债务人对账核实，及时清算、催收。各种存货应当按取得时的实际成本记账。

长期投资是指民办高职院校利用货币资金、实物和无形资产等方式向其他单位的投资，包括债券投资和其他投资。以货币资金的方式对外投资，应当按实际支付的款项记账。以实物或无形资产的方式对外投资，应当按评估确认的价值记账。投资期内取得的利息、红利等各项投资收益，应当记入当期收入。转让债券取得的价款或债券到期收回的本息与其账面成本的差额，应当记入当期收入。民办高职院校不得将学校教育事业收入、政府补助收入、科研事业收入等收入中的学费、拨款等经费从事企业债券、证券等风险较大的投资。

固定资产是指一般设备单位价值在500元以上、专用设备单位价值在800元以上，使用期限在1年以上，并在使用过程中基本保持原有物质形态的资产。单位价值虽未达到规定标准，但是耐用时间在1年以上的大批同类物资，作为固定资产管理。固定资产一般分为六类：房屋和建筑物、专用设备、一般设备、文物和陈列品、图书和其他固定资产。购建的固定资产应当按照取得时的实际成本记账。固定资产借款利息和有关费用，以及外币借款的汇兑差额，在固定资产办理竣工决算之前发生的，应当计入固定资产价值；在竣工决算之后发生的，计入当期支出或费用。接受捐赠的固定资产应当按照同类资产的市场价格或有关凭据确定固定资产价值。接受捐赠固定资产时发生的相关费用，应当计入固定资产价值。对固定资产进行改建、扩建，其净增值部分，应当计入固定资产价值。按照权责发生制原则，固定资产应当计提折旧。折旧采用平均年限法（直线法）。教学仪器设备标准使用年限为5年，图书资料标准使用年限为5年，房屋建筑物标准使用年限为50年，土地使用权标准使用年限为70年等。民办高职院校因特殊原因需要调整折旧年限及折旧范围的,应报教育主管部门备案。无形资产是指不具有实物形态而能为民办高职院校提供某种权利的资产。包括专利权、土地使用权、非专利技术、著作权、商标权、商誉等。无形资产应当在受益期内分期平均摊销,未摊销余额在会计报表中列示。

民办高职院校应当建立、健全现金及各种存款的内部管理制度,应当对存货、固定资产进行定期或不定期的清查盘点,保证账实相符。对存货、固定资产的盘盈、盘亏应当及时调账。固定资产报废和转让,一般经民办高校董事会、理事会或类似权力机构批准后核销。大型、精密贵重的设备、仪器报废和转让,应当经过有关部门鉴定,报主管部门或国有资产管理部门、财政部门批准。具体审批权限由财政部门会同国有资产管理部门规定。

6. 财务报告和财务分析

财务报告是反映民办高职院校一定时期财务状况和事业发展成果的总结性书面文件。民办高职院校应定期向主管部门和学校领导以及其他报表的使用者提供财务报告。民办高职院校的年度财务报告包括资产负债表、收支情况表、支出汇总表、收入汇总表,事业基金和专用基金增减变动情况表,以及有关附表和财务情况说明书。财务情况说明书主要说明民办高职院校收入、支出、结余及其分配、债权、债务、事业和专用基金的增减变动情况,以及对本期或下一期财务状况发生重大影响的事项和需要说明的事项。

财务分析是民办高职院校财务管理工作重要的一部分,根据学校财务管理的需要,定期编制财务分析报告。财务分析的主要内容包括资金使用管理、收入和支出管理、预算执行情况以及财务管理情况、存在的主要问题和改进意见等。财务分析指标包括资产负债率、事业收入增长率、支出增长率、事业收入占总收入的比率、人员支出占事业支出的比率、公用支出占事业支出的比率等,民办高职院校可以根据自己的特点增加财务分析指标。通过财务分析,可以客观地总结学校财务管理的经验,揭示存在的问题,逐步认识和掌握财务运动的规律。通过财务分析,可以具体地说明财产和资金的管理和使用,研究是否合理合法、有无浪费现象、造成浪费的原因和预算的执行情况等。[①]

[①] 费宏凤:《关于民办高职院校的财务管理过程中监管和效果评估的执行性》,载《才智》,2013年,第21期。

财务分析的内容包括预算执行、资产使用、支出状况等。财务分析的指标,由民办高职院校根据本单位的业务特点选用适当的财务分析指标。资产负债表,是反映民办高职院校在某一特定日期财务状况的报表。资产负债表的项目应当按会计要素的类别,分别列示。业务活动表是反映民办高校在一定时间内开展业务活动的收支结余及其分配情况的报表。业务活动表的项目,应当按民办高职院校开展业务发生的收支构成和结余分配情况分项列示。会计报表可以采用前后期对比的方式编列。上期项目分类和内容与本期不一致的,应当将上期数按本期项目和内容进行调整,必要时需加以说明。会计报表应当根据登记完整、核对无误的账簿记录和其他有关资料编制,做到数字真实、计算准确、内容完整、报送及时。民办高职院校的年度财务会计报告必须委托会计师事务所依法进行审计,并向社会公布审计结果及审计后的年度财务会计报告。

7. 创新财务机制

(1) 建立完善的预算组织体系。民办高职院校应以分权制衡的治理原则,设置决策层、执行层和监督层三个层级的预算组织体系。其中决策层由学校董事会和预算管理委员会组成,负责发展战略规划、年度工作目标的确定及预算决定,以增强预算的权威性和有效性,减少不确定性的程度;执行层由各经费单位组成,负责本单位预算的编制、执行与管理;监督层由学校监事会、内部审计机构,以及教职工代表大会等形式的民主监督机构组成,负责对预算的全过程实施独立监督和民主监督。[1]

(2) 完善预算编制信息识别机制。构建一个结构多元、业务相关、参与广泛的预算编制审核小组,采取程序化、公开化和透明化的预算论证过程,利用审核小组、论证小组成员与代理人分别具有的部分对等信息,来识别和抑制代理人预算编制中的逆向选择动机和行为,增强预算编制的科学性、合理性。

(3) 建立与完善预算激励约束机制。建立全员参与机制,使各层级代理人充分行使知情权、参与权、监督权和竞争权,满足其尊重需要、公平需要,增强其主人翁意识,激发和调动其预算管理的主动性、积极性,争取更多基层代理人的理解与支持,获得更多可靠的私人信息,促进其与委托人目标的趋同。硬化预算执行,给代理人传递预算约束的积极信息,树立预算的严肃性和权威性,促进预

---

[1] 梁碧:《新形势下我国民办高职院校财务管理若干问题研究》,载《现代商业》,2012年,第15期。

算编制、执行的良性循环,增强代理人自我约束、自我管控的意识。以达到抑制或减少代理人机会主义行为的发生。建立预算管理考评与奖惩制度。考评与奖惩机制的缺失是致使预算激励不足而代理问题突出的根本原因,也造成了预算管理的工作难度。当下,民办高职院校应结合自身的情况因地制宜,以定性和定量相结合的综合评价方式为主,灵活多样的项目评价为辅,多管齐下,采取多元化的评价与奖惩模式,从而激励代理人的有利行为,抑制不良行为的强化作用。

三、成本效益最大化

民办高职院校实行内部成本核算的目的有两个:一是为提高民办高职院校经济业务管理水平,提高资金的使用效益。这种成本核算对考核业务成果、筹划资金来源、进行经济决策,提供真实的会计信息,对校二级核算单位实行内部成本核算,有利于提高民办高职院校的办学积极性,勤俭办学,广开财源。二是确定收费标准。民办高职院校要培养一名高职生,三年共需要多少费用,甚至可以更具体地算出各个专业在学校几年所需的费用。

1. 预算管理

预算是指民办高职院校根据事业发展计划和任务编制的年度财务收支计划,是学校经济状况的综合反映,是民办高职院校进行各项经济活动的前提和依据。预算由收入预算和支出预算组成。民办高职院校的预算编制坚持"量入为出、收支平衡"的总原则。收入预算坚持积极稳妥的原则,支出预算坚持保运转、保稳定、避风险、持续发展的原则。根据学校的发展计划和任务编制学年度财务收支计划,预算的内容包括收入预算和支出预算。预算管理是进行各项财务活动的前提和依据,民办高职院校加强预算管理,具有十分重要的意义。民办高职院校的预算管理分为三个部分。[①]

(1)编制预算。民办高职院校的预算在每学期初编制,学校职能部门和二级学院的预算按制度规定每学期初参照上学期的预算执行情况及本学期的计划,分析各项增减因素对本单位收支的影响,提出本单位收入、支出预算数,编制本学期的预算草案。

(2)预算的监督执行。民办高职院校的职能部门和二级学院的收入支出预

---

① 张海霞:《论民办高职院校财务文化建设》,载《当代经济》,2015年,第15期。

算下达后,由校财务处监督实施。具体做法是首先在全部记账凭单上写清核算单位的名称,然后按具体核算单位所发生的每一笔经济业务记入学校职能部门和二级学院的二级账上,学校职能部门和二级学院间的转账往来,须经付款单位负责人签字后,由校财务处做转账凭单,分别记入收款及付款单位的账中。

(3) 预算的结算。每学期结束后,由校财务处与学校职能部门和二级学院会计核对执行情况,确定无误后,编制决算表,计算各单位的盈亏情况,根据盈余的比例,核定学校职能部门和二级学院的福利基金和发展基金。

民办高职院校应按照"收支两条线"和"量入为出、收支平衡、统筹兼顾、节约高效、规避风险"的原则,根据学校的综合财力编制中长期财务收支计划和年度财务预算。学校事业发展规划必须与财务收支计划相适应。民办高职院校的各项支出必须做到有预算安排、有支出标准、有制度依据,严禁无预算、超预算行为。预算编制工作应采取"自下而上、领导集体决策"的办法。在董事会、理事会或者类似权力机构的领导下,由校长主持预算的编制工作。学校财务部门是预算管理的工作机构。民办高职院校应建立预算执行情况分析制度,定期向董事会上报学校预算执行情况分析报告。财务部门应加强预算执行的控制与分析,提供完整、准确的财务信息,为董事会和学校加强财务管理提供可靠的依据。

2. 收入管理

收入是指民办高职院校开展业务活动取得的、导致本期净资产增加的经济利益或服务潜力的流入,收入应当按照其来源分为教育事业收入、政府补助收入、科研事业收入、捐赠收入、商品销售收入、投资收益等主要业务活动收入和其他收入等。民办高职院校的各项收入全部纳入预算,统一核算、统一管理。民办高职院校的收入采用权责发生制予以确认。对长期项目的收入,应当根据年度完成进度予以合理确认。民办高职院校取得收入为实物时,应当根据有关凭据确认其价值;没有凭据可供确认的,参照其市场价格确定。[①] 民办学校收入包括:[②]

——教育事业收入。指学校开展教学科研及其辅助活动所取得的收入。包括学校按照国家和地方核定的收费项目和标准,向单位或学生个人收取的学费,

---

① 摘自《上海市民办高等学校财务管理办法(试行)》。
② 摘自《江苏省民办高等学校财务管理制度》。

承接科技项目、开展科研协作、转让科技成果、进行科技咨询、实验室对外开放等活动取得的收入等。

——经营收入。指学校在教学科研及其辅助活动之外,开展后勤服务等非独立核算经营活动所取得的收入。

——财政补助收入。指学校从财政或教育主管部门取得的用于资助学校办学的收入。

——其他收入。指上述规定范围以外的各项收入,包括投资收益、捐赠收入、利息收入等。

学校各项收入都必须使用符合国家规定的合法票据,确保及时足额收取,并按"收支两条线"管理的原则全部纳入学校财务部门统一核算,统一管理。学校内部其他部门不得自行向学生收取任何费用。禁止隐匿、截留学校收入或抽逃办学资金。

3. 经费支出

经费支出是指民办高职院校为开展业务活动和其他活动所发生的、导致本期净资产减少的经济利益或服务潜力的流出。包括教育业务支出、经营业务支出、管理费用、财务费用及其他费用等。民办高职院校支出包括:

——教育业务支出,即民办高职院校开展专业业务活动及其辅助活动发生的支出,包括工资、补助工资、职工福利费、社会保障费、助学金、公务费、业务费、设备购置费、修缮费等。

——经营业务支出,即民办高职院校在专业业务活动及其辅助活动之外,开展非独立核算经营活动所发生的支出。

——管理费用,是指民办高职院校为组织和管理其业务活动所发生的各项费用。

——财务费用,是指民办高职院校为筹集业务活动所需资金而发生的费用,包括民办高校为了获得捐赠资产而发生的费用以及应当计入当期费用的借款费用、汇兑损失(减汇兑收益)等。

——其他费用,是指民办高职院校发生的、无法归属到上述业务活动成本、管理费用或筹资费用中的费用,包括固定资产处置净损失、无形资产处置净损失等。

民办高职院校从事各项业务活动发生的支出,应当正确予以归集;无法直接归集的,应当按标准和规定的比例在事业支出和经营支出中进行合理分摊。支出应当与收入相匹配。

4. 结余及分配方式

结余是指民办高校年度收入与支出相抵后的余额。分为限定性收支结余和非限定性收支结余。经营收支结余应当单独反映。民办高职院校的结余可以结转下一年度继续使用,还可以按照国家的有关规定提取职工福利基金,剩余的部分为事业基金用于弥补以后年度的收支差额,形成滚动发展的态势。民办高职院校的收入大部分为自筹资金,来自学生和社会。学校要做好预算,要统筹安排,在保证收支平衡的基础上,做到有结余,使学校的财务运行有一定的自我调节能力,以维护学校工作稳定和发展的需要。①

民办高职院校的结余及其分配。民办高校的结余,除专项资金按照国家规定结转下一年度继续使用外,必须按照国家有关规定提取学校公益金和发展基金。国家另有规定的,从其规定。民办学校在扣除办学成本、预留发展基金以及按照国家有关规定提取其他必需的费用后,出资人可以从非限定性收支结余中取得合理回报。

第五节 绩效问责

民办高职院校管理层的每一个职位的业务范围、工作程序、行为标准以及学校系统内各科室的职责,科室与科室之间的关系都采用了规章的形式得以明确下来,这使得学校内的各项工作有法可依,有章可循,建立一贯协调和稳定的学校工作秩序,提高工作效率。

从管理学的角度看,绩效是组织期望的结果,是组织为实现其目标而展示在不同层面上的有效输出。② 绩效管理是指各级管理者和员工为了达到组织目标共同参与的绩效计划制订、绩效辅导沟通、绩效考核评价、绩效结果应用、绩效目标提升的持续循环过程。③

建立科学的考核指标体系,需要"清晰界定各类管理人员的责、权、利,根据

---

① 张海霞:《论民办高职院校财务文化建设》,载《当代经济》,2015年,第15期。
②③ 陆克斌,王娅莉,金成林,等:《管理学原理与实践》,国防工业出版社,2014年,第177页。

不同管理岗位的特点及职位要求,拟定各不相同的管理考核标准,细化分类规范,明确每个不同管理者的岗位职责,根据不同管理岗位的职责,考核各有所偏重,考核规范不同,基本实现管理考核工作的专业化"[①]。

严格管理考核程序,加大群众评议的力度。建立考核公示制度,及时公布考核结果,杜绝考核工作过程中暗箱操作情况的发生,增加考核的透明度。将考核结果与激励机制相结合,考核实绩和职位职称晋升以及工资待遇相结合,形成"凭本事吃饭,凭业绩提升"的良性循环格局。对考核不合格者,进行相应的职位职称及工资待遇降级处理。

一、工作清单制

工作清单制,顾名思义,就是详细规定权力究竟应该干什么,不能干什么,到底怎么干,承担什么职责,等等。

民办高职"二元思维"认为,民办高职院校要实现"负责人清正、组织机构清廉、人人办事清明"的新目标,实施"工作责任清单"是极其重要的一步。推行"权力清单"是民办高职院校的二级学院委托代理的责任所系。学校董事会实施"工作责任清单"制度,把各部门的责、权、利公布出来,即公布各个职能部门和二级学院主体的责任。各个岗位的员工即可以通过"权力清单"知道自己和其他代理人究竟该做什么事、怎样做事,在实际工作中增加了每一位主管的责任意识。

1. 清单效力

工作清单制,是民办高职院校一项促进管理规范和改进工作作风的重要举措。工作清单制,让职能部门或二级学院代理人的工作更有紧迫感。工作清单制,不仅在于制订计划,更要按时完成清单上的计划。职能部门或二级学院代理人应该把工作清单制作为一种自律、自觉要求,不断提升责任意识和行政效能,以务实、高效的作风促进各项工作又好又快地展开。

(1)决策层面。决策层制定工作清单的指向:确定职能部门和二级学院的工作内容、职责和目标。其清单程序:目标—职能—工作—任务—效率—效益。工作清单的优点:信息可靠性较高,适用于确定相关的工作职责、工作内容、工作关系和劳动强度;管理成本所需费用较少;管控难度较小,容易为任职者接受。

[①] 蓝洁:《职业教育治理体系与治理能力现代化的框架》,载《教育与职业》,2014年,第23期。

工作清单的缺点:对"工作"的定义难以把握,即难以明确什么样的活动或内容能被称之为"工作",结果导致"工作"的粗细程度不一,有些工作描述只代表一项非常简单的活动,有的工作描述却包含丰富内容;整理信息的工作量大,归纳工作比较烦琐。

(2) 效能层面。"工作清单制"主要目的就是要提高行政效率,减少管理的成本,增加效益最大化。追求管理效率的最大化是"职、权、责"一致的出发点,也是民办高职院校管理的本质要求。需要注意的是,在效能层面上往往表现出来的是行政效率相对低下,行政成本较大。根据成本与效能之间的关系,造成行政效率低下的原因主要有二:一是机构设置不科学,学校管理成本高;二是程序烦琐、手续复杂、无效成本大。

(3) 结果层面。"职、权、责"一致是民办高职院校办学治理的基本原则之一。职务、权力和责任这三者之间是互为条件、相互平衡的三位一体结构。"职、权、责"被列入清单就要完成,促进了代理人提高行政效能,有效地防止了拖拉散漫现象的发生。不仅要求代理人贯彻执行,而且要接受学校董事会的督查,保障了该制度的有效实施。而在实际权力运行过程中,权责常常出现脱节的现象,导致了出现问题以后互相推诿,甚至到最后没有人承担相应责任的现象。所以,实施工作清单制,必须防止权责不明确和权责相脱节而造成权责结构失衡的现象,避免权力和责任出现明显的"剪刀差"。

2. 工作质量与职责清单

权力意味着责任,权力越多,责任越大,权力越清楚,责任就越清楚。权力越透明,责任就越有保障。只有厘清权力和职责的边界,杜绝不作为、乱作为现象,才可能使权力得到有效监督。

(1) 职责与责任清单。责任清单内的责任执行情况是各部门或二级学院业绩考核的重要指标。构建责任清单首先要厘清每个部门或二级学院的主要职责、具体工作事项、部门之间和部门与二级学院之间的职责边界事项,每个部门和二级学院的主要职责都要有对应的具体工作事项,以及责任科室、部门之间的责任分工要明确,要清楚部门之间的权力职责边界,便于各自理解领会并正确履行好各自的权力和职责。

(2) 义务与责任清单。责任与义务是职能部门或二级学院管理者同一职权事项的两面。从责任到义务的认识转变是管理者自身道德意识的深化。责任清单制度确立的职能部门或二级学院职责实际上是对管理者责任与义务的事前明示与确认,是对管理者职权事项的一种事前监督。构建责任清单制,必须建立事中、事后监管制度,形成事前、事中、事后监督的完整结构,这样才能有效保障管理者责任与义务的履行,才能对职能部门和二级学院管理者权力的行使起到有效的监督和制约作用。责任清单制度形成的事前监督主要明确了管理者的主要职责、具体工作事项,事中、事后监管是对事前监督的完善与补充,主要涉及职能部门和二级学院的职权事项监管办法、监管监督检查指标、目标责任制考核、职能部门和二级学院及工作人员的年度考核等。

(3) 效能与责任清单。权力责任清单一定要明确管理者的责任,为职能部门和二级学院的效率和效益的提高打下了制度基础。责任清单制的主要功能即减少了管理者不必要的事权与责任,从根源上减少了经费行政成本。降低经费行政成本是深化民办高职院校管理体制改革、提高职能部门和二级学院办事效率和效益的重要内容。职能部门和二级学院的责任清晰明确,加上对履职责任的全过程监督,可以有效提高其管理者效能。用责任清单规范管理者行为,有利于实现民办高职院校内部治理能力。

(4) 服务与责任清单。民办高职院校的责任清单制度确立了责任观,强化了职能部门和二级学院及管理者的责任意识,这种责任意识在根本上对职能部门和二级学院管理者提出了具体要求,即加强职责意识、服务意识,切实做好自己的本职工作。职能部门和二级学院及管理者日常工作中在职责意识和服务意识的支配下不断提升服务能力、提高服务质量,获得同仁的认同与支持。同时,民办高职院校也要接受来自社会的意见,并由此深化和改进办学模式,使社会服务效果优化。

3. 工作清单制的作用

(1) 工作清单制使得民办高职院校在治理和管理运作中,职能部门和二级学院的代理工作更有计划性。工作计划对有序开展工作十分重要,制订好工作计划,即为顺利开展工作奠定了基础。工作清单制让职能部门或二级学院代理人的计划细化到每周,一周一周有计划地工作下来,促进了月计划、年计划更好地完成。

(2) 为职能部门和二级学院代理人画出了规矩和方圆。通过清单制度立规矩、定边界、划红线,明确代理人及其职能部门或二级学院哪些是权利和义务,并通过进一步健全宏观管理、监督和检查机制,把教师参与、专家论证、风险评估、合理性审查和确定重大管理程序纳入学校管理、监督和检查过程中,避免职能部门或二级学院代理人"自说自话"。

(3) 代理特权被逐步关进制度的笼子。推行权力职责清单制度,未经校董事会审查,不得提交讨论内容,职能部门或二级学院代理人不得设定权力,没有校董事会的有关规定及依据不得做出越权决定。职能部门或二级学院代理人权力中的"特例"必须是零度,即便因工作确有需要,也必须先请示,校董事会同意批准后才能执行实施。

(4) 为行政责任的强化与落实注入"强心针"。工作清单制也是民办高职院校及其委托代理人因其地位主体而需要对清单的实施承担一定的责任,既有开展代理活动的义务,也有对代理行为后果承担责任的义务。从职能部门或二级学院代理人自身的角度而言,工作清单制需要民办文化、办学思维和规章制度的规范,管理层通过自身的学习和自身的约束外,还必须有来自校董事会尤其是教师的监督。

通过工作清单制,厘清职能权限,完善监督体系,并通过追责机制警示代理人慎用权力。清单之外是雷区,相信通过这项制度,可以为民办高职院校及委托代理人的行为提供权力方向。同时,也使工作清单制成为服务力强、守职守责、公正做事的代理人的诚信助推器,并为推进民办高职院校治理体系和治理能力的提升做出管理机制效力。

二、工作绩效考核

民办高职"二元思维"认为,民办高职院校绩效考核体系的完善应该从以下几点着手:一是将部门绩效指标进行分解,找出各个岗位的关键绩效指标和侧重点,根据这些关键指标和每个岗位的侧重点进行优化考核表单。内容一般可以岗位职责内容和考核周期内下达的目标任务完成情况为准。工作态度的考核可选取对工作能够产生影响的个人态度。不同的考核对象将有不同的考核内容。二是考核方式可根据不同的工作标准对考核周期内的教师工作表现予以评价,可分为自评,直接二级学院考评,再上一级学校审核。三是考核结束要及时与教师和行政人员反馈,①促使教师和行政人员改善工作表现,达到更高的标准。

1. 绩效考核理念与目的

民办高职"二元思维"认为,民办高职院校实施的绩效管理充分体现了学校"以人为本"的理念。"以人为本"的基本含义就是以教师和行政人员,尤其是以一线教师为主体和目的,其基本要求即把学校的教师和行政人员作为办学发展的根本动力,关心、激励、发展教师和行政人员及尊重教师和行政人员的知识和能力差异,以绩效考核和管理引导教师和行政人员的进步和发展。

(1) 绩效管理理念:民办高职院校的绩效考核理念是,根据学校办学规模、行政管理和教育教学的总任务,设定编制数额,科学地设置教师和行政人员岗位,实施岗位任务清单管理,其基本要求是强化岗位、淡化身份,效率优先,兼顾公平,责酬一致。基于实施绩效工资的情况,建立一套科学、合理的绩效工资与绩效考核体系相融合的契约绩效考核机制,以此有效地促进教师和行政人员的知识结构、能力结构、素质结构的发展,以及教育教学水平的提高。

(2) 绩效考核目标:民办高职院校的绩效考核的实质是,学校顶层以绩效管理的理念,通过理性化的制度来规范教师和行政人员的行为,调动教师和行政人员的工作积极性,谋求管理的人性化和制度化之间的平衡,以达到有序管理和有效管理。通过岗位绩效考核,实现岗位聘用能上能下、待遇能高能低、教师和行政人员能进能出的人才资源合理配置,实现由身份管理向岗位管理的转变。

2. 绩效考核基本原则

绩效考核模式的构建及运行,必须考虑学校办学发展水平、广大教职工薪水保障条件、广大教职工发展经费投入等因素的制约。这些都是民办高职院校绩效管理模式的构建和运行的基础,也基本决定了绩效管理模式实践的深入程度。所以,绩效考核必须坚持以下原则:

(1) 统一思想认识,坚定改革信心。绩效考核是民办高职院校办学发展所必需的根本性基础工作。推进绩效考核的关键在思想和认识上,学校党政领导认识上要高度统一,要明确发展是硬道理,以科学管理求发展,以规范管理达到更高层次的目标。

(2) 党政高度重视,领导亲自挂帅。由于绩效考核涉及广大教职工的切身

---

① 绩效考核的行政人员也包括教辅人员和行政干部。

利益,牵涉方方面面利益的调整,学校明确规范管理思路,确立工作目标,狠抓具体工作的落实,学校领导班子的工作如何,对广大教职工能力绩效考核的成败和成效有至关重要的作用。

(3) 整体系统思考,精心设计方案。学校在绩效考核的步骤和具体组织实施方面,要积极而稳妥,不能简单化。要在深入调查和科学论证的基础上,从学校二级代理管理体制的综合配套改革的整体出发,系统思考,精心设计,统筹规划,全面推进。要重视岗位设置、工作量核算、用人制度、分配制度等方面的综合平衡和配套。同时,要兼顾其他二级代理体制改革内容的协调配合。

(4) 加强宣传引导,营造改革气氛。绩效考核总体上是符合广大教职工的根本利益的。要开展普遍深入的思想动员,并有针对性地进行思想政治工作,让广大教师理解实施绩效考核的必要性和紧迫性;要大张旗鼓地宣传改革的意义和目标,对改革带来暂时的阵痛,取得广大教职工的认同和支持。

(5) 认真听取广大教职工意见。特别是得到一线教师的支持,是绩效考核成功的基础。政策出台前必须通过不同渠道多层次、反复地征求教职工的建议和意见,全校上下达成共识,教职工主动支持、参与改革,积极为改革献计献策,才能保证改革的顺利实施。同时,在实施绩效管理过程中要及时总结实施效果,完善方案。

3. 核定部门编制和确定岗位职责

民办高职"二元思维"认为,绩效考核应该本着精简、效能原则和转变职能、下放权力的思路,合理、规范地设置教职工管理制度与规范的工作流程,避免人浮于事、相互牵制,影响效率。

(1) 核定职能部门和二级学院编制的基本思路。进一步研究科学合理、简易可行的教职工个体和团队群体的业绩考核办法;进一步探索如何在现有体制中实施末位淘汰制的考核办法,确保教职工契约管理的有效性。围绕二级代理管理体制下二级学院与职能部门的目标管理与绩效考核,形成科学合理的教职工考核指标体系,促进科学合理地核定编制模式。

(2) 核定部门编制和确定岗位职责的指导思想。合理确定教职工岗位设置,理顺教职工岗位管理体制,以教学和管理工作需要为基础,科学核定岗位。合理配置教职工,优化教职工结构,突出教职工主体地位。根据各工作岗位的不同职能、任务和性质,实行不同的教职工管理办法。按照"总量控制、规范合理、精简高效"的原则，实行统一领导，归口管理。

（3）专业技术岗、管理岗进行总量核定。学校以专任教师为例，按照理工类、文科类，确定各二级学院专任教师数，以此作为设岗的依据，二级学院管理岗位的设置按照二级学院在校生人数，配备合理的领导编制。学校抓定编、定岗、定责，强化了岗位设置与管理，坚持效率优先、兼顾公平的原则，通过引入竞争机制，建立以岗定薪、按劳取酬、优劳优酬的院内分配制度，真正体现重岗位、重实绩、重贡献，充分发挥绩效管理的激励作用和导向作用，建立向优秀专门人才和高级教学人才倾斜的分配激励机制。

4. 教学绩效考核

以专业教师为例，民办高职院校的绩效管理方案要求厘清学校教学的各类工作，如教学（包括教学运行、学科和专业建设、指导竞赛、学术讲座等）、科研（包括论文、成果、专利、科研到款等）及其他（包括班主任、二级学院行政、党务管理等），在以上工作总量的基础上，折算业绩分，由其引入竞争机制，按岗位设置落实聘任人员完成。其难点和关键是学校各类总量的量化和平衡，要进行归纳、整合、统计分析，根据学校追求的发展目标与激励导向，来全面统筹各类工作量的业绩分折算安排和综合平衡。绩效考核的关键是直接考核到教师，建立分层的绩效立体考核体系。

5. 行政绩效考核

部门绩效考核主要从目标任务、常规管理、改革创新等几方面进行：一是目标任务，学年初制定的主要工作目标、任务完成情况。二是常规管理，部门内部常规管理（制度建设、队伍建设、团队能力、工作秩序等）。三是改革创新，勇于探索，改革创新，提高服务质量，提升管理效益。四是各部门职责不一、任务不同，为了尽可能反映各部门实际工作的开展情况，各部门具体考核内容详见学年目标责任书。五是对有突出贡献的部门酌情加分，对重大责任事故实行一票否决制，对一般责任事故，酌情扣分。

组织工作。行政绩效考核由学校绩效考核领导小组负责组织实施。

总结自评。学年结束时依据本部门《××学年管理目标考核表》要求，全面客观地总结全学年部门工作，准备相关材料，提出自评结果。

特殊损益分。对有突出贡献的，由部门申请，考核领导小组研究审核，校长批准可酌情加分。对重大责任事故实行一票否决制，其绩效奖励由考核小组研究决定；对非重大责任事故，由考核领导小组研究酌情扣分。

述职。各部门负责人对本部门学年目标任务完成情况、部门内部管理情况进行全面总结。学校统一组织部门负责人面向全体中层干部及校领导述职。

考核分计算办法。在部门自评、述职的基础上，部门考核分由各部门互评、系(部、院)服务对象评议、校领导评价三类评议加权组成，具体权重分配包括：行政中层干部(含助理)对各部门评议；院领导对各部门评议；评议主要从各部门目标任务、常规管理、改革创新三方面综合分析比较。各类评议中取参加评议人员的平均分为该类评议得分。

6. 二级学院绩效考核

二级学院考核内容由以下四部分组成。一是目标管理：招生规模、创收、学生缴费率、学生巩固率；二是教学科研工作：教学工作量考核、教学科研建设、日常教学管理；三是思想政治工作：组织建设、学风建设、职业素养、日常管理(含就业、宿舍管理)；四是行政管理工作：行政管理、综合治理、宣传工作、资产管理、财务管理。学年初与各二级学院制定目标任务，就招生指标、创收、学生缴费率、教学科研工作等进行商讨，签订目标任务书。

组织工作。二级学院绩效考核由学校考核工作领导小组组织实施，按考核内容分成四个工作组，完成相应考核工作。具体分工为：目标管理考核组由校长、校领导、相关部门及系负责人组成。教学科研考核组由分管校领导、相关部门及系教学分管领导组成。

绩效分统计办法。为便于整体掌控，突出重点，各二级学院绩效分统计采用加权求和进行，具体分两步。先统计原始考核分：原始考核分按上表绩效考核内容的四大块统计得分。再加权求系绩效分，根据绩效考核内容的权重比例加权后即相应的绩效分。计算步骤及公式如下：全校系目标管理绩效分总和＝全校系原始考核分总和×35％。某系目标管理绩效分＝全校系目标管理绩效分总和×某系目标管理原始考核分/全校系目标管理原始考核分总和。按上面同样可计算出系教学科研、思想政治工作及行政管理工作的绩效分。某二级学院绩效总分＝系目标管理绩效分＋系教学科研绩效分＋系思政工作绩效分＋系行政管理绩效分。

员工个人绩效考核办法。按"逐级考核，分层实施"的原则，学校负责考核各部门，各部门再负责考核内部员工。

7. 绩效考核的价值

一是绩效考核的出发点是满足教职工个人需要。设计各式各样的奖酬,并开展具有激励特性的工作,从而形成一个激励因素集合,以满足教职工的外在性需要和内在性需要。绩效考核的直接目的是为了调动教职工的积极性,其最终目的是为了实现学校办学发展目标,谋求学校利益和个人利益的一致;其基本思路是有一个学校目标体系来引导个人的努力方向。民办高职"二元思维"认为,学校目标的设立需适合不同教职工的期望价值和期望概率,以达到最佳激励效果。

二是建立绩效考核的核心是薪酬制度和工作规范。薪酬制度将激励因素集合与考核目标体系连接起来,达到特定的学校考核目标(绩效标准)将会得到相应的奖酬。工作规范将教职工的个性、能力、素质等个性因素与学校考核目标体系连接起来。工作规范规定了教职工个人以一定的行为方式来达到考核目标。内外奖酬是否能满足教职工的需要,在于学校通过对教职工的业绩进行科学考评后给予公平的奖励。

三是建立绩效考核的效率标准使绩效管理的运行富有效率。而决定机制运行成本的是管理运行所需的信息。信息沟通贯穿于绩效管理运行的始末,特别是组织在构建绩效因素集合时,对教职工个人真实需要的了解,必须充分进行信息沟通。通过信息沟通,将个人需要与绩效因素连接起来。绩效考核运行的最佳效果是在较低成本的条件下达到激励相容,即同时实现了教职工个人目标和组织目标,使教职工个人利益和学校利益达到一致。

三、问责制

所谓民办高职院校的问责制,是指问责主体(举办人、董事会或校长)对其管辖范围内各级管理层和成员承担职责和义务的履行情况,要求其承担否定性后果的一种责任追究制度。问责制的核心是清晰责任,是谁的责任由谁来承担。问责制重点追问的是负有直接领导责任的领导者,既不会把所有的责任人同等处理,更不会只是拿具体责任者问罪。问责制问的是"责",追究的是具体问题的具体过错。[1]

---

[1] 叶文梓:《论教育制度创新的基本特征》,载《教育发展研究》,2004年,第7期。

1. 科学设定职责

只有职责设定科学、内容合理合法，才可能确保责任落实到位。实现职能部门之间、职能部门于二级学院之间的工作协调推进，尤其是实现职能部门之间的职责权能无缝衔接，是问责制实施过程中的一个难点，同时也对学校管理体系的规范程度、各个部门的治理能力以及大局意识提出了更高要求。推进问责制建设，首先要建立完善职能部门内部、平行职能部门之间的责任协调机制，明确在综合性事务协作中各科室、不同职能部门应该承担的责任，以避免职能部门之间出现推诿、扯皮现象，切实提高学校治理能力和提供服务教学的能力。

2. 强化职能部门主体责任、明确问责主体

职能部门主体责任的落实不是一句空洞的口号，主体责任的落实关键在于职能部门自身的担当，因此，要有目的、分层次地不断强化职能部门的主体责任意识。问责仅仅局限在职能部门内部，容易出现职能部门内部包庇的情况。就问责来说，问责主体的广泛性应得到充分保障，要强化董事会和校长对执行主体的问责机制，保障民主监督权和问责权，强化教师对二级学院的监督权。群众监督是防止、根治二级学院负责人权力滥用的最好办法，在问责过程中，要处理好问责程序问题，尤其要处理好形式问责与实质问责的关系。

3. 强化失责追究、明确追责衡量标准

问责制需要建立一套客观的、可量化的追责衡量体系，依此对不正当履行职责的行政行为所应承担的法律责任进行量化追究。同时，对职能部门责任、职能部门负责人的责任追究问题，也是问责制实施过程中必须重视的问题，要建立对职能部门、职能部门负责人的责任追究办法。①

4. 积极主动履责、推进部门创新

处理好规范权力与创新之间的关系，既要按照权力清单与责任清单的要求规范职能部门的权力运行，又要鼓励职能部门大胆创新，保证对办学发展有益的措施能够得到实施。学校既要坚决遵守权力清单与责任清单制度，大胆创新探索。

5. 履责考核公开、效能结果与职能部门经费挂钩

在职能部门之间引入竞争机制和激励机制，可以提高责任清单的实施效果。

---

① 林峰：《民办高职院校实施教育问责制若干理论问题研究综述》，载《浙江树人大学学报》，2013年，第3期。

深化权力清单与责任清单制度建设,要对各职能部门执行清单情况进行考核,将考核结果进行公示。把职能部门履职履责的考核结果与职能部门经费挂钩、奖惩挂钩,建立职能部门权力与责任清单执行情况排名与相关经费使用的挂钩机制。[①]

从绩效审计的内涵来看,它的本质是一种审计目标,是一种评价经费使用状况的标准,而并非严格意义上的审计类型。从审计的范围来看,绩效审计涵盖了资金使用的全过程,既包括投入产出的效果性,也体现了资金使用过程中的经济性和效率性。绩效审计的目标是要在保证资金使用合法的基础上实现资源的优化配置,改进经济管理活动,提高资金使用效率,提升产出效果。基于绩效审计的思想,高校教育经费绩效审计需对教育经费使用的整个过程进行绩效评价,高校二级学院作为教育经费使用的主要对象,是决定经费使用的关键主体,以其作为研究对象构建高校教育经费绩效审计的指标体系更具针对性。

案例:"南洋"绩效考核

无锡南洋职业技术学院根据办学的实际,建立以人为本的薪酬机制。一是把教师作为学校办学经营的合作者,建立学校与教师同荣俱损的薪酬制度,加大教师福利与奖励的比例,使其有强烈的归属感;二是建立对核心教师的薪酬考虑中长期薪酬方案。核心教师是学校价值的主要创造者,要有效激发核心教师的斗志,激励他们保持最佳绩效,是关系到学校能否保持办学服务社会优质化的关键所在。

一、绩效定位

1. 基本思路

——两个指向:工作考核、工作效益。

——三个原则:一是预算总控、稳步推进;二是目标引领、任务驱动;三是分类实施、逐级考核。

——四个目的:一是强化学院政策导向,发展与共、目标同担;二是突出部门

[①] 林峰:《民办高职院校实施教育问责制若干理论问题研究综述》,载《浙江树人大学学报》,2013年,第3期。

服务功能,主动服务、积极参与;三是突出二级学院实体作用,主动参与、积极进取;四是完善员工激励机制,优质优酬、优胜劣汰。

2. 考核内容

由于工作性质的不同,绩效考核内容分行政职能部门(简称"行政",下同)、系(部、院)分别设置。

(1) 行政绩效考核内容:行政绩效考核主要从目标任务、常规管理、改革创新等几方面进行,具体如下。

考核项目	内容	权重(%)
目标任务	学年初制定的主要工作目标、任务完成情况	40
常规管理	部门内部常规管理(制度建设、队伍建设、团队能力、工作秩序等)	35
改革创新	勇于探索,改革创新,提高服务质量,提升管理效益	25
小 计		100
特殊损益	加分:对有突出贡献的部门酌情加分 减分:对重大责任事故实行一票否决制;对一般责任事故,酌情扣分	±10

各部门职责不一、任务不同,为了尽可能反映各部门实际工作的开展情况,原则上"一部门一考核表",各部门具体考核内容详见学年目标责任书。

(2) 系绩效考核内容:系考核内容由以下四部分组成。

考核项目	内容	权重(%)
目标管理	招生规模、创收、学生缴费率、学生巩固率	35
教学科研工作	教学工作量考核、教学科研建设、日常教学管理	35
思想政治工作	组织建设、学风建设、职业素养、日常管理(含就业、宿舍管理)	20
行政管理工作	行政管理、综合治理、宣传工作、资产管理、财务管理	10

3. 绩效考核实施办法:根据行政、学院考核内容分别建立相应的绩效考核实施办法体系。

4. 绩效奖金来源:学院用于绩效考核的奖金。

二、行政绩效考核

1. 组织工作:行政绩效考核由学院绩效考核领导小组负责组织实施。

2. 总结自评:学年结束时依据本部门《××学年管理目标考核表》要求,全面客观地总结全学年部门工作,准备相关材料,提出自评结果。

3. 特殊损益分

(1) 加分:对有突出贡献的,由部门申请,考核领导小组研究审核,院长批准可酌情加分。

(2) 减分:对重大责任事故实行一票否决制,其绩效奖励由考核小组研究决定;对非重大责任事故,由考核领导小组研究酌情扣分。

4. 述职

各部门负责人对本部门学年目标任务完成情况、部门内部管理情况进行全面总结。学院统一组织部门负责人面向全体中层干部及院领导述职。

5. 考核分计算办法

在部门自评、述职的基础上,各部门考核分由各部门互评、系(部、院)服务对象评议、院领导评价三类评议加权组成。具体权重分配如下:

类 别	说 明	权重(%)
互评	行政中层干部(含助理)对各部门评议	30
服务对象评议	系中层干部(含助理)对各部门评议	30
院领导评议	院领导对各部门评议	40
小 计		100

评议主要从各部门目标任务、常规管理、改革创新三方面综合分析比较。各类评议中取参加评议人员的平均分为该类评议得分。

某部门考核分＝互评分＋服务对象评议分＋院领导评议分＋加减分(减分取负值)

6. 部门绩效奖金计算办法

(1) 先求绩效分:某部门绩效分 Fi ＝该部门考核工资总和×考核分

(2) 再求绩效奖金:某部门绩效奖金＝$\sum Q \times Fi / \sum F$

其中:Fi——某部门绩效分;$\sum Q$——各部门考核工资总和;$\sum F$——各部门绩效分总和

三、二级院系绩效考核

1. 组织工作

系绩效考核由学院考核工作领导小组组织实施,按考核内容分成四个工作组,完成相应考核工作。具体分工为:

类别	组长	副组长	负责部门	成员
目标管理考核组	院长	院领导	组织人事处	院领导、相关部门及系负责人
教学科研考核组	分管院领导	教务处处长	教务处	相关部门及系教学分管领导
思政工作考核组	分管院领导	学工处处长 党政办主任	学生处党政办	相关部门及系书记
行政管理考核组	分管院领导	党政办主任	党政办	相关部门及系分管领导

2. 绩效统计办法

为便于整体掌控,突出重点,各系绩效统计采用加权求和进行,具体分两步。

(1) 先统计原始考核分:原始考核分按上表绩效考核内容的四大块统计得分。

(2) 再加权求系绩效分:根据绩效考核四大块内容的权重比例加权重后,即相应的绩效分。权重为:目标管理(35%)、教学科研(35%)、思想政治工作(20%)、行政管理(10%)。计算步骤及公式如下:

全校系目标管理绩效分总和＝全校系原始考核分总和×35%

某系目标管理绩效分＝全校系目标管理绩效分总和×某系目标管理原始考核分/全校系目标管理原始考核分总和

按上面同样可计算出系教学科研、思想政治工作及行政管理工作的绩效分。

某系绩效总分＝系目标管理绩效分＋系教学科研绩效分＋系思政工作绩效分＋系行政管理绩效分

3. 系绩效奖金计算办法

某系绩效奖金总额＝某系绩效考核工资＋某系调节补贴＋某系自筹经费

(1) 系绩效考核工资:某系绩效考核工资 $= \sum Q \times Fi / \sum F$

其中:Fi——某系绩效分;$\sum Q$——各系考核工资总和;$\sum F$——各系

效分总和

(2) 系调节补贴：

系调节补贴由教学缺编费、专业规模效益费、教科研成果奖励三部分构成。

(3) 系自筹经费：指按学院相关规定可用于系支配的创收利润。

四、绩效奖金

按"逐级考核，分层实施"的原则，学院负责考核各部门，各部门再负责考核内部员工。学院对员工个人绩效考核提出如下指导意见：

1. 中层管理人员绩效考核

中层管理人员（含助理）按年薪制方案，各部门负责人由学院负责考核，原则上以各部门的考核分为依据；其他中层管理人员先由各部门负责人根据分管工作的目标任务清单完成情况进行考核，再由分管院领导审查，交考核领导小组审核，最后报院长批准。

2. 行政员工个人绩效考核

由部门负责人具体考核，再报分管院领导审核，最后报院长审批。

3. 系教职员个人绩效考核

(1) 成立系考核工作小组：组长为系主任，成员为管理班子人员。还可选择教研室主任或年级组长参加。

(2) 制定系教师绩效考核办法：个人考核内容可根据教师岗位要求，原则上参照学院绩效考核内容，由各系再结合本部门实际情况负责制定。可按教师、辅导员、实验人员、行政四类人员分别制定考核办法。系考核工作小组要认真商讨，反复研究，还要充分听取群众意见，制定考核办法，交组织人事处审核，经院务会议研究，由院长批准后方可实行。

(3) 教师学年绩效考核参考意见。

① 统计教师学年绩效考核分数，教师学年绩效考核可从教学工作量考核、教学建设与科研工作考核和日常教学管理考核三方面综合考核；

② 统计本系全体教师绩效奖金总和：参照学院对系考核办法；

③ 教师个人绩效奖金＝系全体教师绩效奖金总和×教师个人绩效分/系全体教师绩效总分；

(4) 辅导员、实验员、行政人员绩效工资按教师考核办法参照制定。

第五章　二级机构的委托代理

委托代理理论(Principal-agent Theory)是制度经济学①契约理论的内容之一，主要研究委托代理关系。20世纪30年代，美国经济学家伯利和米恩斯因为洞悉企业所有者兼具经营者的做法存在极大的弊端，于是提出"委托代理理论"，倡导所有权和经营权分离，企业所有者保留剩余索取权，而将经营权利让渡。

民办高职"二元思维"认为，深化民办高职院校的二级管理体制改革，学校的职能部门适度分权，建立以二级院校为中心的管理体制，使二级院校在学校党委和行政的统一领导下，作为办学和管理中心有权自主开展专业建设、人才培养、科学研究和社会服务等工作，是民办高职院校办学治理与管理的重要因素。实施二级代理的必要性分为——

办学发展的需要。委托代理理论的主要观点认为：委托代理关系是随着生产力大发展和规模化大生产的出现而产生的。其原因一方面是生产力发展使得分工进一步细化，权利的所有者由于知识、能力和精力而不能行使所有的权利；另一方面专业化分工产生了一大批具有专业知识的代理人，他们有精力、有能力代理行使好被委托的权利。② 民办高职院校实施二级学院代理机制的本质即调动二级学院的办学积极性，充分发挥二级学院的精力、能力、智慧，把二级学院内部管理做细、做精，使学校发展稳定、可持续。

官僚控权的需要。委托代理理论是建立在非对称信息博弈论的基础上的。非对称信息指的是，某些参与人拥有但另一些参与人不拥有的信息。③民办高职院校是具有等级结构的组织。在委托代理链条上，委托代理关系即民办高职院校的董事会和校长充当委托人，二级学院院长充当代理人。委托人与代理人之

---

　①　制度经济学(Institutional Economics)是把制度作为研究对象的一门经济学分支。它研究制度对经济行为和经济发展的影响，以及经济发展如何影响制度的演变。

　②③　任鲁涌：《民办高职院校院系之间的委托代理机制研究》，载《内蒙古师范大学学报》（教育科学版），2014年，第10期。

间管理理念的认同度、双方关系的和谐度、委托人的基本素养、代理人的管理能力水平等因素都会影响到委托代理关系的建立。

管理成本管控的需要。不管是经济领域还是社会领域都普遍存在委托代理关系。在委托代理的关系中，由于委托人与代理人的效用函数不一样，委托人追求的是自己的财富更大，而代理人追求自己的工资津贴收入、奢侈消费和闲暇时间最大化，这必然导致两者的利益冲突。在没有有效制度的安排下，代理人的行为很可能最终损害委托人的利益。①

第一节 二级委托代理的概念

一、二级委托代理的界定

委托代理关系是指一个或多个行为主体根据一种明示或隐含的契约，指定雇佣另一些行为主体为其服务，同时授予后者一定的决策权利，并根据后者提供的服务数量和质量对其支付相应的报酬。② 民办高职院校把委托代理理论应用在二级机构管理实践中，属于第二级委托代理关系。学校顶层管理者实施二级委托代理，是基于对二级机构信任和学校管理成本最小化。委托代理理论创始人罗斯说过："如果当事人双方，其中代理人一方代表委托人一方的利益行使某些决策权，则代理关系就随之产生。"③

1. 界定

所谓民办高职院校的二级委托代理是指，学校在二级学院建制的基础上，赋予二级学院一定的职责，并根据职责的需要将人权、物权、财权下放，将以职能部门为主体的管理模式转变为以二级学院为主体的管理模式。二级学院在学校总体目标和原则的指导下，拥有与其职责相匹配的权力和利益，使其成为一个充满活力和相对独立的办学实体。

---

①③ 明航：《论股份制民办学校的特征与优势——基于新制度经济学视角》，载《学术探索》，2009年，第2期。

② 明航：《委托—代理理论在民办学校治理中的应用》，载《辽宁教育研究》，2008年，第2期。

2. 改革目标

针对二级管理体制机制实施改革,规范、优化和完善二级管理的权责划分、机构运行、质量管理,建立全新的二级管理模式。

3. 改革步骤

一是建立良好的二级管理环境,包括改革学校层面对二级学院的管理机制,以及二级学院对所管辖内教职工的管理机制,强化二级学院运行质量绩效;二是建立有效可行的二级学院的监督管理机制,推进二级学院的政务公开、财务公开;三是重新整合优化配置学校教育资源,保障资源配置、经费投入的合理科学,形成学校、二级院校双层两级管理层次。

4. 基本特征

(1) 二级学院委托代理具有提高二级代理效能的机理与潜力。民办高职院校办学规模的不断扩大、在校生人数和教职工人数的不断增加,专业的增加致使职能部门的管理工作量与日俱增,校级管理层面除了关注学校总体发展的重大问题,也陷入繁杂的日常事务当中,缺乏足够的精力关注二级学院管理。建立二级管理体制的根本目的是要激发二级学院的办学自主性和管理活力,切实提高办学和管理的效益,解决民办高职院校发展的动力机制问题,通过降低管理和决策的重心,合理分权、充分授权,调整管理幅度,健全管理制度,规范管理行为,实现学校系统性的计划、调控、指导和监督。在二级代理模式下,学校负责全局性和长远性的规划以及方针政策的制定,对二级学院实行宏观管理和监督。二级学院拥有相对独立的人事、财务等方面的权力,在学校宏观政策的指导下结合本二级学院的具体情况制定具体的政策实施方案。通过二级代理的管理,实现教学资源的配置主体由学校向二级学院转变,拉近教学资源与二级学院教学科研的距离,充分调动学校配置资源的主动性和创造性,提高资源配置的合理性和有效性。管理层也可以从具体微观的事务性工作中解脱出来,转变为对教学资源的宏观调控、对学校公共性事务的整合与管理,从而提高学校的整体管理效能。

(2) 二级学院委托代理可增强二级管理的自主性和民主性。在一级管理体制下,二级学院属于管理的客体,对学校的行政指令只是被动地接受和执行,缺乏办学的自主性、灵活性和民主性。而且,二级学院处于管理过程中的最后一个环节,行政指令运行周期长,反馈滞后,二级学院对市场需求的反应不灵敏,致使一些问题得不到及时解决,管理效率低下。建立二级学院代理体制,使管理重心下移，让二级学院成为责任的重心，一方面可以使二级学院的管理行为及时反应外界市场经济变化的需要；另一方面可以促使二级学院组建自己的管理教学团队，积极参与内部管理和教学活动，使教职工个人的发展与二级学院的发展实现有机结合，营造一种积极、和谐、民主的管理氛围。

（3）二级学院委托代理可实现或深化办学特色的个性化人才培养模式。民办高职院校的专业门类都比较齐全，专业的不断细分使不同专业的学生个体差异凸显出来，如果仍然采用"一刀切"的人才培养模式必然会制约人才培养的质量。因此，建立二级学院代理体制，充分发挥二级学院在人才培养过程中的主导作用，根据不同的专业群、不同学生群体的发展规律，制定各具特色的人才培养模式、教学模式和学生管理模式，这样不仅可以调动二级学院代理的积极性，更能充分发挥民办高职院校教育的办学特色，突出高职生的个性化发展。

（4）二级学院委托代理可增强民办高职院校的自我发展能力。民办高职院校的可持续发展表现为在发展过程中的自我约束、自我调控和自我发展的能力，民办高职院校校际之间的竞争焦点在于专业优势和办学特色下所培养的高技能人才素质。所以，专业优势和办学特色的形成仅仅停留在学校管理层面是不够的。只有建立二级学院代理的管理体制，将专业与课程建设的自主权向二级学院转移，使二级学院及时地将专业建设、教学方法、人才培养模式与劳动力市场对技术技能型人才的需求有机对接，才能使民办高职院校在专业优势和办学特色上保持良好的竞争力，实现学校的人才培养可持续发展。

二、二级委托代理基本思路

民办高职"二元思维"认为，从民办高职院校的二级学院管理视角探讨，校长作为学校的经营者，是委托代理的授权者，即委托人。二级学院的院长或负责人则是被授权者，也就是代理人。二级委托代理的基本思路：

1. 明晰管理层级，正确处理权利分配

西方学者认为："不管二级代理自主权的精确范围是什么，这种自主权的存在使每一个大学成为一个联邦制式的结构，而不是一个高度集权的系统。"[①]民

---

① 蒋衍，余廉：《民办高职院校中的委托代理问题和机制设计分析》，载《武汉理工大学学报》，2006年，第2期。

办高职"二元思维"认为,民办高职院校实施二级学院二级管理,既要符合科学管理的原则,又要符合教育的自身规律。二级学院管理的关键是要使学校管理权进一步下放,即改革学校内部管理层次和权力分配结构,调整学校内部部门的管理职能、管理内容与权限以及二级学院的权限范围,促使管理重心下移。

2. 优化资源配置,正确整合内外资源

委托代理理论强调"整体是管理者考虑问题的出发点,优化是管理最终的目标"[1]。民办高职"二元思维"认为,对教育教学资源的合理组合和整体优化是民办高职院校向更高层次发展的必经之路。在推行二级学院二级代理时,应将办学资源配置的主体由"一级学校化"转变为"二级学院化",使办学资源配置方式从"计划性"转变为"市场性",最终使资源配置与教学活动充分对接,使二级学院成为支配办学资源的主人。充分调动二级学院开拓资源,合理配置资源,充分利用资源追求效益和效用。学校对二级学院的资源配置应起到导向作用和宏观调控、平衡协调的作用。

3. 实行目标管理,正确认定管理权责

民办高职"二元思维"认为,民办高职院校的二级学院管理体制改革的目标是提高管理效率,激发办学活力,调动教师,尤其是二级学院办学管理的积极性,不断提高教育质量。要实现这一目标,必须突出重点,强化考核,实施目标管理,这是实现二级管理的重要保证。学校的管理方式应由具体管理转变为监控管理,管理手段应由直接管理转变为间接管理,实现从过程管理向目标管理的转变。

4. 建立考核机制,正确对待考核评价关系

民办高职"二元思维"认为,建立行之有效、科学、合理的考核机制是实现二级管理的必要手段,对实施目标管理而言具有更加重要的意义。考核机制包括两个层面:第一,学校顶层对二级学院的考评机制,主要考评二级学院经营的社会效益和经济效益;第二,二级学院内部的考核机制,主要考评岗位职责、工作质量和经济效益。考核制度不但要有量的考评,更要有质的考评。考评结果应与晋级、奖惩、岗位津贴等密切挂钩。

---

[1] 蒋衍,余廉:《民办高职院校中的委托代理问题和机制设计分析》,载《武汉理工大学学报》,2006年,第2期。

三、二级委托代理目标

1. 简政放权，重心下移

民办高职"二元思维"认为，民办高职院校实施二级代理，必须简政放权，正确理顺学校和二级学院的关系。实施二级代理，学校各职能部门必须转变观念，提高管理效能，要将一级管理状态下的过程管理、事务管理、微观管理分别转向目标管理、服务管理和宏观管理。二级学院管理则是将学校宏观管理目标细化与具体化，突出过程管理和组织落实是工作重点，形成学校统筹协调、二级学院管理为主、服务体系完善的二级学院两级管理新模式。

简政放权、管理重心下移是民办高职院校实施二级代理的必要手段。学校顶层管理主要把握宏观行政权力，对各项整体性工作做好监督、检查和审核工作，发挥二级学院的积极性，应给予二级学院一定的权责，处理各项事务应以学校制定的大政方针为前提，充分调动二级学院的积极性和创造性。民办高职院校实施二级代理后，学校各职能部门转变工作方式，下放管理权限，把注意力放在研究和解决学校发展改革中遇到的各种问题，建立与完善各项配套的规章制度，真正履行好宏观调控、指导、监督和服务职能。二级学院要正确处理学校发展与本二级学院发展的关系，包括本二级学院的经济效益和社会效益的问题。具体落实专业建设、教学管理、学生管理和科研及社会服务等工作的开展。

2. 明确权限，规范职责

民办高职"二元思维"认为，民办高职院校实施二级代理必须坚持"责、权、利"相统一原则。以加强宏观调控和简政放权为出发点，学校在赋予二级学院相应职责的同时，给予二级学院一定的办学自主权，强化激励和考核力度，使二级学院成为"责、权、利"的统一体，从而保证二级学院发挥相应的作用。实施二级学院代理必须坚持科学、精简和高效的原则：

——根据工作任务的需要确立工作岗位名称及其数量；
——根据岗位工种确定岗位职务范围；
——根据工作性质确定岗位的质量和效率；
——明确岗位环境和确定岗位任职资格；
——确定岗位之间的相互关系；
——根据岗位的性质明确实现岗位的目标责任。

人岗匹配是学校配置教师追求的目标，为了实现人适其岗，需要对代理人和权职进行分析。每个人的能力和性格不同，每个岗位的代理要求和环境也不同，只有事先分析、合理匹配，才能充分发挥人才的作用，才能保证代理工作顺利完成。① 合理确定学校和教学部门的管理权限和责任，理顺学校和二级学院的财权与事权关系，防止权力过分集中与职能重叠等现象，做到既能发挥学校的调控作用，又能激发二级学院的办学活力。二级学院应该具备开展各项工作所必需的财力，学校应按照一定方式将运行经费划拨给二级学院，为确保经费的合理使用，要做到经费计划使用。二级学院的各类其他创收，应全额上缴学校，由学校按规定比例划拨到二级学院，确保资金的良性运行。学校给二级学院分配的工作要适合其工作能力和工作量，作用意义包括：

——科学合理二级代理可以最大限度地实现"权、责、利"的资源配置；

——科学合理二级代理有效地防止因职务重叠而发生的工作扯皮现象；

——科学合理二级代理提高学校内部竞争活力，更好地发现和使用人才；

——科学合理二级代理是组织考核的依据；

——科学合理二级代理提高学校整体工作效率和工作质量；

——科学合理二级代理科学有效地规范了全校内部管理操作行为；

——科学合理二级代理可以使校内各个管理层和管理面减少违章行为和违章事故的发生。

3. 优化管理，降低成本

民办高职"二元思维"认为，民办高职院校举办人和董事会推出学校的二级代理机制，目的是在办学内部管理上尽量简化管理部制面，最大限度地降低管理成本投入。民办高职院校的委托人和代理人的选择是以各自利益最大化为导向的，二者之间的利益偏差是绝对的。出现这种偏差就会导致委托人的福利受到损失，即剩余损失，它实际上也是构成组织的一种管理成本。

(1) 控制管理成本。在委托代理机制的管控下，民办高职院校的年度管理方案确定以后，就需要职能部门和二级学院分工协作、相互配合来完成方案确定的任务。为了达到这个目标，校董事会需要制定各种预算指标和标准成本，通过

---

① 杨震：《我国民办高职院校社会权力的现状及思考》，载《浙江树人大学学报》（人文社会科学版），2011年，第4期。

对这些预算指标和标准成本的分解与落实,把职能部门和二级学院的各项任务都纳入预算体系,促使各部门和二级学院代理提高工作效率。同时,将职能部门和各个二级学院实际完成情况与预算指标、标准成本进行比较,可以发现存在的问题,并及时进行纠正,保证目标的实现。在控制阶段,学校董事会要求职能部门和二级学院参与预算指标和标准成本的制定,要求他们利用其掌握的成本信息优势,对行政和教学活动进行全过程控制。

(2) 优化责任成本。通过委托代理机制的管控,民办高职院校的各种活动的结果既要通过其所取得的收入来反映,也要通过其所花费的成本来考核。为了有效评价各个职能部门和二级学院代理层的经营业绩,需要对发生的各项费用进行考核。按照"谁负责,谁承担责任"的原则来考核,其考核的依据就是各代理层的责任成本。但在对代理人和管理层进行业绩评价时,不能依据成本总额,而应依其所能控制的成本来进行。只有依据各自能够控制的成本所进行的评价才是恰当的,因为责任成本的核心是可控成本,所以各个职能部门和二级学院代理必须严格管理好可控成本,履行好责任成本。

4. 宏观管控,微观指导

民办高职院校实施二级代理制度,对二级学院各项工作的管理状态实行科学评估。构建二级学院工作水平评价体系是学校对二级学院代理水平评价的重点。学校的基础工作在二级学院,学校积极结合整体办学目标,针对二级学院各自的特点,建立学校与二级学院工作水平评价体系,以此强化和引导二级学院管理工作。工作水平评价体系有利于增强二级学院的竞争意识及办学活力,为了保证二级学院代理的有效性,指标体系应具有导向性、科学性、全面性、可操作性和动态可调节性,这样才能对各二级学院的整体管理质量进行整体评价。

实行综合绩效考核制度。学校制定各二级学院综合绩效考核项目,可分教学工作、科技工作、师资工作、学团工作、招生就业与校企合作工作、党建及安全稳定工作六个方面制定绩效考核细则。每年年初,学校与二级学院签订《年度工作目标责任书》。每年年底,学校根据责任书内容对二级学院进行考核,并根据考核结果奖励或扣发划拨至二级学院的绩效津贴。通过对二级学院的考核,促进二级学院的基础建设和发展,使各项代理工作真正落到实处。

第二节 二级代理权种分布

一、代理的"权、责、利"

"权、责、利"原则是指管理过程中的权力、责任、利益既结合又统一的管理方式与过程。权力、责任、利益是管理过程中管理者实施管理的"三要素",缺一不可。没有权力的管理是空泛的,没有管理的权力是虚构的,权力与管理从来都是紧密相关的。责任既是权力的过程,也是管理的过程;利益既是权力的实现,也是管理的实现。不应该有没有责任的权力,也不应该有没有权力的责任;同样,不应该有没有权力与责任的利益,也不应该有没有利益的权力和责任。① 这就清楚地说明,管理的过程,实际上也就是"责、权、利"结合与统一的过程,当然也是"责、权、利"使用与实现的过程。

"责、权、利"三者之间,责任是传导层次,也是关键环节。离开了责任,权力就会落空,当然利益也就丧失了。因而,现代管理理论强调"责任绝对性",高层管理者分权也好,授权也好,都要对分权与授权的结果负最终责任。② 本级管理者当然更要为自己的权力行为负责任。责任的结果或形式,可以是奖励,也可以是处罚,奖励是"正利益",处罚是"负利益"。总之,"责、权、利"在管理过程中,既是相关的,也是统一的。③

二、二级代理权力配置

1. 专业教师发展及教学团队建设权

一是自主促进教师专业发展。自主优化教师队伍的年龄结构、学历结构和学缘结构,稳定骨干教师队伍,造就若干名拔尖专业带头人,培养若干名有重大影响的教研、科研领路人,形成若干个有相当知名度的教学创新团队。二是自主提高教师教学和教科研能力和水平。重视教师专业知识和教学能力的提升,重视教师综合素养和高职教育境界的提升,促进教师在教学、教科研等方面的能力和水平有标志性的成果。三是自主加强专业带头人、骨干教师队伍建设,以加快

---

①②③ 徐金安:《民办高校运行机制与管理体制探讨》,人民论坛,2013年,第5期。

培养专业领军人物为核心,提高专业带头人的数量和质量,引领和带动专业教学、教改和教科研的个性化、特色化、品牌化发展。四是自主人事招聘、使用、辞退。推动教师分类管理、分类评价的人事管理制度改革,全面推行按岗聘用、竞聘上岗。制定教师分类发展规划,实施分层培养,促进教师健康发展。五是自主实施高端教师引进,充实师资队伍。积极创造条件,完善兼职教师管理,明确聘任条件、规范聘任程序、界定聘任任务、加强聘任考核,提高兼职教师管理的针对性和实效性。[①]

2. 深化和创新专业内涵的权力

专业建设是民办高职院校办学的命根子,也是二级学院的工作核心。二级学院在一般情况下,都会密切注视区域的新经济、新产业、新业态,以"应用为主、需求导向、产业引领"为目标,制定专业发展策略,增强人才培养的竞争力,占领更广阔的专业服务市场。二级学院的专业建设特征基本按照"保持优势专业、发展特色专业、巩固基础专业、扶持新兴专业"的原则,打造专业的精、透、强,统筹协调教学、科研和社会服务。二级学院专业应该集成发展、集群发展,培育以重点专业为龙头、相关专业为支撑的专业群,争创省级品牌专业。二级学院要充分发挥已有专业的比较优势、后发优势、竞争优势,敢于突破,拓展专业特色。分析论证专业在国内和省内所处的地位水平、与其他院校相比的优势和特色,准确把握特色专业建设方向。二级学院一定要重视校园实践教学,提高学生动手能力。根据不同专业和人才培养要求,科学构建校园实践教学体系,制定校园实践教学方案、实践教学标准和实践成绩考核办法,合理增加校园实践教学比重。

3. 配合学校招生宣传,自主招生权

二级委托代理管理实施后,二级学院都会积极创新招生模式,强化"生源兴校"的招生理念,确立"生源第一、服务考生、多元招生、注重质量"的招生思路,持续加大招生力度,不断创新招生方法,多渠道、多领域地开展招生工作。二级委托代理机制引导和规范二级学院自主强化招生工作机制,科学合理分配招生资源,制定刚性与弹性相结合的招生奖励办法,调动二级学院教职工积极参与招生工作。

---

① 汪忠武,邓弘:《加快办学体制改革大力发展民办职业教育》,载《中国职业技术教育》,2005年,第11期。

4. 举办非学历培训班权

非全日制学历教育是民办高职院校办学不可缺失的重要部分。二级学院实施多渠道、多领域办好非学历培训的路径,如采取到大中型企业办班,或在校内为企业集中办班的形式,积极承担企业职工岗前培训、转岗培训、职业技能提升培训等任务,或依托校内职业技能设备,主动为社会求学者、企业职工开展职业资格技能鉴定服务。

5. 自主联系合作企业权

采取校企合作的方式共建"校内实训中心"。加强和已有合作企业的友好关系,鼓励企业继续提供实习基地、设备、原料及指派专业人员参与教育教学一体化育人。筛选与专业教学对口的优质企业设备入驻校园内,在校内实现理论学习和岗位实训相结合的理实一体化教学模式。推行"工学交替、分段教学"的培养方案。继续实施工读轮换制,按学期或学季轮换。完善全日劳动、工余上课制,确保学生在企业顶班劳动安全及在学院学习系统课程。创建新型"订单"式校企合作模式,实施"学段制"工学结合模式。主动联系与专业对口企业,根据实际实训和企业用工需求,采用"互补互需"机制,灵活调整学习内容和时间,学技能与学理论同步。组织好"教师送课到企业"和"学生假期返校学习"工作。统筹安排好学生"劳动保险"事宜。

6. 探索中外合作办学权

与信誉良好的境外高职院校交流与合作,探索合作办学的新途径、新项目。选择类型相同、专业相近的境外华语地区的高水平高职院校联合开发课程,共建专业、实训基地,建立教师交流、学生交换等合作关系。积极探索举办国际专业技能班和交流班,招收外籍学生到校学习。

7. 自主行使创建教学评估体系权

建立教师岗位分类与分级聘用机制。教师按照职称级别分类管理,对骨干教师、专业带头人等予以特殊待遇和特色津贴。按照教师的岗位职责、工作数量和质量,实施考核、聘用、晋升、奖惩。对教学一线、为学院发展做出贡献的教师予以表彰。对工作态度好但教学效果一般的教师提出岗位预警。对极个别不能胜任者予以辞退。

8. 创收适度提留权

民办高职院校为了激励二级机构代理管理效率和效益,对年创收数额实行有限的资金分配,容许二级机构对收益总额进行合理提留。收益提留原则:一是坚持积累与分配并重的原则。学校通过办学赚取收益,既要保证学校办学的持续进行,又要不断积累学校扩大再生产的财力基础。恰当处理分配与积累之间的关系,留存一部分净收益以供未来分配之需,能够增强学校抵抗资金不足风险的能力,同时,也可以提高学校办学的稳定性与安全性。二是利益兼顾、合理分配原则。合理分配着眼于处理创收单位各方面的利益关系,兼顾学校、创收者、教师等相关者的利益,保全学校办学利润,保障二级学院代理资金使用额度,保证创收者的再创收积极性。三是创收与收益对等原则。根据创收者主体的创收份额进行收益的分配,着眼于处理创收者与学校、二级学院的利益关系。民办高职院校将创收适度分配给二级机构自行使用,体现了"谁创收谁受益""收益大小与创收比例相对等"的原则。这是正确处理创收者利益关系的关键。学校按收益的百分比向二级学院分配提留资金,能大大激励和调动二级学院的创收积极性,盘活创收资金,降低成本投入,使办学效益最大化。

9. 自主调控的奖金、人员经费的权力

学校通过绩效考核拨由二级学院自主调控的奖金、人员经费,形成学校整体注入、二级学院分解调控的分配格局,在增强学校宏观调控能力的同时,强化了二级学院的办学活力。

三、二级代理权运行步骤

1. 结合学校实际情况,谨慎行事,逐步推进

民办高职院校由一级代理走向二级代理的过程,实际上就是一个从集权管理模式向分权管理模式转变的过程。民办高职院校二级学院二级代理体制要在综合考虑学院特色、师生规模、专业设置、机构设置、管理制度及管理人员数量、素质和经验的形成等因素基础上,结合二级学院的组织结构建制,借鉴成熟模式,遵循权力下移的渐进性原则,制定出实施方案,逐步推进。如果脱离民办高职院校自身情况,照搬普通高职院校"校系二级管理"的经验,不仅无法收到预期效果,还会使人们对这种模式产生怀疑。另外,期望一步到位、迅速实现二级代理模式的思想不符合实际情况,容易造成虽有二级代理的框架,但无法有效运行和发挥功效的结果。

2. 合理界定职责权限,科学设计实施方案

民办高职院校实施二级学院二级代理,首先必须制定二级学院代理规程,明确二级学院与教学、科研、人事、行政等职能部门之间的职责与管理权限。民办高职院校自身确定必要的机构设置,制定学校整体发展规划和规章制度,筹措办学经费,负责校园基本建设,扩大对外交往,加强协调、考核评估与监督管理等全局性工作。二级学院是学校内部的二级办学管理实体,学校应加大二级学院在组织教学科研、学科建设、师资建设、学生管理等方面的决策权、人事权和理财权,出台一系列规章制度,明确二级学院的责任与权利。建立健全相应的宏观调控制度,尤其是政策上的导向与控制,使二级学院不偏离学校的中心工作,使学校能够对二级学院办学方向、办学质量进行宏观调控和监督。

3. 完善监督约束机制,发挥考核导向作用

权力没有监督和约束,就会失控,出现偏差并且滋生腐败。缺乏完善监督机制,仅仅依靠管理人员的道德情操和自我约束力是不符合管理原则的。监督管理约束机制是民办高职院校实现二级代理的重要保证。可从几方面着手建立并完善监督约束机制:第一,进一步健全财务预决算制度。第二,建立并完善学生管理与教学质量监控制度。第三,构建行之有效的二级管理考核评价机制。第四,建立二级学院内部考核管理制度。

四、正确处理四个隶属关系

1. 处理好学校与二级学院的关系

在学校和二级学院的关系上,应坚持学校和二级学院分工协作的原则。学校作为教学主办者,行使宏观管理权;二级学院作为教学承办者,行使微观管理权,主要负责教学过程管理。二级学院相对独立,自主办学,在内部教学、科研、人事、学生管理、财务预决算等问题上,享有较大的自主权,逐步建立自我发展的办学机制。

2. 处理好学校与职能部门的关系

在学校与职能部门的关系上,应坚持适度集中和分权管理原则。学校主要负责影响全局发展建设的问题,如学校发展规划、校园建设、二级学院及专业学科建设、学校管理体制与运行机制的确定等。各职能部门负责行使专项教育管理权,如教学日常管理、科学研究、专项经费的使用管理等。这样,学校便可从具

体事务中解脱出来,专心研究涉及学院改革发展的重大问题。

3. 处理好职能部门与二级学院的关系

在职能部门与二级学院的关系上,要坚持条块管理原则。职能部门应在其职责范围内行使管理权力,做好上传下达的职责和协调、沟通工作。二级学院应接受职能部门的指导和监督,并向职能部门反馈一线信息,提出意见和建议。学校应协调职能部门与各二级学院的关系,按照条块分割的原则进行权力分配。

4. 处理好代理的发展与稳定关系

改革是动力,发展是目的,稳定是前提。二级学院代理的目的在于促进学校发展,实现学校为经济社会发展"多出人才、快出人才、出好人才"的办学目标。二级学院代理也是一个权力与利益再分配和再调整的过程,涉及诸多部门和个人的切身利益,直接影响学校的稳定大局。因此,在推行二级代理的过程中,要切实加强领导、统筹规划、精心组织、妥善安排。既要顾全大局,又要照顾到各方面的承受能力;既要积极推进,又要维护学校的稳定,将不良效应降到最低限度。

二级学院代理是使民办高职院校面临巨大挑战和严峻考验的新生事物。我们要认清形势,改变观念,根据民办高职院校自身发展的需要和特点,努力探索民办高职院校推行二级学院代理的最佳模式和经验,推动民办高职院校教育再上新台阶。

第三节 二级代理责任管控机制

委托代理理论认为,解决委托代理问题在于通过制定权利与义务、责任与利益相制衡的约束和竞争机制,将委托人的风险在不同程度上转变为代理人的风险,从而刺激代理人的行动按照委托人的最佳利益来选择,使代理人的行动符合委托者既定的目标。[1] 解决民办高职院校委托代理问题的关键,也在于设计一套有效的激励、约束和竞争机制来排斥信息效率低下和激励不相容的问题。

一、二级职权代理约束机制

民办高职"二元思维"认为,民办高职院校只对二级学院代理人的积极性进

---

[1] 丁宜丽:《我国民办高职院校治理结构中的委托代理关系研究》,载《高等教育学》,2011年,第5期。

行利益上的激励是不够的,还必须有权力和责任的约束,否则会出现普遍的不负责任的现象。所谓约束就是一种反向的激励,指通过组织内、外部的监督和市场竞争的外在压力,使代理人形成很强的自我约束,从而在满足自身效用最大化的同时,减少偷懒行为等问题,努力实现委托人利益的最大化。①

1. 建立高职二级学院代理约束机制

二级学院代理约束机制的两个核心:权力制衡机制与民主监督机制。具体如下:

健全二级学院内部的监督机制,规范主要代理人、班子成员的权力制衡机制。民办高职院校的二级学院内部要成立相应的监督机构,这对完善法人治理结构,解决委托代理关系的种种问题和提高二级学院内部管理水平,也是非常有益和必要的。二级学院成立监事会,由学校相关人员组成,行使二级学院内部监督职权。监事的人选应由投资者代表、教职工代表以及适当的学校职能部门等组成,这有利于学校和董事会得到比较充分的二级学院经营管理信息。监事会的监督作用可以最大限度地消除二级学院代理人的权力独霸、逆向选择和道德风险等问题。

2. 建立健全二级学院的民主监督机制

明确而有效的民主监督可以有效地防止二级学院代理人机会主义行事,这就要求代理人自觉地接受各种民主监督,增大二级学院管理的透明度。在人事管理上,要增大教职工民主参与的机会,二级学院代理人应充分听取群众的意见,按照规范的程序聘任人才。在财务管理上,要建立严格意义上的预决算制度,从两头监督二级学院经费的运转,减少二级学院代理人机会主义行事的机会。学校要根据员工和教师的知识层次、民主意识程度,了解二级学院代理管理事宜,积极推进民主管理,充分发挥教代会的评议监督作用,激发教师和学生参与管理,参与考评监督的热情,强化对二级学院代理人的约束作用。

二、二级代理"控制权激励"制度

控制权控是经营者在经营过程中的重要权力。制权激励作为一种能够引导经营者行为的激励因素来鼓励经营者施展其才能。控制权可以满足经营者三方

---

① 丁宜丽:《我国民办高职院校治理结构中的委托代理关系研究》,载《高等教育学》,2011年,第5期。

面的需要:第一,满足经营者控制他人或感觉优越于他人、感觉自己处于负责地位的权力需要;第二,在一定程度上满足经营者施展其才能、体现其"企业家精神"的自我实现的需要;第三,使经营者具有职位特权,享受"在职消费",给经营者带来正规报酬激励以外的物质利益满足。

民办高职院校推行二级委托代理机制,需要建立"控制权激励"制度。"控制权分为特定控制权和剩余控制权,特定控制权是指那种能在事前通过契约加以明确规定的控制权力;剩余控制权是指那种事前没有在契约中明确界定如何使用的权力。"[1]

民办高职院校委托人给予二级学院代理人一定的控制权,校董事会掌握控制权并满足二级学院代理人管理方面的需要:一是校董事会在一定程度上满足了二级学院代理人施展才能,体现其敬业精神的自我价值实现的需要;二是满足二级学院代理人控制他人或感觉优越于他人,认为自己处于负责地位的权力需要;三是使得二级学院代理人具有职位特权,在职权范围内,给代理人带来正规报酬激励以外的物质利益满足。控制权能给二级学院代理人带来这些回报,也可称为控制权收益。二级学院代理人努力工作得到控制权回报,享受控制权收益,既可以满足其作为"经济人"的物质需要,作为"社会人"的地位需要,又可以满足"自我实现"的成就需要,其激励作用是巨大的。

校董事会给予二级学院代理人多大的控制权,意味着给予代理人努力程度和贡献大小的回报。如果学校委托人对二级学院代理人监督有效,工作业绩评价合理,通过职务升迁给予二级学院代理人更大的控制权,就是对二级学院代理人忠实劳作、政绩突出的回报。如果二级学院代理人的业绩与委托人给予的回报呈正相关,那么对二级学院代理人的激励作用就越大。

三、二级代理"经费绩效审计"制度

经费绩效审计是以内部的二级学院作为审计对象,审计内容涵盖教育经费使用的全过程,审计指标体系以审计内容为基础,审计目标为导向,充分结合二级学院的职能特点,做好二级代理的经费绩效审计工作。

---

[1] 丁宜丽:《我国民办高职院校治理结构中的委托代理关系研究》,载《高等教育学》,2011年,第5期。

1. 经费绩效审计目标和原则

（1）绩效审计目标。绩效审计目标一般分为共性目标和特性目标。共性目标由绩效审计的本质所决定，是指围绕审计对象进行经济性、效率性、效果性的评价，这是所有绩效审计的共性特点，能够体现绩效审计的普遍性；特性目标则主要是针对不同经费使用主体的职能和经费的性质来设定目标。在考虑二级学院经费的绩效审计目标时，需要根据审计内容将共性目标进行细化，并将二级学院的教育职能和经费的特殊性融入其中。具体而言，二级学院经费的绩效审计目标具体包括以下方面：

——经费取得、管理、使用合法、合规；

——预算编制科学、合理，并得到有效执行；

——经费使用过程中内部控制制度健全，并得到有效执行；

——有关重大经济决策的合法性；

——经费的产出结果有效地实现了预计目标；

——产出结果有利于二级学院自身及学校的长远发展，并产生良好的社会效应。

（2）绩效审计原则。构建二级学院经费绩效审计指标体系，要以绩效审计的本质为基础，结合二级学院的实际情况，紧扣审计内容，以审计目标为导向，力求做到指标体系的全面、科学、有针对性和可行性，使各指标之间能相互补充、相互制约。为此，在构建二级学院经费绩效审计指标体系时，需要遵循以下原则：

全面性与重要性相结合的原则。二级学院经费的使用渠道多样，从经费投入到最终的结果产出需经历一个较为复杂的过程，在确定指标体系时需涵盖经费使用全过程的各项经济管理活动，确保对经费的使用情况做出完整、全面的评价。而经费使用不同阶段的审计内容和审计目标又各有侧重，在建立指标体系时应突出重要的审计内容和关键的审计目标，使整个指标体系在做到全面、完整的基础上突出重点，从而更有层次性和针对性。

成本与效益相结合的原则。绩效审计需要占用审计资源，包括人力资源和财务资源，这就要求审计评价指标的建立既不能过粗，也不能过细。审计指标过粗，难以实现审计目标，会降低审计质量；审计指标过细，在实践中一方面会增加审计成本，另一方面则难以灵活应对实际中的各种变化。尤其是二级学院的审计资源不足，在构建二级学院经费绩效审计指标体系时更需要权衡成本与效益，构建适度的指标体系。

定量与定性相结合的原则。一般来说指标体系的构建都需要定量与定性相结合,构建绩效审计的指标体系也不例外。定量的指标主要是能从数量上直观反映审计对象的情况,便于进行横向和纵向比较,而实践中有些审计内容难以从数量上反映,需要审计人员进行定性的判断。特别是二级学院主要从事非经营性的教学和科研活动,教育经费的产出结果也是多元的,难以从某一方面进行评价,需要将定量和定性相结合。

2. 经费绩效审计指标

构建经费绩效审计指标的具体思路是:从绩效审计的本质出发,结合二级学院使用经费的实际情况推导出绩效审计的内容,再根据绩效审计内容确定有针对性的审计目标,最后以绩效审计内容和审计目标为基础,依据二级学院教育经费绩效审计指标体系构建原则,推导出绩效审计的指标体系框架。

(1) 预算情况指标:预算编制的合法指标性;预算编制的科学性指标;预算执行指标(预算支出完成率、预算执行的有效性、预算执行的变动情况等)。

(2) 财务收支指标:经费使用范围合法性指标;经费支出合理性指标;经费支出的结构指标(教育、科研、硬件设备等各项支出占总经费的比例);财务信息的完整性、真实性指标。

(3) 项目计划指标:经费使用计划的合法性、科学性指标;经费投入项目相关手续的完整性指标;产出目标设定的可操作性指标。

(4) 内部控制指标:内部控制制度的健全性指标;内部控制制度设计的有效性指标;内部控制制度执行的有效性指标。

3. 二级学院效益指标

(1) 人才培养指标:毕业生就业增长率指标;生均占用教室、仪器、资源等指标;生均占各类职称教师指标。

(2) 教学质量指标:师资队伍指标;教学条件及专业设施指标;教学管理指标;师德、教风指标。

(3) 科研能力指标:科研经费增长率指标;学术成果指标(发表的论文数、级别、科研奖励等)。

4. 社会效益指标

(1) 社会认可度、知名度的影响指标。

（2）项目成果给社会发展带来的贡献情况。

在构建具体指标体系时，主要特点是建立有针对性的全过程评价标准，即在包涵高校整体层面通用评价标准的基础上，重点针对高校二级学院自身的职能特点进行专项评价，避免指标体系泛化的缺点，使审计目标更加清晰、明确，有助于对教育经费整个使用过程进行全方位、有针对性的绩效审计，提高审计质量。在实际情况中，上述具体指标可以根据教育经费的使用情况有所侧重和增减。实践中，二级学院的教育经费可能用于多个子项目，有的用于教学质量的提高，有的用于教学条件的改善等。用于不同项目的教育经费，在预算管理、过程控制和最终的成果产出等方面都不同，进而绩效审计的重点、审计目标和评价标准均有所区别。

5. 经费绩效审计程序

实践中，二级学院对教育经费的使用具有多元性和复杂性的特点，教育经费往往具有多种使用途径，常用于多个与教育事业发展相关的项目。虽然，经费的使用方式是多样的，但使用宗旨都是为二级学院、学校的教育事业可持续发展服务。根据教育经费使用流程，具体将绩效审计的内容划分为四个阶段：

（1）经费投入阶段。主要包括四项审计内容：经费使用渠道的合规性；经费使用方式的可行性；预算编制的科学性；目标设定的合理性。

（2）经费使用阶段。主要包括三项内容：经费使用相关的内部制度设计是否健全，并得到有效执行；对经费使用过程中的"三重一大"进行审计；财务收支情况。

（3）结果产出阶段。包括两项审计内容：对既定目标的实现情况做出评价；对预算的执行情况进行审计。

（4）结果影响阶段。包括三项审计内容：评价产出结果对该二级学院自身教育事业发展的影响；产出结果对学校的影响，二级学院目标是否与学校目标协调一致。

案例："南洋"二级代理探索与实践

2010年，无锡南洋职业技术学院二级代理方案实施。学院（以下称"学校"）在校生数、教职工数增幅较大，规模的扩大使原来的管理体制显得有点力不从心，随着学校规模的扩大，各项办学开支也在迅猛增加，在此情况下，校领导大胆决策，提出"二级代理"的管理模式。把部分原来掌握在校级领导以及职能部门的权力下放到二级学院，充分鼓励二级学院办学的自主性，先后制定了《无锡南洋职业技术学院进一步严格会议制度加强会议管理的规定》《无锡南洋职业技术学院二级管理权限体系》《无锡南洋职业技术学院财务经费审批流程及权限的规定》等文件，确保了二级代理方案顺畅运行。

学校层面负责指引学校发展方向、制订教育事业发展规划、积极拓宽办学空间等重大事项的宏观管理，在宏观管理、监督和控制的前提下，将部分教学科研管理权、人事权、财务权等下放至各二级学院，明确二级代理的职责。

一、管理重心下移

学校认为，提高办学规模效益，首先必须充分发挥二级学院的主体作用，改变以职能部门为主体的管理模式，实行"学校主导、二级学院主体"的二级代理模式。在这种新的模式下，职能部门根据学校的规划布置，主要担当"指导服务、监督检查、考核评估、优化提高"等职能。学校根据发展要求，对二级学院下放部分人权、财权、物权、事权。学校在理清层级管理职责的同时，优化资源配置，对各系实行学年目标管理，并按管理层级推行二级考评机制。二级考评即逐级考评，学校考核到二级学院，二级学院考核教师员工。与考核相关的分配制度也根据层级管理要求逐步配套。这样使各二级学院在学校总体发展目标下，拥有足够的权力和利益，成为充满生机活力的、责权利统一的、名副其实的管理主体和发展实体。院系的主动性、积极性、创造性得到了充分调动，学校则主要是站在更高层次，总揽全局，统筹兼顾，对优势专业或潜力专业进行开拓发展。

二、二级学院获得的授权范围

一是在制度建设方面，如工学交替管理办法、创收经营思路、管理授权体系等制度的出台改变了由职能部门制定为主的程序，改革为由二级学院上报方案，交由职能部门汇总讨论。二是在人事方面，可以在学校核定的编制总数和岗位职数的范围内提出教职员的聘任、续聘、解聘和考核方案，加强聘请的兼职教师的管理与考核。三是在财务方面，享有预算内的行政办公经费使用权，学生工作管理经费核算权，创收核算后划拨的发展基金支配权，绩效考核二次分配的裁量权。四是在教学方面，调整专业结构，开发课程，制定专业建设规划、师资队伍建设规划、师资培养计划、教学实习实训基地建设规划、专业人才培养计划、教学监控等。

三、改革学生管理模式

尊重二级学院的多元化管理模式。2009年以前,在二级学院层面,学生管理与党建工作分开设置。学生管理工作由各二级学院学工组长负责,学工组长职责范围主要是学生常规管理工作,对整个系的育人工作统筹不足。基于此,学校将二级学院学工组及支部(或总支)进行整合,统一成立系总支,总支书记兼副主任,在思想工作方面党政合一,系学生管理、党群、工团、师德建设等工作均由总支书记负责统筹管理。同时,在二级学院主任领导下,总支书记参与系发展建设及重要决策。二级学院学生工作运行机制是在二级学院党总支书记组织领导下,年级组长统筹协调,班主任具体负责,学生工作经费包干。形成教育与育人相结合,教学与管理相融合,学校与企业相配合的良好工作环境。

四、管理职员实施"职员制"

学校精简校级领导班子职数,校长(院长)兼任党委书记,这有助于克服党委书记与校长的矛盾。按照"扁平化"结构的要求,建立结构合理、责权分明、运转高效的管理机构。学校职能部门可精简为一办三处,即综合办、教务处、学生处、后勤保障处。同时,强化职能部门的服务功能,树立"管理就是服务"的理念,从行政控制转变为教师和学者服务,杜绝"官本位"思想,摒弃"官僚化"和"行政化"作风。减少部门及职数,更主要的是缩短了"管距",优化了管理结构,提升了机关服务效能。按照教师优化配置的原则,改变管理人员和教师比例失衡、人事管理制度僵化等状况。遵循"按需设岗、公开招聘、平等竞争、择优聘任、严格考核、合约管理"的原则,行政管理人员既不套用行政官员职级,也不再享受教师、研究人员的职称待遇,由"身份管理"转向"岗位管理",以减少行政人员挤占教师职称名额,杜绝机关处室工作人员权与利的"双肩挑"。在收入分配上确保向教学科研一线人员倾斜,以稳定教学科研人员安心从事本职工作。

第六章 专业能力建设

专业能力建设是民办高职院校培养职业技术技能型人才的基本保障。民办高职院校的专业能力建设在根据区域经济社会发展要求和学校办学发展总体规划的基础上,制定学校专业能力建设规划。所谓专业能力建设是指,在专业设置"按部就班"的基础上,科学构建专业结构,打造专业能力,优化人才培养方案,完善教学基本条件,创新人才培养模式,创造专业的能力特色,使专业和专业群形成既有质量又有特色。换句话说,专业能力建设是在专业建设的基础框架上对专业内涵的深化、对专业能力的提升、对专业质量的优化。

民办高职"二元思维"认为,专业能力的开发意在实现四个标志性目标:一是专业知识和技能与企业工作岗位的融合,凝练和组建成专业的实体化、成果化、产业化;二是通过专业化的实体平台,专业理论知识和实际操作技能得到充实和更新;三是由于专业突出技能、突出技术应用、突出实际操作,使得毕业生就业能力好、薪酬高、持续时间长,受到社会各界公认、行业企业的好评;四是专业能力建设围绕专业能力的理念、专业能力的实力、专业能力的质量等构建和提升,以学生就业为导向,以职业能力培养为主线,开发以实践教学为主导的专业课程,使专业活起来、亮起来,具有标志性的实体、成果和产品。

民办高职院校有义务加快专业能力建设步伐,推进专业教学改革,全面提高职业教育质量和专业教学水平,形成办学特色与办学优势,以适应国家经济建设和社会发展对人才需求结构的变化,不断提高人才培养质量,使培育出的技术人才符合社会、市场和行业企业的需要。

第一节 专业能力评估

专业能力评估是民办高职院校人才培养的基础工作,关系到人才培养目标与规格,关系到教育质量和效益,也关系到高等职业教育与经济社会发展的协调与适应。民办高职"二元思维"认为,民办高职院校的专业规模、结构、质量、效益协调发展、科学建设,应该符合专业能力评估要求。专业能力评估要依据学校专业建设总体规划制定专业建设与发展规划,加强专业基本条件和教学资源建设,坚持校企合作、工学结合,创新人才培养模式。专业能力评估必须充分考虑社会、市场和行业企业对人才的需要,科学、合理地做好专业评估和调整工作。专业能力评估关系到民办高职院校的培养目标、教学任务与办学效益。

一、专业能力评估的依据

高等职业教育要依据国家社会职业分类与行业标准、区域经济水平与产业结构、区域教育程度与教育资源以及国家职业资格制度等因素设置、调整、改造与建设专业。① 民办高职院校要始终围绕培养社会需要的人才这一核心目标,科学设置专业,确保人才培养质量。在专业能力评估中,民办高职院校要充分考虑专业能力建设的市场依据、政策依据和自身依据。

1. 市场依据

社会职业岗位的总体结构发生了变化:一是高新技术职业岗位的不断涌现,生产实现高效化、精密化和自动化,生产设备的技术含量越来越高,如机器人维修技术岗位、数控机床操作技术岗位等;二是原有的工作岗位和职务内涵日趋丰富,知识技术层次要求提高,如过去发电厂仅用几万千瓦的发电机组,现在都采用几十万千瓦的机组,控制系统越来越复杂,中专层次人员无法胜任工作,需要大专及以上水平的人员才能操纵;三是一些复合型职业岗位的出现,需要几种专业知识技术在同一岗位上复合,如电子、信息技术渗透到医疗领域,医疗器械日趋完备,人体内部的细微变化可以精确测出,现代医学要求既懂医学又懂设备技术的复合型人才。如此等等,是专业能力建设的方向,更是对专业能力评估时需要考虑的重要依据。

2. 政策依据

《中共中央国务院关于深化教育改革全面推进素质教育的决定》(以下简称《决定》)中指出,"高等职业教育是高等教育的重要组成部分。国家要大力发展

---

① 张迎春:《试论高等职业教育专业设置的依据与条件》,载《辽宁税务高等专科学校学报》,2004年,第2期。

高等职业教育,培养一大批具有必要的理论知识和较强的实践能力,生产、建设、管理、服务第一线和农村急需的专门人"。《面向21世纪教育振兴行动计划》(以下简称《行动计划》)中强调,"积极发展高等职业教育,面向地区经济建设和社会发展,适应就业市场的实际需要,培养生产、服务、管理第一线需要的实用人才,真正办出特色"。《决定》和《行动计划》中的"大力发展"和"积极发展高职业教育"显示了专业设置的紧迫性,对人才的培养要求,指明了要注重职业性、应用性和实用性。在《教育部关于加强高职高专人才培养工作的意见》中,指出了高职教育人才培养模式的基本特征是,"以培养高等技术应用性人才为根本任务,以适应社会需要为目标,以培养技术应用能力为主线,设计学生的知识、能力、素质结构和培养方案,毕业生应具有基础理论知识适度、技术应用能力强、知识面较宽,素质高等特点"。[①] 政策是经济社会发展的本质反映,专业能力建设更要跟着政策走。

3. 自身发展需要

民办高职院校是高等职业教育的一个重要类型,是普通高等职业教育在人才培养目标面向和社会功能上的重要补充,具有应用性、大众性、开放性、灵活性等特点。民办高职院校必须根据自身的地位、作用、特点、办学条件和社会需求选择设置专业,这样才能扮好角色,扬长避短,办出特色。高等职业教育具有高等教育和职业教育双重属性,其人才培养目标是高素质技术技能型人才,这就决定了民办高职院校设置专业要取决于社会需要,以培养生产、建设、服务、管理第一线的高端技术技能型专门人才为主要任务。

民办高职院校能力评估专业,一定要以学校自身具备的条件为基础,根据高等职业教育的培养目标、人才特征和基本状况,以市场对人才的需求为导向,科学合理地规划。民办高职院校要以课程体系为核心,以实践教学为特色,以师资队伍为重点,花大力气进行专业建设;"要发挥自身优势、强化学科基本建设,并结合教改实践,从专业设置、课程、教材、师资队伍建设等方面,提出了确保自身办学特色、促进学校健康发展的对策与措施"[②]。

---

① 摘自《教育部关于加强高职高专人才培养工作的意见》。
② 刘家颖:《论高等职业教育专业设置的根据》,载《阜阳职业技术学院学报》,2005年,第4期。

二、专业能力评估的原则

民办高职"二元思维"认为,民办高职院校的专业能力评估一定要坚持以服务发展为宗旨,以促进就业为导向,遵循职业教育规律和技术技能型人才成长规律,主动适应经济社会发展,适应行业企业对技术技能人才培养的需要。民办高职院校的专业能力评估应该遵循以下原则:

适应性原则。专业能力评估是社会需求与民办高职院校的实际教学工作紧密结合的纽带。专业能力应主动适应社会主义现代化建设的需要,遵循民办高职院校教育自身发展的规律和要求,面向本地区经济社会发展需要。"一要加强人才需求预测,要预见到三年后的社会就业需要,既要有前瞻性,又要处理好当前与长远的关系。二要具有灵活性,由于各种原因,需求情况可能与预想不合,必须建立灵活的反应机制,及时调整专业方向,使专业设置密切适应社会需要。三要根据高职院校的办学条件,处理好需要与可能的关系。"①

针对性原则。专业能力评估是民办高职院校教学工作,寻求主动、灵活地适应社会需求的关键环节。因此要根据高职的人才培养目标,针对地区经济社会发展实际需要的职业岗位、职业群和技术领域对专业能力做深度评估。"一般而言,高职院校的专业设置要针对三种基础:职业岗位、职业群和技术领域。对那些社会需求面广和技术要求精深的服务领域的职业岗位,如会计、律师、飞机驾驶等,专业口径可以窄一些,单独设置专业;对那些社会覆盖面窄的职业岗位,可以将相近的职业岗位组成职业群作为设置专业的基础;对某些知识、能力结构相似相近又跨行业的职业岗位群,可按技术领域的某一类技术作为设置专业的基础,此类专业口径相对较宽,教学稳定性也相对高一些。执行针对性原则的衡量标准,就是社会需求与办学效益的统一。"②

开拓性原则。民办高职院校的人才培养是面向基层、面向生产和服务第一线需要的技术应用型人才,不是培养学术型(科学型、研究型、理论型)人才,也不以培养工程型(设计型、规划型、决策型)人才为目标,而是以技术型(工艺型、中间型、执行型)人才为重点培养目标,培养生产一线顶岗上班的应用型人才。所

---

① 张文文:《对我国民办高校专业设置的思考》,高教论坛,2009年,第2期。
② 万建明:《我国民办高校专业设置的现状、问题及对策》,载《高等教育研究》,2005年,第3期。

以,民办高职院校要洞察社会各方面的需求,运用先进的科学文化,开拓高科技、高文化的技术应用型人才培养领域,设置新的专业。

三、专业能力评估基本要求

民办高职院校的专业能力评估是学校的一项重要工作,是影响学校能否较好地服务社会、可持续发展的重要因素之一,事关学校的生存与发展。民办高职院校根据办学实际和区域产业发展情况深度评估专业能力,优化资源配置和专业结构。

1. 参照国家制定的高职专业目录进行评估

专业目录是高职院校设置与调整高职专业、实施人才培养、组织招生、指导就业的基本依据,由教育部制定、修订和发布,是教育行政部门规划高职专业布局、安排招生计划、进行教育统计和人才预测等工作的主要依据,也是学生选择就读高职专业、社会用人单位选用高等职业学校毕业生的重要参考。[1]

民办高职院校需要根据区域经济社会发展实际,结合教育部公布的《高等职业学校专业教学标准》和专业特点,明确专业设置须具备条件的相关细化指标,使专业设置条件要求具体化。评估专业应该紧密围绕经济社会和产业发展实际需求,注重结合自身的办学优势,调整和发展自有的特色专业和专业群。

2. 评估专业能力的基本要求

参照教育部有关文件,专业能力评估须具备以下基本条件:[2]

——有翔实的专业设置可行性报告;

——有科学、规范、完整的专业人才培养方案;

——有完成专业人才培养所必需的教师队伍和教学辅助人员,且"双师型"教师应具有一定比例;

——具备开办专业所必需的经费和校舍、仪器设备、实习实训场所、图书资料等办学条件;

——有保障开设本专业可持续发展的规划和相关制度。

---

[1] 江小明,虞思旦,李娟娟:《用好高职高专指导性专业目录 促进高职教育持续健康发展》,载《中国高教研究》,2005年,第6期。

[2] 摘自《普通高等学校高等职业教育(专科)专业设置管理办法》。

3. 评估专业以专业目录为参照依据①

——开展行业、企业、就业市场调研,做好人才需求分析和预测;

——进行专业评估必要性和可行性论证;

——根据国家有关规定,制定符合专业培养目标的完整的人才培养方案和相关教学文件。

第二节　专业能力创新

所谓民办高职院校的专业能力创新,即根据自身办学条件,在专业能力评估的基础上,结合人才培养社会需要的规格、层次和学校办学发展规划,为所设置的专业能力建设和发展确定方向、目标、任务等进行的一系列前瞻性战略构想和设计活动。

民办高职"二元思维"认为,民办高职院校的专业能力创新需要紧紧围绕区域经济和社会发展需要,遵循职业教育发展规律,"本着立足服务、突出技能、确保质量的原则,定位专业的属性、层次和方向,优化专业的机理结构"。② 换句话说,民办高职院校的专业能力创新应该坚持专业的特色定位、错位发展,形成与区域产业发展、支柱产业、新兴产业、特色产业相匹配的专业结构、专业能力和专业特色。

一、专业能力创新的思路和目标

1. 专业能力创新的基本思路

——专业必须合理优化结构,具备一定的实力和能力;

——专业必须科学发展,强化专业特色;

——专业必须深化内创力,提高内涵质量;

——专业必须合理布局,构建优质的专业结构及专业群;

——优化专业建设机制,在专业建设上走特色发展之路,增强专业发展的生

---

① 江小明,王国川,李志宏:《优化高职专业目录服务现代职教体系建设》,载《中国职业技术教育》,2016年,第4期。
② 蒋向东:《高职院校专业建设定位思考》,载《大观周刊》,2011年,第42期。

命力、影响力和提质力。

2. 专业能力创新的发展目标

专业能力创新是民办高职院校教学基本建设的前提,也是其教育教学和教学管理工作的重心。科学敲定专业能力创新,是民办高职院校专业发展、彰显特色的战略基础标准。专业能力创新的发展目标:

——专业能力与在校生的专业知识和技能质量正相关,与毕业生就业质量正相关,特色专业优势明显;

——专业能力促使专业结构更加合理,专业质量与人才培养质量符合社会和市场需要;

——专业整体水平处于国内高职院校的先进水平,部分优势特色专业达到国内高职院校的领先水平。

二、专业能力个性化

1. 坚持专业的比较优势、后发优势与竞争优势

作为职业教育的后起之秀,民办高职院校基本属于薄弱学校,其特点是起点较低、底子较薄,是弱势的办学群体。在当前经济社会发展、产业升级转型的新形势下,如何在较短时期内彻底摆脱薄弱状况,完成自身超常规、跨越式发展,在国内乃至国际竞争中开创了全新的办学模式和发展道路,是民办高职院校的办学决策者值得研究的问题。民办高职"二元思维"认为,专业能力发展个性化需要坚持专业的比较优势、后发优势与竞争优势。

(1) 比较优势。田忌赛马的故事反映了比较优势原理。田忌所代表的一方分上、中、下三个层次,每个层次的质量都劣于齐王的马。但是,田忌用完全没有优势的下马对齐王有完全优势的上马,再用拥有相对比较优势的上、中马分别对付齐王的中、下马,结果稳赢。专业的比较优势是民办高职院校发展的基础性和根本性资源,是民办高职院校专业建设和发展的核心支柱,是整体办学实力、核心竞争力的体现,它对学校办学水平的提高有着至关重要的作用。民办高职院校要始终围绕民办专业教学特色来做文章。"强化特色、创立品牌"是后起的民办高职院校实现赶超的首选战略。利用专业教学特色、民办文化特色、民办办学形象特色,尽快提高学校专业能力的知名度。民办高职院校只有抓住了专业能力比较优势这个中心,才能找准学校办学发展的突破口,才能以点带面,促进学

校整体的专业能力水平、办学水平的提高。

（2）后发优势。在高铁方面，中国是后起之秀，但通过引入德国和日本等国的高铁技术，再经过融合改良，一跃成为世界第一。这就是中国高铁的后发优势。民办高职院校与公办高职院校两者的差距会给民办高职院校一方带来一种客观存在的后发优势，能够充分利用内外各种有利条件，把这种潜在的后发优势转化为现实优势，后来者则完全有可能比领先者发展得更快，甚至超过领先者。因为它可以避开前者所走过的弯路，寻找捷径，实现跨越式发展。民办高职院校可以发挥专业能力后发优势，创立专业能力品牌。利用专业能力品牌效应带动师资、生源等基础条件的全面改善，进而推动专业质量与学校声誉的持久提升，形成一种良性循环，实现学校持续、健康、快速的发展。实施专业特色品牌战略的思路是：依托专业特色练能力内功，依托专业内创力，依托人才培养质量树形象，依托人才质量与形象形成专业特色的知名品牌。

（3）竞争优势。民办高职院校的竞争优势要求其专业能力建设必须优化专业结构，构建有竞争优势、特色鲜明、适应社会需求的专业能力体系，不断提高人才培养质量和专业质量。民办高职院校可以在广泛的社会调查和对人才市场科学预测的基础上，进行分析论证所设专业的发展前景，如所设专业在国内和省内所处的地位、学校所处的地理位置和社会环境、与其他院校相比有哪些优势和特色，准确把握专业能力建设方向，根据人才市场需求现状和发展趋势，结合已有的专业优势，充分发挥自己专业的竞争优势和教学资源优势及专业能力优势，有针对性地培养人才，提高学校的办学水平和竞争力。

2. 坚持专业的群集发展

专业群建设需要民办高职院校有效地实施资源整合，这关系到民办高职院校核心竞争能力的形成。民办高职"二元思维"认为，民办高职院校的专业发展应该坚持"酝酿突破，集成专业群建设，整合力量，集群发展"的方针。所谓专业群，就是由一个或多个办学实力强、就业率高的重点建设专业作为核心专业，若干个工程对象相同、技术领域相近或专业学科基础相近的专业组成的一个集合。专业群的特征：①

第一，专业群内的专业往往是围绕某一行业设置形成的一类专业。各专业

---

① 王忠孝，林泉：《对高职院校专业及专业群建设的思考》，载《北方经贸》，2011年，第12期。

具有相同的工程对象和相近的技术领域。反映在教学上就是各专业可以在一个体系中完成实训任务,在实验实训设施、设备上也必然有大量的设备是共用的,有相当一部分实验实训项目是共同的,这对民办高职院校实训基地建设有着重要的意义。

第二,专业群内的专业是学校长期办学过程中,依托某一学科基础较强的专业逐步发展形成的,各专业具有相同的学科基础。因此有相同的专业理论基础课程,相应地,师资队伍必然有很大一部分是共同的,形成师资队伍专业团队和某类专业建设的良好师资队伍环境。

第三,重点专业群是省级教育部门组织的职业院校重点专业建设项目。经学校评审推荐、上级主管部门审核,确定的重点专业建设项目。重点专业建设项目实行项目负责人责任制,需要加强管理,保证投入,提高资金使用效益,确保建设成效。专业群的建设更有利于开展以下活动:

——以"能力本位"观为主导,广泛吸收多种课程的长处,结合社会、企业、职业、学生等因素的动态影响,最大限度地满足企业(行业)对应用型人才的要求为取向。

——以企业(行业)岗位应具备的综合能力作为配置课程和界定课程的依据,摆脱"专业本位"的课程思想,按能力需求精简课程内容。

——课程体系以能力培养为主线,以能力训练为轴心,淡化公共基础课、技术基础课和专业课的界限,重新整合课程。

——积极探索理论与实践一体化、课堂与实习地点一体化。

三、专业能力建设的主要资源

1. 专业教材

(1)教材是供教学用的资料,如课本、讲义等。教材的定义有广义和狭义之分。广义的教材指课堂上和课堂外教师和学生使用的所有教学材料,比如课本、练习册、活动册、故事书等。教师自己编写或设计的材料也可称之为教学材料,计算机网络上使用的学习材料也是教学材料。广义的教材不一定是装订成册或正式出版的书本。凡是有利于学习者增长知识或发展技能的材料都可称之为教材。狭义的教材即教科书,是一个课程的核心教学材料。教科书除学生用书外,几乎无一例外地配有教师用书,很多还配有练习册、活动册以及配套读物、音像带等。

(2)本土教材编写。所谓本土教材编写,即根据专业内容、课程安排和人才培养的实际需要,专任教师自编教材。

教材的组织方法。其一,逻辑式组织。按照有关科学知识的内在逻辑顺序组织教材。其二,心理式组织。以学生为本位,注重学生的兴趣、需要和能力,强调以学生的经验作为教材组织的出发点,逐步扩大教材的内容范围,使学生愿学、乐学,而较少考虑知识体系的完整性。其三,折中式组织。兼顾学科与学生两方面的需要和情况,选择两者之长。不过在兼顾学科与学生这两方面时,在不同的学科和学生不同的学习阶段,又有所侧重。

教材的编排方式。教材的编排是以教学要求为基本依据,从课程的角度进行梳理,按一定的次序排列的过程。通常有四种排列方式:一是横向排列。它是一种对教材内容采取横向推进、不予重复的排列方式。二是纵向排列。它安排的教材内容呈逐步扩展,螺旋上升的形势,有难易深浅的程度差异。三是并列排列。它将教材内容分为多项并列的部分,并针对这些部分分别采用相应的教学方法,逐一开展教学活动,最后进行总结。四是综合排列。它是前三种方式的综合。

2. 专业教程

教程是某一专业的课程,主要被用来引导专任教师和学生理解相关知识或者指导专任教师和学生完成特定的任务。以信息为基础的视频教程会向专任教师和学生传递特定的信息,如向专任教师和学生介绍某个产品的历史、作用、特性等。在以信息为基础的教程中,一般不会有相关技术的介绍。在基于操作的视频教程中,其内容通常来源于实际操作设计,专任教师和学生往往可以通过该视频教程的学习提高某种技术的熟练程度。教程类型列举如下:

(1)图文教程。图文教程就是以图片和文字的形式把某种教学的过程展现出来给更多的学者学习,称之为图文教程。

(2)视频教程。视频教程就是以视频的形式,把某种教学的过程,用视频的形式记录下来展现给更多的学者学习,称之为视频教程,目前视频教程也更容易让人接受和清晰明了,但由于网络限制,图文教程相较于视频教程更节省带宽。

(3)教程视频教程。教程视频教程主要是被用来引导用户理解相关知识或者指导用户完成特定的任务。视频教程的产生和发展与计算机的不断演进密不可分。从计算机第一次被用在教育领域开始,以计算机为基础的学习

(Computer Based Learning)就一直在发展和完善。随着互联网和多媒体技术的不断革新,视频教程的广泛应用也有了可行性。对电脑爱好者或其他爱好者来说,有了一个新的学习途径。

3. 师资

(1) 专任教师。根据《普通高等学校教学工作水平评估方案(试行)》的规定,"专任教师"是指:具有教师资格、专门从事教学工作的人员,即这些人员一是要具有高等教育教师资格证书;二是要在统计的时段承担教学工作。其中包括:具有高校教师资格且在统计时段承担教学任务的专职任课教师;具有高校教师资格且在统计时段承担教学任务的"双肩挑"(行政、教学)人员;具有高校教师资格且在统计时段承担教学任务的非高校教师专业技术职务系列人员;具有高校教师资格且在统计时段承担教学任务的分管学生工作的正副书记、学生辅导员;由于学历原因未能取得高校教师资格证,但具有高校教师专业技术职务并一直从事教学工作的老同志。

(2) 骨干教师。具有校助理一级讲师职称,专业课教师同时具有中级及以上技术职业资格;担任过班主任或管理工作,得到学校表彰;参加教师专业技能竞赛、"三优"评选等大赛获市级三等奖以上,校级二等奖及以上奖励,或指导学生参加技能竞赛、科技创新等大赛获市级一等奖、省级三等及以上奖励;能胜任本专业2门以上课程教学。从事职业教育教学工作获得过校级以上表彰或奖励;培养新教师业绩突出。参加校新老教师"帮扶结对"活动,并得到学校表彰,被评定为"良好"等级;在省级以及以上刊物上发表过教育教学论文;在市级刊物上发表过教育教学论文;在校级刊物上发表过教育教学论文;在学校专业建设和课改实验中发挥骨干作用,参与并实施"高效课堂"课程,开展"高效课堂"公开课。

(3) 专业带头人。专业带头人是民办高职院校教师队伍中的教学骨干和学术权威。高职院校中的专业带头人与普通高校中的学科带头人有很大区别,学科带头人侧重于学科理论的研究,而专业带头人的重点是指导和从事专业建设与专业教学研究以及实践教学研究等。专业带头人具有较高的专业、教育教学、教研教改、应用技术研究水平,对本专业领域中某一方面有较深的学术造诣。民办高职院校中专带头人的界定应该包括:首先要具有高尚的政治素质、职业道德素质和严谨正派的学风;其次学术造诣深厚,学术思想活跃,在某一专业步入了专业前沿领域,有突出的专业研究方向,并取得了创造性的、具有一定学术水平的教学和科研成果，能组织和带领青年教师进行专业建设的拔尖人才。需要特别强调的是，专业带头人是一种学术性称谓和资格，不是一种职务和岗位。

（4）专业负责人。专业负责人就是管理型的人，是民办高职院校的专业规划、建设和改革的责任人，具体职责包括：负责开展本专业的调研，为本专业的发展建设、改革创新提供指导性意见；以学院整体的建设规划为依据，负责拟定本专业发展建设规划；依据学校的原则意见，主持制定和修订本专业的人才培养方案；依托本专业人才培养方案的实施，拟定本专业课程标准编写原则；主导专业的实践课程体系建设开发；积极谋划本专业课证融合，指导本专业学生的职业资格证考试；负责拟定本专业校内实训基地建设方案，协同完成本专业实训基地建设、建立校外实习基地；负责本专业教学团队建设；负责开展本专业的专业宣传和专业指导；在人才培养评估中，负责拟写本专业的剖析报告，并承担专业汇报和接受专家访谈等工作；主导与本专业建设相关的项目申报、验收、结项工作；完成学校安排的其他工作。

（5）"双师型"教师。"双师型"教师是高职教育教师队伍建设的特色和重点，是指具有讲师或以上职称，同时具备下列条件之一的专任教师：有本专业实际工作的中级或以上技术职称（含行业特许资格证书）；近五年中有两年以上在企业一线从事本专业相关实际工作经历，或参加教育部组织的教师专业技能培训获得合格证书，能全面指导学生专业实践活动；近五年主持或主要参与两项应用技术研究成果，已经推广并带来良好效益。具体来讲，"双师型"教师应具备以下几个方面的素质和能力：

——有良好的职业道德，既具有教书育人，又具有进行职业指导等方面的素质和能力。

——具备与讲授专业相对应的行业、职业素质，要求具备宽泛的行业发展前景、职业基本理论、基础知识和实践能力。

——具备相当的经济素养，即具备较丰富的经济常识、熟悉并深刻领会"人力资本""知识资本"等经济理论，树立市场观、质量观、效益观、产业观等经济理论。自觉按照竞争规律、价值规律等市场经济要求办学办事，并善于将经济常识、规律等贯穿于教育、教学的全过程。

——具备相当的社会沟通、交往、组织和协调能力。既能在校园内交往与协调，又能在企业与行业从业人员进行交流和沟通。

——具备相当的管理能力。即在具备良好的班级管理、教学管理能力的同时,更要具备企业、行业管理能力,懂得企业和行业管理规律,并具备指导学生参与企业、行业管理的能力。

——具备相应的适应能力和创新能力,即要适应资讯、科技和经济等快速变化的时代要求,具备良好的创新精神,善于组织和指导学生开展创造性活动的能力。

4. 校内实习基地建设

校内实习基地建设主要包括以下三个内容:实验室建设;模拟仿真系统建设;实习工厂建设。

(1) 选择有较好背景的企业进行深度校企合作。校企深度合作,是民办高职院校能否成功建设校内实训基地的关键,选择一家在本行业具有一定影响力,且致力于投资与学校共建实训基地的企业,更是成功建设实训基地的关键。本着"优势互补、资源共享、互惠双赢、共同发展"的原则,由学校提供校内实训教学场地,企业提供专业培训所有专用设备。

(2) 依托企业,进入行业,参与行业活动。在校企共建实训基地的同时,依托企业资源,不断获得行业的最新资讯。面对行业、政府对学校没有任何了解的困难面前,学校对行业的发展、职业、工种、职业培训、技能资格要求等都进行了充分的企业、市场调研,积极了解行业的发展动向,学校专业的教学紧紧围绕行业的需求,不断改进,得到了用人单位的认可。

(3) 行企政校共建共用,实现实训基地多功能社会服务。在满足学校专业教学的同时,也为企业提供员工培训基地。为服务社会,在职业技能培训、考核等方面提供相应的资源和场地。真正为企业、行业、政府提供了有利的实训场所。实现行企政校共赢。

(4) 校内生产性实训基地功能的主要体现。校内生产性实训基地是学生学习技能的主课堂,是教师得到锻炼和施展才能的主阵地,是学院服务行业社会的主渠道。结合我院应用电子专业实训基地建设的经验,其功能主要体现在:

——改革人才培养模式,落实"订单式"培养和"双证书"制。凭借拥有校内生产性实训基地的有利条件,可以更好地实现以"订单式"培养为人才培养模式的核心,积极推进实施职业资格证书制度。

——培养了高素质技能型人才。校内生产性实训基地针对行业或岗位群的技能培养而设立的工作环境,是系统的技能训练场所。一方面为学生实训提供场所,承担对学生实施实践教学和职业素质的训导工作,培养学生较为全面的综合职业素质和职业技能,学生可以更好地练就适应企业生产需要的"真本领"。具体表现在如下两方面:一是提高学生职业素养。学生校内生产性实训主要是在真实(全真或仿真)工作环境中的实践。学生通过"职业人"一样的工作,经受了职业训练,了解了相关岗位的职业要求,提高了对职业社会的认识,也了解到一些与自己今后职业相关的各种信息,在如何对待同事,如何对待老板,如何进行团队合作等方面得到锻炼。二是提高学生专业技能。通过在专业实训基地的训练,提高了学生在从事与专业相关的业务活动中的技能。专业技能的训练有两个必要条件:亲手操练;与专业课程有关的现场教学。校外生产性实训基地往往较为分散,而且因为企业生产的需要,很难让学生有机会亲手操练,更不可能结合专业课程进行现场教学,学生专业技能的训练主要在校内实训基地才能实现。

——促进"双师型"教师队伍建设。专业教师为了实现培养高素质技能型人才的目标,他们以校内生产性实训基地为主阵地——向学生的实践能力开战,促进学生的技能水平不断提高;同时,他们也向自己的实践能力开战,促使自己的技能水平不断提高。专业教师可以利用校内生产性实训基地的有利条件在实训基地的各项工作环境中顶岗实践,积累实际工作经历,提高实践教学能力。

——服务行业与社会。一是技术服务和交流功能。利用学校的智力资源和基地的设备条件,利用产学研结合的运行机制,校内生产性实训基地可以发挥相关领域中小型企业技术开发的"孵化器"功能,并通过企业技术人员和专业教师的共同努力,帮助企业解决技术难题。可以在教学中加强教学与生产、科研的联系,以生产和科研促进教学,将教学融入科技发展和生产建设,成为科技成果转化基地及技术推广、技术服务、技术咨询基地和科技信息集散地。同时,利用实训基地与社会、企业加强联系,发挥实训基地的窗口作用,有利于先进技术的交流,有利于不断加强理论教学和实践教学的针对性。二是面向社会的职业技能培训、技能鉴定功能。实训基地可以利用在设备配置、师资队伍等方面具有的优越性,成为职业资格、技能等级鉴定基地及职工岗位培训或再就业培训基地,以满足社会对高素质技能型人才的需求。三是辐射作用与资源共享功能。校内生产性实训基地建设投资多、规模大,建设水平高,可以在实训规模、师资队伍、实训教学资料、运行机制等方面形成特色,可以发挥基地的辐射功能,在高职高专的教学模式和实践教学中起示范性作用,为周边地区学校提供借鉴。同时,可以与周边地区学校和企业形成资源共享,有效地缓解了资源不足和资源分散的缺点,提高利用率。

5. 校外实训基地

校外实习基地建设常见的模式。校外实习基地既是校内实践教学的延伸,也是对高职实践教学体系的完善。校外实习基地建设模式分三种:

(1) 企业提供基地或设施,院校联系使用。"不求所有,但求所用"是很多高职院校建设校外实训基地的指导思想,特别是一些短期、小规模的实习基地。主要有两点原因:一是这部分高职院校原来隶属于行业管理,与企业有着深厚的感情基础和比较牢固的产学合作关系。二是实习基地使用企业的产品,起到了广告宣传作用。如有些电脑经销商为学校装备实验室,提供计算机、打印机等设备供学生使用。学生使用了这些设备,对它们的性能有了认识和了解,就会为其进行宣传。

(2) 校企联办,共同使用。校企联合投资建设学生顶岗实习基地,双方共同使用,共同管理,是民办高职院校建设校外实习基地的一种主要方式。另外,在企业提供的校外实习基地上,企业一方面可以通过培训来发现优秀人才,进而招聘使用,免除了先培训、后上岗的麻烦,减轻了企业在培训方面的负担,学校与企业找到了"双赢"的结合点。

(3) 公共实习基地。公共实习基地主要有两种形式:一种是由政府投资建设,供多家学校共同使用的公共实训基地;另一种是各类纪念馆和各类教育基地。利用纪念馆进行革命传统教育和人生观、世界观、价值观教育,培养学生的奉献精神和进取精神。

四、专业能力建设的教辅资源

1. 互联网+教育

"互联网+"背景下的政策和任务驱动可以促使民办高职院校更加偏重网络教育资源和手段向学校教育渗透。"围绕慕课、微课、翻转课堂的相关热议论题,结合课堂应用与教学实践,比较分析了网络教学与课堂教学的特点与功能。分析表明课堂和网络是差别迥异的场域,对教师、学生以及教学互动会产生不同影响。课堂教学应理性处理和积极应对教育生态的新变化,秉持开放姿态和价值坚守,在对比权衡的基础上慎重取舍。"①

慕课、微课、翻转课堂是由互联网催生的"教育新宠",校园"三课"——课堂、课程、课本将实现"网络变身",课本变身为网络资源,课程变身为慕课,校园教室变身为翻转课堂,再进一步,即学校教育变身为"互联网＋教育"。值得注意的是,"变身"不等于"替代",学校和网络是差别迥异的场域,需要认真审视两个场域对教师、学生以及教学互动的影响,在对比权衡的基础上慎重取舍。将"慕课、微课、翻转课堂"这三个不同层面的论题并置,是因为它们与课堂教学发生的关联,并或多或少在改变着现有教学生态。

(1) 两个课堂:网络课堂与学校课堂的融合。慕课引入与本土化构建,丰富了在线教育资源。慕课平台构筑的网络课堂,其突出特性主要表现在以下三方面:一是开放性,体现在课程设置的开放性、学习门槛的开放性和教学师资的开放性;二是即时性,包括内容更新的即时性、学习活动的即时性、学习效果反馈的即时性以及交流互动的即时性;三是个性化,海量的课程资源以及零门槛让学习者可以根据需要选择课程,学习者可以根据自己的计划或者兴趣偏好决定学习的快慢、深度。慕课作为网络课堂,其内容生产的开放性非校园课堂所能匹敌,其内容传播的广泛性和快速性也大大超过课堂教育。教育功能的实现不仅需要内容、传播和载体的支撑,更需要教学的互动互促,即师生在智慧、情感、价值观上的成长。慕课的出现打破了教师—学生二元教育生态,以慕课为主要标志的网络教育平台已经迅速成为教育生态中新的独立主体。多元的教育生态需要探索深度融合的教育模式。在"互联网＋"背景下,学校教育应充分认识这一变化,开掘慕课的资源优势,适当纳入课堂教学与管理体系,丰富课程内涵,优化教学模式。

(2) 两种课时:网络环境和课堂环境,在主观学习动机与意愿相同的情况下,对学习者的注意力水平的影响有所不同。网络环境下,学习者面对的是机器(屏幕),多视窗显示以及窗口弹出模式使得学习者随时面临多种选择,频繁的注意力分散和注意力转移直接影响对知识的学习和理解,影响学习效率,尤其是较为陌生与困难的科目;另外,由于网络学习的随时随地性,人—机之外环境的不

---

① 崔建平:《浅谈"互联网＋教育"模式的现状及发展趋势》,载《科教文汇》(下旬刊),2016年,第9期。

确定性也会成为干扰因素,网络学习者注意力的维持会受到一定减损。因此,网络课程普遍采用了微课视频教学单元。在教学内容上力求多手段、多角度、多形式的呈现,形成多维学习刺激;在教学进度上采取"小步子"原则,一个微课讲解一两个知识点,一组微课可以呈现较为完整的知识体系。微课的这些设置兼顾了网络环境和网络学习者的注意力特点,成为慕课普遍采用的"默认模式"。而在课堂环境下,教师可以通过调节讲课内容、改变语音语调,或是直接提示等方式在相当程度上把控了学生的注意力,课堂中"他人在场"的群体效应有利于学习氛围的营造与持续,更为重要的是,课堂教学互动直接、交流活跃,这些都构成了围绕学习内容的良性刺激,学校课堂的环境刺激要远远高于网络课堂,因此学习者可以获得较长的注意集中时间,保证学习内容的系统性、完整性。

(3)两类教学:常规教学还是翻转课堂教学。一般认为翻转课堂"翻转"的是教学流程,即由传统的"先教后学",改为"先学后教"。翻转课堂的基本要求,是把网络学习纳入组织化的课堂教学流程,学生必须较高质量地先行完成学习任务(视频中会设置问题、习题等跟踪学习效果并控制学习过程),以保证课堂交流的高效率。实际上,翻转课堂所依托的授课视频承担了"网络家教"的角色,教师虚拟在场。而常规课堂教学也并非是绝对意义上的"先教后学",老师一般都会在课前布置预习任务,不过对预习效果难做硬性要求和严格评估,默认学生对新内容的知识掌握为"零",在实际讲课时仍然会"从头说起"。因此常规课堂与翻转课堂的主要区别不在于"教"与"学"的孰先孰后,而是孰显孰隐。常规课堂中,"教"是显性的,"学"是隐性的;翻转课堂中,"学"是显性的,"教"是隐性的。另外,交互性被认为是翻转课堂的一大特色和优势,而常规课堂教学也存在交互性,学生发言、提问、做练习、做演示等,都是穿插于讲授之中的师生互动。相比较而言,翻转课堂的课上环节是更高层面的师生、生生互动,学生高度参与课堂讨论,教师则答疑解惑启发思维。从这个意义上说,翻转课堂的主要价值在于问题导向的知识生成价值,即在充分学习的基础上,经过互动探讨,加深知识理解,产生"新质"。

2. 实验室建设

实验室建设是专业能力建设的基本保障。学校实验室建设基础比较薄弱,加强实验室建设将是今后的重点项目。学校加大资金投入,保证每年投资足额用于实验室和教学仪器设备建设,计划建立实验室、校级示范实验中心、省级示范中心,围绕专业建设建省内同类院校一流的实验室、研发基地;围绕地方经济建设,与企业共建嵌入式实验室,新建一批校企合作共建的实习实训基地。加快重点学科和重点专业的实验室特色建设,保证学生专业实验和教师科研活动的开展。充分利用整合现有资源,深化实验室管理体制改革,建立校、院两级管理、开放使用、资源共享的管理体制。

(1)加大对实验室设备资金投入,改善实验技术条件。民办高职院校的建设,应争取当地政府的投入,以改善高职教育的办学条件,从而大力发展高等职业技术教育,为地方和企业生产第一线培养专业技术人才,促进当地社会经济的发展。为适应现代化教学环境的需要,学校应将实验室建设与发展、仪器设备的更新与使用纳入学校发展的整体规划,对实验室建设加大资金的投入力度,提高投资的综合效益,保障实验室工作健康有序地发展。同时,在经费不足的情况下,实验室应注意开源节流,实现资源共享,提高设备利用率,以保障实验室工作顺利进行。在实验室体制改革中,引入市场机制,拓宽融资投资的渠道,走向社会寻找合作的投资主体,多方筹措实验经费,切实改善实验技术条件。例如,同一些知名企业进行校企合作,充分利用院校拥有的人才、知识、技术和职业人才培养等资源优势,吸引资金的投入,采取毕业生合作培养、设备与成果共享等方式,改善实验室技术装备条件,促进学校实践教学的进一步发展。

(2)加强实验室建设。一是实现实验室的优化与重组。为适应社会不同时期对不同层次、不同领域人才的需求,各高职院校均对专业设置进行了动态的结构调整,改变了原来学科型教育的人才培养模式,增加了专业生产性实践、实训的比例,要求实验室能够适应教学内容和教学方法改革的需要。同时,专业设置的变更也必然要求实验室进行优化、调整与重组。以重点专业为龙头,按照专业群的特点进行统筹规划,整合和改造原有的实验室,建立校级、系级实验室平台,可有效地避免仪器设备的闲置,提高仪器设备的使用效率,增加学生动手操作先进仪器设备的概率,增强实验教学的效果。二是做好新建实验室的规划。新建的实验室要以专业设置和开设的相关专业为方向,以培养学生职业能力为主线,实训项目、流程的设置应尽可能与职业的实际工作过程一致。要充分做好实验室建设方案的论证,在仪器设备购置、实验室布置等方面要进行仔细调研,学校应成立专家论证组对贵重和大型仪器设备的购置进行可行性论证,避免仪器设备特别是精密贵重仪器设备的随意购置。要建立相应的仪器设备购置和监督机制,严格实施实验设备公开招标采购,在节约学校经费的同时确保所购仪器设备的质量。同时,要充分利用现代科技手段和信息技术,建设虚拟实训室、虚拟工厂、虚拟车间、虚拟工艺,研发或购置仿真实训系统,实现传统实验室向现代化数字实验室过渡。

第三节 专业能力建设实体化、成果化、产业化

民办高职"二元思维"认为,民办高职院校的专业能力建设必须以地方经济建设和社会发展需求为导向,统筹学校办学发展与社会需求的关系,按照"科学规划、分步实施、重点突出、鼓励交叉"的原则,确定专业方向,优化专业结构,构筑政产学研合作平台,实现资源配置和利用效率的最优化,提高专业能力建设整体水平,加快专业能力发展步伐,推进专业能力建设实体化、成果化、产业化,形成办学特色与办学优势。

一、专业能力建设理念、目标与保障机制

专业能力是民办高职院校全面提高人才培养质量、提升学校办学整体水平的根本,是一项牵动全局、具有战略意义的重要工作。民办高职"二元思维"认为,专业能力的建设、提升与固化,必须按照办学科学发展的思路,"从重视课堂教学向课堂教学、实验教学和项目作业训练等多个环节并重发展,从以'教书为中心'向'育人为中心'的方向发展,树立以学生为主体、以教师为主导的特色课堂教学模式,把以课堂传授间接知识为主的教育环境,同直接获取实际能力、经验为主的生产现场环境有机结合起来"[①],走向专业建设实体化、成果化、产业化的道路。

1. 专业能力建设理念

——构建以专业能力结构为主线,以培养人才技能和素质为核心,打造职业特色鲜明的专业能力。专业能力建设依托行业办专业,依据企业需求设课程,根据职业岗位技能定能力,按照专业实力办特色。人才培养以实训为主轴,企业文

---

① 毕灵敏,王学华:《特色鲜明的新专业建设思路与实践》,载《荆门职业技术学院学报》,2008年,第4期。

化和专业知识相融合。

——专业能力建设面向大行业、跨行业及行业技术更新快的职业岗位,采用"宽口径,宽基础,活模块"的课程体系,与职场的职业技能结合、验证并提高专业能力的真实性。

——专业能力建设提倡教师有效教学价值理念。专业能力建设以职业化实践教学为主要阵地,以企业文化为素养教育内容,以职业实体工作岗位为载体,以做工、学技能为目标。

2. 专业能力建设目标

(1) 整体目标:专业能力建设贯穿于专业教育的全过程中,高起点、高标准、严要求地开展"品牌专业"建设工作。进一步优化该专业结构,提升专业能力的整体水平,使"品牌专业"在教学条件、师资队伍、人才培养模式、人才培养方案、课程体系与教学内容、教学方法与教学手段等方面形成更具竞争力的优势和特色。

(2) 整体思路:专业能力建设密切联系社会实际需求,服务经济与社会的发展,充分利用专业能力优势,加强产学研合作,积极与企业进行科技协作;专业能力建设紧密结合经济与社会的发展,凸显产学研一体化的办学优势;遵循专业能力建设的本身规律,全力建设品牌专业,提高总体专业建设水平,带动教学、科研和学校整体办学水平。

3. 构建专业能力创新保障机制

(1) 建立"信息共享、成果共享、利益共享、风险共担"的机制。加强专业能力建设实体化、成果化、产业化是改善办学条件、彰显办学特色、提高教学质量的重点。在这一实施过程中有必要有效利用社会资源,促进校企合作、工学交替等实训功能的完善和升级。学校、企业科研单位要从国家创新战略高度出发,结合校企合作、工学交替的实体和总体发展规划,明确各自职能,精诚合作,充分发挥各方的优势,共同促进良好发展态势,形成联合开发、优势互补、信息共享、成果共享、利益共享、风险共担的互促多赢的新型产学研环境、氛围与机制。

(2) 建立柔性人才引进机制。加强专业能力建设实体化、成果化、产业化发展,有必要建立校区的柔性人才引进机制。所谓人才柔性引进,是指打破国籍、户籍、地域、身份、档案、人事关系等人才流动中的刚性制约,在不改变和影响人才与所属单位人事关系的前提下,适应市场经济和社会化发展要求的政府引导、市场调节、契约管理的人才引进方式。柔性人才引进机制引进的对象是专业实体化平台发展所急需的、紧缺的专业技术人才和管理人才。引进的方式可多元化,如智力引进、智力借入、业余兼职、人才创业、人才派遣等多种途径。

(3) 建立协同创新机制。协同创新是一项复杂的创新组织方式,其内涵本质是:企业与民办高职院校等为了实现人才培养创新而开展的大跨度整合的创新组织模式。协同创新是通过政府政策的引导和机制安排,促进企业、学校、服务机构发挥各自的能力优势整合互补性资源,实现各方的优势互补,加速技术推广应用和产业化,协作开展产业技术创新和科技成果产业化活动,是当今职业技术技能型人才培养的新范式。加强专业建设实体化、成果化、产业化,建立好协同创新机制具有显而易见的重要性。

(4) 创新团队引领、创新平台服务、创新机制融合是专业建设实体化、成果化、产业化的保障路径。

——加强教学团队建设,完善教师培训和进修管理制度,成立教师发展中心,有计划地开展教学培训、教学咨询等,满足教师个性化发展需求,提升教师专业水平和教学能力。

——完善教研室、教学团队、课程组等基层教学组织,健全老中青教师传帮带机制,完善助教制度,实行"新开课、开新课"试讲制度,对青年教师普遍进行教学能力专题培训。

——依托政产学研机制,共建教师实践能力培养培训基地,完善教师到企业和基层一线实践制度,加强专业教学团队建设,聘用具有实践经验的专业技术人员、经营管理专家和能工巧匠担任专兼职教师。创新课程组织、管理模式和资源配置方式,形成结构优化的课程教学团队。

——创新团队的智力、实力是主推专业能力建设实体化、成果化、产业化的核心力,创新团队引领是专业学科建设的基础保障;创新平台服务则需要政府、学校、企业、科研单位在政策、资金、信息、技术、环境、氛围等的支持;创新机制融合有助于学科专业能力建设实体化、成果化、产业化的健康、稳定、可持续发展。

二、专业能力建设实体化

所谓专业能力实体化,是指民办高职院校在现有专业基础上,根据本专业人才未来可能从事的职业岗位的工作要求,与相关的行业企业合作、利用其资源,协同把工作及其场所办成教学实体;或把专业技能训练的实验室、实训场建成具备经济功能的公司等专业实体,成为具备教学、科研、生产、经营、服务、管理等多种功能的综合性组织,即将专业办成教学实体、经济实体和管理实体,实行教学、生产、经营、服务一体化。

在专业实体中,教学管理上采取专业系负责制,教学组织上依托实体基地将与专业教学有关的生产、经营、服务等活动有机结合起来,将传授知识、培养能力、提高素质融为一体,师生共同承担实体的生产经营服务任务。师生既是教学人员,又是生产、经营、服务人员,教师既传授知识,又实地指导学生从事生产、经营与服务,学生既学习知识,又直接从事生产经营活动,以此达到突出实践教学环节的目的。

1. 专业能力建设实体化架构

专业能力建设实体化是校企合作、产学合作。学校和企业协同搭建专业知识传授和技术技能实践相结合的平台,要求专业由课堂传授转变为职岗锻炼检验,让学生要走出教室、走进应用性实践平台。专业能力实体化是实现教学、实训、生产服务为一体的实体型互助互惠融合体、有机体。其目的是,够用的理论知识与实际的技能实训相结合,培养学生成为技术技能型人才的服务平台或载体。专业能力建设实体化架构包括:

一是实体功能综合化。专业具备教学科研、生产经营、技术服务等功能。

二是组织结构一体化。专业所在二级院、系或教研室和企业一体化,专业与企业在教学、生产等方面结成紧密联系的共同体。

三是培养过程统一化。在专业实体化培育中,与专业教学有关的生产、经营、项目开发、技术服务等活动有机结合,师生共同承担实体的生产经营服务任务,实现知识传授、能力培养、素质提高的一体化。

2. 专业能力建设实体化目标

在与企业和行业深度合作的基础上,整合各方优质资源,根据专业人才未来从事的职业岗位(群)的工作要求,在坚持人才培养目标和规格为核心的基础上,把专业能力建设成为教学功能强大,同时具有生产、实训和生产服务等多种功能的综合性实体性组织,实现教学、实训、生产、服务一体化。

3. 专业能力建设实体化的原则

人才培养第一,兼顾效益。选择适合于从事经济活动的专业办成实体,首先,其目的应满足本专业人才培养的需要。要充分利用实体的经营服务活动,为教学和产学结合提供有力的支持,让广大教师、学生在真刀实枪的社会经济活动中得到实践锻炼和提高;要利用实体的经济活动,为教学提供人才市场需求信息,为修订人才培养方案和改进教学效果提供依据。其次,既然是经济活动实体,必然要按经济实体进行运作,追求营利,这是一切经济实体的共性,但营利行为要为人才培养服务。

因地制宜,量力而行。专业实体化建设应根据学院的主体专业基本情况因地制宜、有选择、有目的稳步推进。第一,实施实体化的专业必须适合从事经济活动,专业教学内容与实体中的生产、经营、服务性内容应有较多的一致性;第二,实体必须具有基本稳定的生产、经营、服务市场,且能基本营利;第三,专业实体化要有足够的硬件条件支持,如应有合格的专业实体负责人,有配套的实体设备、场地和数量足够的"双师型"教师;第四,在专业实体化进程中涉及固定资产的投入与工商登记注册等内容,要求有较大的资金投入。基于上述四个方面的考虑,专业实体化建设不能操之过急、搞"一刀切"或为了实体化而实体化。

科学预测,准确定位。专业实体化建设必须结合学校主体专业的优势,对专业实体所面向的职业岗位变化趋势做出科学、准确的预测,要具备一定的超前性,对具有长远发展前景和良好市场前景的专业实施实体化,保证实体对教学支持的有效性和稳定性。专业实体的定位应能对专业建设和人才培养提供支持和保障。在实体化的运作中,应结合实际,建立和完善有关评价制度及配套措施,通过指导、协调、评估等手段,引导实体正确处理好教学与生产、经营、服务活动的关系,鼓励与支持实体尽可能以营利"反哺"教学。

4. 专业能力建设实体化的教学方法

专业能力实体化的教学方法突破以往理论与实践相脱节的现象,能力培训环节相对集中。它强调充分发挥教师的主导作用,通过设定教学任务、教学和实训目标,让师生双方边教、边学、边做,全程构建素质和技能培养框架,丰富教学和实训环节,提高应用型人才的技术能力质量。在整个实体化教学环节中,理论和实践交替进行,直观和抽象交错出现,没有固定的先实后理或先理后实,而是理中有实,实中有理。突出学生动手能力和专业技能的培养,充分调动和激发学生学习兴趣。

(1) 够用的理论知识。在理论课环节里,将项目展开后,通过演示操作及相关内容的学习,进行总结并引出一些概念、原理进行解释、分析和论证,根据教材,既突出重点,又系统地传授知识,使学生在较短时间内获得构建的系统知识,讲授要求有系统性,重点突出,条理清楚。讲课的过程是说理的过程,提出问题,分析问题,解决问题,做到由浅入深,由易到难,既符合知识本身的系统,又符合学生的认识规律。这样学生就能逐步掌握专业知识。

(2) 规范、专业的技能示范。实体技能示范是教师在专业能力实体化教学中,通过企业技术专家、技术员或实体操作师傅进行示范性指导,以及示范性操作等手段,使学生获得具体、清晰、生动、形象的感性知识,加深对书本知识的学习,抽象理论和实际事物及现象联系起来,帮助学生形成正确的概念,掌握正确的操作技能。实体实训前教师与技术人员协同备课,做好演示的准备工作,根据课题选择好设备。

(3) 亲自动手的实际实训操作。实训操练是指学生上完理论课后,在企业技术专家、技术员或操作师傅的指导下进行的操作练习,从而掌握一定的技能和技巧,把理论知识通过操作练习进行验证,系统地了解所学的知识,练习时一定要掌握正确的方法,强调操作安全,提高练习的效果,企业技术专家、技术员或实体操作师傅要认真巡回指导,加强监督,发现错误动作立即纠正,保证练习的准确性。对每名学生的操作次数、质量做好一定的记录。以提高学生练习的自觉性,促进练习效果。要求不操作的学生在旁边认真观摩,指出操作中的错误,教师及时提问,并作为平时的考核分。

(4) 效果。专业实体化旨在使理论教学与实践实训交互进行,融为一体。一方面,提高理论教师的实践能力和理论水平,培养高素质的理论与实训相结合的师资队伍,向"双师型"教师转变。另一方面,教师将理论知识融于实践实训中,让学生在"学中干、干中学",在学练中理解技能知识、掌握技能,打破课堂教学界限,走出校门,走进企业车间,教师和企业的技术专家、技术员或实体操作师傅就在学生身边,这种方式可大大激发学生学习的热忱,增强学生的学习兴趣,学生边学边练边积极总结,能达到事半功倍的教学效果。

三、专业能力建设成果化

所谓专业能力成果化,就是专业能力发展遵照"注重内涵,狠抓质量"的思路,紧紧围绕专业能力建设,不断优化和提升专业能力,构建以人才能力培养为核心的、与地方经济互动、结构优化的应用型专业体系,建设一批省内外有影响的重点专业、示范专业、特色专业及校、市、省级重点专业群,并向国家级重点专业群冲刺;创造出一批精品课程、自编精品教材及省、市级教科研成果奖;培养一批在国内有相当知名度的专业带头人和专业骨干;建设一批国家级、省级重点实验室和在国内有影响的应用技能型实验实习中心。

1. 专业能力建设成果化目标

(1) 专业适应社会需求能力和水平。坚持"以立德树人为根本,以服务发展为宗旨,以促进就业为导向",深化办学机制和教育教学改革,充分发挥办学主体作用,加强内涵建设,促进产教融合、校企合作,激发学校办学活力,提高人才培养能力,更好地服务地方经济和社会发展,适应行业企业发展需要。适应社会需求能力和水平,包括专业基础能力、"双师"队伍建设、专业人才培养、学生发展和社会服务能力五个方面。

——专业基础能力:学校年生均财政拨款水平,教学仪器设备配置,校舍及信息化教学条件;

——"双师"队伍质量:专任教师结构与"双师型"教师配备及教学水平;

——专业人才培养:专业人才培养模式,课程体系,校内外实践教学及校企合作情况;

——学生发展:毕业生获得职业资格证书情况和就业情况;

——社会服务能力:专业设置和发展能力,向企事业单位提供技术服务和满足政府购买服务情况。

(2) 教育教学成果

——专业成果:省、市品牌专业、重点专业、专业群;

——教学成果:省、市精品教材、精品课程(取得的教学成果,包括优秀教改方案、新编教材、优秀课程、自行设计与制作安装有独特效果的模拟教具和实验实习设备、有明显成效的教学方法以及有关论文等视同科研成果)、优势教学团队;

——"政产学研"一体成果:校企合作,产教融合达共识、成实体、出成效;

——科研成果:国家、省级、市科目成为国际化课题(项目)研究成果;

——人才培养成果:毕业生合格率、就业创业率达99%;

——专业能力的社会效益:适应社会需求能力、服务社会能力。

2. 专业能力建设成果化措施

(1) 重视第一课堂、第二课堂和第三课堂的质量、交叉和融合。主要协调处理好三个课堂之间的关系：第一课堂（课程教学）是基础、关键和核心。一是积极进行课程开发和强调课程建设，充分利用各种资源开发尽可能多地吸引学生的高质量课程。二是加大课程改革，以就业为导向，建立与经济社会发展相适应的课程体系，优化培养人才的知识结构和能力结构，提高学生毕业后进入人才市场的竞争力。第二课堂（丰富多彩的社团活动）是第一课堂的延伸和拓展。课堂教学与社会实践相结合，利用大学生社团开展多种类型、多种形式的活动，如工科类的技能大赛及各类创新竞赛等。第三课堂（产学合作、社会实践）的社会教育和实践。实践能力是学生就业最为重要的竞争能力，参加社会实践是大学生成长过程中至为关键的环节。构建产学合作、社会实践教学体系，提高学生实践能力，需要建立学生创业实践基地，或志愿服务基地，或专业实践实习基地，或科技创新基地等一批实践基地，以增加学生对工作环境的认识，早日成为符合企业实际需求的"适岗人才"。

(2) 本着"探讨前沿、问计群贤"的宗旨，聚企业、协会及专家学者，围绕专业学科建设中的前沿问题和区域经济社会发展中的重大问题，问计群贤求突破，凝聚共识求发展，创新专业特色，优化专业实践，推动专业能力实体化、成果化、产业化。根据专业发展要求，针对地方技术密集型产业、高新技术产业、高附加值产业的人才需求，产学研合作，共同研发，集中力量办好一批与之相匹配的应用技术型国家级、省级、校级实验（研究）基地（中心）。坚持"政产学研"一体化，建设一批企业、开放式研究（创新）平台（如应用技术研发中心，专业—职岗配置研究所），聚焦战略性新兴产业的新业态、新模式、新技术，促进专业（群）融合交叉发展聚实力、企业选择聚能力，推动"政产学研"向高新、高端、高效转型发展。

(3) 加强教学科学研究，用教研成果指导教学。鼓励、支持教师教学科学研究，加大教改研究课题立项力度，深入开展教学研究。鼓励、支持教师积极发挥教学改革研究在教学改革方向上的引导作用，在教学改革项目建设上的示范作用，在推进教学改革力度上的激励作用和在提高教学质量上的辐射推动作用。调动教师投身教学改革、深化教学改革的积极性、主动性和创造性，努力把科研优势转化为教学优势，把科研成果转化为教学资源，促进科研与教学的融合，促进科研团队与教学团队的融合，促进科研基地与教学基地的融合。发挥民办文化及组织功能,鼓励支持、统筹安排、组织协调教师的科学研究,充分调动教师的积极性,申请各级各类特别是高层次课题或项目研究。大力扶持课题或项目研究,包括课题(项目)的选择与论证、制订研究计划、研究成果评价和推广等方面。大力扶持国家级重点课题(项目)和国际性科研课题(项目)。对突出贡献者予以表彰奖励,或破格晋升。

(4)坚持问题意识、国际视野,利用开放式平台出成果。问题意识即能够主动思考,认真探究,针对某个方面做好问题的思想准备。国际视角是能够站在全球或更广阔的角度上观察经济运行,市场营销。从而为企业的发展服务。充分利用国际合作办学资源,建设国际合作研究(创新)平台。以教育部实施海外名师项目和学科创新引智计划等为牵引,引进国际公认的高水平专家学者和团队,聘请外籍人员担任"名誉顾问",实施中外合作办学项目。通过国际的科技服务、专家合作、技术咨询与联合攻关等渠道,改变理念、接轨世界、开阔视野。

(5)构建校企协同育人的长效机制。专业能力成果化应该以校企合作的体制机制创新为突破口,积极探索与行业企业共建专业的新途径、新模式。按照高级技术技能人才培养的要求,融入职业标准,建立突出专业核心能力培养的课程标准,构建科学的专业课程体系。积极推动优质教学资源共建共享,搭建校企互动信息化教学平台。学校要加强"双师"结构专业教学团队建设,聘任(聘用)具有行业影响力的专家作为专业带头人,聘任(聘用)企业专业人才和能工巧匠作为兼职教师,加大兼职教师的比例,逐步形成主要由具有相应高技能水平的兼职教师承担的实践技能课程机制。学校要积极探索校企合作共建实践教学基地的模式,通过"厂中校""校中厂"等多种方式,共建多元化、多层次、多样式的校内外实习实训基地。

四、专业能力建设产业化

"专业产业化"办学模式,是学校和企业两种不同的教育环境和教育资源的高效整合,为学生进入职业生涯构筑了适应企业要求的"匹配性接口"及具有发展后劲的"基础性平台",是民办高职院校在市场经济体制下的新办学模式,是冲破职业教育瓶颈的一剂良方,是未来职业教育发展的一条新路。

所谓专业能力产业化,是学校和企业两种不同的教育环境和教育资源的高效整合,为学生进入职业生涯构筑了适应企业要求的"匹配性接口"及具有发展后劲的"基础性平台";是民办高职院校在市场经济体制下的新办学模式,是冲破职业教育瓶颈的一剂良方,是未来职业教育发展的一条新路。专业能力建设以行业需求为导向,以实现效益为目标,依靠专业服务和质量管理,形成了系列化和品牌化的经营方式和组织形式。

1. 专业能力建设产业化目标

所谓专业能力建设产业化目标,就是构建学校与政府、企业和科研单位联合科技攻关与人才培养的有机体,共建产学研究中心、应用技术教育研究所或校企科技园区,实施校企技能科学研究与校企成果孵化产业化、专业技术技能与实践创业融合产业化。

专业对接产业链,工学对接专业,实现校企深度合作、工学融合零距离,即专业与产业对接、课程与岗位对接、教材与技能对接、教室与车间对接、教师与师傅对接、教学过程与生产过程对接、行为习惯与职业素养对接、毕业证书与职业资格证书对接。

2. 对专业与产业对接重要性的认识

(1) 专业与产业的对接由高职教育的基本属性所决定。高职教育既有高等教育的属性,具有教学、科研、社会服务三大职能;又有职业教育的属性,为社会培养高素质、高技能、应用型人才,这三种属性是结合在一起的,而其中尤以服务地方为根本。作为地方性高职院校,同时具有地域性,民办高职院校立足和服务于所在区域经济与社会发展是其基本职责。可以说,民办高职院校发展的动力不在教育内部,而源于地方经济发展的需求,尤其是地方经济的快速发展所引发的人才需求。发达国家职业教育的发展历史已经表明,只有适应地方经济发展需要的高职教育,才能更加有效地促进地区经济的高速发展。因此,民办高职院校要谋求自身的发展,就必须很好地满足地区经济发展的需求,在人才培养规格、专业建设上充分体现地区产业经济发展的需要,有效服务地方产业转型升级,这是高职教育持续、健康发展的永恒主题。

(2) 专业与产业对接是保证人才质量的前提。专业与产业对接是保证人才培养质量的前提,更是保证民办高职院校毕业生顺利就业的必要条件。深入了解社会发展背景和经济结构调整动向,是民办高职院校专业设置的首要工作。例如,江苏制造业的产业结构,是由核心产业(八大类设备制造业)、关联产业和附加产业构成的,民办高职院校应该在行业和企业专家的咨询指导下,顺应企业发展方向设置专业，依据产业结构优化升级，适时调整专业，从而形成学校主体专业的独特格局，主动培养企业急需的高职人才。

（3）专业结构与产业结构对接是形成学校高职特色和人才培养特色的基础。有特色才有生存。从民办高职院的内部分析，要提高人才培养质量，必须构建以重点专业为支撑的多层次塔形专业结构，以此形成专业之间的有力支撑，从而打造专业集群的整体实力。专业开发能力直接反映民办高职院校人才培养水平。所以，创新人才培养落实在第一层面上则需要培育一批省级和校级的重点专业群，形成以省级品牌、特色为主干，院级重点专业为支撑的多层次塔形专业结构布局，不断提升专业开发能力。这就要求民办高职院校要努力打造并形成满足地方支柱产业建设急需、符合产业结构调整和企业用人方向，且具有很好就业前景的主体专业，为构建民办高职院校科学合理的专业结构、形成学校特色奠定了基础，也为毕业生顺利就业打下了基础。

3. 实现专业与产业的对接路径

建立专业设置和调整的动态机制，围绕地区产业发展需要，合理确定、不断优化专业结构和布局，配合地方和行业主管部门联合建立人才需求预测机制和专业设置预警机制，定期发布人才需求信息，引导民办高职院校根据行业人才需求，有针对性地开展人才培养计划。对民办高职院校来说，专业与产业对接，就是要在充分的市场调研的基础上，做好以下几个方面的对接：

（1）专业链与产业链对接。专业和地方产业都是以组群的形式出现，在专业组群与地方产业组群的内部，它们又各自以一定的方式形成具有一定连接顺序和结构方式的专业链与产业链。民办高职院校要研究地区产业结构的发展方向，认真梳理产前产中产后、售前售中售后的产业链，寻获相应的专业链，以此作为规划专业布局的前提。专业链对接地方产业链，可使专业建设和产业发展相互促进，共生共荣，体现民办高职院校的办学优势和特色。

（2）专业结构与产业结构对接。民办高职院校在发展过程中，必须适应地区产业结构的变化趋势，根据地区经济中产业结构、产业政策、产业发展和人才规格的需求，适时调整专业结构。民办高职院校的专业结构调整可从三个方面入手：一是改造。改造传统专业，走内涵发展之路，更新改造那些知识面、适应面过窄的专业，设置弹性强、后劲足、上手快、适应面宽的专业。二是合并。合并相近专业，体现一门进、多门出的思路。如电子技术与通信技术、计算机技术与电子商务等,通过合并形成一个专业和若干个专业方向,既可以充分整合教学资源,又有所侧重,增加了专业适应市场的弹性和张力。三是创新。适应国家和地方产业结构调整的需要,开设新专业。通过专业调整,优化专业结构,提高专业建设的水平和质量,提升学校办学的吸引力和核心竞争力。这样,民办高职院校的发展道路才能越走越宽,其毕业生的职业成长道路才会越走越畅。

(3) 专业设置与就业市场对接。以就业为导向,一定程度上反映了民办高职院校的本质。毕业生就业率从一定程度上可以反映民办高职院校的教学质量,体现专业设置与经济社会发展、专业设置与毕业生就业市场之间的结合程度。一方面,民办高职院校要通过专业数据的采集、毕业生跟踪调查以及招生状况的分析、用人单位意见来全面审视学校的专业现状;另一方面,根据不断变化的就业市场的新要求,民办高职院校反推专业人才培养模式,重构课程体系,形成专业设置与就业市场的良性互动机制。实现专业与产业的对接是构建现代职教体系的重要内容之一,是满足经济社会对高素质劳动者和技能型人才需求的重要举措,更是推动高职教育自身健康持续发展的必由之路。对此,民办高职院校要大胆实践,勇于探索,攻坚克难,开拓创新,为建设人力资源强国,推动经济与社会发展做出应有贡献。

4. 实现专业能力建设产业化措施

(1) 更新办学理念,优化人才培养方案。第一,转变教育观念,改革人才培养模式。树立多样化的培养目标,使每个学生都能充分发扬个性和发展潜力,满足学生发展的多样化需求,让有潜质的学生在专业学习期间有自主选择专业的机会;以社会需要为导向,优化人才培养方案,使学生既有宽厚的基础,又在某一领域(专业或专业方向)具有较为精深、系统的知识,提高学生社会适应性和就业针对性。第二,深化教学改革,提高教育教学质量。鼓励教师开展教学内容、方法和手段改革,在创新人才培养、研究性学习、工程教育改革和国际化人才培养等方面深入开展改革研究和实践,提升学校教育教学水平和人才培养质量。第三,加强教学改革,提高学生实践能力。按照专业认证与评估的要求,修订专业人才培养计划,提高学生实践能力。第四,开展国际化人才培养模式的探索与实践,培养学生参与国际竞争的意识和能力。

(2) 加强教师队伍建设,提高教师教学能力。民办高职院校要进一步优化与完善教学业绩考核办法,鼓励教师把主要精力投入人才培养工作,将教学态度、教学水平、教学效果作为职称评聘的重要依据,建立拔尖教师的培养和保护机制。鼓励教师到企业或工程单位参加实践训练,提高教师工程实践能力。建立团队合作机制,提高教师队伍整体水平。采取重点引进、稳定骨干和全面培养相结合的办法,建立促进教师资源合理配置和优秀人才脱颖而出的有效机制,努力造就一支师德高、结构优、业务精的教师队伍。

(3)加强特色课程和特色教材建设,夯实人才培养基础。第一,强化课程内涵建设,提高课程建设水平。民办高职院校需要建设一批高水平、有特色的专业课程,实现基础课程精品化、专业课程特色化的建设目标。加强课程内涵建设,不断更新教学内容,及时将科研和教学改革成果转化为教学内容,提高课程建设水平。第二,加强特色教材建设,提升学校影响力。民办高职院校要加大经费支持力度,鼓励教师结合我校专业特点,编写有特色的、高水平的专业教材。第三,民办高职院校要建立教学资源共建共享机制,建设校级网络教育资源网,拓展教学空间。

(4)注重特色化的教学条件建设,进一步改善办学条件。教学设施设备、图书资料的配备数量和质量是打造特色专业的物质基础。民办高职院校要按照"长期性、综合性、实效性、互惠性"的原则,依托行业,以董事会和校友会为纽带,巩固和扩大校外实习"产学研"合作基地。建立互利合作的长效机制,巩固和扩大校外实习基地。完善实验中心管理制度,建立实验室绩效评估机制,通过整合、重组、优化资源配置,实行实验室开放制度,推进资源共享,提高使用效率。

(5)强化实践教学,构建特色化的实践教学体系。民办高职院校需要增大实践性教学环节的比重,在组织制定实验教学大纲时要求实验课开出综合性或设计性实验。包括在专业教学计划中精心设计每一个专业的实践教学体系。在实验教学中充分激发学生的创新意识和创新精神,培养学生的实践能力和创新能力,鼓励教师将教学与科研结合,激励学生提高创新意识,培养创新能力。

(6)激励学生主动学习,促进学生个性化发展。民办高职院校需要建立有利于特色专业培养特殊人才,尤其是有利于一些"偏才""怪才"脱颖而出与成长的制度。在教学及教学管理中,要善于发现学生的天才点并及时采取措施加以培养。如某学生发散思维特别强,某学生演绎推理能力超群,某学生空间想象、形象思维突出,某学生具有很强的动手能力等,即实行"因材施教、因材施管"的方法。

案例:"南洋"专业能力建设

"南洋"专业能力建设以汽车工程与管理学院为例。

一、专业能力建设目标

1. 专业群建设目标达成情况

已建成涵盖汽车检测与维修技术、汽车营销与服务、汽车电子技术、汽车运用与维修技术等专业。以汽车检测技术为核心专业的优势专业群,每年专业群整体招生人数稳定。专业群学生以江苏省为主,兼面向长三角地区汽车后市场企业培养高技能人才,毕业生服务于长三角地区汽车后市场企业,其中以大众、通用、奥迪、本田、宝马等中高端品牌汽车经销商企业为主。

2. 核心专业建设目标达成情况

汽车检测与维修专业持续多年招生量超过200人,占比汽车学院各专业人数的1/3以上。目前,汽车检测与维修技术专业与一汽奥迪、上汽大众、上汽通用、广汽本田、上汽车享家、永达集团,构建基于技能为本位的人才培养体系,利用校企合作资源共建实验实训条件。自2015年以来,与上汽车享家联合开展现代学徒制人才培养。2016年,获批无锡市现代学徒制重点项目。校企联合培养人数超过该专业人数的2/3。

3. 课程平台建设目标达成情况

已形成"平台+模块化"的人才培养方案,构建了"通识模块+技术基础模块+汽车结构与检修模块"的专业基础平台,在其基础上根据专业方向和联合培养的方向设置了不同的专业模块。第一、二、三学期开设基础平台课程,第四学期开设专业模块课程,并适当进行专业模块互选以拓展专业知识的覆盖面。专业平台课程特色鲜明,符合职业教育必需、够用为度的课程设置原则,并调整课程"汽车概论"为"汽车认识与使用",以保证学生进入学校后直接与专业接触,保持专业课程培养过程中不断线。有针对性地开设专业平台课程,专业平台模块要求特色突出、针对性强,在加强普适性能力培养的同时,尤其重视学生进入企业第一阶段的基础动手能力的培养(例如汽车的初级维护保养能力);注重学生可持续发展能力的培养,注重汽车故障诊断思路和维修工艺的培养。

与汽车主机厂共同制定专业定制模块课程,课程内容紧跟行业发展步伐,实现与经销商同步的技术更新,广本课程按广本MT初级员工标准制定,大众、通用、奥迪采用校企合作项目嵌入式的课程体系,以实现课程内容与企业工作的无缝接轨。独立打造学生的职业素养教育模块,作为学生的毕业标准之一,将职业素养教育纳入人才培养方案,要求学生修满职业素养教育模块24学分才能予以合格毕业。职业素养模块结合青年学生生理、心理特点,按照职业态度、职业规范、职业道德、职业精神等方面的要求,开发了完整的职业素养教育体系,课内与课外相结合,贯穿于人才培养的全过程,提高了学生就业的竞争力。

4. 校企合作建设目标达成情况

在原有上汽大众、上汽通用、一汽奥迪校企合作的基础上,拓展了与广汽本田公司的合作,并根据汽车行业发展趋势,开展了与上汽车享家等快修连锁企业的合作。其中上汽车享家采用现代学徒制人才培养模式,符合当前职业教育发展趋势,第一批学员现已进入实习阶段,合作培养效果良好,半数以上学生已列入店长培训计划。深化与企业的合作内涵,与企业共同开发职业培训课程体系,现已和广汽本田合作开发广汽本田培训内部讲义,其他各项目教材均由南洋学院教师参与开发。面向全国上汽大众汽车经销商企业开展了企业内训工作,上汽大众将汽车工程与管理学院作为员工培训基地,每年有近500名汽车经销商企业员工受训。"与上汽大众汽车主机厂开展校企合作,促进汽车专业群建设"项目被评为无锡市职业教育校企合作示范项目,目前在无锡市高职教育实践教学领域中起着示范及带动作用,并通过该项目全面推动及引领学校各专业实践教学工作。

5. 实训基地建设目标达成情况

以企业现实生产条件和生产环境为依据,建设了"工厂化"实训中心。实训中心应既能满足校内实训,也能进行实际的生产作业,给学生创造完全真实的实训环境。加强校内实训条件建设,更新教学手段和教学条件。加强校企合作的共用实验室建设,建设广汽本田实训中心,广汽本田投入了大量的工具、设备及5台实训车辆。按专业分布和功能划分实训中心,现已形成4个品牌实训中心+钣金实训中心+商务实训中心+基础实训中心,占地面积达9 000余平方米,设备投入1 300多万的实训基地,实训基地能在服务教学的同时服务社会,结合职业技能鉴定所功能拓展师资培训、社会培训业务和企业内训任务。

通过校企合作的主机厂建立校外实训基地,完成学生的顶岗实习,通过区域分销中心组织,江苏省范围内的一汽奥迪、上汽通用、广汽本田、上汽大众汽车经销商企业均可作为我们的校外实训基地。同时我们也注重与高端品牌的合作,诸如徐州润东集团、上海冠松集团、中国进出口汽车贸易有限公司等非订单企业也是我们的校企合作单位。我校汽车专业实训基地已获得省教育厅江苏省高职院校示范性实训基地项目认定。2014年9月26日,中国机械工业联合会与教育部联合在大连召开了全国机械行业职业教育工作会议。会上公布了首批15所"全国机械行业职业院校先进制造技术促进与服务基地",我院名列其中,也是唯一入选的民办高职院校。

6. 其他目标达成情况

(1) 师资队伍建设:传统意义上的"双师型"队伍数量超过100%,我们又进一步提出"企业内训师+讲师"的"双师型"培养标准,教师利用业余时间和假期深入企业实践的风气已经形成,每学期暑假都有很多教师自发到汽车经销商企业进修。

(2) 教材建设:我们在调研就业职业岗位、职业岗位能力的基础上,修订汽车检测与维修技术专业的人才培养方案,引进和消化吸收上海通用ASEP订单班和上汽大众SCEP订单班的教学模式、教学方法和教学手段,编写系列教材。汽车学院教师积极参与华汽教育1.0、2.0、3.0版教材编写工作,并由同济大学出版社出版。4.0版教材也已经开发出来,由清华大学出版社出版。

(3) 信息化教学平台建设:学院组织开发"中锐智能云课程"App辅助教学软件,"中锐智能云课程"资源包括汽车检测与维修技术专业课程的富媒体形式的电子书、微课程、教学视频、试题库、专业教辅材料等;用户使用开通线上教育和服务,配套现有线下传统课堂和服务,个性化组合素材,以翻转课堂、混合学习等为切入点提升教师和学生的教学及学习体验,并以教师和学生用户为基础,提供多功能服务;在云课程上推广协作、活动、评价、讨论等。"中锐智能云课程"主要功能模块包括:学生端——电子版教材、自学资源库、离线服务、电子笔记、在线分享作业、教学互动、课表查看等。教师端——签到、在线备课、在线布置任务、在线批改作业、在线考试、班级管理、教学互动、课件修改、资源上传等。

二、专业能力建设措施

1. 人才培养机制建设

汽车检测与维修技术专业隶属制造大类,是国家支柱产业,我院汽车检测与维修技术专业紧跟行业发展和产业升级调整步伐,先后与行业龙头企业一汽奥迪、上汽通用、上汽大众、广州本田等主机厂开展深度融合的校企合作，引入企业资源在课程改革、实训基地建设、学生实习实训、师资培训认证等方面提升专业建设。

推行"双证书"制度，学生在取得学历毕业证的同时还需获得汽车检测与维修专业和汽车运用技术专业的"汽车维修中级工证书"、汽车电子技术专业的"汽车维修电工证书"、汽车技术服务与营销专业的"汽车营销师中级证书"；同时对学有余力的同学推出多种证书培训，鼓励学生多角度拓展专业，学习相关专业知识。

2. 课程体系建设

校企合作嵌入式的课程体系，通过校企合作引入国外先进的职业教育理念和汽车主机厂的培训课程，建设符合职业岗位能力要求和职业素养要求的课程体系，以及与汽车检测与维修技术专业建设相匹配的覆盖汽车专业基础课程和专业课程的整体教学资源包，实现多个专业方向课程彼此联系、相互渗透、共享开放的课程体系。

突出实践能力的培养。为了适应高等职业技术教育对人才动手能力培养的需要，充分体现职业教育就业导向、能力本位的指导思想，开设专业课程全部为理实一体化课程，专业课程理论和实践比例为1∶1。按照专业群建设需要，构建了平台化、模块化的课程体系。实现底层共享，中层分立，高层互选，发挥专业群在拓展新专业(或专业方向)方面的集群优势。

3. 实训体系建设

学校投资建设了省内一流、全国领先的汽车实训中心，被江苏省教育厅评审为"江苏省职业教育示范实训基地"，实训中心模拟企业情景，拥有各种先进的汽车实训设备，建立完善的实训管理体系。

学院现有专业教学实训区域3处，辅助教学区域1处，包括理实一体化教室8间(汽车底盘、汽车发动机、汽车电气等)，专业实训中心10个(一汽奥迪实训中心、上汽通用实训中心、上汽大众实训中心、广汽本田实训中心、汽车钣金实训中心、汽车美容实训中心、金工实训中心、汽车商务实训中心、汽车维护实训中心和汽车检测实训中心)，校内实训条件能充分满足校内教学要求；校企双方共同建设的实训条件保证了行业需求的先进实训项目的开展；积极探索并实践校内生产性实训基地建设的校企组合新模式。与科研单位合作，开发添置6台触摸屏互动机、购置大屏幕电视机与摄像头等设备,以适应创新的教学方法。

4. 信息化教学资源建设

围绕汽车检测与维修技术专业及专业群内的其他专业,以企业技术应用为重点,校企之间搭建信息化平台,将企业的教学资源(如大众TEIS系统)引入教学,建设具有教师备课、学生学习、学生自我评价、网络答疑互动等功能的信息化的教学资源平台,实现信息化教学资源在专业群内的网络共享,构建远程和网络化的教学平台。

5. "双师型"教师团队建设

按照汽车工程与管理学院三年发展规划中的师资队伍建设规划,对师资队伍建设工作进行全面调整,逐年提高教师收入水平,稳定师资队伍,加大对师资队伍建设的投入力度,重点提高教师的学历、教学能力和实操技能。学校提供师资队伍建设经费,学院也从自创经费中拿出一定的数额来保障师资队伍的建设。

学院支持教师参加教育系统组织的各类教育教学培训项目,参加汽车主机厂组织的各类技术培训、证书考核和教学交流活动,8人获得上汽大众颁发的资格证书,6人获得上海通用颁发的资格证书。在专业教师中,有5人获得过学院教学优秀奖;1人被评为无锡市有突出贡献中青年专家;多人担任汽车检测与维修技术专业教材的主编、主审和参编工作;主持市级精品课程资源3项;在核心期刊上发表学术论文、教改论文10余篇。学院现建有无锡市汽车修理大师工作室1个,无锡市职业院校名师工作室1个。

6. 专业群管理体制和运行机制建设

按照专业群建设的特点与要求,探索专业群建设的特点和规律,创新管理体制和运行机制,重新构建专业教研室结构、搭建基础课程教研室和专业方向教研室,通过教研室管理带动专业建设和实验室实训中心建设,由教研室管理实训中心,教研室建设实训中心。

建立教师、教研室、系部三级监控网络。系部是监控执行的中心,重点实施教学质量的评价和监督工作,起组织协调分析、反馈的作用。定期检查教师上课、作业布置与批改、考试等情况,发现不足之处及时反馈、总结,每学期举行一次教学质量分析会,研究、分析、讨论并解决教学中存在的问题。教研室二级监控,起到疏通、组织、调整、反馈的作用。

三、专业能力建设成效

专业能力建设以来取得的成果成效，在人才培养模式、教学模式、教学方法、教学团队、课程教材、教学管理等方面采取的改革措施及其效果。

1. 人才培养模式

（1）企业参与人才培养的全过程。校企合作是进行教研产结合的基础条件，是技术技能型人才培养的保证。我们双方共同制定人才培养方案和教学计划，课程开发和设置，合作编写特色班教材。企业参与教学改革，考核方式改革，汽车主机厂派技术人员到学院担任考官，学院教师担任辅助管理工作，考核订单班学生的理论和技能水平，成绩合格者颁发由主机厂授权的证书，该证书适用于全国的汽车经销商企业；汽车主机厂按计划每年派培训师到院校为学生强化培训维修技能。

——学院与上汽通用、上汽大众等订单企业共同制定了一套科学严谨的教学管理体系，形成管理制度和管理文件，对订单班的整个教学管理（招聘、理论学习、实践教学、学风纪律、企业实习）过程予以监控与评价。

——企业委托第三方对教学管理、人才培养等全方位评估，对优秀学校与优秀学生予以奖励，对积极参与招收订单班学生及采取措施提高学生就业留存率的企业在年底予以奖励。与汽车主机厂合作，主机厂在全江苏的汽车经销商企业均成为校外实训基地，学生到居住地附近的企业实习与就业，解决了就业难、留存率低的问题。

（2）采用"教学做"合一的现场教学模式。根据汽车检测与维修技术专业的课程教学内容，针对高职学生心理特点、认知能力和学习习惯，将传统的课堂教学和实训能力培养结合在一起，建设"理实一体化"教室，前部是教学与演示区，后部是总成拆装检测区，采取"学中做，做中学"，学做合一的现场教学模式。例如：在汽车发动机电控技术等课程教学过程中，学生使用安装有维修资料的触摸屏电脑、实车、检测仪器、工具等实训设备，分成若干项目组，边做边学，积累工作经验，强化实操技能。

（3）加强素质教育和职业素养的培养。我们采用校企合作共同育人的模式，将职业素养培养分为职业态度、职业规范、职业道德三个模块贯穿于三年培养的全过程，学生毕业将获得毕业证和职业培养鉴定双证书。学院为学生设计"职业素养培养手册"，记录学生职业素养养成教育各个环节。职业素养评分作为毕业生合格标准之一。

2. 教学模式与方法

(1) 教学方法改革。教学方法与手段的改革是提高教学质量的有效途径，我们强化教研室的职能，通过教研室的教研活动来探索教学方法与手段的改革，通过参加培训获得新颖的教学方法和教学手段，并用于我们的教学方法和手段改革。

——不同的教学内容采用不同的教学方法。对汽车零部件及安装位置认识，汽车检测分析与排故等教学内容，我们采取任务引领，项目驱动法，对工作原理等教学内容采用语言的方法，包括讲授法和谈话法等。

——针对高职院校学生喜爱动手，理论学习能力不足的特点采用综合教学法，教师布置预习内容，组织学生分组讨论学习，开放实训室供学生自学，课堂上组织学生演说、讨论、动手操作，老师引导、演示、论证。

——结合企业培训模式，在订单班和部分专业课程中采用培训模式进行授课，更多地让学生主动参与到学习过程中，为大众班学员的授课，课堂教学中学生按4～6人分组，教室布置为更适合交流讨论分组形式，第一阶段教师给出本节课程的主要内容或研究项目，学生利用资料、手册、实物等分组讨论、自学，教师巡回指导；第二阶段学生根据自学和讨论的结果给出方案或结论并进行汇报交流；第三阶段教师根据学生学习情况进行总结讲授；第四阶段学生根据教师指导解决实际问题(实操)；第五阶段总结。

(2) 教学手段改革

——为解决学生的操作标准和规范问题，并提高学习的可重复性，我们拍摄制作发动机和底盘拆装视频、汽车维修纠错视频，制作工作原理动画等，将操作技能的规范化训练用电化教育的手段辅助实践操作训练。

——用摄像机＋大屏幕电视机的实物投影手段解决学生数量和仪器设备数量之间的矛盾，使学生能直接观测到汽车的内部结构，提高教学效率和效果。

——与台湾科技大学合作建设智慧教室(具有联网、实物投影、抢答器抢答、抢答结果分析等功能)，改变传统授课模式，师生在教学过程中可以得到更良好的互动，提高学生学习兴趣。

——在台架实训的基础上加大整车实训量，使学生所见即所得，实训内容与企业实际工作情况相接轨。

——优化多媒体教学课件的应用,改变照搬讲义或照搬图片的情况,要求教师制作的多媒体课件必须是活的、动的,与授课内容相匹配,更多采用视频、动画、交互等直观手段进行多媒体课件的制作,并应用于课堂教学之中。

——开发学院教学资源库系统,使学生课上课下学习相结合,线上线下学习相结合,学习与考核相结合,适应现代学生碎片化、建构主义的学习方式。

(3) 改革考核方式。专业技能考试采取以模块为单位,知识与技能相结合的综合能力考核。一个模块进行一次考核,考核总成绩由理论知识考试成绩与实训技能考核成绩来综合评定。

——企业参与考核,汽车主机厂派培训师或汽车经销商企业技术人员担任订单班期末考试的考官,企业提供理论试卷和实操考试题目,学院的教师担任考试相关的工作。

——教师自主开发无纸化考核系统,逐步推广到专业课考核中,并整合到汽车学院教学资源库中。

(4) 实习与就业模式的改革。与主机厂、行业协会和优势企业的合作,使我们的就业渠道从以往的直接面向单个的经销商和维修企业转变为面向区域售后服务中心、行业协会、汽车经销商集团的方式。订单班组建之前先由汽车主机厂的地区售后服务中心向全省的经销商发函,征询第二年的需求岗位与人员数量,学院根据发来的汇总数与各经销商沟通,询问吃住补贴费等情况,然后组织经销商到校举行选聘会,学生进入订单班的同时就已经与相应的企业签订了实习和就业协议,就业工作从大三年级部分提到大二年级,缓解了就业的压力,也保证了学生的就业质量。

3. 教学团队

(1) 加强师资队伍建设规划和经费保障。按照汽车工程与管理学院三年发展规划中的师资队伍建设规划,对师资队伍建设工作进行全面调整,逐年提高教师收入水平,稳定师资队伍,加大对师资队伍建设的投入力度,重点提高教师的学历、教学能力和实操技能。学校提供师资队伍建设经费,学院也从自创经费中拿出一定的数目来保障师资队伍的建设。学院每年从系部创收经费中拿出一定专项资金用于教师的培训工作。

(2) 支持教师参加各类培训。学院支持教师参加教育系统组织的各类教育教学培训项目,参加汽车主机厂组织的各类技术培训、证书考核和教学交流活动。

(3) 师资建设成效。专业教师中,有5人获得过学院教学优秀奖;1人被评为无锡市有突出贡献中青年专家;多人担任教材主编、主审并出版汽车检测与维修技术专业教材的主编、主审和参编工作;主持院级精品课程1项;在核心期刊上发表学术论文、教改论文10余篇。

4. 课程教材

汽车检测与维修技术专业教材和实训项目指导书均是由中锐教育集团与同济大学出版社、清华大学出版社合作开发的职业教育汽车类专业规划教材,我院教师主编或参与编写,且不断升级改版。目前,所使用的是2014年开始与清华大学出版社合作开发的4.0版本系列教材。其中,自编教材《汽车空调》获2014年全国机械行业职业教育优秀校本教材二等奖。同时,订单班学生使用的教材均是由汽车学院与企业培训部门共同开发。共开发教材38本。

5. 教学管理

(1) 校企合作管理体制和机制建设。汽车工程与管理学院(二级学院)在学校领导下,建立由主机厂代表、企业专家、汽车学院专业负责人等组成的专业教学指导委员会。学校领导对学院的校企合作项目运行予以指导并提供各方面的支持,学院院长全面负责校企合作项目,汽车学院校企合作部负责日常的校企合作工作,汽车专业教学指导委员会是教学与汽车校企合作项目的决策机构。

——激励机制。校企合作双方定期对相关职能部门、带教的企业员工、学校教师和表现突出的学生做出符合实际情况的评价,学院对在合作过程中有突出贡献的教师在年度绩效考评中进行加分奖励。上汽大众和上海通用每年委托第三方对校企合作进行工作评估,对优秀院校给予表彰和奖励。

——保障机制。学院与企业签订校企合作协议,协议对双方的职责和义务作了详细的规定。汽车主机厂规定每年对学院的校企合作项目进行检查和评估,检查的结果向学院通报,提出整改意见,学院在一周内向主机厂反馈整改方案,严格的管理制度保障了校企合作项目的有序开展。

(2) 推行完善的顶岗实习管理办法。顶岗实习是教学的重要环节,也是学生熟悉企业,完成职业综合能力培养的重要内容。顶岗实习环节设15个学分,是教学环节的一部分。为规范顶岗实习管理工作,学院成立顶岗实习领导班子,制定"顶岗实习管理办法",在学院的统一领导下开展学生的顶岗实习工作。顶岗实习工作由学院、顶岗实习接纳单位、学生三方共同参与完成。学院根据教学计划安排,负责落实顶岗实习单位,组织学生顶岗实习前的学习和购买保险等工作,在顶岗实习期间与企业共同做好管理工作,企业负责购买意外保险、生活安排和落实带教师傅,学生在企业服从企业的管理,带教师傅按规定填写学生的实习情况。学生在实习中发生问题及时向指导教师汇报,由指导教师与企业沟通解决问题,擅自离开实习岗位或单位将按规定处理。

(3) 教学管理与监控。高度重视教学质量管理,将教学质量作为管理的核心,狠抓教学管理工作,严抓过程管理和质量管理,完善了学校教学管理方面的各项规章制度,使教学管理各项工作的任务、要求和考核办法更加明确细致。使我院教学管理工作制度化、常规化、科学化。

(4) 教研室管理。理顺学院教学管理条线,使教研室作为基层教学组织发挥作用。系部和教研室各级组织通过教研活动、公开课、竞赛等形式有计划地提高师资队伍整体水平和教学质量。2013~2014学年开展了多次教学交流活动,并策划组织教师授课能力竞赛。使课程能归属于教研室,每门课程搭建课程组,教学组织有统一的管理。优化人员结构,形成师资队伍梯队,转变教师观念,促进教师全面发展。

第七章　课程结构改革

课程结构是课程的组织方式,推动课程内容的有机联系。课程的各部分组织和配合,旨在科学地组成课程体系的专业门类,同时,它规划了学校知识类、工具类、技艺类学科的比例关系,以及必修课、选修课与社会实践活动等的关系问题。

民办高职"二元思维"认为,高职教育的课程结构改革必须与经济社会发展、产业转型升级、企业技术技能型人才需求对接,具体细节包括:专业对接产业链,课程结构对接工学,实现校企深度合作,工学融合零距离。换句话说,就是专业与产业对接、课程结构与岗位对接、教材与技能对接、教室与车间对接、教师与师傅对接、教学过程与生产过程对接、学生习惯与职业素养对接、毕业证书与职业资格证书对接。

第一节　课程结构改革的定位

民办高职"二元思维"认为,课程结构是课程目标转化为教育成果的纽带,是课程实施活动顺利开展的依据。民办高职院校肩负着为社会培养一线技术技能人才的重任,应该洞悉社会的需求变化,及时调整人才培养方案,改革课程结构,对职业化教学的课程计划、课程标准、实验实训、教科书、教学模式、教师配置、学生管理、校企合作、工学结合等再造和深化。

为全面提高高等职业院校适应社会需求的能力和水平,《高等职业院校适应社会需求能力评估暂行办法》[①]为高职院校适应社会需求能力的评估工作设定了包括办学基础能力、"双师"队伍建设、专业人才培养、学生发展和社会服务能

---

① 国务院教育督导委员会办公室关于印发《高等职业院校适应社会需求能力评估暂行办法》的通知,国教督办〔2016〕3号。

力在内的五大内容,民办高职"二元思维"认为,高职院校的这五大内容与高职教育的课程结构有着必然的联系。五大内容的优化必须从课程结构的重设、再造和创新做起,两者内涵、目标是相通、一致的:

——办学基础能力主要是考察学校年生均财政拨款水平,教学仪器设备配置,校舍及信息化教学条件;

——"双师"队伍建设主要是考察学校教师结构与"双师型"教师配备;

——专业人才培养主要是考察学校的专业人才培养模式、课程体系、校内外实践教学及校企合作情况;

——学生发展主要是考察学校毕业生获得职业资格证书情况和就业情况;

——社会服务能力主要是考察学校专业设置、向企事业单位提供技术服务和满足政府购买服务情况。

需要指出的是,校企合作是职业教育的本质特征,高职课程结构改革理应校企合作共同开发建设。"工匠精神"是职业教育的灵魂,高职课程结构改革要充分体现职业岗位能力的"工匠精神"。

一、课程结构改革的渊源

民办高职院校的人才培养目标是适应企业发展需要的实用型、技能型人才,其主要内容集中在企业岗位所需要的能力培养上。因此,能力的培养尤其职业能力的培养,是民办高职院校办学发展、人才培养的最终目标和任务。因此,在课程结构设计中,把职业能力形成所产生的最为直接意义的课程结构改革作为主要任务来抓,必须将之形成所必需的相关知识课程作为辅助,使课程结构设计形成一个完整的系统,使职业能力的形成有一个丰富的课程结构的知识背景。民办高职"二元思维"认为,课程结构设计与职业岗位能力培养对应机制是民办高职院校办学的最鲜明个性。

1. 对岗位能力的厘清性认识和分解是课程结构改革的前提

由于高职教育主要是服务于地方经济,为适应地方经济提供具有实际操作能力的人才,因此,民办高职院校不会像其他高校那样形成带有模式化的课程结构方案,各具特色的课程设计。民办高职院校的课程结构设计将如何进行才符合高职院校的定位呢?其具有普遍性意义的原则,即在于把岗位所需能力进行厘清性认识。作为课程结构设计的依据和前提,同样的岗位,如果把所有不同都作为一种普遍性的东西在课程结构设计中对应落实，就会造成学校的教学资源和学生精力的浪费，有一些知识是岗位所不需要的，对形成他们的岗位能力是没有意义的，这也是民办高职院校无法像其他普通高校那样形成统一课程模式的原因。所以，必须以学生直接面对的职业特点所决定的岗位能力的分解作为设计课程结构的前提：

——将岗位能力的构成分解成几个部分，（因为岗位能力都是综合能力，包含方方面面的具体能力和能力因素）确定与这几个部分能力有直接关系的课程，作为培养这些能力的知识基础，从而构成粗线条的课程结构框架。

——开设与就业内容相近或相关的其他就业课程，作为选修课，这类课在设计中要在充分照顾就业特点的基础上，尽量开一些带有综合性的选修课，或选有关就业的几门骨干课作为选修课。

2. 职业经验、知识和技能的内化是岗位能力形成的基础

一般来说，在课程结构设计之前，首先把岗位能力进行分解，其原因就在于岗位能力并不是一种孤立的操作，我们所看到的企业岗位流畅的操作过程，一方面决定于长期工作中的形成经验；另一方面则决定于对工作内容和程序的理解和把握，能力的形成必须要有知识的参与，只是获得知识的手段和方式不同。能力形成的过程是知识积累的过程，只有知识的不断积累，才能通过实际操作的提升形成能力。这里存在对知识理解的客观性和对知识把握的效率问题，师傅带徒弟，师傅的经验知识总是个别的，一方面，在个别经验中，有些是不具备普遍性特点的，是不全面的；另一方面，经验与知识相比总显示出间接性，许多经验吸收后必须进行理解和消化才能提升为知识。

3. 根据岗位能力要求，对课程结构及课程进行统筹安排

经济社会的发展、产业转型升级使职业岗位及岗位的能力需求始终处于变化中，高职生在民办高职院校三年学习过程中，岗位及岗位能力结构变化是非常明显的，与这种变化相适应的高职院校课程设置的"活"性特色，也应适时地发挥其作用，对不适于社会岗位能力形成需要的课程内容，甚至课程本身进行修整调适，前提是对岗位能力变化状况要有切实而准确的把握，要求学校要与就业对应的职业岗位保持持久的密切联系，随时掌握其发展态势，尤其是教学人员，在把握发展态势的前提下，随时可对讲授的内容进行调整，在此基础上，每学期都要把岗位变化进行统计和汇总，对有些课程（包括骨干课程）的内容进行调整，删除

失去意义的内容,强化能力变化之后对新能力形成有直接意义的内容,对属于课程设置中的内容,在课程体系中被淡化处理而在新能力要求中有特别意义的,要增加其分量,对某些伴随岗位职能的转变而失去意义的能力所对应的课程,一方面要减少其分量,或作整体的简单介绍,或抽出几个内容进行讲座;另一方面,对完全失去意义的课程则可以取消,同时伴随就业对应岗位职责变化所带来的对人能力要求的变化,无法通过具体课程对新能力要求进行知识支撑的,要通过讲座和实训的方式予以补充,在当初课程设置中,对骨干课程起着系统知识补充作用的辅导性课程,如在岗位职能发生变化之后,成为新的能力所需要的主要课程时,就将其提升为骨干课程,总而言之,适应于社会发展需要,适应于市场形势的变化,对课程进行符合职业化教学规律的调整,使整体职业教育与行业企业需要联系更为密切。

二、构建"突出职业岗位能力"的课程结构

民办高职"二元思维"认为,民办高职院校的职业技术技能型人才培养的主要内容由专业能力建设、课程结构改革、教育教学一体化育人、职业素养教育、学情管理、教师能力建设等要素组成。其中"突出职业岗位能力"的课程结构是职业技术技能型人才培养的主要基础之一。

职业岗位能力,是指通过练习获得的能够完成职业岗位任务的能力。民办高职院校以职业岗位能力为核心理念,构建课程结构,即"岗位—能力—课程"。所以,民办高职教育的课程结构要求"突出职业岗位能力",培养学生的职业岗位技术和能力,即就业能力,其中专业入门课程要求"会",专业核心课程要求"精",专业基础课程要求"懂"。

"突出职业岗位能力"课程结构改革的主体项目包括4项:
——课程计划;
——课程标准;
——教科书;
——职业岗位。

"突出职业岗位能力"的课程结构改革有3个对接:
——专业与企业对接;
——课程结构与实训的工作岗位对接;

——课程与实际技能操练对接。

在构建职业岗位能力的专业课程结构中,学校与企业协同,要组织职教专家、专任教师、企业技术人员等,从职业岗位的能力需求出发,对产业链中职业岗位进行差异化分析,明确适合于高职学生工作的核心岗位,并根据核心岗位分析其核心能力,再由核心能力确定专业核心课程。

1. "突出职业岗位能力"的课程结构框架选择依据

课程结构方面要求体现选择性。怎样理解课程结构的选择性呢?课程结构的"选择性"是依据用工单位的需求、学校的专业设置与学生的学情等差异及客观存在的现实及课程对职业技能的适应性要求而提出的,它主要涉及区域行业、民办高职院校(校长与教师)、在校高职生有什么样的权利和有多大的权利对课程结构做出选择。

2. "突出职业岗位能力"的课程结构设计原则

(1) 均衡性原则。"突出职业岗位能力"的课程在结构上所倡导和实现的均衡性试图改变以往学生动手实践能力低下、知识体系相互隔离、所学知识脱离职业性、岗位化就业的状况,引导学生在掌握课程内容的同时,关注职业性岗位,关注专业技能在岗位上的实际操练,能够积极开展探究活动,能够主动地体验岗位工作,实现学生职业素质的全面均衡发展。

(2) 综合性原则。职业性、岗位化课程的综合性是"突出职业岗位能力"的课程结构调整的重要任务,主要通过三种途径完成:第一,开发并设置职业性、岗位化的综合课程,如职业品德与职业态度、职业实训与专业知识及技能、企业与学校、学生等的互动,这些课程结构实现了对特定学习领域内容和教育价值的统整。第二,开设综合实践活动课程,其课程结构由学校与合作企业协同制定开发,同时制定指导性教学纲要并规定课时比例,其具体教学模式由学校与合作企业根据企业用人要求和学校开课条件及学情共同开发设计。第三,在专业课程中实现课程内容的统整,即以综合的方式处理并实施"突出职业岗位能力"的课程内容。

(3) 选择性原则。第一,企业和学校依据其现实的学生学情状况,积极创造条件,有选择地实施专业课程、专业基础课、公共课、选修课、实训课、顶岗工作等,制订了科学合理的教学计划,完整的课程结构分布,有效可行的"真学、真懂、真会"。第二,在编制的新课程结构里增设选修课程,选修课程应该只占总课时量的1/3。第三,在编制的课程结构和课程中,学生可以根据自己的兴趣和特长有选择地学习一定的课程;同时,学生还可以在综合的实训活动课程中选择不同的职业主题活动。

3. "突出职业岗位能力"的课程结构基本特征

(1) 课程结构要适应行业企业间的职业文化差异,具有一定的变通性。各行业企业的产业发展需要有不同专业知识结构的人才,因此学校应当允许与合作的行业企业根据自己发展的现实需要选择相应的课程结构,以适应不同的产业差异。从职业文化侧度看,不同的行业企业对自己的职业文化有强烈的认同感和归属感,课程结构应适应不同行业企业的文化认同需要。由此看来,课程结构需要具有充分的变通性,以有利于不同行业企业根据自身的需要做出选择。如规定多少比例的必修课、每门必修课程的课时,为基础课、选修课和实践课留出一定的学习空间。

(2) 课程结构要适应不同企业岗位技能的特点,体现选择性。课程改革取得成功在于学校、教师乃至行业企业的教育观念是否发生转变,教学中实际发生的教育教学行为是否有了变化。因此,调动每一位教师的积极性,使他们真正成为课程改革主体的时候,课程改革才有希望。学校的主体性集中体现在通过选择并设置能够创造和形成职业文化特色的课程上。不论专业课程还是实训课程,在课程门类及其关系方面都应适应行业企业的文化特殊性,学校有必要也有能力根据职业教育宗旨对专业课程和实训课程进行选择和再开发,创造性地实施专业课程和实训课程。

(3) 课程结构要适应学生的个性差异,建立和完善课程选修制。教育面对的是具有独特个性的高职生,教育的根本目的和内在价值是促进每一个高职生的个性发展。衡量课程改革成败的基本标志,即看它是否促进了高职生的个性发展。为此,课程结构必须具有针对性、实效性,以适应高职生的个性差异。

4. "突出职业岗位能力"的课程结构目的

(1) 让学生要广泛涉猎职业知识。按照"职教性"课程结构要求,根据职业岗位工作需要,让学生多学习一些职业知识,但从学生综合素质和能力提升的层面看,还不能仅限于此。如果有时间,应该让学生对企业文化甚至是企业师傅的工作习惯也要有所了解,增加职业知识积累,这有助于帮助学生从多个维度分析职业内涵,增强对实际问题的认识和把握能力。

(2) 让学生要学会发现问题。在职业岗位的工作学习过程中，不是完全被动地接受，而是要多问几个"为什么"。无论企业师傅讲的是书本上的东西，还是课外延伸，不能盲从，都要结合现实情况进行比对分析。要学会发现问题，要有"刨根问底"的精神，做到"知其然亦知其所以然"，把相关技术技能弄清楚。教师要引导学生深入钻研技术技能，真正认识清楚，学懂学会。

(3) 让学生要善于思考。在职业岗位的工作学习中要静下心来，争取对与本职岗位业务相关的知识有比较系统全面的了解并掌握，努力成为行家里手，避免浅尝辄止、一知半解。"学而不思则罔，思而不学则殆"，也是说学了有用的东西要通过自己的思考进行吸收消化，才能真正有用。

(4) 让学生要理清思路。通过工作、学习和思考，使学生达到在职场中能够明辨是非、认清努力方向，找到应对和解决学习的路径和方法。大到职业素养，小到一个具体技术问题，都包含一定的哲理，都需要以科学的态度对待。把大素养、小技术的内创力都弄清楚，才能成为相对的准职业人，有助于提高自身的综合素质和能力。

(5) 让学生要学以致用。学习的目的在于运用，学习的效果也要在应用中检验。无论企业还是学校，一定要引导学生把学习成果转化为坚定的职业信念，增强责任意识、服务意识，做一名有境界、形象好的高职生。引导学生把学习成果转化为职业岗位能力，增强职业理论知识和实际应用技术，拓宽职业视野，创新工作思路，提高职业岗位能力水平。

三、课程结构质量评价

民办高职"二元思维"认为，"突出职业岗位能力"的课程结构质量评价是一种价值判断的活动，是对客体满足主体需要程度的判断。"突出职业岗位能力"的课程结构质量评价是根据职业教育质量目标的要求，运用评价标准（质量标准）对"突出职业岗位能力"的课程结构实施过程进行评价，判断"突出职业岗位能力"的课程结构目标实现的程度，以期达到促进教学质量提高的活动。"突出职业岗位能力"的课程结构的质量目标、质量标准与质量评价三者之间具有密切的联系。标准是用来衡量目标是否达到的工具，评价则是"衡量"的过程。

1. "突出职业岗位能力"的课程结构质量目标

"突出职业岗位能力"的课程结构质量目标是指在质量方面所追求的目标，

它具有方向性、可行性和层次性的特征。方向性是指质量目标必须是明确的,其明确度与"职教性"教学的有效性成正比。可行性是指"突出职业岗位能力"的课程结构质量目标一定是可实现的,不能脱离现实。层次性是要求目标的制定有层次,能指导"突出职业岗位能力"的课程结构的各个层面。"突出职业岗位能力"的课程结构质量目标,包括两方面:一是满足高职生发展需求程度方面的目标;二是满足行业企业发展需求程度方面的目标。

2. "突出职业岗位能力"的课程结构质量标准

所谓"标准",是将重复性的事物和概念做出的统一规定,并经一定的机构批准和发布的作为共同遵守的准则。按照标准所针对的对象,可分为技术标准、管理标准和工作标准三类。质量标准就是将反映产品、过程、体系固有特性的指标和参数规定下来所形成的文件,它是衡量产品、过程或体系是否合格的依据。[①]"突出职业岗位能力"的课程结构质量标准是关于校企合作的职业教学领域活动或活动结果的规定。包括人才培养质量标准(针对教学结果)、教学质量标准(针对教学过程)、工作质量标准(针对高职生的工作和行为准则)等。

3. 制定"突出职业岗位能力"的课程结构质量标准的原则

——以就业为导向。"突出职业岗位能力"的课程结构以社会所需职业技术、技能作为主要培养或训练目标。以就业为导向是"突出职业岗位能力"的课程结构改革的基本前提。因此,是否具有较强的就业能力,能否很好地适应市场需要,是衡量"突出职业岗位能力"的课程结构质量的重要指标。

——以综合职业能力培养为核心。"突出职业岗位能力"课程结构的教学模式是以能力培养为中心的教学模式,培养目标强调对学生从事现代职业的综合能力和素质的培养,包括专业知识技能、正确的行为方式、对工作和企业的责任心、遵守纪律的品质和质量意识以及通过职业能力储备来适应未来社会、经济、技术变化的能力。因此,"突出职业岗位能力"的课程结构质量标准也应以综合职业能力培养为核心来制定。

——以最大限度满足行业企业的人才需求为目标。劳动者的技能和素质,往往决定着产品的质量和竞争力,决定着企业的兴衰。大量的具有熟练职业能力和良好职业道德的高职生正是企业竞争力的基础。可见,是否满足行业企业

---

① 摘自《企业标准体系—管理标准和工作标准体系(GB/T 15498—2003)》。

的人才需求,培养的学生是否具有较高的社会满意度,应成为评价"突出职业岗位能力"的课程结构质量的标准之一。

4."突出职业岗位能力"的课程结构质量评价

人才培养质量标准的内涵包括知识、能力、素质三大要素,其中体现职业技术教育特征的人才培养质量标准的核心特性是综合职业能力。笔者认为,应建立与职业资格证书制度相适应的职业能力标准,以此作为衡量"突出职业岗位能力"的课程结构质量的标准。

1级指标:"突出职业岗位能力"的课程在直接指导与定期检查的环境下教学,学生能完成常规任务和熟练操作,具备某一常规操作性岗位所需的基本知识与技能(如初级工等)。

2级指标:"突出职业岗位能力"的课程在有限的指导环境下教学,学生能基本独立地完成需要做出选择、判断的任务,具有初步的组织能力;有一定的学习能力,能运用某些较深的知识和较广范围的技能,并能适应一定范围内的岗位变化(如技术工人等)。

3级指标:"突出职业岗位能力"的课程在没有具体指导的环境下,学生按计划工作,能独立完成常规和非常规任务,具有一定的计划、预算、协调能力,并能对他人工作进行协调。具备胜任较复杂的技术、管理工作的知识和技能,能灵活运用一定深度的知识,并能依托专业知识向相关领域渗透,有较强的学习能力,能够适应职业岗位的变化(如技师)。

4级指标:在没有指导的环境下根据粗略计划工作,学生能独立完成各种非常规任务,具有计划、决策的能力,能承担对他人工作及岗位职能进行全面负责的义务。能自学并掌握一系列知识与技能,并运用专业知识和技能适应技术含量高、业务复杂以及高度变化的工作(如部门经理等)。

第二节 课程结构改革的支撑要素

新技术革命的深入发展和信息产业的迅速崛起,在社会经济和生产领域导致了两种走向:一是高新技术产业化;二是社会生产手段的高技术化。在经济社会持续的大发展中,不同区域、不同产业、不同行业受益情况却不尽相同。所以,不同职业、不同类型人才在经济发展不同阶段表现为千差万别的需求状况和需求潜力,其共性是"传统的职业已经让位于那些要求有更多专业资格的服务性活动",随之而来的是"工匠"型技术人才倍受各行各业需求,专业技术教育占据越来越重要的位置,培养专业技术人才的民办高职院校与其他高校一样面临新的挑战。民办高职院校的课程结构改革的使命就是,专业服务区域经济发展,培养适应地方经济社会发展需要的人才;课程与行业企业紧密合作,共赢发展;课程结构设置应结合本地经济社会发展实际,不断提升其社会服务能力。

一、外部专属表象

1. 课程结构改革必须对接产业,主动融入区域经济发展

(1) 合理设置课程结构,凸显区域特征。区域产业转型升级呼唤民办高职院校与地方企业更加紧密地开展合作。民办高职院校要主动适应地方经济转型的区域变化,牢固树立服务区域经济发展意识,及时关注本地经济发展规划,明确自身在区域经济发展中的角色定位,不断完善自身发展规划,在服务区域经济发展中实现自身发展。民办高职院校要针对产业结构调整、技术升级、第三产业不断发展的实际,加快建设高新技术产业相关的课程结构改革。

(2) 注重实效,优化课程结构改革。职业教育源于产业发展需求,又作用于产业递进。鉴于民办高职院校培养的人才具有鲜明的地缘性特征,要以区域产业结构为出发点调整和设置课程结构,使职业教育课程结构与区域产业结构相适应。重点扶植传统支柱产业所需要的课程结构和一些与经济社会结合最为紧密、最有活力的课程,逐步形成品牌和特色。对一些发展相对较早,已基本趋于稳定的课程,通过课程结构的改革实现专业的纵向发展,增强市场竞争力。

2. 课程结构改革应该融入企业,实现企业学校共赢

(1) 课程结构改革适应并融入企业,不断提升职业教育竞争力。随着经济社会发展方式的转变,传统生产模式、方式和手段都已发生根本性的变化。因此,民办高职教育要瞄准企业生产方式的转变,突破传统教学方式的束缚。在宏观层面,实施校企合作的办学模式,实现教育与产业的无缝对接;在中观层面,采用项目式、模块化教学,项目驱动,任务引领,行动导向,实现培养目标与生产需求的无缝对接;在微观层面,采用学中做、做中学的"教学用合一"的理实一体化教学方式,让学生在全真环境下实习,感受实际工作环境,熟悉实际生产流程,通过产教合一,实现教学过程与生产过程的无缝对接。

（2）教师深入企业，建设德技双馨的"双师"队伍。提高职业教育的服务能力，关键是要有一支综合素质高、实践能力强的"双师型"教师队伍。通过落实教师到企业顶岗实习实践锻炼和定期选派专业教师外出学习培训等制度，让教师系统掌握从事高职教育所需要的专业实用知识和技能，提高教师的教学水平和实训指导能力，培养一批理论与实践紧密结合的优秀专业带头人。

（3）科研走进企业，助推区域经济发展。民办高职院校的科研更多的体现在对企业开展服务性、技术性工作。民办高职院校要发掘自己独特的科研资源，积极参与企业的技术升级改造，主动为区域企业提供服务。首先，民办高职院校要组建一批科研团队，及时深入企业并对企业生产经营中遇到的技术难题共同攻关，使学校和企业相互渗透。其次，加强对科研活动的整体规划，强化科研管理。一方面，根据区域经济发展的需要调整科研方向，积极联系政府科研部门，掌握科技实施计划和动态，联手本地中小企业共同开展科技攻关；另一方面，完善制度，探讨以科研成果入股创建科技型企业和科技园区等方式来实现科技成果转化的有效途径，及时将自身专利发明、技术创新等科研成果转化为现实生产力。

3. 课程结构改革应该与职业岗位对接，培养区域应用型技术人才

（1）注重课程开发，创新人才培养模式。课程开发是人才模式改革的重点。在课程开发中，一要具备前瞻性。将新理念、新知识、新技术、新工艺融入课程。用明天的技术，培养今天的人才。二要具备实用性。把行业企业实际的生产经营活动作为课程改革的依据，从职业岗位能力要求出发，积极推进校企合作进行课程开发，并开展课程设计、课程实施、课程评价，使职业教育与职业岗位、社会实践、市场就业紧密结合。在课程开发的同时，民办高职院校要体现"工学交替""双证互促"的办学思路，让开发的课程体现"后劲足、上手快、适应面宽"的特色，构建以市场需求为核心，以职业能力为本位的多元化人才培养模式。

（2）适应职业岗位需要，构建立体化实践教学体系。建立与现代学徒制相适应的实训中心是培养学生职业能力的根本保证，而实训中心是否与职业岗位适应成为其关键。民办高职院校应建立健全基本技能实训、综合技能实训、职业技能拓展训练等实践教学方式，形成全方位、多环节、立体化的实践教学体系，把企业生产线引进学校，建"教学工厂"或"教学实训车间"，让学生在真实的工厂和车间环境里学习，让教学在生产性实训中开展，让专业教师与企业技师共同参与

对学生的教学实训指导,融"教、学、做"为一体,培养与职业岗位相适应的技能人才。通过校企合作,使企业技术难题得到解决,教师业务能力得到提高,学校竞争力得到提升,逐步形成良性循环,实现企业、教师、学校三赢的局面。

二、构建以"职业岗位能力"为导向的教学模式

掌握专业技能是就业的根本,也是顺利就业的途径之一。高职生的职业岗位能力被分为专业能力和关键能力。专业能力即高职生学习的主要专业知识和技能,高职生选择民办高职院校的直接目的就是获得专业能力,以便毕业后直接进入企业一线工作。关键能力则是专业能力以外的其他能力,主要又分为方法能力、社会能力和个人能力等。教育教学一体化育人不但要培养学生的专业能力,更重要的是培养高职生的方法能力和社会能力。专业能力、社会能力和方法能力是高职生综合能力的三个方面,也是教育教学一体化育人对职业能力培养的三个维度,方法能力远比专业能力更重要,因为方法能力与社会能力没有专业之分,是一种"巧"能力和"通适"能力。高职生的方法能力不可能从教师的讲授中获得,只能通过具体的工作任务来获得,并通过任务的实施过程和完成结果来评价高职生的方法能力和社会能力。

构建以职业岗位能力为导向的教学模式,树立以职业岗位能力导向的指导思想,将职业岗位能力引入整个教育教学一体化育人的全过程。教育教学一体化育人以职业岗位能力为导向,不只是对某个课程的简单要求,它把教育教学一体化育人看成一个完整的教学体系。

第一,专业设置的时候就要积极去进行社会调查和论证,根据社会的发展实际情况和用人的岗位能力需要来设置专业。

第二,人才培养方案应由用人单位、行业企业与学校共同制定,或至少应该由学校参考其他企业意见制定,共同研究人才培养的目标、规格以及每个专业需要的职业岗位能力素质。

第三,专业方向设计、课程设计、培养计划等应该由资质深的教师、企业技术人员或第三方认证单位,建立职业岗位能力教学研究团队,共同努力完成上述任务。

第四,树立共同的以职业岗位能力行动为导向的教育理念和指导思想,团结合作,明确各个参与人员和单位在学生的职业教育过程中的作用,发挥各自最大的优势和特点。

第五，在进行教育教学一体化育人的过程中，学生每次都要接受不同的项目和任务，但是从整体看，难免在某些知识点或者具体的任务上有重复，正确的做法不是去掉重复内容，因为知识和技能的掌握就是建立在一定的重复记忆或者重复操作上，熟能生巧，一旦建立了教学团队机制，一方面每个教师在具体课程设计上可以尽量避免重复的知识点或任务；另一方面遇到重复的情况时也可以掌握自己在这个知识点或任务上教育和指导的度，最大限度地发挥自己的作用。

总之，教育教学一体化育人以职业能力为导向，培养高职生以职业技术能力的获得为方向，在专业设置完成后，即分析所培养的高职生应具备什么职业技术能力，然后按照这些能力设置所必需的课程，最好每个课程对应一个能力的获取，任课教师在具体设计课程的时候以职业技术能力为导向引进具体项目或任务，充分利用校企合作和校内实训基地等资源，对高职生进行针对性更强的教育，将职业技术能力引入整个教育教学一体化育人的全过程。

三、基本支撑要素

1. 加强师资培养，努力提高课堂教学效果

教学质量的保障始终是建立在师资队伍稳定的前提下。每一个专业要着重加强主干课程的教师团队建设，努力提高课堂教学效果。课堂教学效果的提高可以从以下环节采取措施：熟悉教学内容，设计合理的课堂教学思路。功夫在课前，效果在课堂。能否提高教学效果，第一步是看教师如何备教材、备学生、备教学法。教育教学一体化育人紧扣高职学生的学习特点，在熟悉教学内容的基础上认真探究合适的教学方法。平行班多的教师队伍可以采取集体备课的方式，取长补短。各课程的教学课时较少，这就需要更精心地去准备课堂45分钟，在重点讲解透彻的基础上还要在有限的授课时间内加大课堂信息量，并在课堂内随时给学生传授该课程甚至该知识点的学习方法，灌输学生在大学需要提高自学能力等观点，从而达到该课程预期的教学目标。教师还要以渊博的学识、丰富的经验、人格魅力等来引领学生对课程的兴趣，提高学生的学习积极性和听课效果。

2. 根据课程的特点，采取各种教学手段

多媒体技术以其图文并茂、板书清晰等优势被广泛地应用于教育教学一体化育人。随着应用的深入,多媒体教学的弊端也日益凸显出来:播放速度快,信息量大,学生跟不上记笔记;师生交流的机会减少;淡化了师生之间的知识和情感交流。要解决这些问题,就必须全面认识多媒体教学与传统教学的利弊,正确处理好两者在课堂教学中的关系。汲取传统教学模式中教师对有关概念、理论的准确表达,以及完整、规范的板书特点,促使学生在接受知识的同时逐步养成记笔记的良好学习习惯,发挥教师讲解与学生思路结合密切的优点。教师应改革教学方法,建议在课堂教学中以讲授为主,板书和投影相结合。辅助多媒体投影和图片演示,做到生动形象,有条不紊,这也应该是提高教育教学一体化育人效果的一条重要途径。

3. 根据高职生的特点,充分发挥教学艺术

教学艺术需要注重语言的运用。在课堂组织中,精彩生动的语言是提高课堂教学效果的重要因素。风趣、幽默永远是高职生课堂上最喜爱的教学风格。形象的比喻,激励的话语,幽默的解释,紧迫的疑问,巧妙的点拨,使抽象变具体,深奥变形象,乏味变有趣。通过合适的语言能达到教学目标。教师的语言应注意准确、生动、鲜明,具有启发性、针对性、灵活性和教育性,这样才能调动学生学习的积极性。除此之外,教师语言还要做到节奏鲜明,抑扬顿挫,疾徐有序,切忌一节课一个调,从而牢牢吸引学生的注意力。再者,要学会使用肢体语言,使学生产生闻到其声、如见其人、如触其物、如临其境的感觉,做到层层深入,渐渐地把学生的注意力集中到课堂上。要不断给学生新的刺激,激发学生的兴趣,增加学生学习的信心,使学生融入和谐的课堂气氛中学习知识,以提高学习效果。

4. 尊重学生,建立良好的师生关系

良好的师生关系要建立在课内课外的管理与沟通上。高职生的学习态度、自我管理、自我求上进和自律能力较差,在课内,教师应加强课堂纪律、互动等方面的管理。高职生有着敏感的神经和较强的自尊心,教师应将表扬与鼓励始终贯穿于整个教学。在心理上尊重学生,任何时候都要保护学生学习的积极性并给予学生信心,保证课堂气氛和谐。教师可以有意识地根据学生的实际情况,结合教学内容,或近期学生比较了解和关心的问题和学生进行讨论,既加强了与学生的沟通与了解,掌握了学生的学习情况,把学生的情绪调动了起来,缓和了课堂紧张沉闷的气氛,也顺利地强化了实践教学。提高实践教学效果,教育教学一体化育人的主要任务是培养生产一线的高技能型人才,以"理论够用,重在技能"

为原则,着重培养学生的实践应用能力,实践教学在教育教学一体化育人中占有重要位置,作为教师必须重视自己专业水平的提高。在学生课程设计或实训前,教师应预先设计或试做,以增加有针对性的实践指导,这也是有实际专业工作经历或有较高技能水平的教师更受大家欢迎的原因之一。

第三节 课程结构改革的内涵表象

课程,即学习的进程,是应当学习的学科总和。它是教育教学活动的基本依据,是教学活动的中介。同时,课程与教学计划、教学大纲等相配合,成为教师"教"和学生"学"的依据,是师生联系和交往的重要纽带。课程是人才培养的核心,关系到人才培养的质量。[①]

课程结构改革是民办高职院校教育教学一体化育人的内容和基本路径,是人才培养模式的核心要素和重要环节,学校的一切育人实践都是以课程展开,因此,课程改革是学校教育教学一体化育人改革的核心。

一、课程结构信息化

随着以数字化、网络化、智能化为特征的信息化浪潮蓬勃兴起,信息技术更加广泛地应用到各个领域。以企业为例,在产品的设计、开发、生产、管理、销售、服务等多个环节中信息技术不断更新,智能制造、个性化订单生产日益成为其发展新趋势,加强职业性、岗位化课程的信息化建设,课程目标、内容、实施过程及评价都要体现出现代信息技术的特点,已成为当前民办高职院校课程结构改革的重要部分。

首先,要更新信息技术课程内容。民办高职院校在非计算机专业中普遍开设了计算机公共课,并把掌握计算机基本应用技术作为学生必备的基本技能之一,然而信息技术发展迅猛,日新月异,许多学校的计算机课程内容过于陈旧,必须及时调整和更新,把新技术纳入和充实到课程中。

其次,要促进信息技术与课程结构的融合,加快教学资源库建设。以大数据、云计算等新兴信息技术为支撑建立的各种教育云服务,为教师和学生存储、

---

① 董伟:《高职院校课程改革的几点思考》,载《科教导刊》,2015年,第9期。

交流、创造、传播知识搭建了更加广泛的教育资源共享平台。民办高职院校要以此为契机,不断再造职业性、岗位化课程结构与校企合作模式相适应,与培养职业技术技能型人才相适应,打造优质的专业基础课和专业核心课,创建一系列的特色精品课程,建设在线开放课程系统。同时,开放慕课、微课等网上选课系统,联合优质高校,开展跨校选课,学分互认课程,实现优质教学资源共享,线上与线下教育相结合。

再次,要提高教师运用现代信息技术的能力。教师是课程结构计划的实施者,其信息化水平直接制约着当前民办高职院校课程信息化改革的效果,因此,民办高职院校在改善硬件设施的同时,更应该组织教师参加现代信息技术学习和培训,为教学信息化奠定基础。

二、课程结构实体化

创建课程结构实体化与专业能力建设实体化是相互联系、相互对接的共同体,是根据人才未来可能从事的职业岗位的工作要求,把课程结构的主体项目:课程计划、课程标准、教科书与企业对接,与实训岗位对接,与实际技能操练对接,形成课程结构实体化。基本要求:课程教学依托实体基地将与课程教学有关的生产、经营、服务等活动有机结合起来,将传授知识、培养能力、提高素质融为一体,师生共同承担实体的生产经营服务任务。

民办高职"二元思维"认为,无论在企业,还是在校内实训基地,职业性、岗位化课程和课程结构的实施必须具备以下条件:

——有合适的合作企业;
——与专业教学参用的工作岗位;
——良好的职业环境和氛围;
——有操作的设备和指导的师傅;
——配齐"双师型"教师;
——有教材;
——有方案、有计划;
——受学生欢迎,能学到针对性的知识和实际有效的技术,获得真本领。

三、课程结构工作过程化

职业性、岗位化课程改革是民办高职教育区别于普通本科教育的重要特征之一。随着我国经济转型和产业升级，社会对高职生的职业能力有着更高的要求，因此，高职教育课程结构设计应以学生就业为导向，以培养职业岗位能力为本位，着眼提高学生实践操作能力。

构建以工作过程为导向的课程结构是民办高职院校积极探索开发的职业教育的模式之一，其目标是以职业能力的培养为课程结构改革的中心，以岗位需求为依据，以工作结构为框架，课程设计突出"能力中心""工作中心"和"情境中心"，以企业职业技能活动为主线，针对实际工作任务需要，重新组织和设计课程结构和教学内容，加强课程内容和工作之间的联系，着重培养了学生的职业岗位能力，实现教育教学一体化育人。

首先，从职业教育发展趋势来看，民办高职院校课程结构改革以培养学生职业岗位能力为本位，以工作过程为导向开发课程是课程的改革趋向，我们要关注职教发展趋势，合理吸收、借鉴同行同类职业院校的成功经验，创新自有的课程结构和精品课程。

其次，鉴于民办高职院校专业教学的课程结构设置和实施的惯性，以及课程结构组建的系统性、完整性等优势，我们不可能全盘抛开传统的课程结构设置，课程结构的改革或重组必须兼顾课程结构和专业知识的连续性和完整性。

再次，课程结构的改革目标是培养高职生全面发展，课程结构改革不但要重视学生的职业岗位能力的培养，还应该关注学生的职业素养教育，重视培养学生正确的职业观和价值取向，重视学生自我学习能力，培养学生创新能力，体现课程结构改革的功能，防止课程结构重组后课程教学变成职业训练和单纯的岗位训练。课程结构改革既要体现职业岗位能力本位，又要具有民办高职教育的特点及职业性、岗位化课程改革的主意。

最后，课程结构的改革必须与专业知识和技能相联系，必须与企业的工作岗位实践相联系，研究设计必须深入调研工作过程，详细了解工作的各个层面，保证设计的课程结构具有实用性和推广价值，防止单纯为岗位工作开发而设计，出现课程开发脱离岗位实践需求的现象。

四、课程结构国际化

当前国际的合作交流日趋加强,人才流动规模日益扩大,具有国际能力的专门人才更加紧缺。因此,民办高职院校大力加强国际化专门人才的培养,改革课程结构,加强以外语能力、国际专业能力、跨文化能力的课程结构建设已刻不容缓。

首先,要加强外语课程结构建设,突出实用性,对接专业需求。民办高职院校的外语课程应立足于满足职业岗位需求,重点培养学生语言实际应用能力,如训练学生听说能力、阅读专业资料能力等。课程结构应突出实用性和专业性,通过外语情境应用教学,把语言与实践有机结合,同时增加专业外语课教学,增设选修课,拓宽学生国际视野,提高学生跨文化交际能力。

其次,要借鉴国际先进经验,构建民办高职院校的课程结构。可以借鉴诸如德国双元制等国际先进职业教育课程的优点,改革民办高职教育的课程结构。经过探索、总结,民办职业教育构建出具有高职特色的实践性课程结构,如"宽基础、活模块"课程结构模式、以工作过程为导向的"项目课程"开发模式等,虽然这些还处在探索阶段,存在一些不足和问题,但使民办高职院校课程结构逐渐跳出过去课程体系的藩篱,并在教学实践中不断改进和完善,成为民办高职院校的课程结构改革发展的方向。

最后,课程结构要对接国际职业资格认证标准,实现就业认证国际化。目前民办高职院校普遍比较重视职业资格证书考试,但由于课程结构、办学水平等条件限制,有些民办职业院校的专业课程结构、标准及内容与职业标准还不一致,毕业生能取得职业资格证书的还是少数,这大大减弱了人才的市场竞争力,降低了人才进入市场的可能性。因此,民办高职院校应调研通用的职业资格认证标准,改革课程结构和专业课程,对接行业企业的职业标准,培养一流的民办高职院校的毕业生。

第四节 课程结构改革的关注点

以就业为导向的课程结构创新,首先要遵循高职教育规律,系统设计课程体系,要体现"职业岗位需求性",服务于职业技术技能型人才培养的可持续发展,既要突出"职业性",又要培养学生职业岗位能力,形成体现层次特征和类型特色的职业化教学的课程新体系。民办高职"二元思维"认为,如何构建和做好职业性、岗位化课程结构体系是民办高职院校培养优质职业技术技能型人才的基础和保障。

一、构建"职业素养教育"的通识课程

职业素养教育在民办高职院校的人才培养方案中占有非常重要的位置,我们将在第九章专题讨论。此处,只是对构建"职业素养教育"的通识课程简单描述一下。

1. 通识课程的内容

丰富多样的课程内容是学生个性化学习的基础。因此,民办高职院校在选择通识课程内容时,要注意以下特点:

(1)意义和价值的生成性。首先表现在课程内容本身就具有可挖掘的显性或隐性的意义和价值;其次表现在教师在课程执行的过程中也能够提供意义和价值生成的空间和可能性。

(2)适应性。只有适应学生的需求和发展规律的内容才能体现其现实的价值,实现内容与学生相适应。通识课程应在各个学习领域内为学生提供尽可能丰富的学习内容,以满足不同学生的兴趣和需求,为学生真正意义的个性化发展提供资源保障。

(3)开放性。具有开放性特征的课程才能充分展现它的生命力,跟上整个社会的进步和变化,实现可持续发展。

此外,通识教育不应是在本专业的学习之外,再加上一些其他专业的学习;通识教育不只是教给学生丰富的教学内容,而是学习方法、思维方法的再造,改变那种单纯专业思维的方式。通识教育的重点是学习方法、思维方法的训练和熏陶。通识教育不仅突出专业为背景的课程讲座,而且要捕捉到一些前沿性和交叉性的知识和内容。

2. 制定科学的课程结构

通识课程的结构应体现以下几个方面的特点:

(1)选择性。课程结构应该具有充分的弹性,让学生有选择的权利和选择的空间,发挥他们的主观能动性,根据自身的个性差异决定学习什么内容,什么

时候学习,先学什么,后学什么。

(2)层次性。由学习领域、科目和模块三个层次构成的课程结构充分展现了课程的灵活性和开放性,有利于根据社会发展的变化和学生心理需求的个性差异随时加以调整,做到课程与学生变化的同步适应。

(3)多样化。在课程结构上应实现选修和必修、课内和课外、分科和综合、拓展和探究、传统文化和现代文化等的协调与统一。

3. 注重教学模式更新

在教学模式方面要注重创新。通识教育对人的全面发展,是潜在的、重要的基础,因此,国内外重点大学都很重视通识教育的建设,特别是在教学方法、教学手段方面,要改变传统落后的"满堂灌"的模式,不仅多媒体教学普遍化是基础,同时在多媒体教学中,课程的制作也要对一些传统的经典作品,通过艺术的形式动态化、分解化,使这些课程能对学生起到一个与专业基础课、专业核心课学习和了解同步结合的目的。为此,四种教学模式的应用成为一种必然:

(1)知识传授教学。主要注意当前知识传授环节存在的一些问题,比如教学内容过于陈旧,社会在前进,科技在发展,而课程内容仍以不变应万变;专业知识面太窄,适应性不够等。

(2)理论分析教学。使学生了解理论的内容、形式、发展进程及其规律。

(3)社会实践教学。理论与实践相结合,把理论课的内容与社会实践联系起来,可以安排一些与课程相关的实习。

(4)互动式教学。打破"老师讲、学生听"的模式,调动学生的主观能动性,激活学生的创新思维,培养学生的语言表达能力,比如可以利用分组的方式,让学生就某一个微观问题发表个人见解,由此提高学生的思辨和表达能力。

二、构建"工学融合"的专业课程

"工学融合"是一种将学习与工作相结合的教育模式,主体包括学生、企业、学校。它以职业为导向,充分利用学校内、外不同的教育环境和资源,把以课堂教学为主的学校教育和直接获取实际经验的校外工作有机结合,贯穿于学生的培养过程中。在这一过程中,学生在校内以受教育者的身份,根据专业教学的要求参与各种以理论知识为主要内容的学习活动,在校外根据市场的需求以"职业人"的身份参加与所学专业相关联的实际工作。这种教育模式的主要目的是提高学生的综合素质和就业竞争能力,同时提高学校教育对社会需求的适应能力。

"工学融合"形式多种多样。无论是什么形式,他们的共同点是学生在校期间不仅学习而且工作,也就是工学融合。这里的工作不是模拟的工作,而是与普通职业人一样的有报酬的工作,只有这样,学生才能真正融入职业岗位中得到锻炼。学生的工作作为课程结构计划的一部分,除了接受企业的常规管理外,学校有严格的过程管理和考核,并给予相应学分。

"工学融合"的教育理念是,以职业岗位能力为导向,以提高学生就业竞争力为目的,以市场需求为运作平台。"工学融合"教育模式给学生带来了以下几方面的利益:

——使学生将理论学习与实践经验相结合,从而加深对自己所学专业的认识。

——使学生看到了自己在学校中学习的理论与工作之间的联系,提高他们理论学习的主动性和积极性。

——使学生跳出自己的小天地,与成年人尤其是工人接触,加深对社会和人类的认识,体会到与同事建立合作关系的重要性。

——为学生提供了通过参加实际工作来考察自己能力的机会,也为他们提供了提高自己环境适应能力的机会。学生亲临现场接受职业指导、经受职业训练,了解到与自己今后职业有关的各种信息,扩大了眼界,开阔了知识面。

——为许多由于经济原因不能进入大专院校学习的贫困学生,提供了经济来源和接受高等职业教育的机会。

——使学生经受实际工作的锻炼,大大提高了他们的责任心和自我判断能力,变得更加成熟。

——有助于学生就业的选择,使他们有优先被企业录取的机会。

三、构建"中高职衔接"的课程体系

中高职衔接是构建现代职业教育体系的关键,是实现职业教育科学发展的必由之路。中等职业教育、高等职业教育分别作为高中阶段教育、高等教育的重要组成部分,它们的相互衔接顺应社会经济的发展,能够培养出适应区域产业需求的高素质技能型人才,同时,促进现代职业教育的健康稳步发展。

"中高职衔接培养"指的是,中等职业学校和高等职业院校联合一体化培养技术技能型人才,目的是改变中高职教育两个阶段各成一体、互不沟通的现状,

解决传统的中高职人才分段培养中存在的一系列问题。其中,构建中高职衔接的课程体系尤为重要,它能使中高职院校在人才培养目标、课程设置、职业能力和素养养成等方面形成统一的整体,从而获得最大的教学效率。

1. 中高职之间的缝隙

第一,在人才培养目标、职业面向定位方面,中职阶段的培养目标定位有些过高,而高职院校又常忽略了中职生源的职业基础,在培养目标定位上会与中职学校交叉重叠,可见二者对各自的培养目标缺乏沟通。

第二,在综合素质及职业能力方面,中职学校在课程设置上,普遍专业技能课程较多,文化基础课程较少;在教学过程中,偏重于实践教学,不太注重理论教学;在教学效果上,关注学生熟练操作能力,忽视对原理的透彻理解;在能力素质培养上,关注学生职业技能培养,忽视职业素养的培养。

第三,在课程体系和课程内容设置方面,中高职课程体系中,由于缺乏广泛有效的沟通,中高职院校之间还没有形成可以推广应用的统一课程标准,使得中高职阶段课程目标定位不清,课程内容重复甚至脱节,专业技能也没有系统设计和持续提升,没有体现出中高职教育的层次性及学生认知能力发展的规律性。

第四,在职业资格证书方面,构建中高职衔接课程体系时,应将中、高级工职业资格证书分阶段取得,使两个阶段职业资格要求既独立,又有延续性和层次性。

2. 中高职衔接课程体系构建的原则与路径

根据以上问题分析,中高职教育的衔接要从学生的成长角度、适应产业对人才需求的角度入手,统一制定人才培养方案,构建衔接的课程体系,确保课程结构和内容的衔接、专业技能和素养的衔接、职业资格证书的衔接等。其中,中高职衔接人才培养课程体系构建的路线应包括专业调研、调研分析、岗位面向、典型工作任务和职业能力、知识、职业素养需求分析,以及人才培养目标、课程设置、课程内容、教材内容设计等步骤。

首先,应根据调研对专业所面向的主要岗位(群)进行梳理和归纳,理清中高职岗位提升的路径和关系,然后对学生展开一体化培养,要注意培养目标在层次上具有明显的阶梯区分,在协调发展上有着承上启下的特点,这样不仅能满足区域经济发展对不同层次人才的需求,也能促进职业教育主动去适应电子产品制造业转型升级的要求。

其次，在中高职衔接课程结构方面，为使专业人才培养既能很好地衔接，构建"技术平台课程＋专业方向课程"课程体系。技术平台课程主要培养学生专业技术领域通用的知识与技能，相对稳定，为学生奠定职业知识与技能基础；专业方向课程结合技术应用行业领域而设置，培养的是专项技能，相对灵活，可以根据服务的行业岗位技术需求设置或开发。

再次，实践教学体系应由理实一体化课程、单项技能训练、校内综合实训、校外实习等教学环节组成，递进式地培养学生的专业实践能力。专业技术技能部分，中职阶段的培养目标以锻炼学生的基本技能和操作技能为主，让他们完成中级职业技能考核，获取中级工证书；高职阶段则注重培养学生的高级技能和创新能力，让他们完成高级职业技能考核，获取高级工证书。

最后，由于课程体系要在中职、高职两个不同层次的学校实施，要保障其有效实施必须加强中高职衔接的质量保障建设。可由行业企业专家、中高职院校专业带头人和骨干教师共同研究、制定符合行业企业需求的分段人才培养方案和课程体系，并开发核心课程的课程标准；制定中高职院校分段培养、连贯教育的基础性管理制度，界定清楚双方的权利、义务、责任；建立一体化的质量监控机制，检查与督导中高职教育衔接课程体系实施过程，确保分段培养的教学质量不断提升；设立专项研究经费，支持开展分段培养工作的研究，并将研究成果应用到实践中去。

总之，中高职衔接必须构建一个自身完整，能够"纵向衔接、横向沟通"，能满足学生职业素养养成和技术技能提升及实现长远发展需求的课程体系，使高职的知识、技能在中职课程中建立基础，中职的知识、技能在高职课程中得到延续和加深，从而提高各层次职业教育的教学水平和人才培养质量。

第八章　教育教学一体化育人

"高等职业教育主要是培养生产、建设、管理、服务第一线的高级技术应用型人才,要求学生应在具备必要的基础理论知识和专门知识的基础上,重点掌握从事本专业领域实际工作的基本能力和基本技能,并具有较好的职业道德和敬业精神。"[①]在"南洋"办学中,通过近二十年的职业化教学实践、探索、研究,不断总结,不断凝练出民办高职院校教学的新模式,内容涉及人才培养模式创新、专业能力建设、课程教学改革和创新、校企合作的实训教学、职业素养教育、创新创业教育、管理育人等方面的研究与实践。教育教学一体化育人模式是"南洋"的民办教育、高职人才培养与人才市场需求等融合的创举,是"南洋"多年来对职业化教学的凝练、创新的成果,是"南洋人"集体智慧的结晶。

第一节　教育教学一体化育人概念

高职生基本素质和知识水平具有一定的差异性,民办高职院校需要根据学生的学情特点,以就业为导向,以传授职业经验和职业素养为重点,结合理论知识和专业技能的灌输、职业岗位技能的实训,科学、合理地培养高职生接纳和吸收适合就业需求的专业知识、职业技能及职业素养。

一、教育教学一体化育人的界定

1. 教育教学一体化育人的界定

我们认为,所谓教育教学一体化育人,即专业教学紧密结合专业对口的职业工作特点,依据职业技能标准,把品质和素养塑造、专业理论知识学习、技术技能实训、社会实践和校园文化活动作为重要的育人组成部分融合互通,实行一体化

---

① 摘自《国务院关于加快发展现代职业教育的决定》。

育人，促进学生具备卓越的就业力，进而满足市场和企业对人才专业型、技能型、高素质型需要的一种育人模式。

进一步说，教育教学一体化育人根据职业教育培养目标的要求，对教学资源进行整合，将专业理论学习与实际技能训练紧密结合起来，将工作岗位任务与教学内容紧密结合起来，注重培养学生的思想品德、职业素养、专业知识、职业技能、就业能力，形成合格的职业适应力和职业能力。简单概括为，培养学生卓越的"思想品质""职业素养""职业知识""职业技能"，使学生毕业时成为具备卓越就业力的准职业人。

2. 教育教学一体化育人的特征

（1）主体性。在教育教学一体化育人过程中，学生主动学习的主体地位得到体现。学生通过教师或企业师傅的指导，自主学习和思考，职业知识和能力通过内化成为学生内在的素养。教师通过对学生学习行为的认真观察和分析思考，更深入地了解学生，与学生进行更大范围的交流互动。课程的考核在教学和实训的过程中完成，加强了学生对学习过程的重视。教师对课程学习情况的评价，更多地加入了思想品德、职业素养成分，包括团队合作意识、个人承担的工作任务完成质量、学习态度和职业实训体验等。

（2）职业性。教育教学一体化育人在专业教学的物质文化层面上，建设符合职业目标的实训试验基地。在专业教学层面上借鉴企业培训制度，注重严格规范的教学管理和教学监控。在职业素养层面上注重塑造学生的职业精神、职业道德和奉献精神，注重培养学生的效率和质量意识。在实践性教学层面更注重职业实践性和技能应用性活动的开展。

（3）应用性。教育教学一体化育人突出应用性教学。从专业设置、教学环境、师资要求、学生培养等方面都要充分考虑社会职业需求，注重与职业岗位相匹配的学生应用能力的培养。教育教学一体化育人的专业教学活动强调的不是学科性，而是岗位群，不是学术性和理论性，而是动手能力和解决问题的能力。

3. 教育教学一体化育人的基本原则

（1）坚持立德树人，促进全面发展。教育教学一体化育人遵循职业教育规律和学生身心发展规律，把践行社会主义核心价值观的各项活动融入教育教学一体化育人的全过程，着力培养学生的职业道德、职业技能和创新创业能力。

（2）坚持就业导向，明确规格定位。教育教学一体化育人参照职业岗位序列和技术等级,科学合理地确定专业培养目标与规格。对接最新职业标准、岗位规范,以职业能力为主线构建课程体系。

(3)坚持工学结合,注重知行合一。教育教学一体化育人以工作过程为导向构建和创新教学模式,注重"做中学、做中教""做学融合",重视理论实践一体化教学,强调实训实习等教学环节,促进"学以致用"。

(4)坚持科学性、可行性,突出先进性、引领性。教育教学一体化育人对接产业发展的高端职业岗位和能力水平,遵循职业教育教学规律,注重吸收高职教育的课程教学改革优秀成果,借鉴国外职业教育的先进经验,结合专业技能对口的岗位工作实际,创新一体化教学模式。

4. 与理实一体化教学法的区别

教育教学一体化育人的核心是"育人"。它强调培养学生的"品质""素养""知识""技能""实力"。方法是理论与实践相结合,学生主导、教师引导相结合。主要路径是校企合作、工学交替、顶岗实习,基本要求是在专业教学的同时更注重思想品质塑造、职业素养教育和专业技能实训,在实训的同时更注重学生的职业道德和实际操作能力,其目的是培养学生具备优质的职业素养和职业技能,形成完美的职业能力。

理实一体化教学法,即理中有实,实中有理,理论、实践一体化。它强调充分发挥教师的主导作用,通过设定教学任务和教学目标,丰富课堂教学和实践教学环节,突出学生动手能力和专业技能的培养,充分调动和激发学生学习兴趣的一种教学方法。应该说,理实一体化教学法是教育教学一体化育人坚持的专业教学方法,是教育教学一体化育人的核心部分。

——教育教学一体化育人具有针对性的职业教育及培养方式,其基本要求是在专业教学的同时更注重职业素养教育和专业技能实训,在实训的同时更注重学生的职业道德和实际操作能力。

——在教育教学一体化育人中,教师树立"因材施教"的教学思想,教学过程牢牢把握"教书"——传授知识训练技能,以及"育人"——培育职业素养人才这两条教学目标,将职业技能的训练提高和职业素养的养成作为课程教学两条并行的主线,从教学内容、教学方法、考核方法等方面加以深化和改革。

——着重培育职业技术和职业情感。在完成基础训练基础上,针对不同专业设置文化专题研究,例如汽车文化专题,将学生分成若干研究小组,在教师指导下进行分工协作，完成资料采集、分析和处理，形成专题研究报告，教师进行点评，以提高学生文化素养，启迪学生对所学专业领域深入了解，培育学生职业认知和职业情感。

——着重培育学生职业道德与社会责任感。引导学生对一些社会现象形成正确的认识，建立积极向上的处世态度和健康的人生观。通过这种社会实践调查和专题研讨的形式，调动年轻人思考问题的热情和团队合作精神；通过同龄人集体学习、互相学习、自我教育的过程，激发正义感、提高辨别是非能力，培育学生职业道德与社会责任感。

——教育教学一体化育人改革的途径和任务，主要是建立一体化课程体系、培养一体化教学教师队伍、建立一体化教学实习基地、完善一体化教学培训教材。

5. 突出实训性

（1）实训模块化。教育教学一体化育人把每一种综合素质作为一个模块，设定学时、学分或目标，分别以课程或项目为单元分配到各个学年中的各种培养渠道进行培养。

（2）实训课程化。教育教学一体化育人重点培养的某类综合素质，必须以课程的形式进行培养。另根据综合素质的重要程度分为必修课程和选修课程，设定不同数量的课时或学分。

（3）实训项目化。教育教学一体化育人在"学做事"中提高综合素质是职业素质培养的重要方式。实践证明，把某类综合素质的培养以具体做事的方式，作为一个项目来设定目标、制订实施计划和组织，其培养效果突出。"学做事"是专业知识能力的培养任务，但在开展专业能力训练项目中，同时设定某些综合素质训练目标，把专业能力培养与综合素质培养与做某件具体事情紧密结合起来，效果将会更好。

（4）实训活动化。教育教学一体化育人通过学生喜闻乐见的活动，在潜移默化中使学生受到某些综合素质的锻炼或培养，有着事半功倍的效果。充分利用校内外各种教育资源，以丰富多彩的活动为载体，开展有针对性的、组织严密、内容丰富、能够充分吸引学生广泛参与的综合素质教学。

（5）实训渗透化。渗透，一是指在教学中巧妙地将综合素质教育目标和目的，以一种喜闻乐见的形式来实施，潜移默化地达到教育教学一体化育人的目标与目的;二是指密切结合各种教育教学内容、在各种教育环境中协同开展综合素质教育。为避免目标与目的过于明确而形成的"说教"现象,教育教学一体化的素质教育以渗透式的模式,以期获得最佳的教育效果。

二、教育教学一体化的育人观

1. 能力本位的教学观

教育教学一体化育人培养技术技能型人才,强调人才培养以能力为本位,即以人为本、以就业为导向,突出能力培养,要求毕业生掌握一定的基础文化知识,同时也要掌握相关的专业知识和技能。能力本位表现为学生主动面对职场与积极应对职场环境和氛围的心理准备,一种获取显性的生存本领的隐形心理条件。能力本位的教学观所强调的能力,应被理解为高职生个体在毕业后就业职场中所具有的一种状态——能在动态的社会情境、职业情境和生活情境中,采取专业化、全方位的并勇于承担个人与职业责任的职业行为。这意味着能力是一个具有特别重要意义的概念,是一个在人格培养中具有最高层次的概念。能力本位的教学观认为,学生职业能力的高低取决于专业能力、方法能力和社会能力三要素整合的状态:

——专业能力是指具备从事职业活动所需要的专门技能及专业知识,要掌握技能、掌握知识,以获得合理的知识结构。

——方法能力是指具备从事职业活动所需要的工作及学习方法,要求学会学习、学会工作,以养成科学的思维习惯;

——社会能力是指具备从事职业活动所需要的行为规范及价值观念,要学会共处、学会做人,以确立积极的人生态度。

能力三要素的整合结果,决定着高职生个体在动态变化的职业生涯中的综合能力。高职生就业后当职业岗位发生变更,或者当劳动组织发生变动的时候,学生不会因为原有的专门知识和技能的老化而束手无策,而是能在新环境里积极寻求自己新的坐标起点,进而获得新的知识和技能。这种善于在发展与变革中主动应对的定位能力,是一种更高层次的能力。

2. 人才需求的层次观

教育教学一体化育人在培养目标和规格上具备教学的职业性、实用性、技能性、基层性等属性。就培养目标而论,高等职业教育定位于培养较高层次的技术员和部分工程师；就培养规格而论，高等职业教育要面向生产、建设、服务第一线培养应用型、管理型、高级技能型的技术人才。就培养的知识、能力和素质结构而论，高等高职院校毕业生，其知识面较宽，掌握的理论知识应当更深，更富有创新精神和创业能力。

教育教学一体化育人培养学生成为技术型人才，为了毕业后在行业企业生产第一线工作。技术技能型人才要有一定的理论基础，但不必达到工程师人才标准的要求，而是更强调理论在实践中的应用，即所谓的理论应达到"必须够用"，"可只知其然，不知其所以然"。技术技能型人才具体可分为三类：一是生产类，如工厂技术员、工艺工程师、工地施工员、农艺师、畜牧师、植保技术员等；二是管理类，如车间主任、作业长、工段长、设备科长、护士长、护理部主任及行政机关中的中高级职员；三是职业类，如会计、出纳、统计、助产士、导游、空勤人员、农业生产经营者等。按照高职教育的培养目标，对于高职生来讲，就是要将其所具备的基础知识和技能转化为一定的技术、技能与专业素质。

3. 工作过程的课程观

工作过程的课程观，是从实际工作岗位的典型工作任务出发，以完成实际工作任务所需的知识为学习内容，以培养企业所需的能力素质为目标，以实践过程学习为主要过程的一种课程模式。以工作过程为导向的课程开发包括：

(1) 基础调研和分析。基础调研和分析是明确专业设置、专业内涵、专业定位，确定培养目标与人才规格的重要依据，是按照职业岗位需求和用人需求确定人才培养模式的需要，也是以工作过程为导向的课程开发的基础。基础调研和分析的任务：一是了解市场需求，明确专业方向和专业内涵；二是了解岗位（群）需求和用人需求，明确人才定位、人才规格；三是了解职业资格标准和职业资格证书等级与要求；四是了解教育与培训现状，分析问题的根源，提出课程开发的对策与建议。

(2) 典型职业活动调研分析。典型职业活动调研分析是课程开发的基础性工作。每一项典型职业活动的完成都要经过明确任务、收集信息、制订计划、进行决策、组织实施、过程检查、结果评估七个环节完整的工作过程，并具有特定的结果。在第一阶段基础调研的基础上，通过开展专题调研，确定所对应的职业岗位群的典型职业活动，并对典型职业活动的职业特征，从典型职业活动描述、工作岗位、工作对象、工具器材、工作方法、劳动组织、工作要求以及职业资格标准等方面进行系统分析。这是课程开发最重要的环节。

(3) 专业核心课程结构设计。专业核心课程是专业必修课程。需要注意的是,在以工作过程为导向的课程体系中,并不是所有专业核心课程都完全按照职业活动的工作过程编排,也就是说并不完全排斥以学科体系形式存在的部分专业核心课程。因此,按照课程的设计方式,专业核心课程又可以分为由典型职业活动直接转化的课程和分析整合课程。分析整合课程可以是进行典型职业活动前必备的认识性、基础性课程。

(4) 专业教学指导方案制定。专业教学指导方案是实施教学的指导性文件,是组织教学和教学管理的重要依据,是保证教学质量和人才培养规格的重要文件。专业教学指导方案应对专业人才培养目标及规格、毕业生应具备的职业能力、课程设置原则、专业核心课程框架、实训环境、师资队伍、教学与考核、教学管理等方面做出规定性要求。专业教学指导方案的制定要以典型职业活动分析为基础,要涵盖职业标准的技能和知识要求,与职业资格证书接轨,要遵照教育行政部门对文化课的教学指导意见,课程结构设置要遵循职业成长规律。

(5) 专业核心课程标准制定。课程标准是实施教学的重要文件,是课程的核心要素,它与教学方案相配套,是师资、教材、教学资料、教学设备配备及教学质量评价的依据。完善的课程标准对专业设置、课程设置及课程教学组织具有指导作用,有利于专业标准的统一。与课程教学大纲相比,课程标准更强调以培养学生具备什么职业能力为课程目标,以学生学会做什么事情为学习内容,以职业工作标准和职业资格标准为考核标准,使课程目标、内容和考核标准更加明确并可测量。

三、教育教学一体化育人的二元结构

1. 教育教学一体化育人标准与目标的二元结构

(1) 育人主体的二元结构:学校和企业。从人力资源市场角度看,民办职业院校与其他高校一样,是技能人才培养的主体,属技能人才的供给侧,追求社会效益;企业属于经济基础,是技能人才的使用主体,属技能人才需求侧,追求经济利益。从培养技能人才的角度看,作为使用主体和需求侧的企业,既掌握技能人才培养的标准,也是技能人才培养的最佳场所,具备培养技能人才的部分条件;作为培养主体和供给侧的民办职业院校,缺乏培养技能人才的最佳场所;缺乏与

企业相同或相似的训练设备;缺乏企业师傅技术水平的教师。学校与企业双方实有合作培养的需求,双方实有互利共赢的可能,最好的办法就是校企合作,即双方作为培养主体的身份联手合作,共同培养人才。

(2) 育人标准的二元结构:职业标准与学校标准。所谓"职业标准"就是职业资格证书制度,它是由国家职能部门组织行业、企业专家制定的,由行业协会评价认定的,以技能为主,兼有素养内容的市场标准。所谓"学校标准",就是民办职业院校遵循"职业标准",结合职业的教育特点,包括培养学生技能、知识、素质内容的标准。民办职业院校应该根据上述两个标准的二元组合来制订培养计划,实施培养方案。衡量一个学生是否达到职业标准的书面依据,即其毕业后是否获得职业资格证书;衡量一个学生是否达到学校标准的书面依据,即其离校后是否取得学校毕业证书。

(3) 育人目标的二元结构:就业与成才。国家规定职业院校要以促进就业为导向,培养目标为:高素质劳动者和技术技能人才。就业导向与技能成才是两个不同的概念。民办高职"二元思维"认为,就业是成才的基础条件和实现平台;成才是就业的实力支撑和价值体现。民办职业院校应该做到:学生的绝大多数毕业即就业,先解决生存问题。然后在就业岗位上接受用人单位检测,认定是否成才,再解决发展问题。

2. 教育教学一体化育人内涵的二元结构

(1) 专业课程的二元结构:工作过程与学习过程。按生活常识,工作过程体现在岗位上;学习过程表现在课堂里。国务院《关于加快发展现代职业教育的决定》指出,职业教育的教学过程必须与企业的生产过程对接,实行校企合作、产教融合。民办职业院校的实践已经证明二者组合的可行性和必要性。专业课程内容决定学生专业水平。只有实现工作过程与学习过程的二元组合,才能有效解决所教、所学、所用三者的对接问题,才能保证培养质量。就业与成才,不仅需要辩证组合,而且应该形成远近相关的两个目标:毕业就业和就业成才。

(2) 学生身份的二元结构:学生与员工。从社会成员角度看,学生与员工属两类不同的社会群体,二者互不相干。在传统的学校环境里,学生的身份只能有一个,即学生,但在职业院校这一特殊环境里,互不相干的二者却有特殊的表现:常态化教室里,学生的身份是学生;一旦进入技能实训场所、跟岗实习场所、顶岗实习场所,就增加了一个新的身份,即准员工。身份形态的转化,要求民办高职院校服务的方式、管理的制度也要发生相应的变化。

(3)"双师型"教师的二元结构:学校教学人员与企业技术人员的二元身份。民办高职院校的专业教师必须既是教学人员,掌握教学能力;又是技术员工,掌握技术能力。只有具备两种身份,拥有两种能力,才能成为合格的专业教师,才可能培养出市场需要的既有理论知识,又有技术技能的高素质人才。

3. 教育教学一体化育人校园文化的二元结构

校园文化的二元结构:学校文化与企业文化。民办高职院校的校园文化必须体现出学校文化与企业文化的融合:既要开展活跃的学校文化,培养学生必需的知识技能,也要灌输必要的企业文化,提高学生必需的职业素养。学校文化与企业文化均为民办高职院校的文化需求。强调这项二元组合,一是要求学校应当建设有利于学生加强技能教育的学校文化;二是要求将学生所学专业对口企业的主流文化,提前通过课堂、社团、技能竞赛、顶岗实习、讲座等形式进入校园,影响并提高学生企业文化意识,为毕业就业顺利适应工作打基础。

四、教育教学一体化育人的基本条件

1. 必须与区域产业发展需求对接

教育教学一体化育人既是与经济社会发展、产业结构变化相适应的教育,又是能够促进经济社会发展、产业结构调整的教学方式。因而,教育教学一体化育人牢固树立依赖区域经济社会求生存、服务区域经济社会求发展的理念。可以说,适应和促进区域产业结构调整和变化是民办高职院校存在和发展的动因和前提,也是整个教育教学一体化育人运行机制的动力源。这主要体现在以下三个方面:

(1)必须为地方经济社会发展服务。从服务方面角度看,教育教学一体化育人的主要任务是为本地区的社会发展培养各级各类合格人才,尤其要直接为本区域经济建设服务,其区域性特征十分明显。综观各类高职教学法,可以说,教育教学一体化育人是与区域经济社会发展联系最为紧密的教学类型,区域经济社会发展的要求首先反应在教育教学一体化育人上。因此,教育教学一体化育人必须以本地区的经济发展特点为依据,来考虑专业设置、课程开设以及教学的质量和层次,必须充分利用地方资源和地方优势,培养急需的职业技术人才,以此服务地方经济发展。

（2）区域产业结构调整是决定教育教学一体化育人质量的重要因素。区域经济社会发展、产业结构不断调整和变化，这为教育教学一体化育人发展创造了新的契机。尤其是高新技术产业、绿色产业、可持续发展产业等经济社会效益较高的产业成了朝阳产业，这需要新型技术技能型人才。因此，教育教学一体化育人必须根据区域科技发展和产业发展对技术技能型人才的需求，从对职业的工作分析（职业通性、职业职责、职业任务）和职业的专业技术人员所需的知识、技术、能力、素质细化入手，确定人才培养目标和规格。

（3）区域经济社会发展、产业结构调整和变化的要求都对教育教学一体化育人提出了新的要求，这种要求都将反映在教育教学一体化育人的各个构成因素的变化中，具体到师资培养和提高、培养模式及途径、课程改革、管理制度等各个相对微观的方面。

2. 必须配齐"双师型"教师

教育教学一体化育人要突出特色，必须强化"双师型"的专业师资建设，强调既要有一定的理论知识，又要有一定的实践经历，要熟练掌握技术，具备实际操作能力。民办高职"二元思维"认为，"双师型"教师实质上是指，教师既具备宽厚扎实的专业理论功底，又必须掌握相当熟练的专业技能和丰富的实践工作经验。原因如下：一是应用技术型人才的培养要求有既懂理论技术知识，又掌握丰富实践经验的师资队伍；二是要求有以培养实用型人才为目的，以技能训练为中心，运用启发式、直观式、讨论式的教学方法的教师；三是要求加大专业课尤其是专业技能训练教师的比例。这要求教师应由单一的教学型转向教学、科研、生产实践一体化的"一专多能"人才目标转变。民办高职院校必须加强"双师型"的专业师资队伍的建设。第一，要采取积极措施，大力推动和鼓励理论课教师深入生产、建设、管理和服务第一线培训、学习，而技术、技能课教师要加强理论学习，提高理论修养，更好地以理论指导实践。第二，要重点聘请一些具有丰富实践经验和较强操作技能的社会师资来补充专业教师的不足，改善师资结构，适应专业需要。这可以节约教师经费，很容易地使学生接触到第一线的技术、形成技能。民办高职"二元思维"认为，"双师型"教师队伍建设得如何，将决定技术型人才培养目标能否真正地实现，是教育教学一体化育人的首要任务，是人才培养质量的重要基础。

3. 必须构建"够用知识、突出技能"的课程教学体系

随着区域产业转型升级,企业急需大批经过职业基本训练的劳动者,这要求职业的基本训练在学校完成,对高职生的要求既需要具备特定岗位能力,又具备一定的转岗、换岗能力,有可持续发展的能力。教育教学一体化育人就应该适应企业与学生的需要,既要适应现实,又要面向未来,民办高职"二元思维"认为,"够用知识、突出技能"的课程、专业模式恰恰满足了这种需要。

"够用知识、突出技能"是指在够用的基本文化和专业基础素养之上,采用多种灵活的模块化课程,并以之为基础,灵活地进行各种形式的有机结合,形成相应的多种专业方向,培养基础够用、适应性强的人才。可以说,它既是课程设置模式,又是专业设置模式,是教学体系、人才培养的核心问题。

"够用知识"不仅指公共基础课的面要够用,更是指专业基础课的面要够用,加强基本、基础教育,延迟专业定向时间,强化学生广博的文化基础知识和够用的专业基础素养。其中在文化基础方面,学生学习的内容是作为高职生所必须具备的知识,具有共性;而在专业基础素养方面,学生所学习的内容并不针对某一特定岗位,而是对应于某一岗位群所必备的态度、知识、技能和技术,具有够用性。

"突出技能"就是指专业设置注重技能提升,教育教学一体化育人应该按照岗位要求及科学合计数等,以开发课程为主,使学生在够用的理论基础上,注重技能的提升,通过灵活的课程模块、多变的技术方向(专业方向),以适应就业和职业岗位变化对技能的需要。教学过程中通过理实一体化、实训实习、赛训结合等多种手段全面提升学生的技能水平。

4. 必须加强实训教学力度

教育教学一体化育人强调学生具备必需的理论知识,且具有基本实践操作技能、专业技术与综合实践能力。这其中的关键就是要开展好实践教学。可以说,教育教学一体化育人模式的特色主要体现在实践教学方面。教学实践基地建设成为办好职业技术教育的关键。教育教学一体化育人要给学生充分的实践机会,除了建设进行验证和探索的实验室之外,还要大力建设培养综合实践能力的实训基地,加大实训力度,培养第一线的高水平应用型人才。

对与校内实训基地的建设,教育教学一体化育人强调建成针对性强、仿真性高、模拟性实、开放性大的实践教学基地,形成有利于学生学习新技术、经历新工艺、灵活学习的技术教育学习环境。同时,要面向社会,依托行业、企业以及行业

主管部门,走产学结合的道路,由学校和企业共同培养技术型人才。学校与企业合作建设实现教学方案的校内外实训基地,学校应依靠企业进行实训教学,同时要努力使校内实训基地体现教育和企业运行特点的有机融合,充分发挥校内实训基地的社会效益,并落实实训基地的对外辐射和服务功能。这是民办高职院校教育的特色和质量要求决定的,是培养职业技术教育人才的根本途径。产学结合,学校可以得到政策、经费、项目、科研的支持以及学生、教师实际训练场地的支持。因此,教育教学一体化育人应该积极争取密切与社会、企业的联系,尝试与企业或用人单位协同完成教学及实训过程,使学生既学到基本的理论知识,又掌握实践技术与技能。只有这样,才能更好地培训出合乎社会需要的技术型人才。因此,校内外实训基地的建设和实践教学的落实是教育教学一体化育人运行的关键所在,将进一步突出教育教学一体化育人特色。

第二节 教育教学一体化育人的体系设计

一、教育教学一体化育人的设计思路

1. "以学生为中心"的教学思路

所谓"以学生为中心"的教学思路就是教育教学一体化育人贯彻"以学生为中心"的教学理念,基于高职学生学业水平,推进"因材施教,以学生为中心"的教学改革,提高学生参与学习的积极性、主动性,从而提高教育质量,使学生成长为不仅掌握知识,更拥有技能,且品行兼优的人才。

——创新目标:教育教学一体化育人根据学生个体学情差异状况,按照社会职业的需要,进行职业目标的培养,促进学生的德、智、体等诸方面得到全面发展,完成由学习者到准职业人的转变,就业后成为合格职业人,更好地适应多样化的社会职位需要。

——基本策略:一是坚持专业能力培养,使学生具备从事职业活动所需要的专门技能及专业知识。注重技能的培养,使学生获得合理的专业知能结构。二是坚持方法能力培养,使学生具备从事职业活动所需要的工作方法和学习方法。注重培养学生学会学习、学会合作,以养成科学思维的习惯和判断、分析、解决问题的能力。三是坚持社会能力培养,使学生具备从事职业活动所需要的行为规

范和价值观。注重培养学生学会共处、学会做人,以确立积极的人生态度和养成较为成熟的职业素养。四是坚持发展能力培养,树立"以生为本"的理念,关注每一名学生的"成长、成才、成人",着力培养学生的职业道德、职业技能和就业创业能力,促进学生个体的潜能和差异性个性得到发展。

"以学生为中心"的教育教学一体化育人创新要求在教学中应该从传授知识转为培养能力,从传授范式转为学习范式,让学生主动参与教学过程,进行学习方法和教学方法的变革,同时教学组织管理方式、教学质量评价方式随之做出相应调整,凝练成"以学生为中心"的教育教学模式。

2. "专业优化"的发展思路

专业布局与调整,是教育教学一体化育人的基础架构。教育教学一体化育人的一切教学活动都是围绕专业展开的,专业布局是否科学,重要性不言而喻。专业设置以就业为导向,重视专业建设,打造专业品牌与特色,实现专业强校。

——创新目标:以加强重点专业、品牌专业、特色专业建设为核心,紧贴产业发展、校企深度合作,本着专业设置、人才培养目标与行业企业需求对接,凝练专业内涵,改善实训条件,深化教学改革,整体提升专业发展水平,实现专业建设规模、质量、效益的协调发展。

——基本策略:一是专业建设采取整体规划与分步实施相结合,与教学改革相结合,与科研相结合,创新专业内涵。加快实现专业教学向内涵建设、质量提升转型。构建数字化、网络化、职业化专业课程体系、专业资源库、专业教学团队。二是以创新人才培养模式为统领,以提高教学质量为目标,重点围绕教学资源库、课程体系、专业带头人、教学团队、实训基地及校企合作等环节和内容对专业展开重点建设、特色建设、品牌建设。三是把提高人才培养质量作为专业强校的核心,遵循职业教育规律,以学生就业为导向,结合专业实际情况,培养道德品质好、技术技能优、服务能力强的技术技能型人才。四是坚持与技术先进、管理规范、社会责任感强的企业深度合作,共建生产性实训基地,面向企业的生产和创新需求,提高专业的技术协同创新能力。

3. "强师立教"的创新思路

所谓"强师立教"就是推进人才培养模式改革,提高教育教学质量的一个重要抓手,要求教师有意识地尝试进行"以学生为中心"课堂教学改革,做了有益的探索,改进课程教学的效果,并系统地开展"以学生为中心"的教育理论研究,了解各类"以学生为中心"的教育实践,结合学情分析,开展"以学生为中心"的教学改革。

——创新目标:坚持教师为人师表,严谨治学,教书育人,以加快专业带头人、骨干教师队伍建设为目的,以全面提高教师队伍业务素质为基础,以完善教师管理制度为手段,建设一支数量合理、品德高尚、素质优良、结构合理、业务过硬、充满活力、精干高效、健康稳定的教师队伍。

——基本策略:一是坚持高品质教师队伍建设,大力促进教师专业发展。坚持优化教师队伍的年龄结构、学历结构和学缘结构,稳定骨干教师队伍,造就若干名拔尖专业带头人,培养若干名有重大影响的教研、科研领路人,形成若干个有相当知名度的教学创新团队。二是坚持教师教学和教科研能力及水平有新突破。重视教师专业知识和教学能力提升,重视教师综合素养和高职教育境界的提升,促进教师在教学、教科研等方面的能力和水平有标志性成果。三是深化专业带头人、骨干教师队伍建设,以加快培养专业领军人物为核心,提高专业带头人的数量和质量,引领和带动专业教学、教改和教科研的个性化、特色化、品牌化。四是推动教师分类管理、分类评价的人事管理制度改革,全面推行按岗聘用、竞聘上岗。制定教师分类发展规划,实施分层培养,促进教师健康发展。五是坚持加大高端教师引进力度,充实师资队伍。积极创造条件,完善兼职教师管理,明确聘任条件、规范聘任程序、界定聘任任务、加强聘任考核,提高兼职教师管理的针对性和实效性。

二、教育教学一体化育人体系的框架内涵

所谓教育教学一体化育人"1+4+N体系"框架:

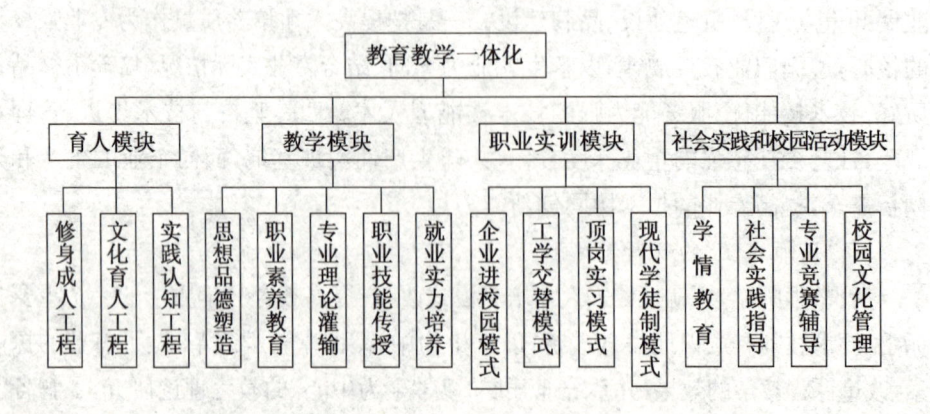

```
                        教育教学一体化
        ┌──────────┬──────────┼──────────┬──────────────┐
      育人模块      教学模块    职业实训模块   社会实践和校园活动模块
     ┌──┼──┐    ┌──┼──┬──┐  ┌──┼──┬──┐   ┌──┬──┬──┐
    修 文 实    思 职 专 职 就  企 工 顶 现    学 社 专 校
    身 化 践    想 业 业 业 业  业 学 岗 代    情 会 业 园
    成 育 认    品 素 理 技 实  进 交 实 学    教 实 竞 文
    人 人 知    德 养 论 能 力  校 替 习 徒    育 践 赛 化
    工 工 工    塑 教 灌 传 培  园 模 模 制    　 指 辅 管
    程 程 程    造 育 输 授 养  模 式 式 模    　 导 导 理
                               式           式
```

——"1"是育人框架。以"育人"作为人才培养的导向标杆和总目标。

——"4"是培养模块。"育人"的架构由4个培养模块来支撑：一是育人模块，由三大育人工程组成，即修身成人工程、文化育人工程、实践认知工程；二是教学模块，由五大教学任务组成，即思想品德塑造、职业素养教育、专业理论灌输、职业技能传授、就业实力培养；三是技能实训模块，即企业进校园模式、工学交替模式、顶岗实习模式、现代学徒制模式；四是社会实践和校园活动模块，即学情教育、社会实践指导、专业竞赛辅导、校园文化管理。

——"N"代表具体的育人项目。众项目孕育在4个模块之中。例如，活动模块包含的项目有：学情教育、社会实践指导、专业竞赛辅导、校园文化管理等一级项目。其中，一级项目的学情教育包含入学教育、制度和政策教育、国防及军训教育、心理健康教育、职业生涯规划指导、就业指导教育等二级项目。进而二级项目的具体实施，又可设立三级项目的执行方案。

（一）育人模块

1. 构建修身养成工程

高职院校面对高职生群体出现的思想认识多元化、多样化趋势，要始终贯彻培育和践行社会主义核心价值观、服务高职生成长成才这一主线，开展思想道德、基础文明、传统文化、美丽校园教育活动，全面提高学生综合素质。坚持用国家富强、民族振兴、人民幸福的"中国梦"凝聚力量，教育引导学生从小事做起，从自己做起，坚定理想信念，励志刻苦学习，积极投身实践，不断激发他们投身祖国建设的浪潮之中。

2. 构建文化育人工程

培养工匠型技术人才的目的是要为企业服务，进而提升中国制造能力。因此，厚植工匠精神，作为学校就是要把与企业的深度融合作为培养工匠精神的基础性工作，将思想政治教育工作融入育人的各个环节，跳出以往刻板说教的模式，引进企业文化，对接校园文化，把不同特色的价值观念、经营准则、经营作风、企业精神、道德规范、发展目标等企业文化引入校园，与校园文化对接，将行业、企业、职业等要素融入校园文化。

3. 构建实践认知工程

实践是学生了解专业对口的职业特点、增长职业能力才干、磨炼职业意志、培养职业品格的重要途径。因此，实践认知的基本条件包括校企合作、产教融合、工学交替等平台，路径需要教学走进企业车间，学生走上工作岗位，企业技术员或工人师傅"教、帮、带"，探索和建立学生实训实践与专业理论相结合、与体验职业岗位相结合的工作机制，让实训实践成为推动学生认知的有力抓手，使学生对职业岗位和职业能力有新认知。

（二）教学模块

教学模块由五大教学任务组成：

——思想品德塑造：实施政治、法律、知识、审美等方面的教育，注重培养社会责任感和道德选择能力，教育学生学会做人、学会做事。

——职业素养教育：实施职业道德、职业行为、职业作风、责任心、抗压能力、职业技能等方面的教育，还包括在职场上的工作思维、方式、规则、常识等教育。

——专业理论灌输：针对教育教学一体化育人的特点，以"必需、够用"为原则，明确课程目标、构建教学体系、强化教学手段，对专业知识的课程教学进行探索和实践，对学生实施专业知识的灌输。

——职业技能传授：与企业或用人单位联合办学，协同完成教学及实训过程，使学生既学到基本的理论知识，又掌握实践技术与技能。

——就业力培养：确保毕业生获得一次性就业，并保持就业状态3年以上，在必要时获得新就业的能力。简单地说，就业力即获得及持续完成工作的能力。

（三）技能实训模块

实训模块由四个实训模式组成：

——企业进校园模式：由企业提供实习基地、设备、原料，企业参与学校的教学计划制订，并指派专业人员参与学校的专业教学。

——工学交替模式：是指学习和工作交替进行的培养模式，其实质是产学结合、合作育人，即利用学校与企业两种教育资源和教育环境，使学生的理论学习与实践操作有机结合起来。

——顶岗实习模式：即到专业对口的现场直接参与生产过程，综合运用本专业所学的知识和技能，以完成一定的生产任务，并进一步获得感性认识，掌握操作技能，学习企业管理，养成正确劳动态度的一种实践性教学形式。

——现代学徒制模式：由企业和学校共同推进的一种育人模式。对高职生而言，就学即就业，一部分时间在企业生产，一部分时间又在学校学习。

(四) 活动模块

1. 学情教育

(1) 入学教育。入学教育是新生正式开始高职生活的第一堂课,主要帮助新生能尽快了解校园生活、明确校纪校规、理解专业设置、认识就业方向。为此,入学教育成果很大程度上影响着学生在这个新的起跑线上,如何正确定位自己并确立自己的奋斗目标。

(2) 制度和政策教育。新生进入大学学习阶段不仅需要认识到这是角色上的转变,更是需要从思想、理念上进行转变和提升。政策解读的教育目的,让学生在今后学习生活中慢慢学会将校纪校规这些外化型约束机制内化为自觉行为,规范自己,以自律带动他律。

(3) 国防及军训教育。国防教育是职业教育的重要组成部分。在新的形势下,如何将国防教育置于职业素养教育的框架之下,行之有效地开展国防教育,如何使国防教育在高职生的观念中成为有力的思想武器,达到真正通过国防教育培养人才的目的,是一个值得高职院校深刻研究的问题。

(4) 心理健康教育。心理健康教育的任务就是帮助学生从性格、能力、兴趣、价值观四个方面,了解自己的职业倾向,促进学生对自我职业倾向的认知,建立起与之相匹配的职业态度,为学业有成打下基础。

(5) 职业生涯规划指导。职业生涯规划是指学生在学校期间进行系统的职业生涯规划的过程,它包括学习规划、职业规划。职业生涯规划可直接影响到大学期间的学习生活质量,更直接影响到求职就业甚至未来职业生涯的成败。需要师生共同合作落实。

(6) 就业指导教育。就业指导教育通过就业数据平台和就业数据分析,帮助学生厘清当下就业形式,树立正确的择业观,引导学生开始进行自身职业生涯规划,分析自身优势劣势,取长补短,有效利用大学学习生活,提高自身就业竞争力和专业职业素养能力。

2. 社会实践指导

社会实践指导强调以学生活动为主体,要通过学生的自主学习与实践,获得自身能力、创新精神与探究能力的发展。但是,教师的组织与指导是完成课程目标的基本条件。教师的组织与指导包括:活动前期准备阶段的组织与指导;活动过程中的组织管理与指导;总结交流评价展示阶段教师的组织与指导。

(1) 义工志愿者。义工服务是指学生个人为了社区或整个社会的幸福而从事的一种非营利、无工资和非职业的行动,利用自己的时间、技能、资源、善心为邻居、社区、社会提供非营利、无偿、非职业化援助的行为。

(2) 勤工俭学。勤工俭学指在课余时间参加劳动,学生利用业余时间做工赚取报酬。也有人并不是为了报酬,而是想多积累点社会实践经验。

(3) 社会考察。综合实践活动课程是学生在教师的引导下,自主进行的综合性学习活动,是基于学生的经验,密切联系学生自身生活和社会实际,体现对知识的综合应用的实践性课程。

(4) 社区服务。社区服务内容要以满足居民的需要为目的,居民需要什么服务就提供什么服务,主要应包括开展各种有利于老年健康的文体活动、开展拥军优属服务、为残疾人服务、社区治安巡逻等。

3. 专业竞赛辅导

职业院校技能大赛可分为:教育部牵头组织的全国职业院校技能大赛,省级教育行政部门牵头组织或受教育部委托由行业举办的职业院校技能大赛,职业院校自行组织的校内技能比赛。组织职业院校技能大赛,旨在树立"人人成才"的人才观念,引导建立符合职业教育规律的人才评价体系;根据岗位要求,推动职业院校专业改革与建设,提高职业教育人才培养的针对性和有效性。

4. 校园文化管理

大力建设校园文化。校园文化具有重要的育人功能,要建设体现社会主义特点、时代特征和学校特色的校园文化,形成优良的校风、教风和学风。大力加强高职生文化素质教育,开展丰富多彩、积极向上的学术、科技、体育、艺术和娱乐活动,把德育与智育、体育、美育有机结合起来,寓教育于文化活动之中。要善于结合传统节庆日、重大事件和开学典礼、毕业典礼等,开展特色鲜明、吸引力强的主题教育活动。为了展现学校师生的风采,丰富学生的课余生活,一般学校会开展如"挑战杯""迎新赛""大学生艺术节""寝室文化节""社团文化节"等一系列的学生活动。

三、教育教学一体化育人的过程要点

1. 突出技能教育

教育教学一体化育人使高职生既掌握基本的理论知识,又获得综合性的专

业技能、技术能力。为了使学生具备从事第一线工作的能力,一般要求学生拿到学历证书,毕业即能上岗。教育教学一体化育人的课程教材应突出实用性,不应单纯强调理论的系统性、完整性,应重在理论的实际应用,教学中要注意把传授知识与培养能力结合起来,使学生的知识和能力获得同步发展。在课程内容和课程安排上要进行必要的调整,对理论知识的教学要强调"必需、够用",要增加技术技能课教学时间,及时反映与职业相关的最新科技成果,并加强实践环节教学,提升学生的直接经验,大力培养学生的实践能力等。

2. 强调综合性

随着科技的发展和社会的进步,社会职业岗位将不断地更新调整,社会分工也将由单一工种逐步向复合工种转变;一个人一生可能要经历多次的转岗和再就业。所以,作为第一线的工作人员,必须在精通一门或多门专业知识的基础上,尽可能多地了解或掌握其他相关专业的知识和技术。为此,除了强调专业课之外,还必须注意打好基础。基础主要指文化基础和专业基础,即必需的文化知识、够用的专业理论和必备的基本实践能力。同时,要减少不必要的必修课,增加与专业相关的实用性较强的选修课,增加综合素质教育、创新能力培养、创新精神训练等方面所必需的课程;改变以往每门课程自成体系的传统观念,整体优化课程结构,加强学科间内在逻辑和结构上的联系。只有促进各科教学内容之间的相互融合,才能培养出适应知识经济时代要求的复合型人才。因此,教育教学一体化育人要做到尽快扭转以往专业划分过细的状况,注意拓宽专业培养口径,扩大专业覆盖面,培养高职生综合职业能力。

3. 重视关键能力培养

从教育教学一体化育人培养目标的转变,可以发现人文教育的重要性。高职生必须要有对专业职业的高度责任心,有较高的职业素质,有把技术问题置于整个职业系统中从而进行综合考虑的能力。换言之,高职生除了精湛的职业本领以外,还应具有诸如善于与人打交道、联想思维、团队精神、责任心、职业道德等这些关键能力,或称之为"软能力"。可见,关键能力已成为衡量人才的重要标准,一个人只有技术,不能成为一个好员工。

4. 注重创新能力培养

新的产业结构的调整,表现出了新的特点,诸如产业变迁频繁,新技术、新行业不断涌现等,这要求职业教育所培养的学生具备从业与转岗的能力,尤其要求高职生有一定的创新精神和创新能力,具有创业的能力和使产品升级换代的能力。职业教育课程,必须在原有理论、技能基础上,根据岗位变化、技术更新,适当增加一些适应性的教学内容,要适度增加可供学生参与讨论的内容,激发学生独立思考和创新的意识,培养学生的理解力、思维能力和创新能力。教育教学一体化育人是全面落实基于能力的教学新模式。教育教学一体化育人通过围绕能力培养目标,创新民办高职院校人才培养模式和评价标准,拓展职业技能竞赛体系、建立职业素养教育工作机制,逐步形成教育教学一体化育人特色。教育教学一体化育人对其日常教学运行及管理中的各个侧面进行剖析,对教学内部运作机制做深入分析,经过研究其一般规律,从而对民办高职院校教学现状提供典型研究范例,从特殊范例提出民办高职院校教学工作普适性特征和管理模式,为民办高职院校的人才培养提供了一个教学创新模式。

四、目标:卓越就业力的准职业人

教育教学一体化育人的目标,归结成一句话,即培养具备卓越就业力的准职业人。所谓卓越的就业力就是紧贴市场对专业技术人才的需要,高职生通过教育教学一体化育人的培育,形成具有支撑性、发展性的就业核心能力。卓越就业力包括以下几方面的内容:

1. 专业能力

所谓专业能力,是指从事职业和创业活动所必需的知识和技能,以及运用所掌握的知识和技能解决职业工作中实际问题的能力。专业能力是影响就业力的重要因素。

(1)合理的知识结构。专业知识和相关知识的掌握能力历来为人们所重视,也是用人单位选人最重要的依据,只有具有广博扎实的专业知识和相关知识,在实际工作中才能驾轻就熟,得心应手,才能运用所学知识去开拓创新。但知识的学习与学习能力的培养,一定要注重知识的结构。

(2)过硬的专业技能。专业技能体现的是一种实际工作能力和岗位能力。能力的操作过程,无论是机械的还是非机械的,是自动化的还是非自动化的,都需要过硬的熟练的专业技能。

2. 适应能力

适应在心理学上一般指个体调整自己的动机和心理状态,使之与环境条件的要求相符合。适应能力是指个体在社会组织系统、群体或经济文化因素中,其生存功能、发展目标和实现相应变化的能力。适应能力需要以下要素支撑:

(1) 人际交往的能力。人际交往能力是适应环境的关键,是求职择业中非常重要的能力。人际交往的能力实际上是与他人相处的能力,包括人际沟通、人际和谐两大基本内涵。协调处理好工作中人与人之间的关系,会影响到工作效能、心理健康、生活愉快和事业的成败。

(2) 表达能力。表达能力是指应用语言或文字阐明自己的观点、意见或抒发自己思想的能力,它包括口头表达能力、数字表达能力、图示表达能力等几种形式。特别是口头表达能力,无论是在求职面试,还是对外交往中都非常重要。

(3) 组织管理能力。尽管不是每个人将来都会从事管理工作,但每个人在工作中都不同程度地需要组织管理才能,这是工作单位对人才的基本要求。

(4) 承受一定挫折的能力。由于人生的成长并不都是坦途,求职择业也不会一帆风顺。无论何时何地,在何事上碰到挫折,均不消沉,更不放弃,永远保持上进心和好心情,这对求职择业的成功十分重要。

3. 竞争能力

竞争能力简称竞争力,它直接影响就业效果。竞争能力是就业的支撑性要素,是促进就业成功的重要力量。面对充满激烈竞争的就业市场,如何在激烈的就业竞争中获胜,不仅要敢于竞争,善于竞争,还应当培养和提高自身的竞争力,并在以下方面做出努力:

(1) 思维能力。思维能力是就业竞争力的重要组成部分,常说思想决定思路,思路决定出路,如何进行"思",如何进行"想",就是一种思维能力;在激烈竞争的就业市场中,如何看、如何行,只有思路正确,才会竞争成功,这取决于思维的能力。

(2) 营销能力。营销能力是指就业推销自我,获得他人信任和社会认可的能力。可以说,求职的过程就是营销自己的过程,营销能力与求职成功率成正比。"我需要什么样的职业?""什么样的职业适合我?""我能得到什么样的职业?"这些是构成就业营销的基本要素。

(3) 发展能力。发展能力是指一个人身上表现出来的发展潜力以及自我激励、自我进取、自我完善、追求卓越的能力。这种能力在就业竞争中具有十分重要的作用,它是用人单位考察的一个重要指标。

(4)创新能力。创新能力是指在各种智力因素和多种能力的基础上,创造新颖、独特,具有社会价值的新理论、新思维、新设想、新工艺、新产品的能力。这是一种综合性的、高层次的思维和行动能力,是能力和素质中最关键、最重要的因素。

案例:"南洋"商学院教育教学一体化育人实施方案

一、综述

为了更好地落实学校教育教学一体化育人总体部署,商学院在理论创新与实践突破方面做了大胆的尝试,并取得了阶段性成果。

在理论创新方面,一是学习先进国家及兄弟院校一体化育人经验,丰富了办学思想,扩大了办学视野;二是提升职业教育育人水平,强化高职教育理念;三是突破传统办学藩篱,探索高职商科,特别是本院人才培养的新模式;四是形成具有一定指导意义、可推广、可复制的理论研究成果;五是通过研究成果,对实际工作产生积极影响,促进一体化育人工作向纵深方向发展。

在实践探索方面,通过对高职教育商科类教育教学一体化育人研究,为高职商科类教、育系统准确定位确立科学依据,奠定良好的基础;发现和找到商学院在教、育方面存在的问题,为确立科学实用的教育教学一体化育人方法,找到理论依据;通过梳理商学院教育教学一体化方面存在的"五大问题",实施"五个一体化",利用"横向五级一体化"的创新形式,形成"三堂四育五结合"的模式,从而探索建立一套科学的、契合我院职业教学实际、符合高等职业教育规律、适应未来高等职业教育发展需要、具有普适性指导意义和作用的教育教学一体化人才培养模式。在实践探索方面,实现了四个突破:

办学理念的突破。实现上下一致,协同作战,系统运行,真抓实干。

教学方式的突破。改变了只教不育,实现课上课下、课内课外同步教学,贯通运行。

实施办法的突破。形成了一套管理办法和运行保障机制。

办学模式的突破。利用横向"五协同",实施"五个一体化",突破了旧有的模式。

二、一体化育人目标、主要问题和解决办法

1. 实现目标

总体目标：通过一体化育人课题研究和项目创新设计，形成商学院教育教学一体化育人的新模式，实现"教""育"同源，以期提高学生的综合素质。

近期目标：通过一体化育人办法的实施，力争做到"三个规范"，即进一步规范教学管理；进一步规范教师的教学行为；进一步规范学生的学习行为。从而逐步杜绝教师教学当中不该出现的问题，尽量减少学生的迟到、早退、旷课和玩手机等行为。

2. 主要问题

实现教育教学一体化育人，首先要明确在教育教学一体化育人方面存在的问题，以此为导向，找到解决问题的突破口，创新出有用、实用、可用、管用的方法，将一体化育人落到实处。

通过实践与研究，一体化育人方面存在"五大问题"：

一是"教""育"不同源。严重存在只教不育或只育不教的问题，抑或"教"强势，"育"弱势。教、育"两层皮"。

二是早晚自习只存在形式，而无内容。早晚自习虽然已运行很久，但普遍存在只有形式而无实质内容的问题。学生确实天天在上早晚自习，但实在是无事可做。因此，必然出现玩手机、睡觉等现象。

三是教学与管理方法单一。长期以来的传统教学方式还在延续，注重知识的传授而忽视了技能的提升，因此动手训练不够，与职业技能联系不够。在学生管理方面，也是"一刀切"，没有区别对待，管理效果也就不好。

四是课上课下不同步。上课归专业教师，专业课教师不管素质；下课归辅导员，辅导员只做思想工作，不管专业。综合素质提升变成了两段式，课上课下也存在"两层皮"。

五是制度与方法相脱离。学生守则以及管理制度没有成为学生们遵循的准则，只是一种摆设（违反守则或规定也得不到处理），而抛开制度的管理方法却又十分单一，使得制度和方法也存在"两层皮"。

3. 如何解决这些问题

（1）通过实施"五个一体化"，解决一体化育人的机制问题。

学工与教学一体化。即在一体化育人方面，实现"横向五级一体化"（指商学

院、教师、辅导员、社团、学生骨干），做到上下一致，即将教育教学一体化育人的意识、思想、方法贯穿于商学院整体工作中，连接成完整的培育链，上下通力合作，形成合力，才能真正实现"教""育"同源。

措施：学习提高为前提，形成文件做指引，制定制度做保障，通力合作是基础。

想法与做法一体化。过去是想归想，做归做。想法很好，但不一定能做到。现在是既然想到，就一定要做到。真正使想法和做法一体化，才能将一体化育人落到实处。

措施：将一体化育人的思路、想法转化为措施和制度，纳入实际工作当中去，将顶层设计与实施路径相统一，并制定保障措施。

职业与专业一体化。逐步加大职业体验力度，将三项训练融入教学和第二课堂中，将素质培养和行为规范渗透到常规训练中。

措施：利用财经社团，培养骨干学生，颁发培训师证书，然后分解到各个班级中，辅导三项训练技能，解决培养人的方法和路径问题。

课上课下一体化。即将第一课堂延伸至第二课堂，拓展到第三课堂。使"三堂"紧密联系，合理运行，不可分割。

措施：将专业教学与素质教育糅合一处，即在一体化育人场所方面，实现第一课堂、第二课堂同步运行。将第一课堂的训练任务延伸到第二课堂，排定训练计划表，由教师、讲师团（上一年级学生组成）、助教团（本年级组成）、辅导员进行指导和落实。

管理与规则一体化。即在探索科学方法，实现教育一体化育人的同时，必须严肃校风校纪，将教育管理与严明纪律有机结合，形成管理规矩，并逐步规范化。

措施：重新修订学生守则和管理制度，要与企业管理制度相对应，与未来职业素质相关联。重点是描绘出遵守守则与制度而形成的职业习惯，对未来职业生涯的良性作用，也要让每个学生从内心认识到一旦违反守则与规定，诚信档案中将留下痕迹，对未来的职业发展有重大影响。将守则与制度实际化、通俗化、平常化、制度化，形成遵守则荣，违反则辱的浓重氛围，并作为学生毕业的考量依据。

（2）具体实施"六抓六促"

抓认识提升，促全员参与；抓制度建设，促健康发展；抓三项训练，促素质提升;抓社团职能,促引带作用;抓诚信教育,促自觉行为;抓分级管理,促后进转化。

三、项目设计

1. 总体思路

在统一认识和思想的基础上,将教学课堂管理、早晚自习项目设计、分级与承诺制三大措施,以六项制度为保障,通过横向五协同(分学院、教师、辅导员、社团、学生)的有机结合,最终实现"五个一体化":即学工与教学一体化;想法与做法一体化;职业与专业一体化;课上与课下一体化;管理与规则一体化。

2. 项目设计

(1) 早晚自习项目设计。早晚自习的设计以突出职业性为重点,推出五大板块,即职业体验、专项训练、职业素养提升、专业辅导、文体电班(文艺、体育、电影、班会)。将职业与专业紧密结合的同时,侧重形式的灵活性与多样性。

(2) 职业体验。利用生产性实训室(录入中心),进行会计、金融专业实操业务训练;利用营销生产性实训室,进行营销专业实操业务训练。

(3) 三项训练。会计、审计、金融专业的三项训练:珠心算、点钞数字书写、新媒体应用;营销、电商专业三项训练:礼仪、沟通、新媒体应用。

(4) 承诺与分级管理。

(5) 财经社功能设计。

① 实行梯级学徒制

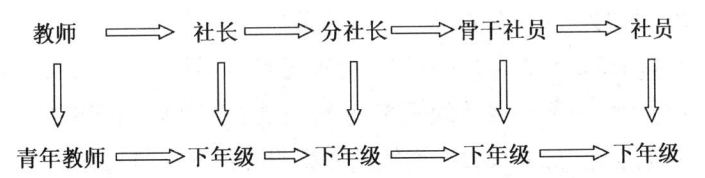

教师 ⟹ 社长 ⟹ 分社长 ⟹ 骨干社员 ⟹ 社员
⇓　　　　⇓　　　　⇓　　　　⇓　　　　⇓
青年教师 ⟹ 下年级 ⟹ 下年级 ⟹ 下年级 ⟹ 下年级

② 成立6个分社

财经分社、微信软文分社、喜马拉雅音频分社、千聊分社、珠心算分社、点钞书写分社。

第三节 靶向培养：教育教学一体化育人的核心内涵

一、靶向培养的主张

教育教学一体化育人的靶向培养主张：校企合作聚实力、产教融合聚合力、靶向培养聚智力、技能实训聚能力，与民办高职院校的高职生的特殊学业状况对接，找对一条适合民办高职院校的高职生成才的培养路径。靶向培养的本质就是与民办高职院校的高职生学业水平和成才愿望对接，正确引导和帮助高职生习得和精通专项职业性知识和技术，使高职生的基本实力、内在潜力、自有创新力充分发挥出来，学有所用、学以致用，有身份、有资格为社会服务，与市场交换资源。

1. 靶向培养的概念

所谓靶向培养是指，校企双方协同管控，利用多元资源，将"企业规范"引入"靶向培养"的专业教学中，针对民办高职院校的学情规律，实施精准施教、指向性培养，重在实效，使学生走进企业、贴近师傅、直面技能、"学训练"三结合，精通掌握职业应用技术的一种职业性教育教学一体化育人模式。换句话说，"靶向培养"树立能力导向意识，利用多元职教资源，针对民办高职院校的高职生基础知识底子薄、渴望学会一门技术、有学习精力和潜力等特征，专项培养其成为职业技术技能型人才的一种教育教学一体化育人载体。

依照民办高职院校办学思路，加强对前瞻性、先导性、探索性的教育教学一体化育人新概念——靶向培养的研究，积极主动总结和归纳其校企合作、产教融合的教学结构、层次、经验、品质，凝练民办高职院校办学的教育教学一体化育人内涵，是提高办学创新内创力，放大和扩展办学竞争优势的基础性策略。

2. 靶向培养的特征

其一，专业课程结构围绕一线生产的实际需要加以设计。靶向培养的课程设计围绕校企合作的企方一线岗位作业和生产实际。基本要求：一是课程内容设置综合化，即专业理论和技术功能具备教学、生产、技术服务等功能；二是教学和实训组织一体化，即二级院、系或教研室和企业车间、实训基地一体化，共享教学资源，合力实施教学；三是"靶向培养"过程统一化，即师生与企业可共同承担教学、实训和生产服务任务,实现知识传授、能力培养、产能提高三结合。

其二,技术能力体系以一线生产的实际需要为核心目标。靶向培养特别强调专业技能实训,达到以专业带实训,以实训获技能,以技能兴生产的效果。专业技术能力提质以一线生产的实际需要为目标的方案包括:一是课程设置和专业技术实训与企业临床性技能对接和融合,达到既符合学生的专业技能实训又不耽搁产能增效的要求标准;二是技术能力的提高有职场或车间一线技师、专家或管理者直面传授,使专业/技术得以真传实教,学生习得货真价实的职业技能经验和知识;三是学生上岗实际操作有良好的机械设备和环境;四是技术实训操作有安全保障措施。

其三,培养过程强调与一线生产实践的结合和一致性。靶向培养重视实践性教学环节与一线生产实践的结合,要求学生胜任岗位工作所应具备的技术能力,熟悉和了解职场或车间环境,掌握生产设备原理和性能,精通设备操作程序的每一个环节、细节,包括使用、调整设备的技能,还有使用某种工具、仪器仪表的能力,在教师或专业师傅的指导下能处理工作中出现的一些技术问题的能力,或发现工作现场出现的问题并能独立解决、校正偏差。

3. 靶向培养的内涵

其一,专业教学实体化。专业教学实体化是指,靶向培养充分利用集团化办学聚集的教育资源和搭建的专业教学平台,注入企业管理理念与规范,在专业知识和技能内容定位、课程设置和教材选用等基本环节上,强调基础、专业和实训的知识和技能相互对应、环环相扣,使专业教学和技能实训与实际工作岗位对接,促进专业知识转化为应用知识、专业技术转化为应用技术,达到"靶向培养"的教学实体化,即实现教学、实训、生产、服务一体化。

其二,专业技能临床化。专业技能临床化实际就是技能实训化,其核心是直移企业现有技能操作方法和技术经验,与专业课程知识和技能对接和融合。专业技能临床化的本质是靶向培养构建"平台+项目"运行架构,促进专业技术与实际实训贯通,利用现有应用技术设备,使专业技能功能放大,渗透到学生实际实训的每个环节,学生掌握专业理论知识的同时掌握企业应用核心技术和经验,达到专业实训的目标,即所掌握的技术与就业职岗衔接无障碍。

其三,专业能力职业化。培养技术技能型人才是靶向培养的第一要务,其专属特征是专业能力职业化,即掌握岗位工作所荷载的专业理论知识、专业应用知识、职业技能和经验，包括所使用机器设备的工作原理、性能、构造、技术操作规程等，加之产品及加工材料的特点和相关的安全知识。靶向培养的终极目标是专业能力职业化，也是职业教育集团化办学的初衷和所属高职院校的教育教学能力质量所追求的标杆。

4. 靶向培养的三个渊源

其一，校企合作是靶向培养的孵化器。靶向培养的形成是校企合作实践积淀、凝练的成果。民办高职院校办学实施"走出去""引进来"策略，将高职院校、企业、用人单位等利益相关者多元集群，通过搭建平台、协同育人的合作途径，设计人才培养模式，就如何培养新型技术技能型人才、构建技能人才培养体系、健全技能人才培养标准、营造技能人才培养环境与氛围等进行统筹、规划和研究，为靶向培养的设计、践行、凝练、孵出、定位进行科学、针对性的量身打造，起到对"靶向培养"的培育、孵化作用，并通过校企合作、协同施教，科学验证靶向培养的社会效益，确保靶向培养的合理性、可行性、有效性。

其二，校企合作为靶向培养提供各种教学"营养餐料"。所谓教学"营养餐料"就是民办高职院校的顶层幕僚为"靶向培养"聚集的多元教育资源，通过资源整合，形成资源优势。第一，教学环境方面：在企业环境里，企方按照教学要求设置教学机构、建立实训车间和开发专业岗位；在高职校园内，校方引入企业资源、引进企业文化、与企方共建生产性实训基地、建立产品试制基地。第二，师资方面：根据靶向培养需求，精挑多元英才，如企业的专家、工程师、专业技工等，把专业知识和技能传授到位、解惑精准，使学生获得技能真经。第三，专业内容设置方面：所授的专业知识和技能与课程安排、教材、教学设备等的一致性，使"实训室—车间、教师—师傅、学生—学徒、实习—生产、作品—产品"有效融通。

其三，靶向培养渊源于校企合作文化。靶向培养孵化于校企合作，根植于校企合作文化，不折不扣地为民办高职院校办学服务。靶向培养的价值在于培养出的学生具备专业能力职业化，具体做到三个衔接：专业与职业衔接、知识和技能与职场应用衔接、人才产品的能力质量与就业服务的产品价值（利润）衔接。民办高职"二元思维"认为，民办高职院校和企业同心同德，协同创新，完善靶向培养的人才培养模式、课程模式、教学模式、教学评价模式，合力共建专业标准、构建课程体系、优化人才培养方案，促进产业链、岗位链、教学链深度融合。

5. 靶向培养的目标

靶向培养的目标是,实现一个培养目标、解决两个问题、突破四个瓶颈。简而言之,即以增强企业产品社会竞争力和产能质量,培养高素质、高能力的技术技能型人才为目标,解决民办高职院校的高职生学情"疲软"现象,筑牢学生学习的正确态度、提高学生学业水平不高被动地位、加快学生职业技能进脑固化,使学生的学业和就业融合一致,同时消除企业所需技能人才的顾虑。

其一,实现一个"目标"。靶向培养的核心目标是培养素质优良、知识优良、技能优良、能力结构合理的职业技术技能型人才,为区域经济发展、产业转型升级提供人才支撑。目标实现"三个转化":一是专业知识和技能转化为职业能力、经验和技巧;二是学业品质转化为高水平的职业素养和职业精神;三是人才质量转化为就业稳定。

其二,解决两个"问题"。一是解决民办高职院校的高职生学习"疲软"现象。这种"疲软"现象是指,民办高职院校的高职生入学后在学业的进展中出现停滞,不再继续上升而保持在一定水平面上,更有甚者对学习不作为,导致学习兴趣降低,学习动力疲乏无力,学情预警发生。为此,靶向培养为解决这样的"疲软"现象,主动给出解决路径——靶向培养,即学生入校后便实施学情调查和评估、开展心理辅导、职业素养教育等措施,精心设计学生能学会的专业知识内容、设置适合学生操作实训方案、营造激励学生进步氛围,解决学生学习"疲软"现象。二是消除企业所需技能人才的顾虑。新产业发展的基本点在于企业的转型或升级,引进新技术、新材料、新设备,实现新产能。毋庸置疑,这就需要新的技术技能型人才的补进或跟进,考验高职院校的人才培养质量。靶向培养就是贴合人才吐故纳新发展态势,培养急需紧缺和骨干专业技术人才,使其在服务产业发展中发挥积极主动的作用。那么,如何提高靶向培养的人才质量、消除企业所需技能人才的顾虑?靶向培养的答案是:从改善和优化教学氛围和环境、畅通学生职业技术能力发展通道、提质学生专业技术能力水平三个方面入手。

其三,突破四个"瓶颈"。一是端正专业学习态度。从经济利益的视角来看,民办高职院校的高职生选择的专业应该是个人职业目标所需要的。靶向培养设计的首要内容就是职业素养教育,即对民办高职院校的高职生进行职业态度、职业道德、职业规范的教育,帮助学生树立正确的职业价值取向,尽快归正职业态度、加深职业情感内化、释放正确的职业行为。教育学生对职业的正确认识和评价,包括学生对自己的职业个性、职业偏好、就业信息等方面的认知。是帮助学生内化职业情感,即学生与职业之间的感情投入和体验加重。校正学生的职业行为偏差,使学生的职业观产生出正能量、正效益行为,这是判断学生职业态度的最本质的佐证。二是提高习得能力水平。靶向培养尊重学生的专业选择和学习能力水平,帮助学生处理好自身能力与职业需求的衔接,建立学生的进步激励和后进预警档案,因人制宜,提高学生学习能力水平:一是帮助学生正视自己的实力,敢于挑战自我,改变自己的学情现状;二是帮助学生增强自己的意志力,能独立解决和克服困难。靶向培养在施教中会时常提醒和告诫同学:一个人要超越自我,提升个人的能力水平和社会地位,必须有很大的决心和韧性,要通过不懈的努力才可以达到。为了毕业后找到适合于自身发展的工作,必须采用以目标定路线的策略,提高学习能力水平,刻苦学习,完成学业,确保顺利就业。三是职业技能进脑固化。靶向培养的教学"脚手架"是专业知识和技能与生产设备衔接,这种"软硬结合"使学生的学习和实训达成一体融合,让职业技能加快进脑固化,具体表现为:第一是应知。了解实训岗位所使用机器设备的工作原理、性能、构造,加工材料的特点和技术操作规程等。第二是应会。掌握一定的专业知识和实训岗位应具备的技术能力,或操作和调整设备、使用某种工具、仪器仪表的能力。第三是应熟练。根据"应知""应会"的内容,能列出岗位典型工作项目和职业技能经验进脑固化。并根据实训或工作岗位的实际要求,熟练操作机械设备,独立完成工作任务,达到一线生产的技术标准。第四是学生转变成准职业人。靶向培养的最终目标是使学生转变成准职业人,概括为四个要素聚群一体:① 素质的职业性。靶向培养对学生灌输专项职业知识和技能,使其就业时具备职业知识、职业品德、职业技能、职业能力。② 知识的复合性。靶向培养注重加强专业技能灌输,强化实训实际操作,靶向培养专业技能应用能力和解决实际问题的能力。③ 技能的应用性。通过靶向培养,学生对职场职责精通,具备管控该项工作的能力,所学技能熟练应用在工作岗位上。④ 能力的有效性。学生的技术能力与职业需求衔接,其能力质量可满足职业服务需求,学生职业技术的老练程度被就业单位认同。

6. 靶向培养的价值

靶向培养的人才培养提质路径不能"毕其功于一役",它需要不断地完善和创新,在其发展的道路上给足保障支持。校企双方需要更加亲密合作和相互依存,通过协调、合作、凝练,达到合作有为的境界,确保"靶向培养"计划的完成。

其一,丰富了靶向培养概念新内涵。靶向培养确立以满足区域经济发展、产业人才需求作为育人的最高准则,以社会、企业和用人单位的评价作为衡量人才质量和教学水平的标尺,树立"服务企业产能增效、培养学生成人成才"的教学目标,把服务企业、培养出高水平人才作为靶向培养的根本动力。这些新概念的创造者是民办高职院校的体制机制,推崇者、执行者是校企合作。靶向培养应该在校企合作运作中,不断深化产教融合的创新能力,提质职业教育集团化办学理念和育人模式品质,不断丰富靶向培养肌体新内涵,创造人才培养新成果,增强民办高职院校办学的社会信誉度。

其二,培养了学生具有较强的职业适应力和竞争力。重力培养学生的企业文化和环境适应力及岗位技能竞争力是靶向培养保障措施的核心要务。学生毕业后就面临就业竞争,靶向培养的专项任务既是知识技能传授,更是能力结构的培养。第一,更加关注学生的岗位适应力和岗位技能竞争力,主要培养对新职业、新环境、新角色或逆境中的适应能力;第二,强化靶向培养实训教学环节,突出技能实训,提高学生动手能力;第三,更加重视实践教学的复杂性和灵活性,培养学生具备较好的发展潜力和创新意识,提升对就业的竞争能力。只有这样,才能确保学生在动态的职场中更好地生存和发展。

其三,促进了职教教育质量,打造了专业职业化品质。靶向培养结实耐用的本质是其人才培养质量优质化。要想打造和筑牢专业职业化品质,就要理论联系实际,全面落实靶向培养的实践教学靶向目标,直面施教中的"木桶现象",根据专业课程和人才培养要求,科学构建实践教学体系,不断完善教学方案和实训计划及技能水平考核办法和标准,合理增加实践教学与实训比重,培养学生职业性专业技术理论知识,熟练掌握职业岗位主干技术并实际具备应用能力,使学生对应用技能及相关技术运用"如鱼得水",此外,更加重力培养学生的职场语言表达能力,与人沟通、合作共事的能力及学生在职业岗位求真务实的职业精神。

二、靶向模式(一):校企合作办学

民办高职"二元思维"认为,校企合作办学是教育教学一体化育人"二元教学结构"的主要表征。所谓教育教学一体化育人的校企合作是民办高职院校与企业建立的一种教学合作模式,它是一种注重培养质量,注重在校学习与企业实践，注重学校与企业资源、信息共享的"双赢"模式，具体要求是应社会所需，与市场接轨，与企业合作，实践与理论相结合，是职业教育发展的主要教学模式，在培养技术技能型人才的过程中，起着应用性、基础性作用。

1. 教育教学一体化育人的校企合作办学特征

职业院校的传统教育模式大多数是重理论而轻实践甚至无实践，培养的人才很难适应经济社会发展、产业转型升级的人才需要。教育教学一体化育人通过对传统教育的反思，对教育教学一体化育人模式的不断摸索，逐步形成不同于传统的教学模式。教育教学一体化育人采用"知识学习＋技能实训"的教学方法，在对学生既进行职业理论知识的灌输和职业技能培养的同时，也对学生进行职业素养教育，采用"七分实训，三分理论"的教学模式，以学生为中心，因材施教。教育教学一体化育人的校企合作模式，是教育教学一体化育人中探索出来的一条培养技术技能型人才的模式，以适合社会、企业、市场之需。

2. 教育教学一体化育人的校企合作办学优势

（1）教育教学一体化育人的校企合作办学，适应社会、企业与市场需要。校企合作，学校通过企业反馈与需要，有针对性地培养人才，结合市场导向，注重学生实践技能，更能培养出社会需要的人才。

（2）教育教学一体化育人的校企合作办学是一种"双赢"模式。校企合作办学，做到了学校与企业信息、资源共享，学校利用企业提供设备，企业也不必为培养人才担心场地问题，实现了让学生在校所学与企业实践有机结合，让学校和企业的设备、技术实现优势互补，节约了教育与企业成本，是一种"双赢"模式。

3. 教育教学一体化育人的校企合作办学模式

（1）企业进校园模式是校企合作办学模式之一。将企业引进学校后，也就是将企业的一部分生产线建在校园内，在校内实行的"理论学习"和"顶岗实训"相结合的教学模式。这种模式既可以解决企业场地不足的问题，同时也解决了学校实习设备不足的问题，真正做到企业与学校资源共享，获得"产学研"相结合的多赢途径。

（2）劳动和教学相结合也是校企合作办学模式之一。实施方式大致采取了如下两种：一是工读轮换制。把同专业同年级的学生分为两半，一半在学校上课，一半去企业劳动或接受实际培训，按学期或学季轮换。二是全日劳动、工余上课制。学生在企业被全日雇佣，顶班劳动，利用工余进行学习，通过讲课、讨论等方式把学习和劳动的内容联系起来,学生在学校学习系统的课程,到企业则是技能提升训练。

(3) 校企互动式的教学模式。由企业提供实习基地、设备、原料,企业参与学校的教学计划制订,并指派专业人员参与学校的专业教学。企业优秀管理者或技术人员到学校授课,促进校企双方互聘,企业工程师走进学校给学生授课,同时学校教师给企业员工培训,提高员工的素质。通过校企双方的互聘,使学生在教学中获得技能训练的过程,既是提高专业技能的过程,也是为企业生产产品、为企业创造价值的过程,既解决了实训材料费紧缺的矛盾,又练就了学生过硬的本领,真正实现在育人中创收、在创收中育人。通过校企合作使企业得到人才,学生得到技能,学校得到发展;从而实现学校与企业优势互补、资源共享、互惠互利、共同发展的双赢结果。

(4) 订单式合作。学生入学就有工作,毕业即就业。实现招生与招工同步、教学与生产同步、实习与就业联体,主体是由学校选拔的学生和企业招收的员工组成,教育的实施由企业与学校共同完成,培训和考试内容来源于企业的需要,开设为本企业所需的专业技能和实习课程,企业在具体的职业培训中发挥着更为重要的作用。根据企业需要进行短期的技能培训,培训完后,经公司组织考核合格,就可按合同上岗就业。这种合作针对性强,突出了职业技能培训的灵活性和开放性,培养出来的学生适应性强,就业率高,就业稳定性好。

4. 教育教学一体化育人的校企合作办学发展前景

教育教学一体化育人的校企合作办学,不仅提高了职业教育培养人才的力度,也有利于企业的发展壮大。合作发展前景有"三赢":

(1) 学校方面。教育教学一体化育人的校企合作办学符合职业教育教学的内在规律,有利于促进职业教育发展。学校在合作过程中有效提高了教学质量,进一步加强与企业的合作,实现学校与用人单位的"双赢"。学校在建立实习基地等"初级层面"的合作关系外,还将逐步推广到合作探索、合作改革现有人才培养模式等其他形式,促进民办高职院校及合作企业加速发展。

(2) 企业方面。教育教学一体化育人的校企合作办学符合企业培养人才的内在需求,有利于企业实施人才战略。企业获得实惠与利益,提高参与教育培养人才的积极性,主要表现在:学校让合作企业优先挑选、录用实习中表现出色的学生,使企业降低了招工、用人方面的成本和风险;使企业感受到接受学生顶岗实习不仅不是负担,而且成为有效的劳动生产力,降低了劳动力成本;教育教学一体化育人的校企合作内容包括学校协助企业将人力资源开发计划与学校的教学大纲对接,也鼓励企业将员工培训委托学校进行,使企业人力资源开发和学校教学环节紧密结合,降低了企业的人力资源开发与职业培训成本;学生在企业学习专业技术,企业的技术人才通过带教实现教学相长,加强了自我提高能力;通过校企合作项目,将企业文化与理念传输给教师和学生,扩大了企业品牌与无形资产的影响。

(3)学生方面。教育教学一体化育人的校企合作办学符合学生就业发展需要,促进解决学生就业,也有利于学生提高就业竞争力。通过校企合作培养,学生普遍具有良好的职业意识,在实训中初步具备了顶岗生产的能力,学生在生产、服务第一线接受企业管理,在实际生产岗位上接受师傅手把手地教学,和企业员工同劳动、同生活,可以切身体验严格的生产纪律、一丝不苟的技术要求,感受劳动的艰辛、协作的价值和成功的快乐,使毕业生与就业岗位接轨。也对培养学生的职业组织纪律观念、良好的职业道德、认真负责的职业工作态度,以及艰苦朴素的职业生活作风、团结协作的职业团队精神和坚定乐观的职业态度都有极大的帮助。

三、靶向模式(二):工学交替

教育教学一体化育人的"工学交替"是指学习和工作交替进行的培养模式,它是在校企双方联合办学的过程中逐步形成的,其实质是产学结合、合作育人,即利用学校与企业两种教育资源和教育环境,使学生的理论学习与实践操作有机结合起来。

1. 基本特点

(1)"工学交替"使学校学习与企业生产做工交替进行,学用紧密结合。企业参与了育人的过程,学生具有双重身份,即学生与员工;教育教学一体化育人具有两个教学场所。

(2)"工学交替"培养模式的特点,决定了其教学安排必须有别于传统教学模式。为实现培养目标,使学生全面掌握该专业各岗位要求的理论知识和实践操作技能,对采用"工学交替"教学模式的专业其教学实习项目及课程应进行调整,把握教学中要遵循的原则。

(3)"工学交替"的本质是企业参与育人过程,体现了"合作办学、合作育人、合作就业、合作发展"的高职教育改革发展的趋势。学校学习与企业实践交替进行,学用紧密结合,体现了教育与生产劳动、社会实践相结合;培养人才是学校实施"工学交替、分段教学"的基本立足点,因此专业培养方案必须做到:培养目标是明确的,培养规格是合理的,培养过程是科学的,培养措施是有效的,培养质量是企业肯定的。

2. "工学交替、分段教学"培养设计

(1)基本目标与所属专业人才培养方案保持一致,在管理方法和制度设计上要有突破和创新。

(2)统筹兼顾"工学交替、分段教学",既要遵循教学认知规律,又要充分考虑企业需要。完全迁就企业,学校的培养措施和教学要求必然会打折缩水;不考虑企业需要,工学交替的培养模式就难以为继,合作也进行不下去,这两者都要兼顾。

(3)精心设计培养方案,要体现教育教学一体化育人理念的总体设计,淡化传统学期的观念,培养方案格式允许按教学段来制定,不一定按学期安排,分段教学要有明确的教学计划安排,培养方案中要标注每一个教学段具体开设的课程、学时数,要具备良好的操作性。

3. 工学交替教学采取弹性交替

交替方式和周期是根据专业特点和企业实际情况决定的。一是周期确定:以学期或学年为周期或其他方式交替不做规定,视实际需要确定;二是方式确定:理论学习—企业实践—理论学习—企业实践模式,或企业实践—理论学习—企业实践—理论学习模式,由学校二级学院会同企业决定。对一些选修率不高的课程,可以提高灵活度;对选修课程较高的课程,要做好课程内容的调整;对有利于上岗实习的部分,专业基础课可以提前上。由于师资安排等教学资源,课程顺序允许在一定的范围内进行灵活安排。

(1)优化课程,提高教学效益。由于教育教学一体化育人实行工学交替,上课时间会相对减少,有的专业学生在校时间只有2~3个学期,所以课程学时和课程内容都要进行优化并合理安排。专业基础课和专业课不受原有课程体系框框的约束,讲授重点核心教学内容,适当精简学时。在保证学生知识结构合理性和完整性的前提下,做到有所强,有所弱,强弱得当。专业实践机会、操作动手能力、真实工作环境取代模拟仿真环境,企业文化和职业素养有所加强;上课时间的限制等,理论课程完整性会有所削弱,讲课要突出核心内容。

(2)因地制宜,根据不同的专业、课程以及不同的企业因地制宜地组织教学。打破以课堂为中心的旧框框,在企业实践期间,考虑到学生实际工作状况,每周安排的理论教学时间为6~8学时,具体上课时间可以利用部分晚上或休息日。在校学习周学时安排不得低于24个学时,在理论教学方面尽可能做些弥补。鼓励开展综合课教学,所谓综合课就是根据工学交替与就业的需要,紧密结合企业实际与学生的实际,由教师自行选择教学内容进行整合,这些课程会形成自己的特色,应特别关注。有时需要单课独进,有时需要巡回教学。

四、靶向模式(三):顶岗实习

所谓教育教学一体化育人的顶岗实习,是指在基本上完成教学实习和学过大部分基础技术课之后,到专业对口的现场直接参与生产过程,综合运用本专业所学的知识和技能,以完成一定的生产任务,并进一步获得感性认识,掌握操作技能,学习企业管理,养成正确劳动态度的一种实践性教学形式。

1. 顶岗实习的基本思路

学校在组织学生顶岗实习时,应严格按照专业对口的原则。如果学校仅仅将学生视为廉价劳动力,甚至以此作为激发企业提供岗位的动力,不仅与其制定的人才培养目标相背离,这样的"校企合作"也是不可能持续的。将顶岗实习转化为简单劳动,不但不能达到学校设计的目的,还会使学生对实习失去兴趣,从而影响其对本职业的正确认知。

顶岗实习是一个重要的教育教学一体化育人模式。从教学过程来说,学生到企业顶岗实习,虽然教学行为没有发生在学校,但实习过程依然是教育教学一体化育人的重要组成部分,是学生将理论知识转化为实际操作技能的重要环节。对高职生来说,它更是一个能够在真实工作环境中培养严谨的工作作风、良好的职业道德和素质的重要步骤。实习是一个重要的教育教学一体化育人过程,对于以培养高技能人才为目标的教育教学一体化育人来说,更是要将行为和思想指导渗透到学生顶岗实习的细节之中。

2. 学生履行岗位的职责

教育教学一体化育人的顶岗实习一般安排在学生在校学习的最后一年,这是符合教育教学规律的。学生在校经过一个理论知识准备的阶段之后,顶岗实习才会有意义。为了安排集体顶岗实习而压缩必要的课程,会影响学生的前期知识储备。一个对岗位懵然无知的学生,不仅不能很快适应实习岗位,在一些机械操作性的岗位上,还可能因为缺乏相应理论和知识,危及人身安全。而企业在接收这样的学生实习时,也必须投入更多资源,不但会提高成本,甚至自身的生产也会被拖累。这样的实习生,企业当然不愿意接收。

3. 顶岗实习学校职责

学生在校期间,应夯实理论基础。顶岗实习以就业为导向,以提高学生职业能力为目标,改革课程体系,使其更加贴近企业工作流程,学生进入企业后能够胜任工作。只有这些准备都做好了,顶岗实习才能使学生学到真正的技能,同时实习单位也才可能从中发现可用之才。只有这样,教育教学一体化育人的校企合作才能找到契合点,并长期推动下去。

五、靶向模式(四):现代学徒制

现代学徒制是由企业和学校共同推进的一项育人模式,也是民办高职院校的教育教学一体化育人推崇的一种教学模式。对高职生而言,就学即就业,一部分时间在企业生产,一部分时间又在学校学习。民办高职院校要选择适合开展现代学徒制培养的专业,与合作企业根据技术技能人才成长规律和工作岗位的实际需要,共同研制人才培养方案、开发课程和教材、设计实施教学、组织考核评价、开展教学研究等。校企应签订合作协议,民办高职院校承担系统的专业知识学习和技能训练;企业通过师傅带徒形式,依据培养方案进行岗位技能训练,真正实现校企一体化育人。

1. 现代学徒制的管理与运行机制

现代学徒制的管理与运行机制是现代学徒制试点工作的重要保障。民办高职院校与合作企业根据现代学徒制的特点,共同建立教育教学一体化育人运行与质量监控体系,共同加强过程管理。合作企业制定专门的学徒管理办法,保证学徒基本权益;根据教育教学一体化育人需要,合理安排学徒岗位,分配工作任务。民办高职院校要根据学徒培养工学交替的特点,实行弹性学制或学分制,创新和完善教育教学一体化育人管理与运行机制,探索全日制学历教育的多种实现形式。民办高职院校和合作企业共同实施考核评价,将学徒岗位工作任务完成情况纳入考核范围。

2. 校企共建师资队伍是学徒制试点工作的重要任务

现代学徒制的教学任务必须由学校教师和企业师傅共同承担,形成双导师制。民办高职院校要打破现有教师编制和用工制度的束缚,探索建立教师流动编制或设立兼职教师岗位,加大学校与企业之间人员互聘共用、双向挂职锻炼、横向联合技术研发和专业建设的力度。合作企业要选拔优秀高技能人才担任师傅,明确师傅的责任和待遇,师傅承担的教学任务应纳入考核,并可享受带徒津贴。民办高职院校要将指导教师的企业实践和技术服务纳入教师考核并作为晋升专业技术职务的重要依据。

3. 现代学徒制的价值

现代学徒制有利于促进行业、企业参与职业教育人才培养全过程,实现专业设置与产业需求对接,课程内容与职业标准对接,教学过程与生产过程对接,毕业证书与职业资格证书对接,教育教学一体化育人与终身学习对接,提高人才培养质量和针对性。建立学徒制是职业教育主动服务当前经济社会的发展要求,推动教育教学一体化育人体系和劳动就业体系互动发展,打通和拓宽技术技能人才培养和成长通道,推进教育教学一体化育人体系建设的选择。教育教学一体化育人是深化产教融合、校企合作,推进工学结合、知行合一的有效途径,是全面实施职业素养教育,把提高民办高职院校的知识技能和培养职业精神高度融合,培养学生社会责任感、创新精神、实践能力。

案例:"南洋"靶向培养机制和模式

一、"南洋"靶向培养机制

1. "南洋"构建双主体的校企合作育人机制

校企双方组建专业教学委员会,共同设计人才培养方案,共同制定专业教学标准,建立长效沟通机制;校企双方合作育人,包括校企共建生产性实训中心,学校融合企业文化,建立符合汽车售后服务行业工作情境的"校中厂",在实习企业,开设各种课程和主题教育活动,建设学校式企业,充分发挥"厂中校"的长处。共同研究制定"校企联合招生招工实施方案",建立和完善录取和用工一体化的招生招工制度。将企业招工前置到低年级学生甚至共同招生,根据企业4S店布局,按区域定向招生,学生一进校即成为企业准员工。

在建立基于能力的、关注职业素养的人才培养规格与目标的基础上,双方构建基于职业岗位能力分析、与行业技术前沿衔接的课程体系,共同编写基于工作过程、模块化的系列教材与作业书;采用基于工作情景的、全真的、教学做一体化的现场教学模式,建立基于职业岗位能力的全程、全方位考核方法;建立完善企业参与、全员全程的职业技能大赛体系;学生以准员工身份进入企业学习,师傅带教,企业对学生进行学业考核。

2. "南洋"建立校企互聘共用的师资机制

"南洋"完善双导师制,按照"高职院校教师+企业内训师"的标准,校企双方实行互聘共用、双向挂职锻炼的"双培计划",即将教师培养成合格的企业内训师,将企业师傅培养成高水平的讲师。学院教师通过培训、考核,获得企业内训师资格,学院承担企业职工继续教育技术培训任务。

靶向培养管理制度,包括弹性学制管理办法、顶岗实习管理考核办法、学徒管理办法。在提升职业能力的基础上加强职业素养教育,开展以职业态度、职业规范、职业道德、敬业精神为核心内容的职业素养教育,将职业岗位素养的要求嵌入学校专业教育及企业学徒全过程,通过多种措施进行学生职业素养的养成教育。毕业生除获得毕业证和汽车维修工职业资格证书外,考核合格者还可获得大众或者通用颁发的汽车维修技师的证书,实现"一证在手,全国(球)通用"。

二、"南洋"靶向培养模式

1. 机电专业群实施"3335"工学交替模式

"南洋"贯彻落实工学结合的指导思想,在机电专业群实施了"三双三证三阶段、综合评价五结合"的人才培养方式(简称"3335")探索,并且将职业素养教育贯穿人才培养的全过程,效果凸显。项目是电子与信息工程系与无锡小天鹅股份有限公司共同参与的,双方在校企共同育人方面取得了共识,在机电专业群开展了"3335"工学结合人才培养。

电子与信息工程系自2003年起设立机电类专业群,主要培养机电一体化技术、电气自动化技术、电子信息工程技术三大专业的技术技能型人才,从专业设立开始,一直在探索依托企业,培养出紧贴市场需求、懂先进管理、有生产技术并具备良好职业素养的人才途径。

小天鹅股份有限公司有着先进的机电产品研发制造技术、实验生产平台以及先进的管理、品质保障经验,对我们人才培养实施过程以及人才质量的提高有着很大的吸引力,而作为行业领先企业,他们对人才的渴望,企业的可持续发展十分重视,也希望能通过参与人才的培养来缩短。

用人的适应期与及早发现和储备人才,由此产生了合作的契机。通过校企双方多次商讨,形成了"3335"人才培养机制,按照这一机制,双方共同制定人才培养方案、双方共同进行人才培养过程的实施,共同对人才培养负责。学院对学生在技术、职业素养方面的收获,以及就业能力的提高等方面都感到较为满意,企业对针对性的培养、收获人才方面也比较满意。校企合作项目的开展使企业、学校、学生、社会都有所获,实现了多赢。

"三双":学校和企业共同承担学生的培养任务,是实施教育的"双主体";学校的实训环境和企业的生产环境,是技能实训的"双环境";学生在学校和企业接受教育,教育对象具备学生和员工的"双身份"。

"三证":通过整个教学考核合格以后,学生可以获得毕业证书、国家职业资格证书、企业技能证书三证,具备较强的就业竞争力。

"三阶段":人才培养的实践学习环节,采用"三阶段"方式,即"三阶段技能提升成长轨道"的培养模式。三年中,工学结合共分三个阶段实施:学校(理论)—企业(实践,4个月);学校(理论)—企业(实践,6个月);学校(理论)—企业(实践,6个月)。

第一阶段是基本职业素养培育阶段。学生在实习的同时,学院送课进厂,在企业开设职业素养入门教育、高职生心理健康与就业指导、法律法规基础、现场设备操作实践等课程,主要通过一线生产实习实践学习,了解企业文化并融入企业,熟悉安全管理、生产流程、企业规章制度及国家法律法规,掌握现场设备的使用与操作,树立良好的职业态度和组织纪律观念,具备踏实的工作态度、工作热情,初步规整学生的未来职业生涯发展方向,培养学生的基本职场素养。

第二阶段是专业技能培养阶段。在企业开设的课程有生产管理与运行、质量管理与成本控制、设备运行与维护。主要目的是通过企业与学院共建的技能项目课程以及企业的相关技术培训,了解企业在生产流程、设备运营与维护、产品开发等方面的内容,以提升学生的知识、技能、素质,提升学生对职业规范的遵守,深化专业知识与实践技能,不断提高人才培养的质量。

第三阶段是综合技能培养阶段。在企业开设的课程有企业管理、职业生涯规划、专业综合技能实践。主要目的是通过了解企业技术创新、品牌建设、企业管理等内容，培养学生的专业综合能力，实现理论与实践技能的融会贯通，真正实现"所学有所用、所用有所专"。充分利用企业生产条件和职业氛围强化学生的职业规划意识，及早进行职业生涯规划，使就业与教育紧密联系在一起。发挥企业优势，从培养储备干部和技术骨干的角度全面提升学生的综合能力。

"五结合"："3335"的教育考核评价体系由传统的考核方法转变为"专业指导教师评价""企业实践评价""思政教师评价""同学相互评价"和"学生自我评价"五部分组成。整个评价体系紧紧围绕"职业岗位能力培养"展开，以职业岗位能力要求为依据，注重考核学生的职业岗位综合能力。

2. 教育教学一体化育人的定岗实习培养模式

以对口培养合作项目为载体的订单班。2009年学院分别与上海通用、上海大众汽车有限公司合作，开设"上海通用 ASEP"（Automotive Service Educational Program）班、"上海大众 SCEP"（Shanghai College Educational Program）班，以小班化教学，订单式定向培养为特色，吸收了品牌企业培训技能人才先进经验，实现"学校与企业结合，专业与产业结合。招生与招工结合，理论与实践结合"，创新校企合作人才培养模式，为合作企业量身定制培养汽车维修服务人才。

以顶岗实习职业体验为标志的工学班。顶岗实习是高职人才培养的重要形式之一，"南洋"电信系、汽车工程与管理学院、商学院和旅游管理系都进行了有益的探索和实践，也积累了一定的经验。例如，电信系借鉴了德国双元制的办学理念，总结出"三双三证三阶段、综合评价五结合、素质培养教育全过程"工学交替培养模式。"南洋"和企业两个单位共同承担学生的培养任务，学生在学校和企业具有两种身份，在两种学习环境下学习，接受两种教育和两种形式的考核。淡化传统学期的观念，按教学段来设计安排。在课程设置、教学内容、讲课方式、评价机制等方面体现更多的弹性，以适应"工学交替、分段教学"的培养模式要求。工学交替的培养模式使学生有了深刻的职业体验，也了解企业对好员工的判断标准，在学会做事的同时更懂得做人。

顶岗实习的长效机制。顶岗实习是高职教育的重要环节，"南洋"领导高度重视顶岗实习工作，以此作为切入点，深化人才培养模式改革。"南洋"成立顶岗实习领导小组，由院领导、相关职能部门和各系部负责人组成。各系设立顶岗实习工作组，在学生顶岗实习企业设立工作站。工作站原则上由思政导师（辅导员或班主任)、学业导师(任课教师或指导教师)、企业导师(企业师傅)组成。按照"教管合一"的指导思想,建立系与企业、导师与学生等相互间的联动机制,具体做好本系顶岗实习的组织、实施、管理和考核工作。学院颁布了有关顶岗实习的管理文件,编印了学生顶岗实习工作手册,强化顶岗实习的安全教育,形成了一套有效的顶岗实习管理办法。在顶岗实习阶段,主要采用导师领教制、企业实习协议制、工余辅导制和学习评价双轨制。对于毕业顶岗实习的学生,采取有组织集中实习为主,学生个人实习分散为辅的方法,学校安排教师进行实习巡视。学生在企业顶岗实习期间,具有企业(准)员工和学校学生的双重身份,校企双方均负有教育和管理的职责。企业重点对学生的工作态度、工作质量、工作效率、协作能力、知识应用等实践操作能力和职业素养进行考核。未参加顶岗实习或实习企业考核不及格的学生不能取得实习学分,较好解决了学生顶岗实习过程管理难、学习指导难、考核评价难等关键问题。为了激励顶岗实习工作的积极性,学院给下企业的教师发放津贴,并相应提高顶岗实习学生管理经费标准。

3. 旅游酒店管理类专业的现代学徒制——"学院式企业"育人模式

无锡山明水秀大饭店是无锡市较为知名的高星级旅游饭店,位于无锡著名的5A级景区三国水浒城、鼋头渚附近。该企业一直在凝练企业特有的文化价值,核心价值体现在培养员工身上。山明水秀大饭店通过洽谈、尝试实习合作后,完全树立与南洋合作的信心。希望加大力度,通过在企业中建立"水秀学院",用南洋学院的育人模式结合企业的优势,来培养符合企业要求的技术与管理人才。2010年我院与无锡山明水秀大饭店签订校企合作协议,开展人才培养工作,开始尝试探索在企业内部建设"学院式"新型合作模式。

随着双方的磨合与了解,合作项目从最初的制订教学计划、编写内部讲义、交叉授课、师资挂职锻炼开展到现在的订单委培合作、专本连读合作、共享实训基地、实训资源等全方位合作。

"南洋"建设"学院式"企业,能将学院育人功能在企业中体现,让学生教育教学与实践合理结合;无锡山明水秀大饭店参加学院的专业建设,能促进职业教育改革向纵深发展;与无锡山明水秀大饭店合作,引入企业经营管理理念,保证教学内容、技能标准与专业发展同步,教学目标与企业用人标准对应,教学模式与企业培训模式的接轨,学生技能规范与职业岗位能力要求相符;与无锡山明水秀大饭店合作,可获得企业所有的教学资源与真实实训平台;教师参与企业挂职锻炼可以提升教学能力与水平,增加对现代企业发展的认知。

双方签订合作协议,共同举办无锡山明水秀定向委培班(水秀班)。企业为订单班提供教学实施设备及岗位,培训项目教师,提供学生实习与就业岗位。学院按照企业要求进行订单招生、组织面试、签订协议。按照企业标准与要求培训学生,为企业提供优秀人才。无锡山明水秀大饭店每年组建订单委培班,设立项目管理机构,与面试合格的学生签订就业保障协议;校企双方共同制定人才培养方案,制订"山明水秀班"教学计划,确定教学项目与内容,结合企业内训模式开展工学交替教学工作;在企业设立以南洋学院的学生为主体的"水秀学院",包括专属多媒体教室、教师办公室、会议室、党员活动中心、图书馆、活动区、本科宿舍、专科宿舍等,体现出学院教育功能;企业人员参与学院的教学研讨、日常教学、考核等各教学环节,每学期为学生举办主题讲座、技能大赛、课外活动等;企业提供学生实习和就业的岗位,学校为企业输送合格人才;企业为学生提供实训设备与培训,每年更新与添置,满足学生实践需要;企业为教师提供挂职锻炼和顶岗工作的条件,配备带教师傅,配合学院考核与鉴定教师的实操能力。

"南洋"建立"学院式"企业新型模式,利用双方优势资源,促使酒店管理专业建设快速发展;多层次多方向合作办学,为企业建立了储备管理干部梯队;校企双方共同研发针对性强、特色鲜明的教学资源,包括订单班教学计划、项目培训、技能大赛标准、横向课题等;将校企合作的成果推广辐射到其他企业,建立了新型的"学院式"企业模式,注入学院教育功能;通过在企业挂职锻炼,提高了师资队伍的整体水平;企业投入50万改建校内生产性实训基地,让订单班的学生获得更好的校内实训条件。

第四节 教育教学一体化育人的质量管理

教育教学一体化育人是民办高职院校办学的重要核心部分,是培养全面发展人才,实现教育目的的基本途径。民办高职院校的教学工作如何协调运作,如何提高人才培养质量,需要理清思路。民办高职院校的教学管理思路是:以树立民办高职院校教育教学理念,理顺教学管理制度,创新人才培养模式、评价教学效果,评估人才培养质量为出发点,建立教学工作考核机制、教学质量监控与反馈机制、课程考核与教学评价机制、内部教学评估体系等制度机制,开展教学管理工作。

一、管理的特点

1. 教育教学一体化育人管理的任务

教学管理的任务就是要充分调动教师和学生的积极性,精心安排教学计划,实现教学工作的有序化和高效化,不断提高教学质量。具体地讲,教学管理的任务主要包括以下几个方面:

(1) 掌握正确的教学方向。根据国家的高职教育方针,以系统的科学文化知识和基本技能培养学生,开发学生的智力,加强素质教育,增强学生体质,使学生德、智、体等方面全面发展。坚持面向全体学生,全面提高教学质量。根据市场经济发展的需求,及时提出调整专业、教学计划、课程的措施,改进教学方法。

(2) 坚持以教学为主的原则。以教学为主是学校长期教育实践的经验总结,反映了学校工作的客观规律。坚持以教学为主,教学质量就提高,教育事业就兴旺。要坚持以教学为主,必须提高职院校长、教师以及全体工作人员对教学在学校工作中的地位和作用的认识,明确教学是关系到学校全面贯彻教育方针,实现培养目标的大事,关系到学校存在和发展的大事。

(3) 厘清教学的基本规律。教学的基本规律是教学规律中高层次、具有普遍性、起主导作用的规律。一般包括以下几条:教与学相互依存、对立统一的规律;间接经验与直接经验相互制约、相互促进的规律;传授知识与发展智力、培养能力相互促进、统一发展的规律;教书与育人相统一的规律等。

(4) 充分调动教师和学生的积极性。教学活动是教师与学生的双边活动,二者相互依存。只有最大限度地调动教师"教"的积极性和学生"学"的主动性才能推动教学过程不断向前发展。通过组织教师开展教学研究活动,从教学内容、教学方法、教学手段等方面提高教师的业务水平和专业素质。采取有效措施,调动学生学习的积极性和自觉性,掌握所学知识,提高技能,认真完成各项学习任务。

(5) 加强常规管理,建立良好的教学秩序。学校要严格按照国家有关规定和要求进行教学,建立各种教学管理规章制度,使教学工作有章可循,并按照要求进行教学检查与教学评估。制订教学、实习、实验、课外活动及其他社会实践活动计划并组织实施,不得随意更改教学计划和停课。要正确处理教学与其他工作的关系。

2. 教育教学一体化育人管理的目的

教育教学一体化育人管理的目的就是运用各种有效手段,对教学工作的各个环节进行预测和规划,有效地指导、协调、控制、监督各方面的教学质量,充分调动、激励教师和学生"教"与"学"的积极性。在动态环境下,克服教学中的随意性,优化配置教学资源,消除教学内容的各种矛盾,调控教学进度,提高教学质量,实现教学目标。教学管理的任务分解如下:

(1) 提高教师和管理人员的教学质量意识,帮助学校的行政、后勤工作人员树立为教学服务的思想;按照国家有关规定,建立执行学籍和教学管理制度,建立正常教学秩序,教学计划不得随意更改;制定教学管理目标和相应的实施计划,并提出切实可行的具体要求。

(2) 开展教学质量评估,制定评估指标体系、评估标准和评价方法,指导、监督学校的教学工作;加强教学检查,对影响教学质量的各种因素进行控制;认真总结、交流、推广先进教学经验,以先进和榜样的力量带动、鞭策教学工作的全面开展。

(3) 诊断、协调、修复和解决教学管理中的各种矛盾和问题,立足于早抓、抓紧,防止问题成堆,积重难返;定期进行教学质量定性与定量分析,提出改进措施,定期向学校董事会汇报。

二、岗位职责

教师分为专任教师、校内兼课教师、外聘教师(包括来自企业一线的校外兼职教师和来自其他院校的校外兼课教师),承担各类教学任务。各类教师岗位均实行聘任制。制定详细的任职条件,明确工作职责。

专任教师。专任教师岗位指为完成学校教育教学及教科研任务而配备的从事一线专业课、公共课等教育教学及教科研工作的人员(含系、部、院等二级单位教学类管理人员)之岗位。专任教师为学院正式聘用。根据专业群教学团队建设需要,建立教学岗位评聘体系,设置专业群负责人、专业带头人、骨干教师、实训教师等岗位。符合任职条件的专任教师根据学校教学能力等级测评办法,通过测评进行定级,聘任相应教师岗位。

专业群负责人工作职责。制定专业群建设及发展规划；组织专业教师团队，开展专业群建设，包括人才培养模式构建、实训基地建设、教师团队建设、教学资源库建设等工作；积极探索多种教学模式，不断提高专业办学水平和教学质量，扩大专业的社会影响力。

专业带头人工作职责。制定专业人才培养方案，落实专业教育教学计划，参与确定任课教师和选用教材，做好学生选课指导工作，切实保障教学任务顺利实施；根据培养方案，组织制定和审查本专业的课程教学大纲、课程教学计划；协助专业群负责人抓好专业师资队伍的建设工作，提出专业教师队伍建设的初步意见；负责专业教材建设工作，审查或自编教材等；提出专业实验室建设方案，负责专业实验室建设和实验教学工作；提出专业实习要求，负责本专业实习计划、组织联络、实习指导教师配备、学生安排、总结考核等工作；参与专业实习、实训基地建设；组织落实院、系两级各项教学改革的计划和措施；积极推进本专业教学内容、课程体系和教学手段的更新和优化。

骨干教师工作职责。主动参与制定本专业发展建设规划，参与教学文件制定与实施工作，掌握本专业发展动态，在专业建设与专业教育教学改革等方面发挥主力作用；积极参与本专业的重点课程建设或其他教学改革项目；承担新专业的申报及其建设工作，或负责承担重点专业、精品课程等建设工作；课堂教学工作量饱满，教学效果优良、教学水平高、教学业绩突出。

实训教师工作职责。根据教学大纲的要求，结合实训基地做出实训计划和日程安排，提前对实训场地及设备进行安排和落实；认真组织学生熟悉实训内容和要求，明确实训目的，严格按实习、实训的计划进行；从学生和现场实际出发，组织学生进行实训活动，充分调动学生实训积极性，指导学生写好实训报告，高质量地完成实训任务；在实训中注意开展热爱劳动和热爱专业的教育，引导学生虚心向工人和技术人员学习；教育学生严格遵守实训规章制度，杜绝事故发生，发现问题及时解决，对违反纪律的学生进行批评教育，对情节严重者及时向学院汇报。

校内兼课教师。因教学安排需要，二级学院可聘请专业对口、具备相关课程教学能力的校内行政管理人员、实验技术人员担任兼课教师，报学校审批后，在完成本职工作的前提下，可承担相关教学任务。校内兼课教师初次承担授课任务，应由教务处提前安排试讲，试讲合格，方可安排授课。

外聘教师。外聘教师必须符合下列条件：遵守国家的法律、法规，自觉贯彻党的教育方针；具有良好的政治思想素质和职业道德，关爱学生，有较强的敬业精神，为人师表，教书育人；具有一定的教育教学经验，熟悉教育教学规律，专业对口，有较强的语言表达能力和传授知识能力，能胜任正常的教学工作；能保证教学时间，工作态度端正，责任心、组织纪律性强，遵守学校的有关规章制度。外聘教师岗位职责：应遵守学院教学工作规范相关规定，爱岗敬业、以生为本、教书育人、言传身教，上课不迟到，不早退，不擅自调（停）课，上课期间保证教学秩序的稳定，高标准地完成所担任的教学任务。

三、岗位考核

专任教师根据岗位具体工作要求签订岗位工作任务书，明确岗位职责，岗位任期内实行目标责任制，进行年度考核、任期考核。兼课教师教学工作考核以教师的基本职责、教学态度、教学能力、教学方法和教学效果为内容，着重考核师德表现、业务水平和工作实绩。结合教学检查与定期考核，考核结果归档，并作为奖酬金发放和岗位聘任的重要依据。

1. 基本要求

系统掌握本学科的基础理论和专业技能，积极参加教学研究和教学改革，积极开展科学研究，勇于探索、勇于创新、善于总结，不断提高教育教学水平，不断提高学术水平和专业技术水平，具备相应职务的教育教学能力。坚持以生为本，关爱和严格并重，教育和服务并重。尊重学生的人格、尊重学生的感情、尊重学生的选择；善于倾听学生的意见、要求、解释、申诉等，善于发现学生的思想动态；既关心、了解、引导学生，又以学校的规章制度为准则，对学生严格要求、严格考核、严格管理。在教学思想上确立学生的主体地位，坚持以学生为中心，发挥教师的主导作用。

2. 课堂教学

根据高职教育课程特点，课堂教学按授课内容和教学方式分为理论课、理实一体化、实训课及课程设计等多种形式，在教学特点上有一些共性，也应结合教学需要有所区别。教研室应坚持集体备课制度，集思广益，取长补短，统一教学基本要求和进度，以求更好地发挥集体智慧和力量。按教学计划开设的课程一经开出，不得随意停课或增减课时。如遇特殊情况需调课，按学校"关于请假、调课、停课、代课的规定"执行。

（1）教师应在开课前以适当方式作自我介绍，以增进师生之间的联系和了解；简要介绍本课程教学计划，详细说明教学中课外作业、实验、测验、考试、考证等要求。上课应做到衣冠整洁，举止文明；上课期间不得吸烟、不准使用任何通信工具；课堂时间分配恰当，按时上下课；语言标准流畅，板书清楚规范；备课充分，教案齐备，内容熟悉；讲课思路清晰、概念清楚、理论阐述准确；突出重点，难点、疑点讲解清楚；举例恰当，理论联系实际；积极学习现代教育理论，掌握并合理运用现代教育技术手段；注重启发、激发学生积极思维、融会贯通所学知识，注意培养学生的科学思维方法和能力，切忌照本宣科、罗列堆砌、平铺直叙。应严格考勤制度，检查学生出勤情况，严格要求学生，教育督促学生遵守课堂纪律，发现问题及时处理。

（2）所有实训课要在制定教学大纲的基础上，选用或编写适用的讲义（或指导书），拟定授课计划，写好教案及讲稿。在组织实施时要遵循学生的认知规律，由浅入深，由单项实训到综合实训，使学生的实践技能得到全面系统的培养。教师应认真准备实训内容，所有项目均应亲自试做；上课前应按教学大纲要求认真设计，检查实训仪器设备的性能以及实训材料，保证教学活动顺利进行；对实训中出现的问题，应认真分析，及时采取有效措施予以解决。在指导学生实训的过程中，教师应注意培养学生严谨的科学态度和工作作风，培养学生正确使用各种仪器设备，观察、测量、处理实训数据，分析实训结果，撰写实训报告的能力；严格要求学生认真预习、按章操作，及时记录和填写实训报告，遵守实训规程、实训室有关规章制度；实训进行过程中，教师必须在场巡视指导，解答实训中出现的问题；认真批改学生的实训报告；按教学大纲要求，对学生的实训成绩做出全面评定，并计入课程总成绩。

（3）课程设计的选题应根据教学基本要求，以实践动手为主，教研室应组织教师按照教学大纲要求制定课程设计任务书与指导书，准备好必要的参考资料，提前一周做好各项教学准备工作。设计选题的难度和工作量要适当，应使大多数学生经过努力，在规定的时间内能够顺利地完成任务。在课程设计过程中，指导教师应及时指导和答疑，对学生的基本训练要严格要求。课程设计必须按要求在规定的时间内完成，学生在课程设计期间有1/3以上时间缺席，不予评定成绩，必须补做。设计完成后，指导教师要认真批阅，组织进行课程设计答辩，或以小组提问答疑的方式进行考核。课程设计成绩要严格按课程设计指导书要求评定,并在课程设计结束后及时报学生所在系部。

3. 课外指导

每门课程都应尽量安排一定量的课外指导。课外指导是教师对学生在课堂之外所做的集体、个别指导或辅导答疑。课外学习指导的重点是培养学生自主学习的能力和习惯。其主要内容包括:指导学生制订自学计划,指导学生阅读教材和参考书,查阅文献资料,指导学生进行实践训练,指导学生掌握学习规律和科学的学习方法、合理安排时间,提高学习效率。

(1) 所有任课教师每周应安排固定的时间进行辅导答疑,并将答疑的时间和地点向学生公布,其他时间只要学生有问题,即可与教师联系,安排时间并采取适当的形式进行答疑。辅导答疑的形式多种多样,既可以采用集体辅导、个别辅导、课间答疑等面对面答疑的形式,也鼓励教师采用电话答疑和通过电子邮件、QQ、微信或微博等现代化的网络手段开展网上答疑。

(2) 任课教师可结合专业、课程特点开展技能竞赛,对学生进行课外集训和实训指导;对学生在课外合法建立起来的学习兴趣小组或社团,学生所在年级的任课教师有责任给予指导,使第二课堂的活动与第一课堂的教学有机地结合起来。

4. 作业要求

为配合课堂讲授,每门课程均应依据其性质布置相应的作业。任课教师要根据本课程的性质与特点,规定学生修读该课必须完成的作业量,为学生开列必读书目,要求学生做读书笔记等。作业应紧扣教学内容的重点、难点;选题以巩固知识和形成能力为目的,作业次数和分量要适度。对难度较大的作业,教师应及时提示和辅导。任课教师应认真按时批改作业。

5. 课程考核

每学期所开设各门课程均应进行考试或考查,成绩评定应对学生的课程学习情况进行综合考核,课程考核方案应有明确的执行标准,加强过程考核,将平时的学习表现和作业情况列入课程考核内容,重视学生的应用能力评价。提倡多样化的考核方式,可根据课程特点及教学目标,选择适当的考试方式,如口试、操作考试、开卷考试、小论文、作品设计等。

6. 毕业实践教学

全校毕业实践领导工作由分管教学的校长总负责,教务处负责日常管理工作。各系成立毕业实践工作小组,负责制定毕业实践有关规定;审定学生参加毕业实践的资格;审定各专业的选题、实习单位、编组方案,确定指导教师;在毕业实践的全过程中,抓计划、进度、考勤、质量检查、课题指导、考核评分等;确定评审小组人选,组织毕业作业评审工作;做好毕业作业资料汇总和归档工作;处理毕业实践中其他重大问题。

7. 教学文件(课程教学大纲)

课程教学大纲是教师从事教学工作的基本文件,是对学生进行考核的依据,是检查教师教学质量的标准,应根据培养计划、预定教学目的和计划学分制订,经系审核批准后报教务主管部门备案。执行中基本内容不得轻易更动,如需更动,须提出申请,报教研室主任或系主任审核、批准,并报教务处备案。

四、质量监控与评估

1. 职业教学质量标准与影响因素

(1) 教育教学一体化育人质量标准。教育教学一体化育人质量内容应随着社会对高职人才的需求变化做相应的调整,以确保民办高职院校的职业教育活动更好地为满足社会发展服务。判断教育教学一体化育人质量的标准,应从以学生获取知识或能力的多少转变为学生的素质、能力和技能的全面提高,具体表现在既有较强的业务工作能力和动手能力,又有与人合作的精神。爱岗敬业、踏实肯干、谦虚好学,安心在一线工作。

(2) 影响教育教学一体化育人质量因素。影响教育教学一体化育人质量主要有内外两方面的因素,外部因素如教育政策、体制;内部因素如学校的教师、学生和教学管理等。内部因素又可分硬件和软件两方面,前者如教学设备,后者如教学管理水平。加强教育教学一体化育人管理,实现对教学过程的内部监督与评估,建立更加系统、科学、高效的质量管理体系,属于软件建设,也是一个关键性的要素。

(3) 监控制度。其一,听课制度。由学校有关领导、教学管理部门、学院主任及教研室主任组成听课小组进行听课和评课。其二,督导制度。组建两级教学督导组,即学校和二级学院两级。校督导组成员由经验丰富的教师组成,二级学院督导组成员由二级学院的业务领导、教研室主任组成,以抽查听课的形式,检查教师教学质量。其三,教学检查制度。一般在期中由教学管理部门对各教学部门执行教学文件、落实学校规章制度情况进行检查。对教师教学工作的各环节情况进行检查,二级学院的教学主管也应参与。其四,学生信息员收集意见反馈制度。每月由学生信息员收集对教学管理和教师教学的意见,并向有关部门及人员进行反馈。其五,学生评教制度。一般在期中采用问卷调查、学生座谈会等方式,收集学生对教师的教学态度、业务水平、教学方法、教育手段、育人方法、教学效果的意见并进行评价。其六,其他质量评价。学校结合重点专业建设、重点课程建设开展的阶段性检查等质量评价工作,对实践(实习、实训)教学的抽查,学校领导和相关职能部门不定期召开教学质量工作会议督促、总结教学工作。

2. 教学质量监控与评价体系

(1) 教学质量监控与评价的内容。在教学活动中,应当对构成教学质量的所有基本要素进行全过程、全方位、全员性的监控与评价,其基本内容主要体现在教学条件的监控与评价、教学管理水平的监控与评价、教师素质的监控与评价、学生质量的监控与评价等方面。其一,全过程是指高职教育质量贯穿于人才培养的整个过程,即从社会对高技能人才的需求调研、专业设置、招生工作开始,到教学过程各个环节和学生考试,直到毕业生质量跟踪调查整个过程。其二,全方位是指影响教学质量的全部因素,不仅包括教师的教学与学生学习的质量,还包括与人才培养质量有关的其他因素,如学生管理、实训条件、教材使用、专业建设、创新精神、教风和学风等。其三,全员性是指全体利益相关者都参与到高职院校的教学质量管理中,包括政府、学校、学生和社会。学校的全体教师也应参与教学质量管理,因为每一个人的工作质量都将直接或间接地影响到人才培养的质量。

(2) 教育教学一体化育人管理系统。其一,建立校院两级教学管理体系,分别承担管理教学的工作,明确校院各自的工作范围、职责、权利和义务。校级工作的重心是突出目标管理、重在决策和监督,将教学管理重心下移到学院一级,学院管理工作重点突出过程管理和组织落实。其二,教学计划管理制度。由教务处组织各学院制订各专业教学计划并进行管理。在教学计划的制订过程中,要充分发挥专业指导委员会的作用,制订的教学计划要主动适应经济社会发展的需要,坚持德、智、体、美全面发展,突出应用性和针对性,贯彻产学结合思想,在遵循以上原则的基础上,从自身实际情况出发,积极探索多样化的人才培养模式,努力办出特色。其三,教学过程管理制度。首先是教师管理。教师在教学活动中起主导作用,学校可通过制定各种政策和制度来科学地规范教学行为,最大限度地调动教师的主观能动性,把主要精力集中于教学,不断改进工作,从而提高教学质量。还要重视师资队伍建设,民办高职院校师资队伍,特别强调的是教师的职业资格和动手能力。要着力引进和培养"双师型"的教师,并建立教师定期培训制度,形成一支由社会能工巧匠和教师组成的专兼职教师队伍。其次是建立奖罚措施。通过制定教学事故认定办法、评定课堂教学优秀选手和实践教学能手等措施来规范和鼓励教师,以确立学校的正常教学秩序,不断提高教学质量。再次是教学管理队伍的建设。这支队伍管理水平的高低,同样也影响教学质量,要加强对教学管理人员的培训,提高其管理的能力和服务的水平。最后是抓好教研活动。教研室是按专业或课程设置的教学基层组织,其主要任务是按教学计划规定实施教学工作,开展教学研究、科技工作,不断提高教学质量和学术水平。

(3) 学校教学监督系统。教学监督系统主要建立在校、院两级教学督导制度、听课制度、学生信息员制度、教学检查制度的基础上。民办高职院校的教学督导强化教学管理工作的调控职能,保证有关教学管理规章制度的贯彻执行。听课人员和学生信息员不断向学校决策者提供影响教学质量的信息。教学检查工作贯穿始终,及时发现问题,归纳分析和总结问题。

(4) 学校教学评价与反馈系统。教学评价与反馈系统主要由校、院两级组成,负责对学校、学院的教学工作进行评价和信息反馈。评价一般包括办学能力评价、专业评价、课程评价、学生评价、教师教学工作评价、学院评价等方面。通过这些评价收集教学运行过程中的各类信息,为学校的教学管理与决策服务。其一,教师教学工作评价。制定全面科学的教师教学评价制度,不仅包括对教师课堂教学质量、专业知识与科研能力的评估,同时也包括对教师教学沟通能力、职业道德和人格魅力的综合评估,特别是教师的实践动手能力和为社会服务的能力,可通过听课、问卷调查、同行评议、专家评价、学生评价等形式进行,考评结果及时反馈给教师并与教师的岗位聘任与课时酬金挂钩,力求使教师教学工作评价发挥积极的作用。其二,专业与课程评价。专业与课程建设是教学质量的两个重要载体。要认真进行社会调查与研究,对所设置的专业进行人才需求和办学条件的论证与评价;在新专业运行一轮后,要对其进行合格评价;而重点专业评价是专业评价的最高层次,它对体现学校办学特色、提升学校社会知名度具有重要的作用。课程则是构成专业的基石,以课程评价为手段开展课程建设,建成一批学校的特色课程与精品课程,通过课程建设带动专业建设。其三,学生学习质量评价。学生学习质量是教学质量的重要表现。首先对新入校学生进行生源质量分析,制定切合实际的有针对性的措施以提高学生的学习质量;其次以学风建设为主线对学生学习质量进行监控和评价,抓好学籍管理、考试管理、课程设计、毕业实习等环节;再次要实行科学化的考试管理,建立规范的考试工作程序和制度,严格考试过程管理,进行必要的试题、试卷和成绩分析;最后要对学生获得的职业能力进行评价,可针对学生获取职业资格证书的层次和学生在实习单位上岗的能力等方面进行评价。其四,二级学院工作水平评价。二级学院教学工作是学校教学工作的基石,是组织教学活动,实施各项教学管理制度和规范,保证教学质量的基本单位。要制定二级学院的教学工作水平评价方案,对二级学院教学工作水平进行评价,评价结果与二级学院院长及相关教学管理人员的工作考核挂钩。其五,学校教学基本投入评价。学校对各个专业的基本投入同样也影响办学的质量,例如实习实训设备的投入、师资培训的投入等。

第九章 职业素养教育

民办高职"二元思维"认为,加强高职生的职业素养教育,让学生个体素质、专业知识和技能与职业素质与社会需求有机融合,使学生在学习期间体验和适应社会职业的环境和氛围,获得职场职业素养,达到在校生具备准职业人的素养和技能标准。这是高职生的就业准备和就业路径,也是民办高职院校为学生更好地就业所实施的积极培育举措,更是丰富和创新高职教育内涵和机理所开辟的新的实践性教学路径。

第一节 对高职生的职业素养分析

一、什么是职业素养

所谓职业素养是指职业内在的规范和要求,即在职业过程中表现出来的综合品质,包含职业道德、职业思想、职业行为、职业作风、敬业精神、责任心、合作态度、抗压能力、职业技能等方面。换句话说,职业素养是职业人的道德、态度、意志等层面的内在素质,还包括在职场上的工作思维、方式、规则、常识等,即怎样做人、做事的能力。[①] 职业素养的三大核心要素:

1. 职业信念

"职业信念"是职业素养的核心要素之一。民办高职"二元思维"认为,良好的职业素养应该包涵良好的职业道德,正面积极的职业心态和正确的职业价值观意识,应该是由爱岗、敬业、忠诚、奉献、正面、乐观、用心、开放、合作及始终如一等这些关键词组成。它是一个成功职业人士必须具备的核心素养。

---

① 陈雪:《企业员工职业素养提升的实践研究》,载《中国培训》,2016年,第4期。

2. 职业知识技能

"职业知识技能"是做好一个职业应该具备的专业知识和能力。俗话说"三百六十行,行行出状元",没有过硬的专业知识,没有精湛的职业技能,就无法把一件事情做好,就更不可能成为"状元"。要把一件事情做好就必须坚持不断地关注行业的发展动态及未来的趋势走向,就要有良好的沟通协调能力,懂得上传下达,左右协调从而做到事半功倍,就要有高效的执行力。各个职业有其独特的知识技能,每个行业还有每个行业的知识技能。总之,学习提升职业知识技能是为了让从事职业的人员把事情做得更好。

3. 职业行为习惯

职业素养就是在职场上通过长时间的学习—改变—形成,最后变成习惯的一种职场的综合素质。心念可以调整,技能可以提升,要让正确的心念、良好的技能发挥作用,就需要不断地练习、练习、再练习,直到成为习惯,形成职业行为习惯。

二、高职生与职业素养的关联性分析

1. 高职生的身份属性与职业素养

身份指社群中个体成员的标识和称谓。分为两类:客观的,如原籍、年龄、辈分、性别、职务、职业等;主观的,指内含身份认同,分为农民、工人、干部。职责,是指任职者为履行一定的组织职能或完成工作使命,所负责的范围和承担的一系列工作任务,以及完成这些工作任务所需承担的相应责任。

从教育层面来看,高职生是高职院校培养的对象,是学习的主体。高职生来源于社会,因社会需求而进入职业院校学习适应社会生存的技能。在学校里,高职生的身份是学生,主要职责是学习和掌握一定的基本理论知识和实际技能,此外,还要养成学会做人、学会融入社会、学会自主生存的素养。

因此,高职生的素养具备学生特征。学生的素养和职业素养是两个范畴、不同的概念,就像解放军扛枪是军人,核心任务是积极训练、积极备战、打赢战争。工人、农民扛枪充其量是民兵,因为工人、农民主要是生产,扛枪打战是辅助的。假如解放军和工人、农民都扛枪打战,但军人和民兵的打仗素质是完全不同的。所以,不同的身份,予以不同的属性和职责。(如图 9-1)同样,高职生的职业素养与企业工人的职业素养也是不同的。高职生的在校学习更注重职业技术的培养,毕业后可以直接参与到生产实践中去。

> 核心任务:积极训练、积极备战、打赢战争

- 解放军 —————————————— 军人

> 工人、农民主要是生产,扛枪打战充其量是民兵

- 工人、农民 —————————————— 民兵

图 9-1

2. 高职生的职责属性与职业素养

职责,是职业与责任的统一。一般说,员工在职场内做好和胜任本职工作,遵守职业规范,养成职业习惯。具体来讲,严格遵守规章制度,坚守生产岗位,遵守劳动纪律和各项规章制度,自觉服从工作安排,严格按照产品工艺要求及操作规程进行作业,强化品质观念和工作责任心,确保完成和超额完成生产任务。员工只要坚持做好这些刚性规定和法则,其职业素养随之内化于心,逐渐养成职业习惯和定向为职业行为规范。(图 9-2)

> 职场内做好和胜任本职,遵守职业规范,养成职业习惯

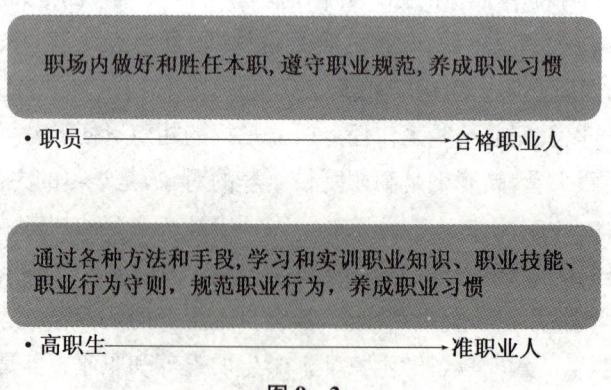

- 职员 —————————————— 合格职业人

> 通过各种方法和手段,学习和实训职业知识、职业技能、职业行为守则,规范职业行为,养成职业习惯

- 高职生 —————————————— 准职业人

图 9-2

高职生的核心任务是学习。在认知路径上,高职生需要由认识(直观)、了解(感观)、记忆(入脑),即学习、学懂、学会。高职生即使通过校企合作、工学交替的介入,以及各种方法和手段,学习职业知识和实训职业技能,遵守职业行为规章制度,规范和养成职业行为和职业习惯。但这些所作所为与职场员工比较,还

是有一定的距离。毕竟,高职生是以学为主,尽管职业技能实训提前介入、职业素养提前培养,但高职生所学来的职业素养同样不能与职场员工的职业素养相提并论。

三、高职生的学业水平分析

所谓高职生的学业水平分析就是,对高职生现有的知识结构、已学成绩水平、学习思维方式、认知特点、个性特征、学习动机、学习兴趣、学习方式、学习条件和资源等详细情况的分析。高职生的学业水平分析需要通过调查问卷、数据统计的方法。高职生的学业水平状况是设计职业素养教育的基本依据。调查了解高职生的学业水平,应从以下几个视角分析。

1. 学生原有素质的分析

了解学生,首先要了解学生原有的素质基础。学生已具备的素质与即将获得的职业素养是密切相关的,常常是前后密切关联和交织的,前者是后者的基础。

2. 学生现有认知能力的分析

高职生是否具备了一定的自学能力,有一定的阅读能力、观察能力、思维能力、分析问题的能力。

3. 学生原有生活经验的分析

每名学生在来到学校学习的同时,也带了各自不同的生活经历和不同观点。这种已有的经历、经验和对待社会的观点,对于即将进行的课堂学习生活具有深刻的影响。

4. 学生的情感分析

情感因素,是职业素养教育设计环节中一个重要成分,是伴随着知识经验的掌握、观念的形成以及内部智力的成熟而发展起来的,它对外部智力的形成和创造能力的发展起着决定的作用。

5. 学生身心特征的分析

不同年龄段的学生,心理各有其特点。职业素养教育应根据不同的教育对象,选择不同的教育方法。高职生有较强的自尊心、自信心和独立思考问题的能力,有充沛的精力和较强的求知欲,但遇困难又易灰心丧气。

四、高职生职业素养阶序分析

阶序，指资历、资格、等级级别等。"阶序"是一种比"身份、地位"更细致的区分，它不仅存在于不同地位的人之间，在相同身份、地位的人之间，也依据一定标准形成等级阶序。首先，以师范生的阶序来说明其在学校期间学习和实训的局限性。师范生毕业后要经历新教师阶段及经过3～5年实践教学后，才能基本达到合格教师水平。(如图9-3)师范生的职业素养在其学习阶段是不可能养成的，需要走上教师岗位，经过亲力亲为的实践锻炼，职业素养随之潜移默化地慢慢养成。

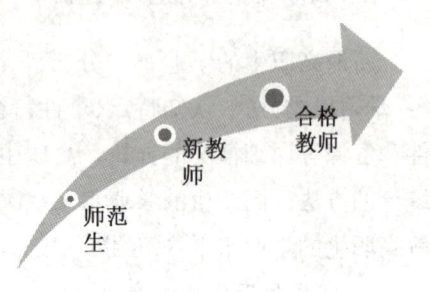

图9-3 师范生的发展阶序

同样，高职生由在校学习人向准职业人转变，进而由准职业人向职业人转变的阶序。高职生的职业素养在其学习阶段也是不可能只经历了短暂的校企合作、工学交替模块的实训就能养成。规范的职业素养需要高职生走上工作岗位，经过亲力亲为的实际工作，潜移默化中慢慢养成。(如图9-4)因为，高职生的三年按六个学期分解、专业学习的课程分配及实验实训的分配后，(如图9-5)无论职业素养教育的时间、模式和方法怎样安排，其频率、幅度和质量都无法保障。

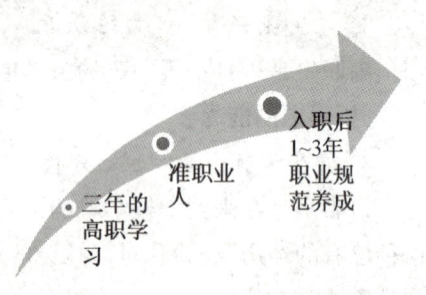

图9-4 高职生的发展阶序

第一年：综合知识学习、基础技能学习
第二年：专业技能实训、校企合作项目
第三年：校企合作项目、毕业考核项目

图9-5 高职生三年的课程分配

大一是"关键期"。新生入校面对三个转型，即从高中生到高职生的角色转型、从接受普通教育到接受职业教育的转型、从文化知识学习到技术技能学习的转型。因此,职业素养教育有三项工作务必做好。一是让学生快乐起来。新学校新环境下,学生容易产生新的憧憬,是新生心理的敏感期,抓住这个时期进行励志教育极具重塑性和说服力。树立榜样是最好的强心剂,理性的快乐要有内容和质量,励志教育切忌空洞说教。二是让学生阳光起来。新生的专业教育是最好的阳光教育,高职生报专业志愿的盲目性较大,大一时对专业的认识往往笼统而片面,尽快让他们知道专业是什么、与自己的关系意味着什么等问题,通过专业教育培养职业兴趣,让信心扎根于专业,学习生活才会充满活力。三是让学生行动起来。帮助指导学生做好自己的职业规划,这是大学生人生的"第一桶金"。

  大二是"黄金期"。高职生度过大一年级的心理动荡期后,绝大多数学生已经找回信心,但随着系列专业课程的开出,又得面对新的考验,如学业与职业该怎么协调、知识能力与技术能力该怎样转化、人文素养与职业素养该怎样融通等。信心足则进,反之则退。职业素养教育对学生信心的培养重在抗挫折教育,高职生的学习周期短,专业化学习不可能一帆风顺,始终经受着重重困难的考验,教育管理中人文关怀要适时跟进,在信心动摇时得到有效帮助。同时,职业素养教育要善于利用迁移原理化解信心危机,当学生以学习维持学习信心产生困难时,可通过其他感兴趣的活动来辅佐,最终达到用信心培植信心之目的。

  大三是"体验期"。作为一种心态,高职生的信心与具体的期望相联系以后,就会升华为对相应行动必定成功的信念。大三是集中体验专业化的学期,学习形态由理论主导转向技术技能主导,高职生也面临由学生角色向准职业人转型、学习成果由知识化转向成品化、专业文化全面吸纳行业企业文化等考验。由此,在工学结合中充分发挥校企协同育人的作用,在真实的生产环境中体验职业的快乐,从而增强学生自我超越的勇气,积蓄创新创业的信心。

五、高职生的显性和隐性素养分析

  "素质冰山"理论认为,个体的素质就像水中漂浮的一座冰山,水上部分的知识、技能仅仅代表表层的特征,不能区分绩效优劣;水下部分的动机、特质、态度、责任心才是决定人的行为的关键因素,鉴别绩效优秀者和一般者。高职生的职业素养也可以看成是一座冰山:冰山浮在水面以上的只有1/8,它代表高职生的形象、资质、知识、职业行为和职业技能等方面,是人们看得见的、显性的职业素养,这些可以通过各种学历证书、职业证书来证明,或者通过专业考试来验证。而冰山隐藏在水面以下的部分占整体的 7/8,它代表高职生的职业意识、职业道德、职业作风和职业态度等方面,是人们看不见的、隐性的职业素养。显性职业素养和隐性职业素养共同构成了所应具备的全部职业素养。(图 9-6)

```
         显性职业素养
         隐性职业素养
   职业意识、职业道德、职业作风和职业态度
```

图 9-6

由此可见,大部分的职业素养是人们看不见的,但正是这 7/8 的隐性职业素养决定、支撑着外在的显性职业素养,显性职业素养是隐性职业素养的外在表现。因此,高职生职业素养的培养应该着眼于整座"冰山",并以培养显性职业素养为基础,重点培养隐性职业素养。高职生的职业素养教育过程不是学校、学生、企业哪一方能够单独完成的,而应该由三方共同协作完成。

六、高职生角色与职业人角色的差异分析

高职生角色是指在特定的社会环境下,接受高等职业教育培养,学习科学文化知识,培养全方位能力,提高综合素质,努力使自己成为社会所需要的合格人才的社会角色。职业人角色是指在职业工作环境中,运用自身所具备的丰富的知识、专业的技能与较高的素质,通过特定的职业活动,为他人、为社会创造物质财富与精神财富,获得相应的物质报酬与社会福利待遇,实现自我价值与社会价值的社会角色。职业人角色相对于高职生角色而言,具有积极主动性、开放性和社会责任特定性的特点。高职生角色相对于职业人角色而言,具有一定程度的被动性、封闭性和社会责任的特点。(图 9-7)

高职生角色与职业人角色的差异					
社会角色的具体内容不同	生活方式的不同	活动方式的不同	人际关系的不同	对社会的认识不同	对独立性要求的不同

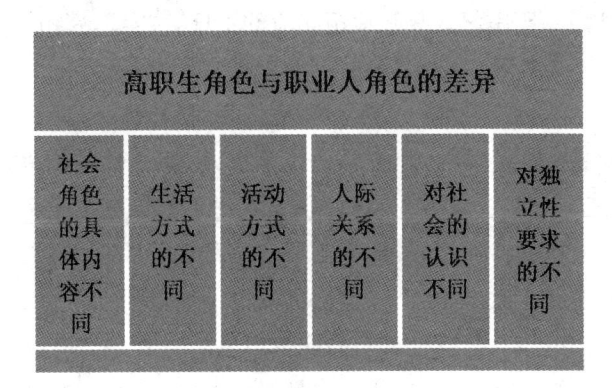

图 9-7

具体来说,高职生角色与职业人角色的差异主要有以下几个方面:

1. 社会角色的具体内容不同

(1) 就角色所享有的社会权利来说,高职生的主要任务是要完成规定的学习任务,并且取得家庭或者社会在经济上的资助,这既是高职生身份的基本特征,也是高职生所享有的主要社会权利;而职业角色的权利则主要表现在个体利用社会提供的各种资源,通过职业活动为自己、为他人、为社会创造财富,在这个过程中,既可以获得与付出对等的物质报酬和社会福利待遇,提高生活水平,同时还可以通过为社会创造财富而获得一定的社会评价和社会地位。

(2) 就角色所应承担的社会责任来说,从高职生到职业人的转换,在很大程度上增强了其社会责任,相应地社会评价的要求也变得更为严格。高职生的主要社会责任是学习并掌握科学文化知识,掌握社会生活所需的技能,逐步完善自己,为将来做出应有的贡献,实现自我价值做准备。高职生的社会责任通常体现在其学习过程中是否负责上。而职业人角色的社会责任主要表现在运用自己所掌握的科学文化知识,在遵守岗位职责与职业素养的前提下,通过相应的职业活动,为他人、为社会做出贡献,以自己的行为来承担责任。因此,职业人的社会责任存在于对工作对象的责任中,其社会责任往往是比较直接和明确的,甚至是无法选择的。

(3) 就角色的社会规范性来说,高职生角色的社会规范大多来自于自身的行为规范以及校规校纪等,它以引导高职生健康成长、全面发展为导向,往往带有自律性与统一性。而职业人角色的社会规范因为职业的不同而具有特殊性,执行要求比较严格,一旦违背就必须承担相应的责任,甚至追究相应的法律责任。

2. 生活方式的不同

高职生角色的学习、生活由于校园环境的相对封闭性与集中性,基本上都集中于教室、食堂等公共场所内,除去私人生活以外,集体性的活动成了高职生学习生活的主要组织与实施方式。然而,职业人角色的工作与生活空间区分相对比较明显,派出工作的特殊性质,他们需要更多的私人空间,需要更宽阔的独立环境,突出表现在8小时工作之外,他们可以自由地根据自己的爱好来设计安排自己独特的生活方式。因此可以说,高职生角色的生活方式是趋于简单化、直线式、集体化的,而职业人角色的生活方式是趋于多样化、创造式和个性化的。

3. 活动方式的不同

从高职生到职业人角色的转变,必然要产生活动方式上的变化。高职生的主要活动是学习科学文化知识,因此,高职生在很长一段时间内处于被动接受外界给予的方式下,即其获得知识的途径是间接的,缺乏直接的社会经验与实践。而职业人角色则要灵活运用自己所掌握的知识、技能与素质,通过向外界提供某种劳动,为他人、为社会创造财富。因此,有些高职生在角色转变的过程中,会出现些许的不适应。高职生毕业后应尽快适应新的活动方式,是顺利实现从高职生到职业人角色转换的重要方面。

4. 人际关系的不同

高职生角色在校园环境中形成的交际圈子往往是有限的,一般主要表现为同学关系、师生关系。人际关系相对比较简单,基本上不会出现根本利益上的矛盾与冲突,矛盾一般都是暂时性的,且容易解决。相对而言,职业人角色的人际关系则要复杂得多。一方面在生活中,可能表现为亲情、友情、爱情的角色;另一方面在工作中,可能表现为领导与下属、同事与同事的角色等。

5. 对社会的认识不同

高职生角色主要依靠课本理论知识来认识社会,缺少直接的社会体验性、时间参与性,因而对社会的认知往往是相对理想化、相对片面性的;而职业人通过直接参与社会活动与实践,逐渐丰富社会经验,对社会的认知逐渐趋向于现实性和全面性,并通过有效的互动和积极的反馈,使其对社会和职业活动与实践尽可能地保持协调一致。

6. 对独立性要求的不同

从高职生到职业人的角色转换,对其独立性要求也有了相关的提高。这种独立性要求是与经济的独立同步的。高职生在学生时代,经济主要来源于家庭,转变为职业人之后,有了自己的劳动报酬,在经济上脱离家庭成为经济独立者,这种经济上的独立性使得家庭和社会对其独立性提出了更高的要求。这种对独立性的更高要求,一方面为高职毕业生的发展与提高提供了更为充裕的成长时间与更为广阔的发展空间;另一方面,也为高职毕业生提出了依靠力量,强化了自我管理的新课题。

第二节 构建高职生的职业素养教育体系

高职生不是职场员工,具备怎样的职业素养以符合职场的要求,是高职院校职业素养教育的核心课题。职业素养教育的主要内涵就是一定要把专业知识和技能的传授和灌输与其对口的职业紧密地联系起来,促使高职生对自己将来从事的职业有所了解,激发学生对专业指向职业的兴趣和热爱。无论是课堂教学,还是实践性教学,或企业岗位实训都要直接或间接对学生灌输专业与职业的关系、职业的素养、知识和技能及对职业氛围和环境的了解、认识和体验。

一、高职生的职业素养教育应该遵守什么原则

民办高职"二元思维"认为,培养和提高高职生的职业素养,必须把职业素养教育贯穿于高职生在校的整个学习过程中,建立职业素养培养体系。由于各类职业都有其本身不同的特点,从而对高职生有着特殊的素质要求,即使是同一职业的不同岗位,对高职生的要求也不尽相同,职业素养教育必须围绕高职生所学专业的不同特征及专业人才所必需的职业素质要求入手,以突出职业素养教育的针对性。高职生职业素养教育的原则是:

——职业素养培养体系的构建应以专业培养目标为依据,遵循针对性、系统性和实用性。

——职业素养培养是一个连贯的培养过程,教育内容应贯穿到人才培养的每个阶段,各个培养阶段应相互贯通且有机链接。

——职业素养的核心是职业道德和职业能力,职业素养教学体系应以提升

职业道德和职业能力为直接指向，根据职业道德和职业能力养成的内在规律，有计划、有步骤地组织实施。

——高职生职业素养教育确保"四个坚持"，即对高职生坚持专业能力的培养；坚持方法能力的培养；坚持社会融合能力的培养；坚持发展能力的培养。

二、构建以职业素质为中心的职业化学习评价体系

民办高职院校要构建以职业素质培养为中心的学习评价体系，使评价结果成为学生检验学习效果、自我反思、自我调控、自我完善与自我修正的手段。学习评价体系应遵循定性与定量相结合、形成性评价与终结性评价相结合、综合评价与特色评价相结合、现实性与发展性相结合、教师与学生个人及企业多元评价相结合的原则。以职业素质为中心的学习评价体系的评价内容可由职业基本素质和职业能力两部分组成。其中职业基本素质由爱岗敬业、遵守职业纪律、职业规范、职业态度定性进行测评；职业能力由所学的课程或完成的工作任务所掌握的知识、技能定量评价和学习过程中与人交往能力、信息处理能力、解决问题能力、自我学习能力、与人合作能力定性评价。学习评价体系的基本步骤包括：

1. 树立"高职生的职业素养主要来自职场习得"的理念

对高职生进行职业素养教育，一定要树立"高职生的职业素养主要来自职场习得"的理念，积极构建和筹备高职生职业素养教育的实施方案、构建教育平台。一是促成构建生产实例系统化的教学情境。教学组织实施与职业岗位、生产过程一致，教学手段、方法呈现真实性，利用多媒体仿真模拟技术实训工厂、企业实习等手段来营造实际工作的职业氛围。二是促进形成实例渗透的教学实践过程，将各种职业能力转化成独立典型的工作任务，并对工作任务进行整合，把工作过程的行动领域整合到课程学习领域，教师成为引导者、咨询者，高职生成为学习活动的主体，在共同参与和探讨中解决实际问题。

2. 校企合作、工学交替是高职生获得职业素养的直接平台

高职生通过校企合作、工学交替等形式的沟通来表达自己对职业素养的认知情感，沟通提供的不仅是一种情感释放的情绪表达机制，而且还可以满足高职生的职业交往需要。对高职院校的职业素养教育来说，最重要的一点就是要形成在校企合作管理架构和高职生之间的公开、自由、诚实、开放的沟通氛围。有效畅通的沟通渠道可以实现企业师傅和高职生之间的交流，可以促进高职生彼

此之间思维的碰撞、感情的升华。因此,高职生在有效沟通性的文化氛围中工作,不仅能够控制和激励高职生的行为,实现信息的共享,而且能够使高职生体会到被尊重、被信任的感觉,心理上得到了极大的满足,从而对职业产生深深的依恋感和认同感,加深高职生对职业的归属感。

3. 企业师傅的职业示范是高职生获得职业素养的主要渠道

企业师傅的工作风格各有不同,他们往往把自己的个性、气质、偏好等性格因素以及素质、修养等人格要素融入工作中。企业师傅的工作风格对高职生的职业素养教育起着至关重要的作用,企业师傅的示范性行为时时刻刻影响着高职生。从管理的两维理论上来看,可以将企业师傅行为模式分为交换型行为和变革型行为。交换型企业师傅在对高职生示范时,会关心每一个高职生的各种技能需要,帮助高职生以新观念、新看法、新思路解决问题,利用个人的技术示范指导高职生,鼓励和帮助高职生完成工作任务。变革型师傅则是从个人技能魅力、技术感召力、工作智力刺激高职生高层次的需求,诱导并促进高职生观察、学习、领会职业素养内涵。

4. 规范的职业规章制度、习俗和礼仪是高职生获得职业素养的基本内容

行业企业习俗是企业员工自觉遵守的道德规范和准则,具有"软约束"作用,它是一种无形的精神力量,规范企业员工的一言一行。行业企业的职业习俗和礼仪是其价值观的表现形式,塑造了企业的自我形象。高职生在行业企业的实训中,在职业习俗礼仪文化的氛围中受到熏陶和感染,自觉地调整不符合职业习俗礼仪的行为,密切与企业师傅、职业岗位的人际关系,激发工作的使命感和成就感,实现"人职合一"。此外,约定俗成的职业习俗可让高职生感受到企业的关心,大大地强化了高职生与企业之间的"家庭"情感,学生的"职业归属感"不禁油然而生。

5. 通过评价体系的建立,调动高职生学习的主动性与积极性

高职生职业素养教育体系的研究还属于一个崭新的领域。如何构建职业素养教育体系的理论框架与实践方案,为高职生的职业素养教育提供一种全新的培养理念和实践路径。突破以往职业素养教育的低效性是高职院校的重要任务,同时,确立有效、合理和科学的高职生职业素养学习评价体系,使评价成为提高高职生职业素养、促进职业化教育质量提高的必要手段,是民办高职院校积极探索的一项重要课题。引导高职生在掌握基本理论、基本知识和基本技能的基

础上,积极培养与提高高职生的职业素养,努力使高职生具有适应不同工作环境与要求的、内在的、稳定的可持续发展能力,以实现高等职业教育的人才培养目标。

三、构建高职生职业适应的指导体系

所谓高职生职业适应是指,高职生就业从事某项工作时所必须具备的生理、心理素质特征。职业适应是对所从事职业的工作环境、工作任务与要求的适应程度,以及对自身的行为与工作新需要的适应程度。一般普通的职业适应性,是指从事一般职业所需的基本生理、心理素质特征,而特殊的职业适应性则指从事某一特定职业所需具备的特殊生理、心理气质特征。

1. 构建高职生职业适应的指导体系目的

职业的适应包括很多内容,但由于场合不同,对高职生职业适应有不同的强调要点:

——一定的工作效率;
——无事故倾向;
——达到岗位能力和特性要求;
——熟悉工作速度;
——工作环境和氛围适应;
——个人心理素质适应。

2. 构建高职生职业适应指导体系,对高职生的职业适应性测评

职业适应性测评就是通过一系列科学的测评手段,对人的身心素质水平进行评价,使其与职业匹配合理、科学,以提高工作效率、减少事故。职业适应性测评一般不具有强制性,仅作为高职生选拔和留用的参考。职业适应性不仅反映了安全要求,而且还有效率要求。

从实际上来说,没有人可以适应社会中所有职业的要求,也没有人在通过岗位培训后,就一定能够胜任新的职业。高职生对职业的适应,一般包括两个方面:一是指因每个人的独特个性而对其所从事的职业的适应程度;二是指某一特定类型的职业活动的特点与要求,对不同人的个性特征及其发展方向的影响程度。高职生在适应职业的过程中,居于主体地位,起主导作用。

我们认为,高职生与职业之间呈现出辩证统一的关系:一方面既存在相互适

应的关系,另一方面又存在与之不相适应的关系,两者在不断地磨合过程中实现辩证统一。与此同时,高职生的个性特征又是与职业活动相互联系、相互适应的。没有人的主观能动性,任何职业都无法顺利适应。因此,在实践工作中,培养与强化高职生与职业活动的同时,让其先适应的个性特征对岗位竞争十分必要。

3. 高职生职业适应实训的注意要点

一是科学选择与合理使用称职的高职生。根据不同的职业特点,确定评价标准及指标,并对高职生进行测定,评价其职业适应性等级。对高职生定期进行测试和评价,建立职业适应性的动态数据库,以进行高职生的动态管理;二是指导高职生选择适合自己特性和条件的职业、职务。通过对高职生的生理、心理属性进行综合测试、评价,对照不同职业或工种的要求,分析高职生适合于何种职业,以利于高职生个人能力的充分发展。

四、显性职业素养培养的实践路径分析

1. 在专业教学中实施职业素养教育,并结合专业开发职业素养教育课程

第一,民办高职院校专业课程本身蕴涵着丰富的职业素养内容和精神,教师在讲授专业课时,要自觉地将职业素养培养贯穿于专业教育的始终,充分挖掘和发挥专业课对学生职业素养养成的作用,真正做到既教书又育人。第二,结合专业开发职业素养教育课程体系。第三,根据各专业的不同,因地制宜,开发相应的选修课程,加强职业素养教育。

2. 充分发挥实训课程的作用,在职业环境中培养学生的职业素养

职业素养的养成离不开实训,民办高职院校要根据自己的现有资源上好实训课。校内实训可以构建仿真的职业实训环境,让高职生"身临其境",接受训练和熏陶。除此之外,每个学期安排一定的时间到校外进行相应课程的实训,暑假安排高职生到企业进行两个月的综合实训,通过学习—实训—再学习—再实训的循环往复,既能培养和提高高职生的职业技能,同时又能教育高职生做好吃得起苦、沉得下心、耐得住寂寞的思想准备,克服浮躁傲气心态和不良行为习惯。

3. 充分发挥专业课教师在课堂教学中的引导作用

专业课的学习将直接影响高职生将来的就业或进一步从事研究工作。高职生从入学开始,如果能懂得专业课的重要性,就可以在未来学习期间做到有的放

矢,围绕专业课,逐步了解并热爱自己的专业,为未来奠定坚实的工作基础。

五、隐性职业素养培养的实践路径分析

1. 改革"两课"教学,采用开放式教育方式,综合培养多元化的素质

"两课"教学作为高职德育的主渠道、主阵地,其主要任务是以理想信念教育为核心,以爱国主义教育为重点,以基本道德规范为基础,以高职生全面发展为目标。因此,"两课"教学要与时俱进,贴近实际、贴近生活、贴近学生,有针对性地对大学生进行职业素养培养,把"两课"教育工作融入学生的整个学业的指导中,贯穿于整个培养过程,让高职生树立高度的责任心、事业心,严谨的学习态度、科学的求索精神和良好的学习道德。如"两课"教育由单纯的课堂理论灌输转变为与参与社会实践活动相结合,开展丰富多彩的活动相结合,把专业学习与就业、创业教育相结合,把法制教育与校纪校规、文明守纪相结合。同时,对学生开展专业思想教育、立志成才教育、心理素质教育、创新创业教育、法制纪律教育等。

2. 以专业教学过程为平台,渗透职业素养的培养

专业课程教学的主要任务不仅是教会高职生有关专业的基础知识,教会学生解决专业问题的能力,更应该是教育高职生如何做人,我们认为,只教给人一种专门知识技术是不够的,重要的是人要借助教育获得对事物和人生价值的了解和感悟。也就是说,既要会做事,也要会做人,甚至后者比前者更重要。所以,专业课教师在教学过程中应该把职业素养教育渗透到课堂教学的整个过程。

3. 对高职生进行企业文化教育

对高职生进行企业文化教育可以使高职生更好地融入企业、适应企业,了解企业的规章制度,从而顺利地成为企业所需的、合格的技能型人才。通过课堂教学主渠道和多种教育形式对高职生进行职业认知、职业情感、职业道德、职业岗位规范、职业精神的教育与培养。一方面,在各类课程教学中渗透行业文化和企业文化;另一方面,直接开设相关文化课程,在专业课程设计与教材开发时充分考虑到行业文化、企业文化的融合。同时,还可聘请优秀的企业家开设专题讲座、讲授相关课程等。高职生通过企业文化的学习可以养成必要的职业道德规范和与人交往的技巧,自觉地约束自己,当自己与他人、集体和社会发生矛盾时自觉地加以调整。

4. 注重在工学结合过程中让高职生感知、提升职业素养

建立稳定的校外实习基地,抓住学生顶岗实习的契机,通过真刀真枪的顶岗实践体会和感受职业素养的重要性,利用不同企业的文化给高职生带来的强烈体验,加强高职生的职业素质教育,会收到事半功倍的效果。

5. 加强校园文化建设

不断营造实施教育的良好氛围,以活动为载体,在广泛开展的各类课外活动中提升高职生的职业素养。

第三节 高职生职业素养培养路径

心理学理论告诉我们,"认识、情感与意志是人的心理的基本过程。这些过程既相互区别,又紧密联系。首先,意识是在认识的基础上产生的。人的意识活动是受目的支配的,目的不是凭空出现的,而是人认识活动的结果。人的认识越丰富、越深刻,他的活动目的就越自觉,越有可能制订出周密的计划,采用更有效的手段和方法来实现这一目的。其次,意志和情感是密切联系的。情感和情绪是人的活动的内部动力之一。它有积极的情感与消极的情感之分。积极的情感能激发和鼓舞人的意志行动,消极的情感又能阻碍人的意志行动"[1]。

民办高职"二元思维"认为,高职生作为职业素养教育的主体,对职业素养的习得就充满了认识、情感和意志的伴随、贯通和覆盖。职业素养教育的任务就是使高职生从对职业的认识开始,首先形成职业态度,经历职业体验、获得职业情感,再上升到具备职业责任、获得职业归属感,达到高职生的角色转变,成为准职业人,毕业、就业后顺利成为职业人。当然,为了这一目标,需要有坚实的专业知识和技能、扎实的专业实习实训及良好的职业素养教育作基础。更需要高职生对自己学习的专业所指向的职业要有全面的认知,主动自我培养对其职业的兴趣、热爱、向往的感情,加强职业意志,为毕业后就业打下一个良好的职业素养基础。

一、高职生职业素养教育标准

民办高职"二元思维"认为,高职生职业素养教育标准应该设定以下几个

---

[1] 车丽萍,秦启稳:《管理心理学》,武汉大学出版社,2009年,第78页。

标准：

1. 职业知识和技能标准

职业知识和技能，即指学生将来就业所需的知识、技能和能力。学生是否具备良好的职业知识和技能是能否顺利就业的前提。根据《国务院关于大力推进职业教育改革与发展的决定》关于"加强职业指导和就业服务，拓宽毕业生就业渠道"精神，调动学生学习职业知识和技能的积极性，帮助学生提高职业从业能力就显得尤为重要。掌握一门专业知识和技能是就业的根本，也是顺利就业的途径之一。高职生学期短，但掌握的知识和技能是高职生必须学到的，这需要开设专业技能课，了解市场需求，开设适合市场需求的专业。民办高职院校开设的职业技能培训，大大开拓了高职生的就业。高职生就业存在就业力不足的问题，工作能力与职场员工岗位标准相差甚远，其原因是学校着重于培养学生的理论基础，在提高学生的专业技能、专业实践方面存在缺陷，加之高职生对专业技能与动手能力的重要性认识不够，尚处于一种无意识状态，缺乏主动性。如果学校不能提供足够的实践机会，高职生又缺乏主动实践的热情，双重影响下的高职毕业生是不会受企业青睐的。

2. 职业能力标准

所谓高职生的职业能力是高职生毕业后就业从事某种职业的多种能力的综合。换句话说，高职生的职业能力可以定义为高职生将所学的知识、技能和态度，在特定的职业活动或情境中进行类化迁移与整合所形成的能完成一定职业任务的能力。高职生的职业能力基本要求：一是为了胜任一种具体职业而必须要具备的能力，表现为任职资格；二是指在进入岗位后表现的职业素质；三是开始职业生涯之后具备的职业生涯管理能力。高职生职业能力的构成，一是专业能力：专业能力主要是指从事某一职业的专业能力。二是通用能力：又称为职业核心能力和职业关键能力，指任何职业或行业工作都需要的、具有普遍适用性和可转移性的且在职业活动中起支配和主导作用的能力。通用能力职业能力包括组织管理能力、分析判断能力、沟通与表达能力、应变能力、交往能力、学习创新能力、适应能力等方面。

3. 职业行为标准

职业行为的养成，就是把社会对从业人员外在的素养要求，转化为从业人员内在的自觉行为和素养品质的过程。一般来说，个人良好的职业素养的形成，一方面取决于外界的客观条件影响,另一方面取决于个人主观努力自觉地培养。这里所说的主观努力,就是指职业素养修养。高职生的职业行为是指学生在一定的职业素养知识、情感、意志、信念支配下所采取的自觉活动。高职生的职业行为养成是指对这种活动按照职业素养规范要求进行有意识的训练和培养。职业行为标准包括:

其一,树立崇高的职业理想是高职生自觉修炼职业行为的核心。作为一个准职业人,高职生从事某种职业的时候,首先要给自己的职业生涯明确和树立一个较高的职业理想,即自己的职业志向。每个人的职业行为是在他的思想意识支配下进行的,因此,高职生树立什么样的职业理想,在很大程度上会影响到他在职业行为修养中所能达到的水平。

其二,有针对性地强化学习是提高高职生职业行为的基础。提高职业行为修养和认识,必须进行相应的专业学习。专业学习是职业行为养成的基本途径。一是要进行必要的基本理论学习,即学习马列理论、毛泽东思想、中国特色社会主义理论,学习专业基础课、专业课,坚定职业立场和行为方向。二是学习书本知识。读书学习对于学生加强职业行为修养是最便捷的,每个学生都要学习自己所从事行业的专业知识和专业法规,学习、理解所从事的职业对个人的要求,增强职业行为意识,追求完美人格。三是学习职业行为的规范以及职业行为修养方面的知识和经验。学习的内容和方法是多种多样的,对于刚参加工作的高职生来说,学习先进的职业工作者,学习职业行为上有建树的人。认真地向他们学习,就能看到闪光点,找到自己的差距,才能使自己明确努力的方向。

其三,积极创造职业体验是民办高职院校的高职生职业行为规范的保障。职业行为的养成要做到知行合一,实践是职业行为养成的根本途径。只有把认识付诸实践,通过认识、实践、再认识、再实践的循环反复,才能提高职业行为水平。对于高职生来说,实践包含两方面的内容:一是专业实践活动,专业实践是最基本的实践,通过专业实践,可以亲身体验本专业具体的职业行为品质。通过专业实践,可以增强职业行为意识,了解职业行为规范,提高学生从业的基本素质及职业技能和职业行为。二是社会实践活动。高职生的学习主要在课堂和实验室进行,具有一定的局限性。因此,民办高职院校要高度重视社会实践。高职生通过社会实践,可以感受各种职业被社会尊重与重视的程度,达到认识专业、走进职业、培养职业情感的目的。

4. 职业道德标准

高职生职业道德是指高职生在职业实训及将来的职业生活中应遵循的基本道德,即一般社会道德在高职生职业生活中的具体体现,包括职业品德、职业纪律、专业胜任能力及职业责任等要素,属于自律范围。高职生职业道德属性如下:

——高职生的职业道德是一种职业规范,应该受到社会、教育部门、职业院校、行业企业、家长和学生普遍的认可;

——高职生的职业道德是社会、学校、家庭的道德隐性教育和显性教育及个体心理习得,自然综合形成的;

——高职生的职业道德体现为学生依靠知识文化、内心信念和习惯,通过学生的自律,通过职业实训、职业体验、职业经验累积,转化为学生个体的职业观念、职业习惯、职业信念形成;

——高职生的职业道德主要内容是对学生有规范要求;应该有一定实质的约束力和强制力;

——高职生的职业道德标准代表着民办高职院校可能具有的价值观,承载着民办高职院校的文化和凝聚力,影响深远。

5. 职业信念标准

高职生的职业信念是指学生个体坚信自己所干的事、所追求的目标是正确的,在任何情况下都毫不动摇地为之奋斗、执着追求的意向动机。职业信念的重要性是指人的生活分为情感、职场和自我等不同方面,这些都需要自己的不变的信念,可以说"信念"是具体化的"信仰",在高职生的生活中拥有一个坚定的信念,是高职生身心成熟的一个标志。在职场里面风云变幻,机会很多,陷阱也无处不在,高职毕业生只要拥有强有力的职业信念,就拥有了百折不挠的心理根基,就可以从容应对事业中的许多不测风云。

二、培养框架设计

1. 高职生职业素养教育的界定

高职生职业素养教育以社会主义核心价值观为引领,以学生就业为导向,培养学生正确的学业观、能力观、就业观、职业观;培养学生较强的专业技能能力、社会适应能力、职业竞争能力,使学生成为合格的准职业人。

2. 高职生职业素养教育的特征

其一,客观性:如何使高职生发自内心地接受职业素养教育和走出校门成为一名专业技术人员,迎接社会需求的挑战,是高职生的职业素养所面临的必须解决的课题。民办高职院校的职业素养教育必须以实事求是的态度,根据高职生的学业水平,在一定的行业企业职业环境里,进行职业素养教育,使其职业能力水平和职业素养有较大的提高。

其二,针对性:行业企业的转型升级对高职生的职业技能和素养品质提出了质的要求。民办高职院校必须以人为本,以就业为引领,对学生实施职业素养教育,使学生的学习动机、职业态度、专业水平变成学生的职业信念、职业技能和职业能力。

其三,有效性:探索民办高职院校的高职生职业素养教育的有效路径,深化和夯实高职院校职业素养意识培养的内涵和外延。摸清学生对职业素养需求什么、接受什么,构建科学的、合理的在校生职业素养培养标准体系,使高职生的职业素养教育具有实践性、有效性。

其四,可行性:民办高职院校的职业素养教育方案必须科学合理,符合职教规律,执行有效,效果尤佳,使得高职生的职业素养意识培养良性循环,使学生在校养成良好的职业素养,确保学生个体的职业道德、职业思想(意识)、职业行为习惯、职业技能适应社会需求。

3. 高职生职业素养教育的路径和载体

(1) 路径

一是探索人职匹配的职业素养教育路径。在教育教学实践中,通过搭建学生日常职业素养规范管理平台,让学生在工作性的学习、研究性的实践中养成职业习惯、培养职业意识,形成职业精神。通过工学交替模式,搭建企业实训平台,让学生在企业实训(体验实训、顶岗实训、就业实习)过程中培养职业能力,接受企业文化,获得与职岗匹配的专业技术能力。通过搭建创业活动平台,鼓励学生广泛参与校内外创业活动,进而培养学生职业意识、职业精神、职业能力。

二是把脉和判断企业需求。探讨职业素养教育,培养高质量的职业素养人才,解决瓶颈问题:① 学生就业率比较高,但就业质量不太高,具体表现在专业对口率偏低、就业后离职率偏高;② 学校培养的专业技能与企业所需的实际能力有距离;③ 学校人才培养与学生的个人所需存在偏差;④ 学生毕业后的可持续发展能力和职场变迁能力还不够强。

三是构建和创新适应民办高职院校的职业素养教育评价体系。通过对职业素养教育进行价值分析和把握，能够有针对性地、有效地帮助民办高职院校树立和提升职业素养教育意识，进而帮助民办高职院校制定科学的、可行的职业素养教育评价办法，确立职业素养标准，将职业素养养成贯穿学生专业学习的全过程，建立教育教学和职岗验证融为一体的职业素养培养体系，把校企之间的深层次合作作为加强职业素养养成的重要途径。

（2）载体

一是校企合作载体。采取校企合作的方式共建"校内实训中心"。加强和已有合作企业的友好关系，鼓励企业继续提供实习基地、设备、原料及指派专业人员参与教育教学一体化育人。继续筛选与专业教学对口的优质企业设备引进入驻校园内，在校内实现理论学习和岗位实训相结合的理实一体化教学模式。

二是工学结合载体。推行"工学交替、分段教学"培养方案。继续实施工读轮换制，按学期或学季轮换。完善全日劳动、工余上课制，确保高职生在企业顶班劳动安全，在校内学习系统课程。创建新型"订单"式校企合作模式，每个专业原则上建立和确定紧密型合作企业，确保高职生校外实训质量。

三是职场岗位平台。深化校企合作，实施"学段制"工学结合模式。主动联系与专业对口企业，根据实际实训和企业用工需求，采用"互补互需"机制、灵活调整学习内容和时间，学技能与学理论同步。组织好"教师送课到企业"和"学生假期返校学习"工作。统筹安排好学生"劳动保险"事宜。

四是积极开展"现代学徒制"培养工作。联合有意愿的行业企业共建"现代学徒制"培养工作，推进招生与招工一体化机制，实现入学即就业的目的。与合作企业共同研制招生与招工方案，改革考核方式和录取办法，并将相关招生计划纳入学校年度招生计划进行统一管理。

4. 高职生职业素养教育的方法、手段

（1）高职生个体科学构建职业素养养成路径

一是自省法，是指通过内心的自我评价使自己的言行符合职业素养标准的要求。自省要求客观看待自己，勇于正视自己的缺点；敢于自我批评，做到"日省其身，有则改之，无则加勉"；有改正缺点的决心。高职生应有正确的荣辱观和辨别是非的能力。

二是慎独法,是指在无人监督的情况下,其行为应当更谨慎,遵守职业素养要求。慎独既是养成职业素养修养的方法,又是职业素养要达到的一种精神境界。慎独强调人们在进行素养修养时,要从小处着手,防微杜渐。

三是榜样激励法,是指向行业先进模范人物学习,不断激励自己提高素养素质。其特点在于通过榜样学习,可以把抽象的职业素养标准具体化、人格化、典型化,从而受到感染、激励、启迪,增强职业素养修养的有效性。

(2) 学校提供的方法和手段

深化和完善职业素养教育内涵。坚持以社会主义核心价值观为引领,以培养高职生树立正确的职业观为出发点,促进高职生的学习态度转变为职业信念、校园行为转变为职场行为、专业技能转变为职业应用能力。创新显性职业素养教育内涵,注重隐性职业素养的引导和教育。深化把握好高职生的学情差异、三年的学习时段、专业知识和技能三个指向性要素,培养高职生对专业的认知和运用,使高职生具备够用的理论知识、良好的专业职业能力和职业素养。重视培养高职生的责任意识、职业品质和敬业精神,重视培养高职生的社会适应能力和职业适应能力。培养高职生具备高尚的职业情操、健康的职业心理、胜任的技能。

(3) 基于职业能力,构建实践体系

构建以职业能力为主线、以校企合作为平台、与理论教学相辅相成的实践教学体系。实践教学体系做到"三个合一",校内课程"教学做"合一;校外基地实习工学合一;毕业实践综合应用理实合一。实践教学活动按基本技能训练、专业技能训练和综合应用能力训练实施分层递进,由浅入深、由简单到复杂、由单项到综合,循序渐进,逐步提高。实验、实习、实训,顶岗实习,课程设计和课程大作业,毕业设计(论文),毕业实习报告等主要实践环节安排科学有序,贯穿职业能力培养全过程。实行"双证书"制度,把职业资格证书作为审核毕业资格的必要条件。鼓励高职生参加以职业技能大赛和高职生实践创新训练为主要内容的各类大赛,加强素质拓展训练。

三、高职生的职业素养基本内容

民办高职"二元思维"认为,民办高职院校的职业素养内涵应该包含以下几个要素:

1. 职业价值观

第一,高职生应该正确认识个人与社会、集体的关系,但当个人利益与集体利益相矛盾时,强调社会主义集体利益并不是抹杀个人利益的合理性,相反集体利益是个人利益的体现,它维护个人的尊严、价值和利益。因此,在民办高职院校学生职业价值观教育中,要教育高职生正确处理好个人利益与国家、集体利益之间的相互关系,加强职业地位观、职业苦乐观的教育,引导高职生用发展的眼光看待职业前景,并做出正确的选择,培养高职生的创业意识、感恩意识等。

第二,引导高职生树立正确的职业理想。理想是人生的奋斗目标和奋斗动力。理想教育是思想政治教育的重要内容,目的在于使高职生过有意义、有价值的人生。理想的价值在于它的远大性和可实现性。通过理想教育引导高职生树立远大并且高尚的职业理想,让学生立足现实、寻求未来职业发展的方向。因此,作为人生理想具体化的职业理想体现在两个层面上:其一是职业定位。它强调的是职业理想实现的可能性。其二是职业发展。它强调的是职业理想的未来指向性。引导高职生树立正确的职业理想,能够使高职生把握现在、面向未来,要使高职生深刻认识到,没有社会和国家为前提,个人的职业理想只能是纸上谈兵。职业本身的价值在于为社会和他人提供价值,让高职生深刻体会为人民服务的意义,以社会需求和发展引领职业选择。

第三,加强人生观教育,使高职生树立正确的职业价值观。择业观是高职生对职业的基本评价和看法。合理的就业目标与当前市场经济体制相适应,能发挥个人优势,使高职生个人在为社会服务中最大限度地实现个人价值。民办高职院校要关注高职生个体发展的需要,从高职生的现实生活、现实存在、现实活动出发,采取感性的、实践的方式,激发高职生的道德情感,培养高职生正确的职业价值观。

2. 职业认知与职业态度

认知是指人们认识活动的过程,即个体对感觉信号接收、检测、转换、简约、合成、编码、储存、提取、重建、概念形成、判断和问题解决的信息加工处理过程。[①] 职业认知简单来说,就是对职业的认识,对职业岗位和其团体及规章制度的认识。高职生的职业认知:一是对专业所指向职业的看法;二是了解该职业的

---

① 车丽萍,秦启稳:《管理心理学》,武汉大学出版社,2009年,第124页。

方法和程度;三是让职业认知与职业目标一致,即高职生对所向往的职业产生的表现行为,这是判断其职业态度的最本质的佐证。高职生的职业认知表现包括:① 内省。通过对个体的素质结构、知识结构、能力结构的审视与反思,来探索和认定自己喜欢干什么、能干什么,来认识自我的职业禀赋。② 交流。通过与他人的交往与交流,从第二人称和第三人称给出的评价审视真实的自我,这包括对自己的专业知识和技能掌握程度、人际关系的交往能力、抽象思维的概念判断能力等的评价。③ 实践。通过参加具体的社会活动或职场实践,在与他人的交往中、在职场中的历练和感受中逐步深入地认识和鉴定自我。

职业态度来源于对职业本质内涵的认知。态度是什么?态度是主体对某特定对象进行认知、评价并作出价值判断所形成的心理倾向。[①] 态度是个人内心的一种潜在意志,是个人的能力、意愿、想法、价值观等在工作中所体现出来的外在表现,就是你区别于其他人,使自己变得重要的一种能力,是衡量一个人能否获得成功的重要标准[②]。高职生的职业态度应该包括对职业的敬业。敬业就是敬重自己从事的事业,专注致力于事业,千方百计将事情办好;敬业,既包含了个人做事的执着,又有着对本职工作的忠诚;敬业是将自己对岗位、对工作的热爱化为奋发而持久的工作激情,为圆满完成任务而调动自己的所有细胞,勤奋拼搏、坚韧不拔、不达目的绝不罢休,这是一种精神。如果一个人以一种尊敬、虔诚的心态对待职业,甚至对职业有一种敬畏的态度,那么它就是敬业的。高职生应该尊敬并重视自己的职业,即使付出再多也心甘情愿,并能够坦然地面对各种困难,努力去克服它们,做到始终如一,善始善终。

职业的认知和态度的结合,就是清晰专业与职业的关系。如果说,职业理想和就业目标是有指向性的,那么专业选择就是路线的主要内容。不同的职业需要不同的知识、技能及素质条件,而不同的知识和技能则是专业的主要内容。从经济和效率的角度来看,选择的专业当然应该是职业目标所需要的知识和技能。专业与职业的衔接、知识与技能的衔接促使高职生对所学专业必须达到:一是应知。胜任职场的岗位工作所应具备的专业理论知识,包括所使用机器设备的工作原理、性能、构造,加工材料的特点和技术操作规程等。二是应会。胜任职场

---

① 孔祥勇:《管理心理学》,高等教育出版社,2001年,第108页。
② 孔祥勇:《管理心理学》,高等教育出版社,2001年,第109页。

的岗位工作所应具备的技术能力,包括使用、调整某一设备的技能,使用某种工具、仪器仪表的能力等。三是应熟练。根据"应知""应会"的要求,列出岗位典型工作项目,以便判定自己的实际工作经验,以及掌握"应知""应会"的程度。

3. 职业体验与职业情感

亲身体验的简称为体验,也叫体会,是用自己的亲力亲为来验证事实,感悟经历,留下印象。体验到的东西使得我们感到真实和现实,并在大脑记忆中留下深刻印象。民办高职院校为了让学生在学习专业知识和技能的同时,通过校企合作的教学模式,实践和验证所学专业知识技能的效果,体验职业内涵。

校企合作是高职生体验职业感受的主要路径,更是一种注重培养质量,注重在校学习与企业实践,注重学校与企业资源、信息共享的"双赢"模式。通过校企合作培养,学生普遍具有良好的职业意识,在实习中初步具备了顶岗生产的能力,学生在生产、服务第一线接受企业管理,在实际生产岗位上接受师傅手把手地教学,和企业员工同劳动、同生活,可以切身体验严格的生产纪律、一丝不苟的技术要求,感受劳动的艰辛、协作的价值和成功的快乐,毕业后与就业接轨。也对培养学生的组织纪律观念、良好的职业道德、认真负责的工作态度,以及艰苦朴素的生活作风、团结协作的团队精神和坚定乐观的生活态度都有极大的帮助,并且增加了一定的经济收入。在生产实践和管理实践中,学生会在教师的带领、指导下,把学到的书本知识运用到实践之中,从而加深对知识的理解,增强应用知识和解决实际问题的能力。

职业情感是指高职生对所向往的职业所具备的稳定的态度和体验。对自己向往的职业产生需求意识和深刻理解。热爱自己的专业职业是强烈职业情感的体现。在将来的工作中不仅能获得物质满足,每一份工作都能为个人成长和发展提供平台和机会:一是认识自我,充实自我,开拓个人的视野能力;二是增进沟通能力,改善人际关系;三是加强工作技能,提升自身价值;四是肯定自我,获得自我价值实现的满足感等。不管将来从事什么样的职业,都应该抱着积极乐观的态度对待,热爱工作,享受工作的乐趣。

职业情感是一种简单化的主观体验。从心理学的角度讲,职业情感就是从事某行职业的人对其工作的心理感应或者体验。这种体验带有明显的主观色彩,是个人对职业这个客观事物的独特感受。它既有强度上的差异,也有快感度上的分别,同时也遵循着由单纯到复杂的发展趋势。主观体验是原始的、来自内心的、人人都存在的心理现象,它是最基本的一种职业情感。职业情感是一种外在化的情绪表现。深藏于内心的、萌发一切创造动力的人的情感,往往会引起人的躯体等一系列生理反应。职业情感是看得见、摸得着,这种现象就是职业情感的一种外在表现。

积极的职业情感。高职生从自身工作的社会意义和性质上去认识职业,不计较个人得失,怀有满腔的热忱和执着爱心,善于克服各种困难,表现出强烈的职业责任意识,并能以极大的精力付诸行动。积极的职业情感对个体履职尽责行为有重大的动力和强化功能,表现在外就是对职业的赞扬、热爱、尽力和完善等,"引诱"个体不断激发内心本能,散发个体潜能,以良好的心态、稳定的情绪和意志,努力实现客体职业与主体生命的完美结合。

消极的职业情感。高职生把自身工作仅仅当作谋生的手段,较多地考虑个人得失和物质待遇,流露出对职业的不满情绪,对工作怀着消极的情感,缺乏强烈的职业责任感。消极的职业情感无疑对职业行为产生负面影响,起着减力的作用。集中表现为缺乏冲劲和拼劲,稍遇阻力便止步不前,半途中止,患得患失,"当一天和尚撞一天钟",得过且过。消极的职业情感使人与职业产生离心力,让人从感情上厌恶、抵触职业,同时,这种消极的情感易"污染"健康的职业环境,影响同职业人员的情感情绪,从而大大降低工作效率。这是应在生活、工作中极力克服和纠正的不健康的心理状态。

4. 职业责任与职业归属

职业责任是指人们在一定职业活动中所承担的特定职责,它包括人们应该做的工作和应该承担的义务。职业活动是人一生中最基本的社会活动,职业责任是由社会分工决定的,是职业活动的中心,也是构成特定职业的基础,往往通过行政的甚至法律方式加以确定和维护。职业责任的特点:一是职业责任具有明确的规定性;二是职业责任与物质利益存在直接关系;三是职业责任具有法律及其纪律的强制性。高职生的职业责任包括:① 对民办高职院校来说,应加强高职生的职业责任教育和培训;② 对高职生来说,应自觉明确和认定自己的职业责任,树立职业责任。民办高职院校对学生的职业责任教育主要通过以下途径:以坚定的职业观念促责任意识;培养学生具备过硬的职业素养、职业技能及从事职业的能力;建立健全高职生的职业素养教育体系。

高职生的职业责任是其职业胜任和成功的基础,要勇于吃苦,勇于奋斗,勇于进取。要成功就不怕苦、不怕累、不畏艰难、不计个人得失;责任就是对自己的学习和工作负责,做好学习中平平凡凡的每一件事,全心全意、想方设法地去完成每一项学习任务。忠诚不仅体现在学习主动、责任心强,而且体现在不以此作为寻求回报的筹码。不好高骛远,不整日抱怨,保持愉快的心情,从善良的角度出发,把身心彻底融入学习,尽职尽责。

归属感是指高职生经过一段时期的职业实训,在思想上、心理上、感情上对专业职业产生了认同感、安全感、价值感、工作使命感和成就感,这些感觉最终内化为归属感。归属感的形成是一个非常复杂的过程,一旦形成后,将会使高职生产生自我约束力和强烈的责任感,调动高职生自身的内部驱动力而形成自我激励,最终产生投桃报李的效应。人的归属需要具有多向度和多层次性,归属感的形成是一个由浅入深、渐进互动的过程。例如企业员工,它可以分为三个层次:一是员工通过各种信息途径对企业有一个整体大致的了解,当企业的薪酬、福利等物质利益和企业的各种文化、价值观等意识形态基本符合个体的价值标准,个体将义无反顾地加入企业当中。二是员工开始了一个对企业全面认知、熟悉的过程。企业通过对员工进行一段时间的培训,使员工逐渐感知、熟悉、适应企业的各个方面,个体将对企业的经营理念、经营决策、企业精神和行为规范产生基本的认同感。三是随着企业对个体在物质和精神上不断满足其对生理、心理、感情、人际关系等不同方面的需要,导致个体对企业领导者的思维方式和企业的核心价值观产生了深层次的认同感,并逐步提高个体的安全感、公平感和价值感,强烈的工作使命感和成就感使得个体对企业的满意度不断增加,最终形成个体对企业的归属感。所以,民办高职"二元思维"认为,高职生的归属感一旦形成,一方面加深了学生个体对所在职业院校和自己所学专业的认同;另一方面学生将自发形成自我约束并产生对专业对口的职业强烈的责任感,体现为充分地、自觉地发挥个体主观能动性,热爱专业、刻苦学习,最终为自己创造出巨大的学习动力。

5. 爱岗敬业与诚实守信

爱岗敬业是社会主义职业素养的最基本要求,是每个从业者是否有职业素养的首要标志。高职生的爱岗敬业是良好的实训和工作态度在职业行为中的体现。爱岗,就是热爱自己的本职工作,能够为做好本职工作尽心尽力;敬业,就是要用一种恭敬严肃的态度,来对待自己的职业,即对自己的工作要认真负责。高职生爱岗敬业的基本要求有以下几个方面。

乐业，就是热爱自己的专业工作。乐业体现在职业情感和职业行为两个方面，职业情感是人们对所从事的职业的好恶、倾慕或鄙夷的情绪和态度。热爱一项工作就意味着对它有一种崇高的职业尊严感和荣誉感，明确的事业成就感。高职生个人在择业时应该消除传统职业偏见影响，从个人的兴趣爱好出发，综合考虑劳动报酬、强度等因素，根据个人的思想基础、文化水平、专业知识、工作能力与条件，量力而行，择优而就。无论做什么工作，高职生在从事某项工作时无论满意与否都必须尽职尽责地做好本职工作。民办高职"二元思维"认为，每一个民办高职院校的毕业生从业者都应该以正确的观念和态度对待各种职业劳动，爱业才能乐业。

勤业，就是指忠于职守，认真负责，刻苦勤奋，不懈努力。忠于职守指的是忠实地履行岗位责任，在任何时候、任何情况下都能坚守岗位，具备岗位规范的工作责任心；认真负责指的是工作时精力集中，心无旁骛、一丝不苟的工作态度；刻苦勤奋指的是能经受得起各种艰难困苦，勤劳奋发，有所作为的工作精神；不懈努力指的是在职业生活中有勇气、有毅力去克服遇到的各种困难。民办高职"二元思维"认为，民办高职院校的毕业生的职业生活不时会遇到各种苦难。凡是在本职工作中做出贡献的人，无不具备坚强的意志，有不怕苦难和挫折的精神。所以，高职生必须具有勤业精神，锻炼坚强的职业意志，为就业奠定意志基础。

精业，是指对本职工作严格要求、精益求精，力求使自己的技能不断提高。精业需要一丝不苟的工作态度，使自己的工作成果尽善尽美，不断地进步。高职生首先要学好专业知识和技能。职业能力不是与生俱来的，是在后天的学习和训练中逐步掌握的。高职生既要认真学习理论知识，还要在工作实践中努力钻研所从事的专业以适应市场竞争的要求。其次要不懈追求学习质量。每一个从业者都要把高超的技能、纯熟的专业知识和技能用于工作实践，使工作做得好上加好，服务尽善尽美。

诚实守信是职业素养的根本。诚实守信是从业者对社会和人民所承担的义务和职责，是人们在职业活动中处理人与人之间关系的素养准则。高职生在职业活动中应该诚实劳动，合法经营，信守承诺，讲求信誉。诚实守信不仅是从业者步入职业殿堂的"通行证"，体现着从业者的素养操守和人格力量。对于用人单位来说，最关心、最根本的要求就是获得可靠的人才质量。所以，就业竞争从本质上说是人才信誉和质量的竞争。诚实守信要求高职生在职业中诚信无欺、讲究质量、信守合同、注重信誉。讲究质量、注重信誉对于就业学生而言,不仅是一种责任和义务,也蕴含着巨大的经济利益。在充满竞争的市场经济体制下,各行各业都在树立强烈的质量意识。对用人单位来说,要求每一个员工树立"能力质量第一"的观念,认真履行岗位职责;对就业学生来说,我们应该要求每一个学生为用人单位提供最满意的能力服务。

6. 奉献社会

奉献社会就是要求高职生将来在自己的岗位上树立奉献社会的职业精神,并通过兢兢业业的工作,为社会和他人做贡献。奉献社会是社会主义职业素养中最高层次的要求,是为人民服务和集体主义精神的最好体现。爱岗敬业、诚实守信、办事公道、服务群众,都体现了奉献社会的精神。职业是社会分工的产物,每一项职业都有其特定的社会功能。高职生无论从事什么职业,只要他爱岗敬业,努力工作,就是在为社会做贡献。奉献社会有三个基本特征:一是资源为社会贡献力量;二是有热心为社会服务的责任感;三是不计报酬、完全自觉的奉献精神和奉献意识。奉献社会不仅要有明确的信念,而且要有崇高的行动。包括:① 立足本职工作,多做贡献。职业集体和从业个人都应把自身职业的发展与整个社会的进步和发展联系在一起,积极地为社会做贡献。② 胸怀祖国,团结协作。人们所从事的职业活动,归根结底都是为了不断满足人们日益增长的物质文化生活需要,把我国建设成为富强、民主、文明的社会主义现代化强国。在自己的工作岗位上树立奉献社会的职业精神,并通过兢兢业业的工作,自觉为社会和他人做贡献。

四、职业实训:培养的基本步骤

1. 职业实训是检验民办高职院校学生的职业素养质量的载体

高职生在经历了在校专业知识和技能学习后,最后都选定了某一项职业实训。如何加快适应职业实训,顺利完成从高职生到准职业人的角色转换,直接影响着高职毕业生的职业前途与职业理想。由于高职生的学情、学业水平的限制,在职业实训时会存在一些问题,但通过教学和企业师傅的教育、指导,会被一一解决和克服。

高职生的职业实训主要表现为专业知识和技能的职业性应用,职业实训是教育教学一体化育人的核心,承担高职生学完知识技能理论课后到实际岗位的应用。换句话说,职业实训就是为学生所学知识和技能的职业性应用做训练和检验,使高职生加深对专业理论的理解,进而获得包括职业技能、技巧和职业道德的职业从业能力和自我发展能力。主要的职业实训有:参观、调查、练习、实验、教学实习、生产实习、毕业实习、课程设计和毕业设计等。所以,职业实训之所以能够成为一个教学项目,是因为它具有特殊的教学过程,即在教育教学一体化育人的方式、内容、组织以及工具等方面有它自身的独到之处。

2. 高职生在职业实训时主要存在的问题

依恋与畏惧的心理。高职生在实训时,在适应新的职业环境和职业活动的过程中,会产生较大的惯性作用,这使得一些高职生依恋于学生角色,并且更习惯运用学生角色的行为方式来适应对职业环境和职场生活中的变化。与此同时,由于对高职生角色的过于依恋和惯用,也导致了许多高职生在实训职场环境中,怕承担责任,谨小慎微,缺乏年轻人特有的锐气与朝气,影响自己实训的主动性和积极性。

傲慢与浮躁的心理。许多高职生初到实训职场,仍然将学生的优越感带入职场实训中,常常表现出一种自傲甚至自负的心态,轻视实践,放不下架子,不够敬业,不能脚踏实地,缺乏基本的尊重与耐心,缺乏团队精神等。在面对一些较大的困难与挫折时,容易表现出浮躁的作风和不稳定的情绪,倾向于把问题归结到与自己无关的外在条件上,用外因来代替内因,无法深入地了解实训的性质与要求,而且实训注意力无法集中,效率不能得到保障。

焦虑与自卑的心理。高职生进实训职场产生的焦虑除了性格等原因外,还来自面对职场环境而缺乏应有的自信心或者在实训中初次面对挫折的挫败感。高职生在职场中的焦虑还表现在人际关系上,由于不善于与人沟通,交际能力不足,从而产生紧张焦虑的心情。而过度的焦虑心理往往产生附加情绪,即产生失望自卑的情绪。尤其是对实训中存在的一些不良现象,一些高职生往往对其缺乏深层次的认识,一旦发现现实与理想的差异,焦虑心理就会衍变为失落与自卑情绪,因为在工作中缺乏干劲、不思进取、得过且过、不愿表达真情实感等,常常以非理性来判断人际关系和职场认知。

苦闷与孤独的心理。高职生踏入实训职场,以往所熟悉的交际圈子已不复存在。面对新的实训环境与周围陌生的面孔,每个人在短时间内都会或多或少产生一段友情的真空时期,产生苦闷与孤独心理。除此之外,鲜明的职业素养,复杂的人际关系,居高临下的命令方式,也会加重学生的苦闷与孤独心理。

3. 职业实训角色转换的对策

要调整好心态,做好充足的心理准备。高职生一定要调整好职业体验前的心态,做好充足的心理准备是角色转换的基础。丰富的专业知识、过硬的专业技能对角色转换与职业适应固然很重要,但是,充足的心理准备也是必不可少的。如果心理准备不足,在角色转变遇到困难的时候会不知所措,产生过激的情绪。因此,高职生在职业实训前要主动调整心态,做好充足的心理准备。

要培养良好的学习习惯,加强综合素质。知识作为人类进步的阶梯,是一种可以使人终身受益的财富。作为高职生,要努力学习并掌握各方面的知识,尤其是专业知识,培养良好的学习习惯,用渊博的知识来丰富与提高自己。对高职生来说,在实训岗位中,如果知识储备不足,就会面临很多的困难。因此,高职生在职业体验之前就要培养良好的学习习惯,广泛培养自己的兴趣爱好,努力增加综合知识的储备,加强自身的综合素质与能力,为尽快适应实训环境做好准备。

要提高人际交往能力,强化协作意识。走出校园,踏入职场,较强的人际交往能力是适应职业环境的关键。人际关系是职业中人与人之间必然存在的一种关系。人际关系对于职业生涯至关重要。良好的人际关系可以为高职生提供和谐的工作环境,帮助其顺利完成角色转变,从而在职业生涯中更好地实现自己的人生价值。反之,不好的人际关系则不利于正常的职业活动的展开。因此,高职生在实训中,要提高人际交往能力,发展良好的人际关系。第一,遵守人际交往规则,要诚实守信、平等待人、乐于助人。第二,要努力克服人际交往中的不健康的心理交往,克服自卑、嫉妒、多疑等心理障碍,要以真诚的态度与人交往,在交往中做到相信别人,尊重别人。第三,要学习并掌握人际交往的技巧,要学会聆听,做一个真诚的倾听者。第四,要遵循人际交往的礼仪。礼仪是人际交往中的基本要素,它是一个人的品格修养、个人魅力的体现。因此,高职生在交往中要掌握一些基本的礼仪,以提高自己的交际水平。

培养坚强的职业意志,做好艰苦奋斗的准备。安于已学专业,可以说是角色转换的基础。高职生在实训一段时间后还不能安于本专业学习,注意力不集中,不能脚踏实地去适应职业环境,这会对角色转换的顺利实现产生不利的影响。勇于吃苦是角色转换成功的重要前提条件。只有勇于吃苦,不计得失,艰苦奋斗,不断克服在角色转变过程中出现的种种困难与挫折,才能尽快适应新的工作环境,实现角色转换。

强化角色意识,促进角色转换。高职生入实训职场后,首先应当认清自己在实训环境中所承担的工作角色以及这个工作角色的性质与责任范围,认清工作关系中岗位所赋予自己的特权与所承担的义务。如果角色意识薄弱,做事一意孤行,擅做主张。我行我素,且本该自己完成的任务却不敢放手去做,或直接退给师傅与同事,这势必会被实训职场所淘汰。

4. 职业实训对高职生的作用

职业实训在高职生的学业中占有极其重要的地位。高职生的职业实训是职业素养教育体系的重要组成部分,其主要贡献具体表现在以下几方面。

第一,职业实训有助于高职生个人人格的完善。高职生职业实训主要由三方面构成:① 一般的职业实训要求,如爱岗敬业、协作精神等。一般职业都把这部分放在首位。高职生的职业实训有助于提高高职生的职业价值观,增强高职生的职业凝聚力和团队精神。② 职业实训是高职生就业后所从事职业专业技术素养的基本要求。这方面的内容主要以对技术精益求精、强调效率和质量的敬业精神为主。③ 职业实训是对高职生应有的职业素养规定教育内容,它要求高职生将来从业不仅要履行职责,还要有诚信意识,注重行业信誉,以平等、热情周到的态度对待本职工作和服务对象。

第二,职业实训帮助高职生在将来就业中调节工作岗位内部交往及高职生与服务对象之间的关系。职业实训的基本职能是调节职能,它一方面可以调节从业人员内部的关系,即职业实训的规定约束高职生的行为,促进其相互团结与合作。如职业实训要求高职生要团结、互助、爱岗、敬业,齐心协力。另一方面,职业实训又可以调节高职生和企业指导师傅之间的关系。

第三,职业实训有助于维护和提高高职生的职业能力,促进高职生个体的职业能力发展。高职生在职场上的能力程度高低,取决于高职生的职业素养高低、工作能力质量和工作绩效质量。高职生就业后的职业素养水平高是工作能力质量和工作绩效质量的有效保证。

第四,职业实训有助于提高高职生的整体职业素养水平。职业素养是职业实训的主要内容,高职生的职业素养在某方面是一个集体职业素养的代表和缩影,甚至是全部高职生的行为表现代表。如果整个实训具备优良的职业素养,它对高职生的职业素养水平的提高将发挥着极其重要的作用。

高职生的职业实训涉及每个高职生如何对待职业,如何对待工作,同时也是优化高职生的生活态度、价值观的载体和平台。高职生的职业实训,对于高职生的世界观、人生观和价值观的形成和完善有着巨大的影响,同时,对高职生所在的民办高职院校的形象具有很多的帮助和推进,给企业乃至社会留下了良好的印象。

第四节　准职业人:高职生职业素养目标

一、获得正确的职业意识

职业素养活动轨迹是按照一定的职业规范和内在规律运行的,每种职业都有其独特的活动结构,对高职生的心理和生理上都有特定的要求。高职生通过参加职业活动不断发展和完善自身,随着工作适应性实践的推移,个人的职业意识和智力、知识和技能水平都得到提高和发挥,从而满足个人价值自我实现的需要。通过职业适应性工作,高职生的职业意识应该具备以下几个方面:

1. 职业规范意识

职业规范意识是指,民办高职院校按照实践性教学已成文的规章制度和组织文化不成文的习惯性规定,教育学生在工学交替的实训时,自觉地履行学习、实训的职责,规范自身行为的意识。每一个岗位都有相应的规章制度。高职生遵纪守法是校企合作单位对实训实习的学生职业道德的首要要求。所以,职业规范意识是高职生在实训时必备的职业素质,也是一种重要的职业意识。职业规范意识的培养是通过在日常学习和训练中,遵守在实训工作中的规章制度和要注意的细节方面而逐步建立起来的。

2. 质量意识

质量意识是以质量为核心内容,自觉保证工作质量的一种意识。所以保证实训质量就是指按时、优质地完成工作。质量是一种精神、一种哲学、一种态度,质量的关键是人。高职生质量意识包括:① 规范意识、责任意识、服务意识,三个意识的养成相辅相成,具有规范意识和责任意识是拥有质量意识的保证。② 要把高职生的质量意识培养从小事做起。事物的发展总会由量变引起质变,从小的事物中更能体现一个人的质量意识。

3. 效率意识

高职生必须懂得和牢记：效率意识就是在固定的时间内，用固定资源得出最优的结果。没有效率的勤劳是可怕的，浪费了大量的时间与精力，却没有得到必要的结果。高职生必须懂得：职业效率在工作中证明能力，一定要在工作中达到最好的效果，在工作中不断改变自我。

4. 责任意识

责任意识是指高职生对自己所应承担的职业职责、任务和使命的自觉意识。它要求高职生除对自身负责外，还必须对其所处的集体及社会负责，正确处理与集体、社会、他人的关系，具体来说就是自觉地履行岗位职责，按照岗位要求认真落实各项任务。责任意识是高职生成就事业的基本保证，也是其造福社会的一项基本前提。高职生要在社会工作中立足，干一番事业，就必须具有责任意识。

5. 服务意识

服务意识是敬业精神的延伸，就是指高职生愿意把自己所从事的工作以及给他人带去方便和快乐当作自己应该做的事情。服务意识的培养主要是从娴熟的业务技能、积极乐观的工作态度、亲切自然的待人技巧、严密高效的工作程序、沟通合作的团队精神等方面来着眼。

6. 团队意识

高职生必须知道，团队意识是具有集体意识和协调合作能力的一种综合表现，是为了一个统一的目标，大家自觉地认同必须负担的责任和愿意为此而共同奉献。高职生个体在被尊重的氛围中，上下齐心，团结合作，为了团队的利益而追求卓越。

二、获得合格的职业能力

一般来说，能力是人顺利地完成某种活动所必须具备的心理特征。[1] 能力总是和人的某种活动相联系并表现在活动中。通常是通过人们所从事的某种活动来判断他是否具有某种能力。离开了具体活动，能力就无法形成和表现。因此，只有那些完成活动所必需的、直接影响活动效率的，并能使活动顺利进行的心理特征，才是能力。高职生在学校接收到各种理论知识，而这些知识如何转换

---

[1] 车丽萍，秦启稳：《管理心理学》，武汉大学出版社，2009年，第90页。

成职业能力才是职业发展的关键。毕业后,高职生迈入社会,必须具备基本的职业能力才能尽快进入职场,满足自己的生活需求。

1. 职业能力

职业能力是人们在职业活动中运用智能、知识、技能,在认识、改造世界的过程中能动地表现出来的实践能力,它指向的是某个具体的职业任务及个体胜任某种特定职业的程度。基本职业能力要素包括:

(1) 沟通能力。沟通能力是指能与他人有效进行信息交流的能力,包括外在的技巧和内在的动因。恰如其分和沟通效益是人们判断沟通能力的基本尺度。有效沟通是高职生成为职业人必备的职业能力,是影响高职生职业发展与成功的一个决定性因素。沟通能力的培养,一是理论武装,在科学文化知识、应用技能等方面不断提升自己,汲取有助于沟通的基础知识和基本技能,在日常生活和学习中加以运用,用理论指导实践。二是学会运用言辞。语言表达是否恰当的真谛在于,在恰当的时间和恰当的场合用最得体的方式表达自己的观点,并得到对方的认可,实现沟通的效益。而较好的沟通能力是建立在丰富的知识基础上。三是通过实践锻炼沟通能力。只有在实践锻炼中才能不断提升沟通能力。在学校的学习生活中,学生社团、学生会、班级管理以及实验实训等都是锻炼沟通高职生能力的平台,要在人际交往中获得社会经验,掌握沟通技巧。

(2) 学习能力。学习能力是指高职生个体主动学习掌握知识并在实践中熟练应用知识的能力。高职生的学习能力应该具有自主性、能动性和创造性。高职生的自学能力必须在大学期间开始培养,高职生不应该跟在老师后面,而是要主动走到老师前面,培养多角度的思维模式,而不是成为课本的奴隶。高职生在校期间应该更好地把握机会,充分利用学校的资源,如图书馆资源、旁听课程、学术讲座、社团活动、各类竞赛等来寻找个人的兴趣爱好,为职业选择和就业做好准备。

(3) 适应能力。社会适应能力是高职生适应周围社会环境的一种综合能力。适应能力强的高职生一是拥有独立自主的性格,善于总结教训;二是有稳定的性格并确定了一定的价值尺度;三是有较强的判断力和自我控制力。高职生提高自身的适应能力可以从以下几个方面入手:一是学会应对挫折;二是宣泄不良情绪;三是改变态度和思维方式。任何事情都有积极和消极的方面,应正确面对。

(4) 团队协作能力。团队协作，就是互助互利的团队成员自觉地以组织的利益和目标，自愿并主动与其他成员配合、共同努力的行为过程。高职生培养团队协作能力，可以通过以下途径：一是培养表达与沟通能力；二是培养主动做事的品格；三是培养敬业的品格；四是培养宽容与合作的品质；五是培养全局意识、大局观念。

2. 专业能力

专业能力特指职业活动中运用专业知识、技能的能力，强调应用性、针对性，是某一专业所对应的职业岗位（群）必须完成的工作任务和职责。换句话说，根据职业（工种）的特征、技术工艺、设备材料以及生产方式等要求，对高职生的业务知识和技术操作能力提出的综合性水平规定。专业能力主要包括专业知识、专业技能、资格证书、专业拓展等。每一种专业活动都要求与专业内容性质有关的多种特殊能力结合，可以通过对专业活动的分析，来认识专业能力的结构。高职生必须具备一定的专业能力，以换取专业岗位工作任务和职责的胜任。

3. 综合职业能力

综合职业能力是职业能力不可缺少的重要组成部分。民办高职"二元思维"认为，综合职业能力与特定的、专门的职业技能知识无直接联系，但是一种可迁移的跨岗位、跨职业的工作能力，属非专业能力，亦称为综合职业能力。综合职业能力是指具体的专业技能和专业知识以外的能力，它是根据职业岗位的共同特点及要求所体现的共同的职业能力要求。

高职生的综合职业能力分为方法能力和社会能力。方法能力指高职生从事职业活动时收集信息、独立学习、解决问题、制订计划、决策、质量控制和管理等方面的能力，强调合理性、逻辑性、创新性，方法能力要求科学的思维模式，它是高职生的基本发展能力，是高职生在职业生涯中不断进取的重要手段。社会能力指高职生在从事职业活动时与他人交往、合作、共同工作生活的能力，即所需要的社会行为能力，包括工作中的人际交流、管理组织能力、群体意识和社会责任心等，强调积极的人生。民办高职"二元思维"认为，综合职业能力是高职生从事任何一种职业应具备的能力。民办高职院校有针对性地加强高职生综合职业能力的培养，有助于提高高职生适应工作的能力。

4. 关键能力

关键能力其实质是对综合应用能力的分解，是从职业角度出发，对职业流动和适应具有普适性、可迁移性的能力要求,是所有职业均可适用的能力,是一种跨职业的能力,它是综合应用能力中的核心成分,是高级的综合应用能力的一部分。关键能力具有明显的职业化特征,与专业能力一起构成了职业能力的结构框架。

(1) 创新能力。创新能力是指在原有的知识、理论基础上,为实现既定的目标任务,提出新构想或发明新技术、新产品的能力。创新能力包括创新意识、创新思维、创新技能、创新精神。创新意识是善于思考,敢于提出新观点、新方法,解决新问题和创造新事物的意识。创新思维是逻辑思维、形象思维、灵感思维等多种思维的有机结合,是推理、概括、思考、分析、联想的高级智能思维方式,是创新能力培养的核心。创新技能是创新主体开展创新活动时所需要的实践技能,是创新能力的直接体现。创新精神是创新过程中个体所具备的责任感和敬业精神,敢于开拓和勇于进取的品质。创新精神是培养创新意识、锻炼创新思维、提高创新能力的保证。高职生应该具备创新意识、创新思维、创新技能,以及责任感和敬业精神,使自己的关键能力凸显出来,做合格的准职业人。

(2) 竞争能力。竞争意识就是人们对待竞争的态度,但它通常指积极的方面,即乐于、敢于竞争的态度,是正确竞争观的重要组成部分。由此看来,正确的竞争观和竞争能力是高职生以正确的态度和方式有效参与竞争的两个方面,它们相辅相成。竞争能力是能力要求,是构成竞争素质的核心内容和基础。竞争能力的内在结构包括知识、自信心和意识三个方面。其中知识是核心,自信是前提,意志是保障。高职生缺乏工作经验,但在知识占有方面具有明显的优势,知识是其参与社会竞争的基本武器。因此,在校期间,高职生必须重视客观环境的变化和社会对人才培养的新要求,适时调整知识结构。在集中主要精力学习专业知识的同时,还要有计划地拓宽自身知识面和累积社会实践和经验,注意收集和学习最新的科技成果。

(3) 自信力。自信力是建立在对自我正确认识、正确评价基础上的自我肯定、自我信任,是相信能够依靠自己的力量实现一定目标的心理状态。高职生只有具备了自信心,才能充分发挥自身潜力,在残酷的竞争中战胜对手。如果高职生缺乏自信,常常是竞争失败的一个重要原因。正是从这个意义上,我们说自信即勇气,是高职生参与竞争的心理支柱。竞争中有艰辛、有坎坷,并面临失败的风险。虽然大部分高职生都能理性地看待失败,但对失败的承受能力却不相同。

意志薄弱者失败后一蹶不振,甚至出现不负责任的行为。只有意志坚强的人才能经得起失败的考验,并在逆境中奋发崛起,为实现预定目标而奋斗不息。

(4) 主动适应竞争环境,增强主体意识,积极提高服务能力。一要积极接受竞争锻炼,积累竞争经验。高职生对竞争的认识,不能局限在思想上的重视,关键体现在具体的行动上。平时应积极参加各种竞争活动,有意识地锻炼、培养参与竞争的勇气和胆量,检验竞争能力。同时要理性看待结果,进行客观分析,找出差距,逐步积累竞争经验,为将来参与更大范围的社会竞争打好基础。二要加强团结合作,参与团体竞争。在开展竞争时,应加强团体内部的团结合作,因为只有成员团结合作才能增强综合实力,提高整体水平,进而在竞争中获胜。在竞争中,同学之间应互相学习,取长补短,竞中有帮,争中有让。三要积极参加社会实践。高职生参与竞争的目的之一是为了磨炼意志、提高能力,为毕业后适应社会竞争做准备。通过走出校门,参加社会实践,可以开阔眼界,跳出脱离实际的竞争小环境,亲身体验现实社会的竞争,提高竞争意识和心理承受能力,并尽快找到既适应社会要求,又符合自身特点的竞争方向和带有前瞻性的竞争目标。

5. 培养高职生职业能力的价值

(1) 全面培养高职生的职业能力有利于高职生学会从业。职业教育的培养目标要求高职生在德、智、体诸方面得到全面发展的基础上,获得某一特定职业或职业群所需的实际能力,即学会做事,学会从业。这是职业教育的基本目标。对高职生进行综合职业能力培养,是实现这一目标的关键。因此,为强化高职生实际的工作能力,必须综合职业群的知识和技能,并以就业为导向,以从业能力的培养为核心,既注重高职生实际操作技能的熟练,又注重高职生心智技能的训练,使高职生在今后职业实践中具备在职业岗位上发现和解决实际问题的从业能力。

(2) 全面培养高职生的职业能力有利于高职生学会创新。综合职业能力的培养,着眼点就在于结合实际的生产环境和过程,使高职生在掌握基本从业能力的基础上,训练其综合运用技能、知识与经验的能力,进而使其具备善于将专业人员的设计思想或设计成果转化为现实生产力的创新能力。全面职业能力的培养是造就具有创新思维的高素质高职生的必然要求。

(3) 全面培养高职生的职业能力有利于高职生学会生存。随着科技进步和经济活动规模的扩大,岗位的相互替代性、新型劳动组织和管理机制的出现,都会使劳动力市场的不稳定性增加,进而要求高职生以稳定的心理适应职业的变迁。综合职业能力的培养,特别重视高职生的心理训练,既强调在智力因素开发的同时,更强调非智力因素的开发。通过团队活动、情景训练、挫折模拟等形式,鼓励高职生走向社会、自我管理、自我约束、自我教育,增强承担实际生活中产生的各种心理压力的能力。其目的在于使高职生在今后的职业生涯中,具备正确处理人际关系的能力,正确认识社会和集体合作的能力,正确处理和化解矛盾的能力以及主动适应和承担风险的能力。

三、实现"三个转变"

所谓高职生职业素养的迁移式转变,是指高职生从一种形式、状态或特点变为另一种形式、状态或特点。职业素养的迁移教育(三个转变):对职业认知转变、职业素质转变、职业能力转变。高职生要想具有职业素养,就必须到具体的职场岗位,做具体的职业工作,应用专业知识和技能,体验职业行为规范的习得,养成职业习惯。这需要职业环境、时间和过程。高职院校培养具有一定的知识,又有一定专业技术和技能的人才,其知识的学习是以能用为度,实用为本,以培养技术型人才为主要目标,即职业技能化、应用化。

1. 认知(态度)转变

认知是指人认识外界事物的过程,或者说是对作用于人的感觉器官的外界事物进行信息加工的过程。在心理学中,是指通过形成概念、知觉、判断或想象等心理活动来获取认知的过程,即个体思维进行信息处理的心理功能。高职生通过校企合作到职岗亲自体验工作,进而通过对职业的认知,转变个体的职业态度。职业态度转变是高职生对职业要素(如人、观念、情感或事件等)所持有的稳定的心理倾向。这种心理倾向蕴含着高职生的主观评价以及由此产生的行为倾向性。其结构特征:一是认知成分。认知因素就是指高职生对将要从事的职业带有评价意义的叙述。叙述的内容包括高职生对其的认识、理解、相信、怀疑以及赞成或反对等。二是情感成分。情感因素就是指高职生对将要从事的职业的情感体验,如尊敬与蔑视,同情与冷漠,喜欢与厌恶等。三是行为意向成分。意向因素就是指高素质对将要从事的职业的反应倾向或行为的准备状态,也就是高职生准备对将要从事的职业做出何种反映。

2. 能力转变

能力，是完成一项目标或者任务所体现出来的素质。能力是直接影响活动效率，并使活动顺利完成的个性心理特征。职业能力从纵横两个维度构成职业能力的基本结构。其中，职业能力在纵向的结构层面可分为基本职业能力和综合职业能力，即关键能力。在横向的内容结构层面，则包括专业能力、方法能力和社会能力。在高职教育中，高职生的能力转变主要是通过学习职业或专业的知识、技能、行为方式和态度而获得的。高职生的能力转变包括自己的工作方式、方法，以及对劳动生产工具认识及其使用和劳动材料认识的转变，包括对职业岗位、机器设备、环境条件的认知能力转变。

3. 素质（道德）转变

所谓高职生的职业素质转变：一是积极营造和树立正确职业理念的转变，专业学习态度的转变，积极掌握专业理论知识和应用技术；二是客观把握自我，正确对待就业，重视就业信息的转变；三是学会了择业和适应社会，实现社会角色的转变；四是具备了职场表达能力、与人沟通、合作共事的能力；五是具备了应用实务的职业精神。

总之，高职生喜欢或培养喜欢自己所学的学科专业，认同与所学的学科专业同步成长，并把对专业认同提升到对自己未来职业的认识、评价和喜爱，构成对自己具有独特的魅力，使自己有一股来自内心的职业憧憬追求的行动力，促成更加喜爱自己所学的专业，进而制定正确的学业目标并为之付出努力。"三个转变"需要高职生通过劳动、亲自操作设备，对职业的积极认识与实践，使自己具备必要专业技术理论知识的同时，熟练掌握专业技术并具备实际应用能力。

案例："南洋"职业素养教育方案

无锡南洋职业技术学院职业素养教育工作方案，作为高职院校职业素养教育体系的构建，是该领域具有开创性和普适性的实践案例，可为同类院校提供借鉴。学院针对高职教育中人才培养的软肋，对职业素养教育进行了系统研究和教改实践，从高等职业教育中职业素养教育的逻辑起点、概念范畴、体系构建、标准构建、教育教学融合等方面进行梳理，形成了一套具备一定理论支撑、有良好操作性的职业素养教育方案。

1. 职业素养教育的提出背景和培养目的

随着各院校校企合作项目的蓬勃开展,学生的实际操作能力也得到显著提升。通过调查发现,用人单位仍然存在"招工难"现象,随意跳槽、对客户服务意识不强等问题屡见不鲜。这与学生对职业的认识度不够,缺乏端正的职业态度有密切联系。我院正是在这种背景下,全面推行职业素养教育,旨在将学生打造成具有良好职业精神的技术技能型人才,让学生能够迅速适应企业环境。从端正学生职业态度入手,以企业规范为学生管理标准增强学生职业规范意识,循序渐进地培养学生的职业素养,始终贯穿于学生在校期间的人才培养方案中。

2. 职业素养铸造工程介绍

(1) 职业素养教育管理机制建立与队伍建设。我院非常重视学生的职业素养教育,将"职业素养铸造工程"作为《无锡南洋职业技术学院教育事业发展规划》(2013~2017)中重点打造的工程,由一把手亲自挂帅,专门成立"职业素养铸造工程指导委员会"(以下统称指委会),设立"指导委员会办公室"(以下统称指委办公室)负责各项教育活动的统筹工作。结合学院近年来一直探索的学生工作管理改革内容,专业教师兼任班主任工作,"教书育人"一把抓。为此,各二级学院将职业素养教育结合专业课程建立工作机制,由各二级学院学工部门与教学部门具体落实。通过邀请校内外专家领导,定期开展系统的培训讲座。使全院上下统一对"职业素养铸造工程"产生一定的认识,明确各项教育内容的操作流程。

(2) 制定职业素养教育方案。为明确"职业素养铸造工程"的任务与目标,学院制定《职业素养教育方案指导意见(试行)》(锡南院校字〔2014〕5号)等配套文件,进一步规范职业素养教育活动。文件规定了学生在接受专业教育的同时接受职业素养教育,毕业证书与职业素养证书双证毕业。第一,在课程计划安排上体现"统分结合",学生参与学院统一组织的教育项目和二级学院组织的专业针对性教育项目,使课程内容安排得更具时效性和实用性。第二,力求考核办法公平公正。统一开设职业素养课程、统一考核标准办法、统一参与职业素养培养项目。分专业完成职业素养培养,分项目考核、分类设计培养计划、分级开展实践实训。第三,要求实现培养记录全程化。编制《职业素养培养手册》,记录学生六学期中,参与的各教育项目情况,每学期由班主任、专业教师、企业导师三方对学生参与表现情况做出评价。第四,将职业素养考核评价与学生在校期间评奖评优、各类考评相结合,考核评价结果作为奖学金评定的重要依据,使职业素养教育立体化、实绩化。

3. 管理与考核体系

（1）职业素养教育内容考核体系建立。职业素养培养教育设立基础总分1 000分，学院统筹项目600分（其中公共基础100分，学院项目500分），二级学院项目400分。根据学生参加职业素养教育情况进行加减分。学生获得职业素养总分不设最高分、最低分，每学期公布得分进度情况，毕业资格审核根据教务处毕业生资格审核要求的规定执行。根据学生最终成绩的不同，分为不合格、及格、良好、优秀、特级优秀五个等级。在职业素养方案中职业态度、职业规范、职业素养三项模块在培养教育体系中的比重为：职业态度30%，职业规范45%、职业素养25%。好的学生评价体系有利于学生提升对职业素养教育的认识，为各教育项目考核指明方向。

（2）从项目开展前、中、后三个阶段，探索构建职业素养教育项目成果评估体系。开展教育前通过"职业素养教育认知度调查"，获悉受教育学生项目认可度与教育需求。以满足学生需求为前提，在学期初各二级学院会根据各教育模块制定相应的教育内容、工作计划、考核标准。学院指委会对所有教育项目进行可行性论证。在项目开展过程中指委会进行全程监督。学期末在全院范围内开展"职业素养教育评价调查"，分析总结各项目开展成果，不断完善教育内容。经过六学期一轮的职业素养教育，还将通过毕业生接收单位与毕业生本人，进行社会满意度调查，获取现实的成果信息。为学院人才培养改革提供有效数据。

（3）契合学生管理工作改革，明确指导教师责权。职业素养铸造工程指导教师主要由班主任担任，作为项目开展工作的落实者，需配合学院开展各项职业素养教育内容，做好学生的思想引导、政策落实、考核评价、检查督促等方面的工作。学院为此制定了与《学院管理工作考核办法》相配套的指导意见，明确指导教师责权，有助于各开展项目的有序推进，也满足了学院及各二级学院的日常管理需求。

4. 特色项目介绍

（1）以航空高铁专业准军事化教育为代表的"加强综合管理式"项目。为多方面提升学生综合素质，加强学生综合管理尤为重要。现实中从事航空高铁行业，需要有强烈的服务意识与体能素质，为此旅游管理系全面推行准军事化教育，制定了齐备的组织机构到管理文件。明确所有学生需要每天晨训，宿舍内务要求军事化管理,在学习时间内必须着制服。通过三年内强化军事要求,促使学生在自律性、服务意识、体能上得到综合提升。

(2) 以汽车专业晨会制度为代表的"职业体验式"项目。职业素养教育旨在培养学生职业技能以外的其他职业素质。如汽车专业的学生未来工作的4S店,对工作的每个程序,对工具的摆放位置都有严格要求。汽车学院将企业的晨会制度与早自习相融合,每天早上学生做好学习规划。在校期间体验到将来职业的要求。

(3) 以职业风采大赛为代表的"技能比赛参与式"项目。高素质人才,需要高技能支撑,为加强学生专业技能学习,提高学生专业技能掌握度,学院开办各类形式的技能展示比赛,"职业生涯规划大赛""建筑模型大赛""普通话大赛""职业风采大赛"等得到学生的喜欢,"重参与,轻比赛"的教育宗旨,要求学生全员参与,促进学生专业知识的吸收。

(4) 以工学归来话成长为代表的"启发感染式"项目。培养提升学生职业素养,需要从思想上得到学生的认同,有助于提升技能学习吸收效率,学院从学生日常生活与学习中开发教育项目,将工学交替学生在企业实习期间的所见所感,以论坛的形式搬上舞台,忆苦思甜,在学生、教师、企业中架起沟通桥梁,促进学生在未来学习工作中认同职业素养的重要性。

(5) 以职场礼仪课为代表的"课程教育式"项目。为培养学生的个人修养与综合素质,在专业教学之外,为学生专门开设包括安全、礼仪、行业周边、职业规划等课程,丰富学生职业素质,职场礼仪课程是其中最具代表性的。

(6) 以"5S管理"为代表的"企业文化熏陶式"项目。作为高职院校,其校园文化除了具有传统校园文化元素外,还应营造一个特定环境,创建企业氛围,真实的管理场景,具有潜移默化的教育功能。我院将"5S管理"作为企业文化与校园文化相结合的切入点,采取对在校学生进行"5S管理"培训,按"5S管理"标准场景对教室、实验实训室、办公室进行布置和管理,使学生在这样的场景中感受到团队精神、吃苦耐劳精神的重要性,通过"5S管理"使学生在校园中就能接受企业文化的教育,从而缩短了学校与企业的距离,帮助学生顺利地从学校的门槛跨入企业的门槛。

第十章　教师能力建设

民办高职"二元思维"认为,教师是民办高职院校办学的第一资源,将其视为学校最重要的三大资源之一,与办学资金和教学物资设备的地位同等重要。民办高职院校的教师能力建设坚持遵循和围绕"师德高尚、业务精湛、结构合理、特色鲜明、充满活力"的建设目标,根据学校办学的实际和教师质量状况,及时调整工作思路、积极转变管理作风和管理模式,切实维护教师的权益,保障教育教学、人才培养的正常运转。

第一节　教师聘用契约化

契约最初出现在民事关系中,体现了不同利益个体在维护自身权力或权利过程中的博弈、合作、协商和对话。契约自由极大地保护了个人的缔约自由,充分体现了个人权利本位思想。① 契约理念的基本内涵主要表现为两个方面:一是一切社会关系都可以由契约关系来概括,社会的一切关系都具有契约关系的属性;二是契约必须以社会利益为依托,以社会利益为参考。② 为了开发好、利用好教师的潜能,民办高职院校在教师管理上引入契约招聘、绩效管理、低职高聘等竞争机制,创建民办高职院校的教师管理文化,对入职的教师实施科学、谨慎、合理、有计划的经费投入和科学管理。

一、聘用契约理念

民办高职院校是一个涉及公共利益的公益性领域,契约观念同样可以运用于民办高职院校的教师管理领域。契约理念不仅表现在经济和心理的诸多层面,而且对于一个开明的负责任的民办高职院校的举办者来说,可以促进学校行

---

①② 曹淑江:《教育中的交易、契约选择和学校组织的契约性质》,载《教育科学》,2004 年,第 3 期。

为的规范化和学校治理活动的自律化,而教师管理的规范化及其管理职能的有效发挥,是和谐人际关系在教师管理方面的重要表征。

1. 教师管理契约化理念

所谓民办高职院校的教师管理契约化理念是,以人为本,招聘与受聘双方在地位平等、权利平等、意思平等的基础上,达成允诺、彼此约束,努力实现共同目标。同时,通过人事契约方法,促进民办高职院校的人事制度和机制规范化,使受聘教师个人工作能力放大,达到提高双方工作质量优越的目的。民办高职"二元思维"认为,科学、合理的教师契约管理制度是有效招聘和开发教师、深化民办高职院校人事管理制度改革的最根本措施,为民办高职院校与被招聘人员的权利义务关系提供了一个新的实践依据。

2. 教师管理契约化特征

(1) 以人才为本,高度重视人才。民办高职院校的教师契约管理坚持正确的用人标准,既重资历,更重能力;既重文凭,更重水平;既重全才,也重偏才;既看重过去,更看重现在;鼓励毛遂自荐,欣赏当仁不让;坚持不拘一格选好人才、用好人才、留住人才。

(2) 树立人才服务思想。人才服务理念包含四个基本内容:一是强化教师管理的职责意识。全心全意为教师服务是教师管理的服务宗旨,教师利益无小事,尽心尽力为教师办事是教师管理的基本要求。二是强化教师管理为教育管理、教育教学、教改科研等服务的意识。三是强化教师管理与各部门协同服务的意识,其中最本质的服务是为教育教学服务。四是多科学研究教师的工作量、薪酬标准、福利待遇、社会保险基金,科学、合理、公平发放薪酬,让教师清晰工作质量的优劣是薪酬高低的标尺。

(3) 构建教师管理和谐的思想。营造一个宽松和谐的教师管理环境。对教师的管理,既要有纪律约束,又要有相对的自由,不光靠行政干预、规章制约、经济惩罚等手段,因为教师的工作原动力在于他们的思想境界,在于事业心和工作责任感,在于敬业精神和奉献精神。因此,为教师营造一个宽松和谐的工作环境,使其能够轻松自在又高效优质地工作。一要建立"按劳分配,多劳多得,优质高酬"的劳动报酬制度和有利于激励人才、留住人才的工资制度。二要建立合理的奖励制度和岗位淘汰制度。三要想方设法地解决教师在人事档案、职称评定、养老保险、党团组织关系等方面的问题,帮助教师解除投身于民办教育的后顾之忧。

(4) 确保教师稳控的思想。民办高职院校要想得到可持续的长久发展,有必要针对教师流失严重的现状建立一套科学的人才稳控机制。一是应弄清楚发生教师流失危机的原因,找出预防工作和日常管理的漏洞,从而在今后的工作中合理避免。二是对危机处理措施进行调查分析和全面评价,对各个责任部门进行工作评估,认清工作中的不足并及时修正改进,完善教师管理的内容。三是民办高职院校应该从教师流失危机中看到发展的机遇,变压力为动力,总结经验,改进自身的管理,健全教师引进的政策体系,在教师引进环节将吸引人才所做出的允诺与教师流失造成的风险对应起来,完善人才储备,建立组织保障,以人为本注重教师发展的需要,切实地留住教师,确保教师稳控。

二、教师管理目标

民办高职院校实施教师契约化管理,是市场经济法则在民办高职院校内部管理和经营的开拓延伸,是依法规范民办高职院校教师管理行为的重大举措,是民办高职院校办学管理的创新之作。教师契约管理与学校的所有其他内部管理体制改革都相关联,特别是涉及各部门和教师的切身利益,是一项复杂的系统工程,也是政策性强和敏感的工作。其方法包括:

1. 教师管理契约化

民办高职院校的教师管理基本是以契约合同的形式为基础。教育合同在法律性质上属于民事合同,教育机构和受教育者之间是平等的主体关系。[1] 尽管人们对民办高职院校的契约合同的理解不尽相同,但是其契约合同成立的两个要素是一致的:首先,它表现为契约双方彼此平等相待,即契约双方的权利对等、义务对等和地位对等;其次,即契约双方自愿、自由地彼此施加约束,即契约双方达成同意和允诺。教师管理契约化对民办高职院校的人事管理起到了法律化和规范化的作用。

2. 完全的聘任制度

契约成立的两个要素应该是一致的:首先,它表现为契约双方彼此平等相待,即契约双方的权利对等、义务对等和地位对等;其次,即契约双方自愿、自由

---

[1] 忻福良,陈洁:《对民办学校实行分类管理的调研与思考》,载《教育发展研究》,2009年,第18期。

地彼此施加约束,即契约双方彼此达成同意和允诺。契约体现了不同利益个体在维护自身权利过程中的博弈、合作、协商和对话。契约自由极大地保护了个人的缔约自由,充分体现了个人权利本位思想。

民办高职院校的教师聘任制是指聘任双方在平等自愿的基础上,由学校根据教育教学和管理需要而设置工作岗位,聘请具有相应的学历、教师资格证书的公民担任相应岗位职务的一项制度。民办高职院校对被招聘的教师的管理推行完全的聘任制。这种灵活的用人机制一方面有利于充分发挥教师的自身价值,给教师更大的选择空间,开发人才资源;另一方面又对民办高职院校管理起了很大的推动作用,提高了办事效率。

3. 合理的分配机制

与公办高职院校的分配制度相比,民办高职院校薪酬水平以市场定价为依据。这就使得民办高职院校不像公办高职院校一样容易存在"论资排辈"的现象,也不会存在过剩用人的情况。这样,学校才能够真正"轻装前进",在市场竞争中处于优势。一方面,民办高职院校能够根据自身的需要,遵循市场规律引进所需的教师,随时优化教师结构;另一方面,通过建立目标责任制、岗位责任制,强化考核,使教师的报酬与岗位责任、工作业绩和贡献直接挂钩,调动教师的工作积极性。

三、教师管理基本原则

民办高职院校的教师管理内涵是以提高教育教学质量为核心的整体改革与建设基本要素,涉及学校科学办学、人才办学、能力办学、质量办学等方面,是民办高职院校办学发展的整体综合性系统工程,是引导全体教师和管理人员参与学校办学发展,形成合力的根本保证。

1. 合理招聘与配置教师

招聘工作贯穿于学校发展的每个阶段。教师的需求主要来自几个方面:一是专业教学的良性发展,需要科学合理地增加教师数量;二是满足较好的专业和高端教师的需要;三是教师吸引与挽留的问题,即能否保证核心教师持续恒久地为学校服务。要提高招聘质量和效率和满足学校发展的需要,必须合理招聘与配置教师,达成两者的和谐统一,保障并推动办学质量的快速前进。

2. 根据学校实际,完善教师结构

教师架构建设是决定着学校办学发展方向的要素之一。民办高职院校会因为办学策略的改变,对学校教师结构进行调整和完善,确定教师岗位权责,让教师清楚地知道自己的岗位责任、工作内容、工作权限、工作条件、必备的岗位技能及与相关岗位的关系等。

3. 完善教师绩效评价体系与常态化执行

绩效考核的根本目的不是为了处罚未完成工作量和不尽职尽责的教师,而是有效激励教师不断改善工作方法,做出成绩。建立公平的竞争机制,提高工作效率,培养教师的个人意识和责任心。推行和完善教师绩效评价体系过程是一个贯穿全年的持续工作,及时查找教师工作中的不足并加以调整改善,不断推进教师管理的进步与发展。

4. 教师的培训与开发

尽管每个教师的成功标准各有不同,但追求成功是每个教师的目标。因此,培训不仅是教师追逐的个人目标,是教师福利享受,也是学校培养教师的责任。给教师成长的空间和发展的机会,是学校挖掘教师潜力,满足教师需求的重要表现。每个人都有不同的工作习惯。如何将所有教师融合为一个整体、形成民办办学文化的工作方式,是学校的培训目标。

四、契约招聘:合同制约

民办高职院校的人事契约管理依据《合同法》及相关法律法规,对学校内部的管理行政人员、教师或部门采用书面契约的形式固定下来,明确双方的权利义务,便于规范管理和监督,从而建立起具有刚性约束力和较强激励作用的管理方式。在用人制度上,通过契约合同形成广纳群贤、人尽其才、能进能出、能上能下、充满活力的用人机制。[①] 分配制度,在效率优先、兼顾公平的原则下,通过教师契约管理建立长效稳定的、多元化的分配制度和机制。

民办高职院校的人事聘用合同书是根据《中华人民共和国教师法》《中华人民共和国民办教育促进法》《中华人民共和国劳动法》及《中华人民共和国劳动合同法》的相关规定,本着聘任双方经平等自愿、协商合作、共同遵守的原则所制

---

① 余中根:《关于教育合同的三点思考》,载《法制与经济》(下半月),2008年,第2期。

定。其内容包括：

劳动合同期限。合同期限类型为固定期限合同；合同自某年某月某日起生效，其中新聘用教师的试用期为几个月；终止日期为某年某月某日。

工作内容与工作量。乙方同意根据甲方工作需要所担任的工作。工作量为每周5个工作日。乙方应根据甲方的合法要求，按时按质完成教育教学工作任务。

工作条件与劳动保护。甲方安排乙方执行课时及坐班工作制；在保证完成规定课时及坐班时间的前提下，工作和休息、休假乙方自行安排；甲方为乙方提供必要的工作条件和教学用品，建立健全有关教学管理制度，确保乙方教学工作的正常安全进行；乙方在业务培训、职务聘任、教龄和工龄计算、表彰奖励、社会活动等方面依法享有与公办学校教职工同等的权利；甲方安排乙方加班补课，应安排乙方同等时间补休或依法支付加班补课费。

工作报酬、保险与福利待遇。甲方确定工作报酬应遵循按劳分配原则；除试用期外，甲方应依法支付乙方寒暑假期间的基本工资；甲乙双方应当按国家有关法律规定缴纳职工养老和医疗保险费用。

工作纪律、奖励与惩处。乙方应当认真履行法定义务，遵守甲方依法制定的规章制度；遵守职业道德；爱护甲方财产；按甲方的要求完成教育教学任务。甲方负责对乙方的工作进行考核，乙方在教育教学、培养人才、科学研究、教学改革、学校建设、社会服务、勤工俭学等方面成绩优异的，甲方予以表彰、奖励。乙方违反劳动纪律，完不成教育教学任务给教育教学工作造成损失的；体罚学生，经教育仍不改正的；品行不良、侮辱学生影响恶劣的；甲方可依据本校的规章制度，给予纪律处分，扣发工资直至解除本合同。

劳动合同的变更、解除、终止、续订。乙方有下列情形之一，甲方可以解除本合同：① 在试用期间，被证明不符合录用条件的。② 严重违反劳动纪律或甲方规章制度的。③ 故意不完成教育教学任务给教育教学工作造成损失的；体罚学生，经教育仍不改正的；品行不良、侮辱学生影响恶劣的。④ 被撤销教师资格的。⑤ 被依法追究刑事责任的。

劳动争议处理。因履行本合同发生的劳动争议，当事人可以向上级行政主管部门申请调解；调解不成，当事人一方应当自劳动争议发生之日起六十日内向劳动争议仲裁委员会申请仲裁。当事人对裁决不服的，可以向人民法院提起诉讼。

第二节 教师结构设计

高水平教师队伍是建设高水平民办高职院校的重要保证之一。教师队伍结构是否合理将直接影响到教师队伍建设,影响到专任教师队伍的水平和学校的办学质量。教师是有差异的,学校管理的重心不仅对教师的优劣进行甄别和选拔,更重要的是在承认差异的基础上帮助各位教师认识自己,找准位置,最优化地实现自己的人生价值。

一、教师问题分析

1. 教师面临经济、工作双重压力

民办高职院校教师的教学工作量普遍较大,不少教师单一上课,繁重的教学任务致使教师处于高负荷的紧张运行状态,教科研无时间开展。不少教师面临经济与精神双重压力,工资福利待遇偏低,不足以维持教师较体面的生活;社会外界仍存在"公尊民卑"歧视观念,对民办高职院校缺乏全面认识,多数教师感觉未得到应有的尊重。

2. "双师型"教师不足

"双师型"教师是民办高职院校教师队伍建设的特色和重点,大力加强"双师型"教师队伍建设,已经成为高等职业院校的共识。"双师型"教师的缺乏是民办高职院校普遍面临的问题。一方面,由于民办高职院校教师呈现出"两头大、中间小"的结构,年轻教师占据较大比例,"从校门到校门"的现象普遍存在。另一方面,"双师型"教师的培养需要一个长期的过程,而民办高职院校由于多种条件限制,专业课教师普遍教学任务繁重,不能或者不愿脱产到企业学习、实践。培养双师素质教师方面存在严重的不足。

3. 教师职业发展空间不足

一是沉重的工作压力严重影响民办高职院校的教师自我提升和发展。教师的精力大多被耗费在应付上课和学生管理上,对于进行理论学习和教科研活动,实在是分身乏术。二是缺少培训进修机会。可参加的培训多为校内短期培训,校企合作渠道不畅,教师到企业锻炼的机会较少。三是缺乏专业带头人。在平均年龄、工龄、教龄较低的情况下,民办高职院校中拥有丰富教学、科研经验的学科带头人奇缺,严重制约了教师的职业发展。

4. 教师队伍不够稳定

民办高职院校优秀教师"引不来、留不住",已成为影响民办高职教育质量提升的重要阻碍因素。民办高职院校教师普遍缺乏主人翁意识和归属感,将自己与打工者一样看待。部分教师将在民办院校工作当成自己通往公办院校的跳板,一旦评上中级及以上职称,便想方设法进入公办院校,以获得更大的发展空间。

二、教师结构的分析

1. 岗位结构

(1) 按需设岗。厘清教师岗位结构,合理设置岗位总量,科学确定各专业的各类教学岗位的结构比例,明确岗位职责、胜任条件、目标任务。

(2) 科学高效。着力优化教师队伍的构成,提高教学岗位的教师素质,真正实现提高教学效果,确定教师层次分明、结构优化合理的目标。

(3) 动态调整。在核定的岗位总量、结构比例和任教岗位内,根据专业教学的实际对各专业的各类教学岗位进行动态管理和适时调整,确保教学岗位设置与学校办学发展相适应。

(4) 教学聘用。以任职资历、教学能力、现实表现为主要依据,同等情况下综合考虑工作年限和校龄。

(5) 岗位结构比例。按照相关评估制度规定和民办高职院校办学实际和教师存量事实,专任教师与兼职教师的结构比例应该为6∶4。

2. 生师比结构

生师比,是指民办高职院校专任教师数与折合在校学生数的比例,是高职教学评估中用来衡量民办高职院校办学水平是否合格的重要指标。由于教师在学校中的重要地位,"生师比"从来就是学校教学工作中的重要数据。一般说,民办高职院校学生数、教师数、生师比的不确定因素很多,上下的幅度和频率复杂多变,没有固定说法。但是,合理的生师比有利于学校办学结构的不断优化,有利于学校办学效益的逐步提高,有利于教育教学质量的稳步提升,有利于学校优势及特色的增强。

3. 学历结构

学历,也称教育文凭,它通常是指曾在国家认可的拥有文凭颁发权力的学校及其他教育机构毕业或肄业之后得到的文凭。学历结构说明一所学校教师有多少人,各层次学历有多少人,占比例多少。从学历结构上看,民办高职院校教师的学历普遍偏低,本科及以下学历层次的占大多数,具有硕士及以上学位的较少。所以,民办高职院校根据办学发展的需要,一定要逐步平衡本科、硕士、博士的存量比例。学历结构的优化可反映民办高职院校的办学文化、办学质量和社会影响力的优秀程度。

4. 职称结构

职称,是专业技术职务任职资格的标识,也是科学技术人员等级的称号。从职称结构上看,民办高职院校具有副高及以上职称的教师较少,大部分仅是具有中级及以下职称的教师,专业带头人缺少。民办高职院校一定要促进教师职称结构优化。职称结构的优化是学校办学能力的基础,是教师教学能力优秀的反映。

5. 年龄结构

在年龄结构上看,民办高职院校教师年龄呈现"两头大、中间小"的结构,即退休后返聘老年教师和刚参加工作的年轻教师所占比例大,而中青年教师相对较少。一般来说,民办高职院校的40岁以下青年教师占教师总数的50%～60%。所以,对青年教师的教学能力和业务达标培训必须提到议事日程。尊重青年教师,信任他们、重视他们、重用他们,民办高职院校需要有一个科学、合理、可行的顶层设计。

三、专任教师结构优化

"专任教师"是指,具有教师资格、专门从事教学工作的人员,即这些人员一是要具有高等教育教师资格证书;二是要在统计的时段承担教学工作。① 具体包括:

——具有高校教师资格且在统计时段承担教学任务的专职任课教师;

——具有高校教师资格且在统计时段承担教学任务的"双肩挑"(行政、教

---

① 摘自《普通高等学校本科教学工作水平评估方案(试行)》。

学)人员；

——具有高校教师资格且在统计时段承担教学任务的非高校教师专业技术职务系列人员；

——具有高校教师资格且在统计时段承担教学任务的分管学生工作的正副书记、学生辅导员；

——由于学历原因未能取得高校教师资格证，但具有高校教师专业技术职务并一直从事教学工作的老同志。①

民办高职院校专任教师与其他人员的比例应该按照教育主管部门的教学评估标准要求，结合学校办学实际需求，合理添加教师，确保教师结构优化，确保正常开展教学，确保办学质量逐步提高。

1. 知识结构优化

民办高职院校专任教师知识结构优化是其学校教师优化配置的重要内容，专任教师应该具有合理的知识结构。民办高职院校则必须优化专任教师的知识结构。专任教师整体素质的高低与专任教师队伍的年龄、职称、学历等表层结构有关，但真正起决定性作用的是专任教师队伍的知识、能力等深层结构。如果专任教师中存在知识面窄、学识单一、知识老化现象，一些新兴专业、边缘专业的教师数量不足，专任教师的外语、计算机水平不高的话，专任教师队伍的知识结构难以适应现代高等职业教育的需要。

2. 年龄结构优化

民办高职院校专任教师的年龄结构应以中青年教师为主，中青年教师是学校的中坚力量，老教师起着模范带头作用，年轻教师可塑性强，是学校的未来，也不可缺少。而民办高职院校目前的情况是，老教师和年轻教师多，中年教师严重缺乏，致使年龄结构十分不合理，不利于学校的健康发展。民办高职院校专任教师的年龄结构，在一定程度上反映出学校的教学、科研等活力，体现出民办高职院校教学科研水平的稳定程度，直接影响专任教师队伍的连续性和继承性。优化专任教师年龄结构的途径：一是严格控制离退休教师的聘用。由于这些人的年龄普遍偏高，导致年龄结构不合理。二是重点资助最佳年龄区。对专任教师

---

① 教育部办公厅关于印发《普通高等学校本科教学工作水平评估方案(试行)》的通知(教高厅〔2004〕21号)。

教学和科研的最佳年龄区给予充分的支持,包括工作上、生活上、教学上和科研上,让其充分发挥潜能。

3. 学历结构优化

学历结构反映了民办高职院校专任教师的业务素质,即他们的基础训练水平及发展的可能性。优化学历结构的途径:一是注入新鲜血液。民办高职院校可通过从公办高职院校补充优秀毕业本科生、研究生,或以高薪向社会公开招聘高水平教师。二是加强在职教师的学历提升。民办高职院校的在职专任教师中,尤其是工作较早些的青年专任教师学历普遍不高,根据专业发展的需要为这些专任教师提供在职提高学历层次的机会。鼓励专任教师在职攻读硕士、博士学位,并在经费上有一定的支持。三是提高高学历教师的待遇:对外聘的优秀博士、硕士,在待遇上要有所倾斜。学校可考虑提高这部分教师的工资待遇,提供一定的科研项目启动经费,创造良好的教学科研环境,促进其全面发展。

4. 职称结构优化

民办高职院校优化专任教师职称结构的途径:一是确定合理的职称结构。要想优化职称结构,民办高职院校应该根据需要设置一个合理的职称结构标准,该标准应符合专业和学校发展的需要,能实现专业领域专任教师的连续性和可持续发展的需要。二是实行完全职称聘任制度。改变传统的职称聘任制度,对优秀的青年专任教师可根据情况破格晋升;加强对青年专任教师的培养,让其尽快成长为学校的中坚力量,优化职称结构。三是大力吸引公办高职院校的中级职称教师。中级职称专任教师是高职院校的中坚力量,除了靠自己学校的培养外,还可以面向社会招聘中高教师以充实本校的中坚力量,优化职称结构,促进专任教师资源的可持续发展。当然,这需要民办高职院校要付出更大的代价,提供比公办高职院校更好的教学科研环境和福利待遇。

5. 构建"双师型"师资队伍

民办高职院校定位于职业技术教育,在师资队伍建设中,民办高职院校与公办高职院校最大的区别就是"双师型"教师。在实际操作中,一些专业课程的教学,可以聘请行业中的技术能手担任。如果学校担心来自行业中的人没有教学经验,不能胜任教学工作,学校可以培训他们。培养"双师型"教师,使其既有专业知识,又有实践技能知识,这对民办高职院校的教师成长具有重要意义。通过老教师的指导,学校与企业的合作,参加培训等方式培养青年"双师型"教师。在

"双师型"教师的指导下，引导学生既进行学历学习，又注重实践技能的培养，拓宽就业的渠道。

四、构建教师长远发展机制

1. 提高教师工资福利待遇水平

民办高职院校办学的根本目的是培养人，回报只是教育活动结果带来的溢出效益。出资者应将教育的公益性始终摆在第一位，不断加大投入，将教师队伍建设任务置于中心位置。民办高职院校在经费预算中要优先确保教师工资福利待遇支出，让办学成果惠及全体教师，建立稳定的教师薪酬增长保障机制，保障和维护教师切身利益，实现薪酬留人、福利待遇留人。

2. 创造多渠道能力扩展平台，促进教师发展

注重知识更新和专业发展是以知识和技能为主的民办高职教师的重要职业特征。民办高职院校要积极筹措经费，设立校本教师发展中心，加强校企合作，广泛构筑校外平台，支持教师的学历提升、校外进修、访问交流、学术研讨、岗位锻炼等培训深造，促进教师专业素质和专业能力持续提升，给予教师展现智慧才华的充分空间，实现情感留人、事业留人。

3. 加大校企合作力度，提高行业企业能工巧匠等专业人才比重

与行业、企业、产业密切相关，着力培养具有扎实动手能力和专业技能的专业教师，是职业教育区别于普通教育的基本特征。引进行业企业专门人才进入民办高职院校任教或兼职，是加强校企合作、推动工学结合、提高学生操作和实践能力的重要手段。民办高职院校要努力提高物质待遇、优化工作生活环境，为吸引高素质、高技能的行业企业能工巧匠来校任教。

4. 教师要自信、自立、自强，立足长远发展

（1）自我肯定。在社会各界对民办教育仍缺乏足够认同和存有部分偏见的现实中，民办高职院校教师自身要树立信心，增强自信，充分肯定民办教育事业的重要性。职务虽有高低，但职业绝无贵贱。民办高职院校教师与公办学校教师都以教书育人为根本使命，都是学生的导师，地位是平等的，贡献是一样的，受到社会的尊敬。

（2）自我提高。随着民办教育政策的完善、学校管理制度的健全、社会环境的优化，民办高职院校也将迎来更加良好的发展空间。内在动力是人发展的根

本。教师要充分把握这一大有可为的机遇,善于自我激励,自我提高。积极参加政府和学校举办的各类培训和岗位锻炼,重点熟悉相关行业企业先进技术、生产工艺与流程、管理制度与文化、岗位规范,不断提高自己的专业教学能力和技能水平,为民办教育事业做出应有的贡献。

第三节 教师能力建设体系

能力是指个人完成某种活动所必备的心理特征,或者说,能力是个人完成一定活动的本领。① 民办高职院校的教师在他所具有的多种能力中,有相对较强的能力,也有一般的能力和较差的能力,即每个人的能力都是多种能力以特定的结构结合在一起的。由于不同人的能力结构不同,能力在类型上便形成差异。② 民办高职院校办学需要对教师的能力进行筛选和认定,这对促进教师能力建设极其重要。民办高职"二元思维"认为,民办高职院校在宏观上都有各自的办学理念、管理风格、专业特色、教学优势、培养人才目标与规格,教师必须具备宽厚的综合能力要素,避免能力"木桶效应"的产生。

一、教师能力建设概念

教师能力是民办高职院校培养应用型专业技术人才的核心力,也是从事民办教育的教师自身成长的基石。厘清民办高职院校教师的能力内涵、规律,对民办高职院校办学发展和教师在民办高职院校的环境和氛围里保持高水平能力是一个有价值的探讨课题。

民办高职"二元思维"认为,教师能力认定和管理是民办高职院校的教育教学优质化的保障,其目的是把教师能力管理的定性和定量信息及时反馈给教师个体和学校决策机构,帮助学校顶层分析教师产生问题和不足的根源,提出建设性的解决措施和途径,改进和提高教师教学能力、教改能力、职教科研能力,进而提高人才培养能力。

民办高职"二元思维"认为,决定教育管理与教学水平的关键在于教师的能

---

① 孔祥勇:《管理心理学》,高等教育出版社,2001年,第66页。
② 陆克斌,王娅莉,金成林,等:《管理学原理与实践》,国防工业出版社,第353页。

力,如何锻造教师的教育信息化能力、教师的课堂授课能力、教师的反思教学能力、教师的创造能力和教师的问题解决能力,构建教师质量建设的"一培三升"体系是民办高职院校有效提升教师能力的方法之一。教师能力"一培三升"体系:教师培养培训体系和教师专业素质提升体系、教师教学能力提升体系、教师科研能力提升体系。

1. 能力认定的视角、机制与策略

人的能力具有差异性,能力的个别差异,既有质的差异,也有量的差异。[①]民办高职院校的教师在完成活动中表现出来的能力有所不同,每个人所具有的能力都不仅是一种,而是多方面的。

(1) 教师能力认定视角

民办高职院校教师能力认定的观测点,包括教师在校任职期间的职业态度、对民办高职院校文化的适应力、教学与管理能力、教科研能力、人际关系融洽度,以及董事会对个人的信任度、个人的环境幸福系数、能力任职周期等综合质量要素。教师能力的质量水平决定着学校的教学质量和办学质量。教师能力认定的目的不是给教师排队,而是从民办高职院校办学文化和发展战略的视角出发,剖析教师能力认定要素和构建民办高职院校师资队伍建设策略。教师能力认定视角,可定为以下几个方面:

发展视角。教师能力认定就是按照校方要求标准,以发展的视角,对教师的职业态度、民办环境适应性、教学过程质量、科研质量、综合能力质量全面、客观、实事求是地认定,分析判断教师的基本实力、内在潜力、自有创新力和发展力。

尊重视角。以尊重为先导,对教师平等相待,实事求是地认定教师的能力质量和工作业绩,认可教师的能力差异,认定教师以能力质量为标志性基线,帮助教师解决实际教学问题。不歧视问题教师。

信任视角。一视同仁,聘进即信任。鼓励教师在岗位上发挥自己的聪明才智和特长,对自己的行政或教学科研能力质量进行反思,创新教学方法和手段,发展自己的能力优势。

帮助视角。面向未来发展,关注教师的过去成绩,根据教师的工作表现,满足教师的业务或专业发展需求,帮助教师制定未来的专业发展目标,指明教师个

---

① 孔祥勇:《管理心理学》,高等教育出版社,2001年,第71页。

人未来专业发展的方向。

(2) 能力认定机制

考核机制。建立教师引进预算总控、稳步推进;考核做到目标引领、任务驱动、能力质量到位;教师建立分类实施、逐级考核的能力质量管理的考核机制,强化绩效政策导向,突出职能部门服务功能,突出二级学院实体作用,完善教师能力激励机制,优质优酬、优胜劣汰。

质量管理机制。以能力质量管理创新为引领,提高教师的工作积极性,创建"主动服务、积极参与、发展与共、目标同担、积极进取"的能力发展机制,推动人才能力可持续发展的新局面。

竞争机制。教师能力质量管理机制建设引进市场机制,即竞争激励机制,做到两个指向:工作考核真实和工作效益卓越的共赢效果。

(3) 能力认定策略

按需设岗、平等竞争、择优聘用。根据专业建设和教学、科研、管理等任务的需要,将教学、科研、建设、管理学生等任务合理分配到各系及有关部门,根据管理和教学总任务,在编制数内,科学合理地设置岗位,实施岗位任务管理。在学校内部全面实行岗位竞聘制度,规范竞岗聘用程序,做到公平、公正、公开,平等竞争,择优聘用。

淡化身份,强化岗位、责酬一致。强化岗位职责,打破职务壁垒,按岗定薪,以绩取酬,通过岗位激励,实现岗位聘用能上能下、待遇能高能低、人员能进能出的人才能力资源合理配置,淡化职称和学历档次,突出岗位能力,实行由身份管理向岗位管理的转变。

降低管理中心,强化一线调控能力。推进二级机构代理管理,二级学院细化绩效工资分配细则,报学校批准后组织实施。学校通过绩效考核拨由二级学院自主调控的奖金、人员经费,形成学校整体注入、二级学院分解调控的分配格局,在增强学校宏观调控能力的同时,强化了二级学院的办学活力。

绩效优先,兼顾公平,强化考核。绩效考核是形成竞争机制、激励教职工发挥积极性和创造性的必要手段。绩效考核结果和教职工收入挂钩,绩效工资兑现主要依据业绩能力的量化考核结果,多劳多得,优绩优酬。

2. 能力认定内容

能力,是每一个教师的生命,是一个教师整体素质的展示,也是一个教师综合实力的体现。教师能力包括个体从事民办高职院校教育的职业态度、对民办高职院校工作岗位的适应性以及教师个体素质。梳理和厘清教师能力评价要素,建立评价动态数据库,以进行对教师的动态管理,其目的是科学、合理地配置教师的岗位。

(1) 民办职业态度

认可和接受民办高职院校办学文化。民办高职院校具有"二元职能"。所谓"二元职能"就是指民办高职院校办学的职责与公办高职院校比较,除了要做好服务社会的职能外,还须用经济的眼光管理学校。走进民办高等教育系统,教师的职业态度就要根据民办高职院校的功能属性及办事模式行事。第一,教师的兴趣、能力、抱负、价值观、自我期望等都要符合民办高职院校的发展内涵要求,按民办高职院校办学运作规律行使职责;第二,接受民办高职院校的管理机制、民办式薪水待遇、工作环境和条件;第三,接受和领悟民办高职院校办学文化,包括工作方式、同事关系、人际地位、发展模式,一心一意做好本职工作。

具有民办范式的进取意识。第一,入围意识,即思想定位、价值取向、工作方法选择、独立工作能力、人际关系沟通等观念意识必须与民办高职院校办学文化高度一致;第二,成功意识,即充分发挥个人的智力、能力、创新力,树立工作胜任的信心、构建实现个人成功的路线图,为学校做出应有的贡献;第三,风险意识,梳理有关工作上所需的态度、能力、资料、进度、困难、背景等数据,清晰个人与工作岗位的关联性,明白自己和各种工作事实的关系,了解工作的环境风险,规避个人能力缺陷风险。

(2) 民办文化适应力

环境适应性。面对民办高职院校的新环境,教师必须意识到个体环境适应性的重要,能从开始的不知所措到主动地认识环境,再主动地调整心态,积极探讨和提高适应环境的方法与技巧。学校的环境是不断变化的,教师必须不断调节自己的思维判断,适应和应对民办高职院校环境下的人际关系和人事关系以及不确定的情况。

岗位适应力。岗位适应力是指教师从事专业授课其他行政工作,包括实验实训时必须具备的生理、心理、能力素质特征,专业课性质特点与教师教学能力特长相吻合,能引起教师智力兴趣,使教师高度满意岗位工作。岗位适应力还包括校企合作相关工作的适应力。岗位适应力强调要点是工作效率高、无事故倾向、能力和特长正常发挥、熟悉环境速度快、工作意愿满意等。

人际关系适应程度。人际关系彰显着教师相互交往过程中心理关系的亲密性、融洽性、协调性的程度。民办高职院校的人际关系是教师在彼此交往的工作过程中建立和发展起来的,学会人际关系处事技巧是新教师立足之基础,长期的人际关系不适应将会增加教师能力质量的风险系数。

(3) 教师的个体素质

职业素养。教师具备专业授课相对应的职业素质,具备宽厚的专业基本理论、基础知识和实验实训能力;能根据民办高职院校人才培养规格设计教学,调整和改进人才培养目标、教学内容、教学方法、教学手段;能掌握市场人才需求情况,能对企业用人情况分析,获得职业及职业岗位群的数量和质量,给学校提出可行性建议。

教学能力。教师的实际教学能力,包括专业知识功底宽厚、授课能力质量、语言表达和交流能力、实验实训管控能力;在校企合作中的工作适应和技能精通能力、学生组织管理能力、教学与实际操作结合的创新能力、与企业相关人员的配合和协作能力等,目标要求是:教师熟练掌握专业知识和基本操作技能及专业仪器设备的使用,工学交替教学模式中具有较强的组织能力,对学生进行有效的职业指导,圆满完成教学计划和任务。

科研能力。科研能力是衡量民办高职院校教学质量与效果、教师能力质量的重要标志之一。教师应该理论联系实际,科研、论文与专业教学相结合,教学中发挥创新思维和创新能力,探索专业知识创新和专业教改创新,修炼个人教改理论研究的逻辑思维能力和独立解决科研问题的能力。

(4) 教师的核心能力

"三种素质"的认定:

其一,基本技能。阅读能力——会搜集、理解书面文件;书写能力——正确书写书面报告、说明书;倾听能力——正确理解口语信息及暗示;口头表达能力——系统地表达想法;数学运算能力——基本数学运算以解决实际问题。

其二,思维能力。创造性思维,能有新想法;考虑各项因素以做出最佳决定;发现并解决问题;根据符号、图像进行思维分析;学习并掌握新技术;分析事物规律并运用规律解决问题。

其三,个人品质。有责任感,敬业精神;自重,有自信心;有社会责任感,集体责任感;自律,能正确评价自己,有自制力;正直、诚实,遵守社会道德行为准则。

"五种能力"的筛选:

其一,合理利用与支配各类资源的能力。该理念包含:时间——选择有意义的行为,合理分配时间,计划并掌握工作进展;资金——制定经费预算并随时做必要调整;设备——获取、储存与分配利用各种设备;人力——合理分配工作,评估工作的能力与表现。

其二,处理人际关系的能力。能够作为学校的一员胜任学校某一专职工作;诚心为学生服务并使之满意;具备以能力服人并积极配合同仁工作和团结人的能力;调整利益以求妥协的能力;能与职称或学历背景不同的人共事的能力。

其三,获取职业教育教学与管理的信息并有利用信息的能力。有获取信息和评估、分析与传播信息及使用计算机处理信息的能力。

其四,综合与系统分析能力。熟知职业教育教学体系及职业技术技能体系,了解职业发展趋势和民办办学文化,能对现行体系提出修改建议或设计替代的新体系。

其五,运用特种技术的能力。精通职业教育的教学技术及设备,熟知并掌握专业操作设备的手段、程序和规则;具备维护设备并处理各种技术问题的能力,包括掌握计算机设备及相关技术。

3. 能力认定的作用

教师能力认定,是民办高职院校办学发展的关键口径。民办高职院校的教师质量的优劣是其办学质量的根本保证。教师的核心是其教学能力、科研能力,其作用包括:

(1)导向作用。教师能力认定反映的是教师能力的真实性和对教师质量评价的客观性,对民办高职院校的顶层设计和指导教师能力提高具有一定的导向作用,评价体现了民办高职院校办学文化、民办高等教育的特殊性,清晰民办高职院校办学文化内涵实质,对教师展现出在民办高职院校环境下应做什么、怎样做的规矩与路径,有利于调动教师的积极性。教师能力管理不是评价手段,而是重视民办高职院校的办学规律、特点和发展变化情况,以提高教师能力优质化作为价值取向,做好教师动态管理。

(2)鉴别和选择作用。教师教学能力管理、鉴别和备注等活动是以社会需求为参照基准,优化教师的能力及其专业结构为目标,并对专业的深化、增设、交叉进行安排和调整,有利于帮助定位人才培养目标和规格、制定人才培养方案和途径。教师能力管理是对教师能力确认和学校设置教学课程、安排教学计划、确定教师授课的基本依据,也是实现教师能力提升的重要环节。准确鉴别教师能力实质,进而科学合理地配置教师任职岗位,是对学校教师能力的保护和尊重。

（3）反馈作用。认定反馈的目的是使学校更好地把握教师能力水平。教师能力(包括专业知识、技能、素质结构)在教学过程中的施展,表现出教师教学与专业课教材内容、学生知识接受力的对接与融合,使学生在教师的帮助下无障碍地吸收知识内容,换句话说,表现出教师教学的才华、睿智、特长的真实性。如果从信息反馈中得知教师教学能力不能很好地适应学生需要,不符合民办高职院校发展内涵需求,达不到教师教学能力标准要求,教师的转岗或辞退风险将被放大。

（4）咨询决策作用。教师能力认定是民办高职院校教师管理咨询决策的机制之一。作用有二:一是教师自我评价咨询,教师必须以学校的办学定位和确定的专业人才培养目标和规格为参照基准,对自己的专业教学能力进行不断地调整和强化,使之更好地与人才培养目标和规格相一致。二是对学校顶层的终结性决策提供有关教师能力管理的可靠数据资料,提出可行性、建设性建议,为学校制定科学的教师管理方案、促使教师能力提升并转化为教学实力做保障。

二、教师培养培训体系

1. 上岗资格认证

民办高职院校教师的上岗资格证书与公办高校的上岗资格证书一样,要想取得民办高职院校教师资格,首先得成为民办高职院校的正式教师,然后由该校人事处统一向省教育厅申报认定教师资格证书,其间是否需要参加考试,各省有各省的规定,即要求考试合格才能拿到证书,考试也是由省教育厅组织。最后由省教育厅统一向中国教师资格网及全国教师资格认定中心申请认定教师资格证书。

2. 教师职业规划

民办高职院校应该帮助教师规划好个人的民办范式的职业生涯。从人力资源管理开发的角度看,教师职业生涯计划有两种基本范式:个人中心型的和组织中心型的。个人职业生涯计划的核心是为满足个人成长和发展的需要而制定的,侧重于个人计划总需要;组织职业生涯计划的重点是为了工作和职业生涯道路的构建,旨在满足在工作中合乎逻辑发展者(学校和教师两者)的需求,侧重于组织的人力资源计划需要。无论教师职业规划是个人中心型或组织中心型的,学校都帮助教师在充分认识民办教育意义的基础上,不断提升精神追求,增强职业道德,掌握教育规律,拓展学科知识,强化专业技能和提高教育教学水平的义务。

3. 首开课教师培训

民办高职院校对新聘教师的第一个要求是上好首开课。首开课教师培训立足首次开课教师的需求,旨在帮助教师熟悉课堂教学基本技巧,提高课堂效果。首开课主要涉及教学相关的三个问题:新聘教师如何认识自己的教学风格;如何把握高职教学特性;以及如何设计好有效课堂。教师的课堂如果要获得学生的认可和欢迎,必须要树立自己的教学风格,并正确把握教学特性。学校一定要通过多元渠道帮助首次开课教师认识自己、认识教学、认识课程,并进一步改善与学生的交往窘境,提高与学生的沟通艺术,不断改进课堂教学效果。

4. 师徒结对带教

由于民办高职院校的青年教师多,教学经验少,在教学管理上开展"师带徒",是帮助青年教师在教学中快速成长的有效办法。师徒结对带教的任务是帮助青年教师迅速掌握教学大纲,熟悉教学的内容及知识体系。尽快与学生沟通,掌握正确处理师生关系的方法。共同研究学习教学理论,建立新的教育理念,研究学生的学法,讨论最佳的教学方法和手段。通过共同备课、听课、评课等活动使教师尽快掌握教学目标,教学重点和难点。

5. 校本培训

校本培训是指以学校为单位,面向教师的学习方式,内容以学校的需求和教学方针为中心,目的是提高教师的业务水平和教育教学能力。此外,校本课程是一种新的课程领域,基于学生的直接体验,密切联系学生自身生活和社会生活,体验对知识综合运用的课程。它的基本学习方式是探究学习。

(1) 实践中反思。

——实践中的反思是教师提高自己的一个重要途径;

——反思是教师积极探究心态的表现;

——反思使教师隐藏在心中的教育思想得以激活;

——反思是充分挖掘自己专业发展资源的主要方式。

（2）如何进行实践反思。

——以回顾学生的视角进行反思；

——以教师的视角对自己的教学进行反思；

——通过学生的眼睛来反思自己的教学；

——通过约请同事、专家观察，研究教师教学来反思；

——通过阅读理论文献来反思自己的教学；

——通过家长对学生的发展意见反思自己的教学。

（3）全面把握反思的真义。对反思的概念，要全面把握。下面的观点对反思的理解很肤浅，甚至是误解，需要澄清。

——反思就是冥思苦想；

——反思就是自己独自的思考；

——反思就是对自己的教学实践进行研究，不必再学习理论了；

——反思只是对自己的教学实践进行反思。

6. 教育专项技术培训

随着现代信息技术的发展，教师应该学会利用现代教育技术来提高教育教学质量。把现代教育技术运用于教学实践，追求教育适应时代发展的需要，也是提高教师素质，转变教学方式，推进课程改革的重要手段。民办高职院校要及时对教师，主要是专任教师进行教育专项技术培训，主要课程开设包括，计算机程序设计、数据库设计与实现、计算机辅助教学、多媒体原理与技术、多媒体课件设计与开发、教育资源管理与评价、ASP.net 应用开发等，以及摄影摄像与影视制作、管理信息系统设计、计算机动画制作等直接面向实践应用型课程。

7. 企业挂职锻炼

企业挂职锻炼成为提升民办高职院校教师素质的一种重要途径。高职教师通过企业挂职锻炼，思考如何将学习心得与成果运用于高职课程教学中，使学校教学与企业实践有效融合。教师到企业挂职锻炼有以下三种形式：

（1）挂职式。教师在企业里安排一个职位进行独立工作，时间一般半年以上。教师在企业时除了完成具体工作外，还应参与对企业员工的培训和研究项目，在贡献自己的已有知识与技术的同时，也要不断吸收企业管理、技术方面的经验以提高自身的能力。

（2）跟班式。教师在企业里不独立工作或只充当助手跟随企业里某个职位的工作人员一起工作，熟悉工作日程与安排工作流程需要的知识与技能，并做好笔记，整理归纳出与教学相关的内容，在教学中做出增补或删除，或进行院本教材的编写。时间一般在两个月以上。

（3）带队实习式。教师在学生实习的企业里参与学生管理并有一份具体的工作，在实践的过程中了解工作的内容需要具备的能力，学习行业里的技术，接受行业的新观念。

8. 进修提高

民办高职院校对具有讲师或副高及以上职称的优秀教师、骨干教师选派进修是完善教师结构，提高教师教学能力水平的办法之一。进修提高以教师梯队建设为中心，原则上选派到国内知名大学、科研院所做访问学者，促进教学骨干、专业带头人的培养。选派教师国外进修应以促进师资队伍建设、专业建设为前提，并结合学校专业建设、创新团队建设及重点实验室建设等，同样优先选派具有讲师或副高及以上职称的优秀教师、骨干教师。

三、教师专业素质提升体系

1. 职业素养提升

教师素质，又称教师专业素质，是指能顺利从事教育活动的基本品质或基础条件。教师职业素质是指教师在从事教育劳动过程中形成的比较稳定的道德观念、行为规范和道德品质的总和，它是调节教师与他人、教师与集体及社会相互关系的行为准则，是社会对教师职业行为的基本要求。教师素质主要由教师职业理想、教师职业责任、教师职业态度、教师职业纪律、教师职业技能、教师职业良心、教师职业作风和教师职业荣誉八个因素构成，这些因素从不同方面反映出教师职业素质的特定本质和规律，同时又互相配合，构成一个严谨的教师职业素质结构模式。这要求教师具备：

——良好的职业道德修养，是作为教师最基本的一个条件。作为民办高职院校的教师，必须具有良好的职业道德修养，才能够潜移默化地影响自己的学生形成良好的思想道德品质。良好的职业道德修养除了表现在教师应该遵守教师职业道德，要爱护学生之外，还表现在教师如何用人格魅力，去感染学生形成良好的职业道德修养。

——深厚的专业背景知识。教师要上好任何一门课程,都不再是单纯地用到该门课程的基本知识,而是要把不同的学科联系起来。虽然民办高职院校的教学特色不是非常强调知识的系统性,但是不代表就不需要系统性。只是说在系统性的同时,更强调实践动手能力的培养。

——较强的学习能力。创新是民办高职院校发展的主旋律。要创新,即需要教师具备较强的学习能力。这种学习能力不仅表现在对专业的前沿知识的把握,还表现在利用现有条件,创造性地进行教学改革实验。

——该专业或课程丰富的实践经验。民办高职院校越来越重视引进具有实践经验的人才。学校需要从企业中招聘一线的技术工人或者管理人员作为学校的教师。这对于直接从学校毕业出来就留在学校任教的教师,又提出了一个新的挑战。

苏霍姆林斯基在《给教师的建议》第87条中,也有对教师的教育素养的论述。他认为教师的教育素养主要包括教师对自己所教的学科有深刻的认识(即专业知识),这样教师在讲课时能直接诉诸学生的理智和心灵;每一位教师都有自己的创造性的实验室,这个实验室一年比一年丰富起来(即专业实践);教师要有扎实的心理学基础(可以归入专业精神方面);教师要有语言修养(即专业能力)。

教师要提升素养,还要做到以下四个方面:

(1) 消除职业倦怠。教师参加工作的时间越来越长,随着业务水平的不断提高和经验的逐步丰富,以及外部评价的提高,教师自身学习的紧迫感和动机水平逐渐下降,开始满足现状。如果教师自我期待不高则容易定型,容易较早地进入能力发展的"高原"阶段。

(2) 培养坚强的意志力。越过发展"高原",需要教师树立"终身学习"的学习观,充实和调整自己的知识结构,还要具备坚强的毅力,而不少教师恰恰缺少较高的自我期待和坚强的意志品质。

(3) 杜绝知识老化。知识结构是形成教育能力的基础,知识结构需要不断地更新才能适应新时期课程改革的需要,知识结构的定型必然导致知识能力发展上的停滞。

(4) 改变思维定式。教师在长期的教学中积累了一定经验,分析和解决问题形成了一定的习惯,这种经验主义和思维定式是引起教育能力停滞的主观因素。教师发展出现"高原"现象的原因还有很多,如社会环境的影响、工作负担过重、家庭问题、知识更新速度的加快等。

2. 职称提升

教师职称评定及聘任是个严肃的课题,它牵扯到每个教师的切身利益。历来被民办高职院校的教师所关注,教师的职称评选和聘任,应面向全体,全面提高大家的工作积极性。职称级别本来是教师专业技术水平的发展等级,全面体现教师的教学能力和研究能力,其评聘工作具有很强的专业性。教师的合理配置及教师结构符合学校的办学发展,是民办高职院校理想的办学治理愿望。

(1) 夯实助教基础。助教,指的是在大专院校,协助高一级教师教学工作的一种职务。助教是民办高职院校教师职称的最低等级,是民办高职院校教师中职称低于讲师的一种初级职称,助教原则上不能单独授课,或不能教全部一门学科的课程,应跟随讲师或教授批改作业,辅助其教学。但是,民办高职院校的助教一般都上主课,而且课时量很多。夯实助教基础是民办高职院校教学质量稳定和持续的保证。

(2) 提高讲师素质。讲师,能够独立开设一门或一门以上课程的教师。讲师是民办高职院校教育管理与教学的主要力量,应该具备以下能力:

——讲授、辅导高职院校的基础课、专业基础课、专业课的课程,答疑、批改作业,组织课堂讨论;

——参加实验室建设,指导实验教学;

——组织、指导学生生产实习、社会实践和社会服务;

——指导学生课程设计、毕业设计、毕业论文;

——编写教材及讲义,进行教育教学研究;

——编审教材及教学参考书;

——进行学生学习成绩的考试考核;

——进行科学研究、技术开发。

(3) 扩大副教授比例。副教授,专业技术职务之一,民办高职院校教师的学衔或职务名称之一,一般来说,可以衡量教师专业水平的高低。在民办高职院校的范畴里,副教授的主要职责是担任某些专业的讲授,指导或单独指导讲师以下的教师,从事科学研究等工作。民办高职院校的副教授凤毛麟角,有些专业没有副教授职称的教师和带头人。所以,民办高职院校扩大副教授比例是一项艰巨的任务,如何扩大副教授比例是民办高职院校急需破解的难题。

3. 教学团队素质提升

民办高职院校的教师能力建设,始终坚持事业留人、情感留人、待遇留人、机制留人的理念,组建高素质、高水平的教学团队,引领和带动了专业建设,推动了教学质量、科研和社会服务工作上水平、上台阶。

(1) 加强"双师型"教师能力素质的提升。民办高职院校应该加强"双师型"教师具备以下几个方面的素质和能力。

——有良好的职业道德,既具有教书育人,又具有进行职业指导等方面的素质和能力。

——具备与讲授专业相对应的行业、职业素质,要求具备宽厚的行业、职业基本理论、基础知识和实践能力。"双师型"教师应能按照市场调查、市场分析、行业分析、职业及职业岗位群分析,调整和改进培养目标、教学内容、教学方法、教学手段,注重学生行业、职业知识的传授和实践技能的培养,能进行专业开发和改造等。

——具备相当的经济素养,即具备较丰富的经济常识,熟悉并深刻领会"人力资本""知识资本"等经济理论,树立市场观、质量观、效益观、产业观等经济理论。自觉按照竞争规律、价值规律等市场经济要求办学办事,并善于将经济常识、规律等贯穿于教育、教学的全过程。

——具备相当的社会沟通、交往、组织和协调能力。既能在校园内交往与协调,又能在企业与行业从业人员中进行交流和沟通。

——具备相当的管理能力。即在具备良好的班级管理、教学管理能力的同时,更要具备企业、行业管理能力,懂得企业和行业管理规律,并具备指导学生参与企业、行业管理的能力。

——具备相应的适应能力和创新能力,即要适应资讯、科技和经济等快速变化的时代要求,具备良好的创新精神,善于组织和指导学生开展创造性活动的能力。

(2) 加强骨干教师培养。在民办高职院校一定范围的教师群体中,师德修养,职业素质相对优异,有一定知名度、被大家公认的、具有较为丰富的专业课教学经验,在学校的实际教育教学活动中承担了较重的工作量,对教育研究方面有一定兴趣和较为突出的能力,取得过一定的教育教学研究成果,并对一般教师具有一定示范作用和带动作用。民办高职院校的骨干教师培养涉及大多数青年教师,这是因为青年教师的比例在民办高职院校占额很大。民办高职院校的顶层要在教师能力建设方面有创新精神,把青年教师培养成骨干教师,要花大力气、要舍得投资、要尊重青年教师的发展意愿。

(3) 加强专家型教师培养。民办高职院校重视培养专家型教师。专家型教师的特点包括:在专业知识方面,专家教师运用知识比新手更有水平。在其所专长的领域,能在较短的时间内完成更多的工作。在处理突发状况时,专家教师更能找到新颖和适当的方法解决问题,这就是所谓的专家型教师。[①] 专家型教师特征包括:

——专家教师的课时计划简洁、灵活,以学生为中心,并具有预见性;

——专家型教师制定的课堂规则明确,并能坚持执行;

——专家教师有一套完善的维持学生注意的方法;

——专家教师在教学时注重回顾先前的知识,并能根据教学内容选择适当的教学方法;

——专家型教师将练习看作检查学生学习的手段;

——专家型教师具有一套检查学生家庭作业的规范化、自动化的常规程序;

——专家型教师具有丰富的教学策略,并能灵活运用。

(4) 加强教学名师培养。教学名师,学校教师的一项荣誉。例如,"青蓝工程"是江苏省教育厅为实施科教兴省和人才强省战略,进一步加强师资队伍建设,培养骨干教师和学科带头人,突出抓好高校优秀拔尖人才、学术带头人选拔培养工作而实施的重要人才培养工程。选拔对象是优秀青年骨干教师、中青年学术带头人和科技创新团队培养对象。民办高职院校应该聘请经验丰富的老师担任青年教师的指导老师,通过指导老师的"传帮带",手把手地传授给青年教师教学技能和教学艺术,使青年教师的业务水平、教学水平得到提高,尽快成为教学骨干、能手,有资格申报"青蓝工程",成为省级名师。

(5) 加强专业带头人培养。民办高职院校中专业带头人的界定应该是:首先要具有高尚的政治素质、职业道德素质和严谨正派的学风;其次要学术造诣深厚,学术思想活跃,在某一专业步入前沿领域,有突出的专业研究方向,并取得了

---

① 胡忠光:《教育心理学》,教育科学出版社,2011年。

创造性的、具有一定学术水平的教学和科研成果,能组织和带领青年教师进行专业建设的拔尖人才。

专业带头人是根据教学工作的需要,由学院聘任,管理一个或几个专业建设、教学团队建设、课程建设、教学研究及科学研究的负责人。专业带头人应该具备以下素质:

——良好的思想政治素质、道德品质和较高的政策水平;

——具有过硬的专业知识;

——具有较强的管理能力。

专业带头人应该抓以下改革:

——教育思想观念转变;

——课程改革;

——教学内容改革;

——教学方法改革;

——考试考核方法改革。

四、教师教学能力提升体系

1. 具有开发精品课程的能力

精品课程是具有特色和一流教学水平的示范性课程。精品课程建设要体现现代教育思想,符合科学性、先进性和教育教学的普遍规律,具有鲜明特色,并能恰当运用现代教学技术、方法与手段,教学效果显著,具有示范性和辐射推广作用。精品课程需要有一流教师队伍、一流教学内容、一流教学方法、一流教材、一流教学管理。

2. 具有教学资源库建设的能力

教学资源库建设是一个需要长期建设与维护的系统工程。为了更好更有效地建设教学资源库,使其在质量、效益、可持续发展等方面有更强的保证,使媒体素材、题库、课件、案例等信息,做到充分共享。狭义上理解,就是通过备课等活动,搜集一些教学过程中所需要的案例、习题、试卷、图片、表格、Flash动画、电子课件、视频、网站微博等资源。这些都是最基本的教学资源,比较高级的教学资源还包括三维立体影像、计算机创作环境(设计、仿真、测试等软件)以及相关的计算机资源。广义上理解,网络教学资源是开展网络教育的前提和基础,随着网络教育的逐步拓展,网络教学资源越来越丰富,教学资源的有效管理成为开展网络教育的关键,为各类学习内容对象提供高效的存储管理。

3. 具有编写特色教材的能力

高职教材作为体现高职教育特色的知识载体和教学的基本工具,直接关系到高职教育能否为生产、建设、管理、服务一线岗位培养符合要求的高等技术应用型人才。高职培养的学生是应用型人才,因而教材的编写一定要注重培养学生的实践能力,基础理论贯彻"实用为主、必须和够用为度"的教学原则,基本知识采用广而不深、点到为止的教学方法,基本技能贯穿教学的始终。在教材的编写中,文字叙述要力求简明扼要,通俗易懂。实训教材的编写应紧密结合职业要求。实训教材一定要站在专业的最前沿,与生产实际紧密相连,与相关专业的市场接轨,同时要突出专业特色,渗透职业素质的培养。实训教材在内容上应注意与专业理论课衔接和照应,把握两者的内在联系,突出各自的侧重点。

4. 具有发表教科研论文的能力

教师的科研能力与水平,能够反映一所高校的内驱力,也决定了高校服务区域和地方经济发展的能力与水平。做好民办高职院校科研工作,有利于提升民办高职院校的整体内涵,提高学校的知名度,增强教师的个体业务素质。

5. 具有教学咨询服务的能力

对教学工作进行研究、咨询、指导和服务的专家组织,主要为研究咨询、指导推动、质量监控和交流服务。主要职责是:

(1) 研究高职专业的市场需求情况,对专业发展的重大问题进行调查研究,向校领导提供高水平的咨询报告;

(2) 指导专业、课程、师资、教材、实验实训等教学建设和教学改革,推动产学研结合,促进教学质量不断提高;

(3) 通过组织开展教学交流和研讨活动、培训师资、组织编写及评介教材、评选优秀教学成果等方式,为教学建设做好服务工作。

6. 对教师教学能力评定

对教师教学能力评定,包括教师专业水平、质素和课堂教学、实践教学能力两大方面。对教师专业水平评价的要素不仅包括专业学历、职称、发表论文或著作等,还要根据高职职业化教学的要求,对教师的"双师"资格、专业证书资格、实训及实践工作经历进行考核评价。

(1) 在对教师教学内容的评价上,突出其是否围绕教学目标,注重职业能力的培养,将真实或仿真的职业活动案例作为教师课堂教学内容的主要评价标准。

(2) 在对教师教学方法的评价上,突出其是否注重实际操作能力的培养,做到"教、学、做"合一。以职业岗位活动调研为前提,以职业岗位需求为导向,是教师教学方法的主要评价标准。

(3) 在对教师教学效果的评价上,突出其是否以"学生为主体",是否努力激发学生的学习积极性,师生互动是否良好,学生接受吸收教学内容情况等。以学生作为第三方评价主体的评价结论,作为主要教学效果的评价标准。

五、教师科研能力提升体系

1. 民办高职院校科研的主要内容

(1) 研究高职教育规律。民办高职院校科研工作应从改革教育思想观念入手,研究高职教育发展中出现的新情况、新问题,研究在人才培养模式、课程体系、教育思想、教育理念等方面的规律,以研究成果指导民办高职教育。加强民办高职教育理论研究,包括民办高职教育的地位、作用,如何构建科学的管理模式和运行机制,如何构建技能型专门人才的培养体系等。

(2) 研究高职教学规律。民办高职院校的教师要提高教学质量,除了要有认真的态度、满腔的热情、充足的干劲、奉献的精神之外,教师还应该大力进行教学研究,不断提高自身素质,不断提高教学水平,不断提高驾驭课堂教学的能力。只有这样,才能把提高教学质量落实到提高课堂教学效率上。教师进行教学研究,就是要加强教学内容的研究,把自己所执教的学科领域内科技发展的新内容传授给学生;就是要加强教学方法的研究,充分利用现有的教学条件,选择行之有效的教学方法和手段,更好地完成教学任务。

(3) 研究师资队伍建设。民办高职院校必须坚持以全面提高师资队伍素质为目标,以"双师型"师资队伍建设为核心,以优化教师结构为重点,着力实施教师学历提升、师资培训和人才引进计划,积极进行专业带头人和骨干教师的培养,注重兼职教师队伍建设。通过对师资队伍建设进行研究和探讨,建设一支有过硬的专业知识、教育能力、科研能力、操作能力和管理能力的高素质、高水平的教师队伍。

(4) 研究应用技术服务。社会服务是民办高职院校的三大任务之一,民办高职院校的科研工作应当紧密结合区域经济社会发展的需要,针对生产、建设、服务、管理一线遇到的实际问题,加强应用技术研究,以解决现实问题作为出发点和落脚点。主要包括科技成果的推广、应用技术的开发、生产技术的服务等。

2. 民办高职院校科研工作的基本原则

(1) 与教学相结合的原则。民办高职教育教学与科研本质上存在内在联系,并行不悖、相辅相成。教学必须依靠科研工作的支持,把新技术不断丰富到教学内容中,成为教学进步最重要的驱动力。科研活动也为民办高职院校的师资水平的提高和学生实践能力的培养提供了训练的条件和机会,成为创新型人才培养的重要手段。

(2) 因地制宜的原则。民办高职院校应从自身实际和专业特点出发,选择一定的社会服务范围,承担相应的社会职能,因地制宜开展科研工作;要针对地方行业和企业生产需求,从实际需求中寻找课题;要选择适当的企业作为技术合作伙伴,通过技术咨询、技术改造、技术推广等方式为企业提供技术服务,在服务中寻找科研内容,在生产中寻找科研课题;可围绕区域经济重大理论、实践问题和技术问题开展科学研究。

(3) 量力而行的原则。由于受办学条件的限制,民办高职院校在短期内科研和技术攻关能力还是很有限的。因此,科研工作的开展,要客观分析自身的科研能力,准确把握科研工作的人力、物力、财力状况,积极稳妥地展开。就科技创新服务而言,科研工作的重点主要在开展应用技术研究;科研工作内容应直接面向市场、面向企业,解决生产技术问题是企业的当务之急。

(4) 团队攻关的原则。民办高职院校科研工作是以应用技术为主要特征的,而应用技术强调团队协作与攻关,仅靠单兵作战是完全不能胜任的,特别是校企合作方面需要有团队合作。在进行技术服务和企业技术人员开展联合攻关时,应将分散的科研力量集中整合起来,成为一个有机的整体,进行有组织的协同科研攻关。对重大现实问题和理论问题的研究也是如此。

(5) 以人为本的原则。民办高职院校科研工作必须激发广大教职员工的工作热情,要尽可能地为科研工作提供保证,为科研人员能够释放最大的潜能,更好地进行科研工作,实现科研目标,创造良好的条件、提供优质的服务。要调整职称政策和人事管理规定,充分调动广大教职员工和科研人员承担重大课题、开展科技创新的积极性,对各类科研成果,都要给予承认和鼓励。

3. 加强科研工作管理

（1）健全科研机构。民办高职院校应当设置相对独立的科研管理机构。要指定专人负责科研工作管理，认真抓好课题项目的组织，制定科学严密的科研制度，层层落实科研任务；要为科研工作构建开发高效的科技信息平台、物质保障平台和科研成果应用推广平台，确保科研工作的正常开展；必须健全有效的科研运行机制，包括科研队伍建设机制、科研保障机制、科研评估机制、科研激励机制等。

（2）完善评价体系。民办高职院校应当建立和完善科研工作的考核评价体系，从制度上为科研工作的顺利开展提供保证，为科研工作创造良好的外部环境。通过对科研工作的考核评价，与教师的切身利益挂钩，最大限度地发挥教职员工参与科研工作的积极性和主动性，使科研工作真正做到规范有序地进行，形成一种人人爱科研、搞科研的浓厚学术氛围。

（3）加强科研培训。教师是科研工作的生力军，民办高职院校要积极组织科研工作专题培训，让教师了解科研工作的基本程序与要求。要经常组织教师学习高职教育理论，积极探索高职教育规律，提高教师对科研工作的思想认识；在培训环节上，既要发挥校内外专家和骨干教师的传帮带作用，又要充分利用校外资源提供技术指导，切实提高教师科研工作的能力和水平。

（4）规范课题管理。民办高职院校必须加强科研课题管理，树立规范的科研意识，不断提高科研管理能力。要实行科研项目管理目标责任制度，对科研项目要进行定期检查，要实行科研项目调整机制、科研项目管理通报和档案机制。课题管理要重视材料的系统搜集与整理，实行一题一档。

（5）加大经费投入。民办高职院校普遍存在科研经费不足的问题，要尽快摆脱这种困境，保证民办高职院校科研工作的开展。民办高职院校应设立专项科研经费，加大科研经费投入比重；要加强科研经费的专项管理，实行专款专用。要鼓励科研人员积极争取多种科研课题立项，多渠道争取科研经费，保证配套经费足额到位。

（6）发挥骨干作用开展科研活动，不仅需要人人参与，而且需要科研带头人的示范作用。要选择学历高、职称高、成果多、基础好、组织能力强、有奉献精神、对外联系广泛的教师作为科研带头人，组建科研梯队，形成专兼结合的科研团队，推动科研工作的全面展开。

(7)注重推广应用科研成果要服务社会经济发展,服务高素质技能型人才的培养。对教师取得的科研成果,要及时推广应用,发挥社会效益。经鉴定为优秀的科研成果,要积极向上级有关部门推荐。科研成果的推广应用是科研社会价值的体现,只有将科研成果应用在教学活动和社会生产实践活动中去,才能有效地促进高职教育健康稳定快速的发展。

第四节 构建教师能力管理文化

人,是组织管理中最大的难点,也是所有管理理论中讨论的重点,围绕"人"的因素各种不同的组织有不同的管理方法。[①] 民办高职院校的教师能力管理文化,应该说是大学组织文化的一种文化要素。组织文化是一种抽象的意识范畴,它作为组织内部的一种资源,应属于组织的无形资产。它是组织内一种群体的意识现象,是一种意念性的行为取向和精神观念。[②] 民办高职"二元思维"认为,民办高职院校构建教师能力管理文化是对广大教师的尊重和爱护,大大提升了广大教师的"归属感"。

一、教师能力管理文化内涵

所谓教师能力管理文化,是指民办高职院校基于长远发展方向和愿景,通过对学校办学战略、教师、财务、教学团队建设等一系列有效的整合与绩效评价及考核体系的建立与完善,在教师能力管理和绩效管理相互融合的基础上,让教师逐步确立起民办高职院校所倡导的办学发展价值观,并逐步形成以追求高绩效为核心的民办高职院校教师能力管理文化。

教师能力管理文化的核心——管理重点必须放在教师的能力绩效上。民办高职院校的教师能力管理文化体现在三个方面:一是目标,二是过程,三是结果。从目标方向上来看,主要强调教师契约管理和绩效管理意识,促进教师个体目标与学校办学发展目标的一致;从过程来看,主要针对教师的能力差异,促进人尽其能;从结果来看,教师的薪酬差异分配需要公平,对教师进行差异化管理,是教

[①] 陆克斌,王娅莉,金成林,等:《管理学原理与实践》,国防工业出版社,2014年,第357页。
[②] 陆克斌,王娅莉,金成林,等:《管理学原理与实践》,国防工业出版社,2014年,第192页。

师能力管理文化的核心要素之一。所以,构建民办高职院校的教师能力管理文化,是学校促进按绩效分配的教师管理的效力与效益的保证。民办高职院校的教师能力绩效管理就是通过科学的管理方法有效地组织、开发教师潜力,按照民办高职院校战略方向和方针策略的要求,使教师发挥最大效能和效率,最终达成教师能力管理目标的绩效最大化。

对民办高职院校和每个教师来说,民办高职院校管理的第一目标就是追求优良的工作绩效。首先在观念上要追求绩效的高标准。教师能力管理文化鼓励教师设定有挑战性的高标准目标,利用一切手段、动用所有的资源为达成这个目标而奋斗。绩效管理考察的重点必须放在机会上,而不单是放在问题上。取得能力绩效并不单是追求成功的结果,还要考察过程,其中允许有错误甚至失败;但对于机会轻易放弃、不思进取是教师能力管理文化所反对的。教师能力管理文化体现了民办高职院校的教师契约管理和绩效管理的价值观。在绩效管理过程中,人对岗的匹配、薪资报酬、升迁、培养、奖惩和离职等,都必须在绩效管理的原则指导下进行,绩效管理是民办高职院校调整教师行为价值取向的有效手段。教师能力管理文化首先确定民办高职院校的绩效指标,也就是民办高职院校将自己的愿景、战略、目标、方针、策略,用绩效指标的形式表达出来,让每个教师明白地看到大方向和大目标,从而理解自己的小指标,尽管教师的具体指标与民办高职院校的大指标在描述上不同,但都是为民办高职院校大指标服务的。

二、教师能力管理文化的价值

1. 教师能力管理文化能够保障教师的合法权益

在民办高职院校教师管理的实践中,学校顶层往往忽视受聘教师应有的权利和自由。当然,民办高职院校的服务意识薄弱也会造成教师主体地位的被忽视。教师能力质量管理文化能够确立广大教师的主体地位,从而更好地保障教师的合法权益,赋予教师更多的权利与自由。教师能力质量管理文化可以体现教师的自由意志观念,强调自由意志观念,有利于学校尊重教师的权利与意愿,防止学校借契约的形式实施单方强制命令。教师能力质量管理文化强调自由意志观念就是对教师权利的尊重,体现了教师的主体性,更有利于保障教师的权利。因此,在进行教师管理中应该保证教师自由意志的实现,这样才能更好地体现出民办高职院校的办学思想内涵。"每个人都有自己的意志自由,意志自由是人行为的基础。一个人只有在自己的自由选择下,按照自己的意愿,才能受到约束,这种约束是一种自己对自己设定的拘束,而不是别人强加的约束。人正是因为有着自由意志,才受自己意志的拘束。"①民办高职院校绩效管理中,应当尽量保证教师在行为中自由意志的实现。尊重教师的意愿,在充分考虑和采纳教师意愿的前提下做出学校的行政决策。

2. 教师能力管理文化能够提高民办高职院校的管理效率

教师能力管理文化能够促进民办高职院校教师管理的效率,"合法权利的初始界定会对经济制度运行的效率产生影响,权利的一种安排会比其他安排产生更多的价值"②。在民办高职院校教师管理中注入教师能力管理文化,体现了对广大教师权利的尊重。契约是基于对方当事人的同意而签订的,相对方当事人履行契约是按照自己的意志行事,具有主动性。对于教师而言,他们自己同意签订契约,这种行为体现了教师的积极性和主观能动性,从而有助于实现学校管理的效率。另一方面,就契约的缔结和履行过程来说,双方一致处于交流和沟通之中,这样"可以维护公民对行政机关的信任和良好的关系,减少与行政机关的摩擦,又能最大限度地提高行政效率"③。教师能力质量管理文化中体现了双方的义务责任观念,义务责任观念是现代契约的重要组成部分,它强调权利与义务的统一,强调平等主体之间的相互责任与义务。在民办高职院校教师管理过程中,义务责任观念的确立,不只是教师对学校管理的服从,对义务的履行和对责任的承担,更主要的是强调学校对双方约定义务的履行和守法义务的承担。契约一经成立和生效,学校就必须履行契约义务,承担责任,任何特权、部门利益都不应成为免责的事由。

三、教师能力管理文化的效能

1. 教师能力管理的组织功能放大

教师能力管理,尤其是绩效管理靠激励效应模型引导教师自觉表现出学校需要的态度和行为,从而提升教师所在部门的能力绩效。教师能力管理改革优

---

① 中共中央马克思恩格斯列宁斯大林著作编译局:《马克思恩格斯选集》(第 4 卷),人民出版社,1995 年,第 702 页。
② 张文显:《法理学》,北京大学出版社,2007 年,第 215 页。
③ 高岸起:《利益的主体性》,人民出版社,2008 年,第 144 页。

化适用于已经建立的绩效管理体系。

（1）降低组织协调难度。教师能力管理根据学校实际情况和其文化制定，对教师的绩效管理工具与民办高职院校办学文化不相适应的地方进行了改进，克服了因为借鉴品水土不服而造成的组织协调难度，减少了教师能力质量的管理阻力。

（2）改善能力管理效果。教师能力管理的目的在于实现学校职能部门、管理者对被管理者的目标管理，激发教师的工作热情和自觉意识，增进部门间、岗位间的沟通和协作，降低管理成本，提高学校效益。教师能力管理简化了学校对部门、管理者对被管理者目标管理的过程，提高了管理效率，降低了学校计划和目标控制成本。

（3）提升办学管理水平。教师能力质量管理过程带动学校管理水平的提升。这些基础管理水平的提升，可能是组织结构的优化，可能是业务流程的优化，也可能是管理技术的创新。

（4）优化人才结构。推行人才能力管理方案以前，很多教师评价机制不完备，教师晋升存在随机性，能岗不匹配的情况普遍存在。基于教师能力管理方案的激励机制，使教师的岗位、薪资与他们的潜力、动机、业绩、态度与学校的需求、导向动态相匹配，激发了教师的工作热情，降低了组织协调难度，提升了教师的工作效率。

2. 责任意识形成

责任意识必须建立在自身的责任岗位之上，在工作中焕发出极大的热情，更好地执行管理者的决策，注重工作细节，在工作中做到精益求精。通过教师能力管理，加强了全校教师的责任意识提升，同时也开始自上而下地进行日常工作中的责任意识的表达和传播，达到使全校教师自我管理和教师能力质量管理的基本目的。

教师能力管理使每一位教师都明确和清晰了自己的责任目标，也明晰了学校具体可行的发展目标。目标方向越明确越具体，由此激发的团队效力也就越大。一是清晰教师能力质量管理的方针、目标、计划，使所有人员产生了巨大的工作热情和动力。二是教师清晰个人的薪金增长渊源、职位与薪金关系，使他们觉得自己在学院可以有所作为，有发展的前途。三是有这样一个合理可行的具有人性化的教师能力质量管理方案，使广大教师看到希望，从而产生向个人与学校目标奋进的力量源泉。

教师能力管理使全校人员树立了正确的与学校发展目标一致的共同奋斗价值观。学校的工作有赖于所有人员的参与,只有全方位地参与学校的各项管理,把个人的命运与学校未来的发展捆绑在一起,才会真心真意地关心学校,才会与学校结成利益共同体和命运共同体。学校制度、学校规范只能在有限和常规的情况下告诉教师"干什么"和"不干什么"。而教师能力管理却进一步提升了全院教师的工作价值观,并以此作为他们的行为准则:① 间接培养了教师的良好道德规范,道德修养;② 直接培养了教师的个人修养;③ 使教师形成了正确工作价值、与学校共存和共发展的价值观念,激发了人员的参与热情。

3. 工作凝聚力加强

凝聚力是指群体成员之间为实现群体活动目标而实施团结协作的程度,凝聚力外在表现在人们的个体动机行为对群体目标任务所具有的信赖性、依从性乃至服从性上。① 群体的凝聚力是个性心理特征中的统一相应的整体配合效能、归属心理在意志过程中的"共同责任利益意识"的作用下而形成的一种士气状态。②

(1) 提高了凝聚力。首先,通过教师能力管理把过去教师过于自我的行为进行了制定性纠正。在改革前,教师实施责任目标的责任心和自觉性虽然很强,但只是一味地追求干好自己任务工作,而不能与他人很好地协同配合。教师能力管理解决了教师自觉性向凝聚力过渡的问题。其次,通过教师能力管理把过去教师自大行为进行了制定性纠正。自大是指过于夸大自己的作用而轻视集体的力量,自以为是,不把别人和集体的智慧、力量放在眼里,过于强调自我要素,这是凝聚力层次的骄傲心态。最后,通过教师能力管理把过去教师自私行为进行了制定性纠正。自私是指个别教师只考虑自己的愿望和近期要求,而不为整体和长远的目标着想,这也表现了凝聚力层次的焦躁心态。

(2) 配合效能整体提高。学校整体配合的效能可分为学校整体配合能力、学校组织控制效能、学校物质条件完备效能三个方面。教师能力管理所提高的配合效能是指全校教师实施整体配合的效率和能力。从士气的内在表现来讲,

---

① 孔祥勇:《管理心理学》,高等教育出版社,2001年,第187页。
② 孔祥勇:《管理心理学》,高等教育出版社,2001年,第188页。

行动依据是士气来源方的中层级别的信心状态,它表现为在行动过程中集体成员对实施整体配合的效率和能力的认知、情绪和意识的相应统一。教师整体配合的效能是在所有成员整体配合能力的基础上,通过校董事会的组织控制和组织调节而实现的。同时,在这一组织控制和组织调节中,由于有相应的物质条件作为保障,使全校教师完成其整体配合的企图得以实现。

(3)归属心理固化。归属心理是指人们在社会交往过程中对某一团体、群体的认同程度。[①]民办高职"二元思维"认为,教师能力管理所提高的归属心理可分为:对工作的归属心理、对管理机制的归属心理、对学校发展的归属心理等。从人事契约管理改革的效果来讲,教师归属心理表现为对学校实施的教师能力管理改革的认识、情感和意向的相应统一,其典型表现为对自己所承担的工作及其责任的亲近、爱护甚至热爱的情感倾向。教师能力管理的终极目标就是使教师在学校的各项工作中,具备高度的归属心理,并产生出为学校的办学发展战略目标而付出非常敬业的职业精神。

4. 团队氛围提升

团队精神逐步形成。团队精神是团队成员共同认可的一种集体意识,是显现团队所有成员的工作心理状态和士气,是团队成员共同价值观和理想信念的体现,是凝聚团队,推动团队发展的精神力量。[②]教师通过对管理改革认识的不断深入,唤醒了自觉工作意识和互相帮助意识。大家共同认识到,自觉工作意识和互相帮助意识是团队精神形成的外在客观条件,没有团队的整体觉悟,没有大家的奋起,没有大爱的心态,一旦困难到来,就会措手不及。在新的教师管理制度影响下,教师自觉自我分析,认真分析民办高职院校办学的挑战性、困难性、竞争性,面对同行的竞争,积极提升专业技术能力的团队精神蔚然成风。通过发扬团队精神,提高全校整体工作效能。

(1)树立了共同的价值观并愿意付出努力,在合作上能坦诚交流。一支具有良好的团队精神的队伍,在团队风气上,能够容忍不同的观点。教师通过对管理改革的不断认识,对学校忠诚、共同的价值观建立并愿意付出努力逐步形成。在合作上,能坦诚交流,教师与学校之间能保持持续、有效、深度、双向的沟通,使教师与学校知己知彼,并能动态掌握自己在学校行动网络中的坐标,积极反映对

[①②] 孔祥勇:《管理心理学》,高等教育出版社,2001年,第168页。

学校的一些看法、观点以及有益的建议。同时部门之间也能进行沟通,尽量避免因沟通不足而造成隔阂。在团队精神的作用下,教师之间产生了互相关心、互相帮助的交互行为,显示出关心团队的主人翁责任感,并努力地维护团队的集体荣誉,自觉地以团队的整体声誉为重来约束自己的行为,使团队精神成为学校自由而全面发展的动力。

(2) 团队精神培养了教师之间的亲和力,促成顶层对团队建设的支持。团队要有一个长期的培育和合作过程,学校领导必须在组织上为团队建设提供支持,保持经常性的沟通。民办高职"二元思维"认为,团队精神需要一个培育的过程。学校的给力支持包括:一是明确团队的目标。团队的目标只能由决策层提出,才能让广大教师放心。二是给予一定的资源。包括教师、物资资源、资金资源、信息资源。三是提供有利于教师发展进步的信息。四是对教师进行不断的培训和教育。民办高职"二元思维"认为,学校领导层有责任使每个团队成员显示高涨的士气,激发教师工作的主动性,由此形成集体意识,共同的价值观,团结友爱,只有这样,教师才会自愿地将自己的聪明才智贡献给学校,同时也使自己得到更全面的发展。

案例:"南洋"青年教师业务考核和达标

无锡南洋职业技术学院青年教师教学能力与教学管理能力培训和达标考核方案。为进一步提升我院青年教师业务能力水平,加强师资队伍建设,提高青年教师的职业道德、教学能力与教学管理能力水平,结合青年教师实际情况,制定本方案。

一、指导思想

按照学院教育改革和发展总体要求,遵循青年教师专业成长发展规律,围绕理想信念、敬业态度、操守德行、学问修养、业务能力、管理水平等诸方面,开展以责任、敬业、奉献为主的教学能力与教学管理能力培训,全面提升青年教师的思想水平、道德修养、专业素质、教学技能与创新能力。

二、原则

1. 按照思想与业务并重,全面提高青年教师的素质和教学与教学管理能力;

2. 按照统筹规划、按需培养、分级负责的原则实施；

3. 正确规范、引导青年教师教学行为，规避教学与教学管理不良现象；

4. 按照青年教师的实际，科学事实，严格要求，严格考核。

三、目标

针对青年教师的特点和差异性，将教师个人发展和个人教学与教学管理能力紧密结合起来，联系专业实际，明确培训方向、突出培训特色，促进青年教师从适应教学向合格教师转变；合格教师向骨干教师转变；骨干教师向教学与教学管理能手转变，建设一支结构合理、师德师风好、教学能力强、教学管理能力卓越、富有活力、勇于创新、符合学院人才培养质量发展的青年教师队伍。

四、参加对象

符合下列条件之一者，应该参加培训：

1. 近三年录用的青年教师；

2. 35周岁（含35周岁）以下的授课教师；

3. 助教职称的专任教师；

4. 无高校教学经历或未取得教师资格证书的教师；

5. 非专任教师已兼课和申请兼课者。

五、达标内容

1. 师德师风教育。青年教师的培养坚持专业教学水平与思想政治素质和教师职业道德并重，教学理论与教学实践和教学管理的统一。一是素养性目标：教学专业化水平和教学综合素质优化；二是教学能力和教学管理能力水平的三项要求：专业教学的整合化、教学管理能力的整体化、专业素养品质的优化；三是教学综合素质的"三术"合一：专业教学的"教术"、课堂管理的"艺术"与教改创新的"学术"高度融合优化。

2. 青年教师的教学能力达标考核要点：精准贯通专业知识和技能的能力；把握专业教学的重点、难点的能力；以项目引领、任务驱动为核心的课程设计能力；了解学情差异，因材施教的能力；钻研课程标准，分析处理教材的能力；比较标准流利的普通话，工整、规范的粉笔字；课堂组织调控能力；分层辅导学生的能力；命题和分析试卷的能力；撰写教学工作总结和论文的能力；运用现代化技术辅助教学的能力；制订教学工作计划和总结教学工作经验的能力；撰写专业、教育管理论文的能力。

3. 青年教师的教育管理能力达标考核要点:课堂组织管理能力;组织课堂实验、实训的能力;主持外出教学活动的能力;组织学生校外实习、实训管理的能力;与学生沟通的能力;与校企合作、工学交替、其他实训基地的负责人、专家、辅导师傅沟通、合作的能力;开展对学生心理健康教育与政治思想工作的能力;制订学生管理计划和总结学生管理工作经验的能力。

六、方法

1. 专题讲座

(1) 专题讲座定期向青年教学讲授与教学有关的知识和技巧,提高和改善教学能力和教学管理能力。讲座主讲由院领导、二级学院院长、副高以上职称的教学主管和外聘教学专家组成。

(2) 教师须记笔记和写心得体会,两项任务是必做作业(考核评比内容)。

2. **教学理论自学**

(1) 教学理论学习以自学为主,就教学能力和教学管理能力等方面的知识和技巧进行自我培养。教材涵盖教育教学、教学管理、教育法规、学生管理等方面。教材由学院统一选定。

(2) 学习成果:教师拟写两篇有关教学能力和教学管理方面的文章(考核评比内容),题目自定。文章在 CN 刊物上发表,考核加分;在核心期刊上发表,加分并奖励。

3. 经验交流会

(1) 培训期间举办两次教学能力达标考核经验交流会。在交流会前,每位教师须准备好一份发言稿,交流会上应积极发言。发言稿作为考核作业。

(2) 教师应根据个人的教学经历和感受,交流培训体会和学习体会,也可对教学工作、培养工作提出意见和建议。

4. 青年教师听课

(1) 青年教师至少每周要听课 1 节,上半年和下半年各听 10 节课,共 20 节。学院鼓励青年教师多听课。

(2) 听课记录和次数是达标考核内容。

5. 示范课观摩学习

(1) 示范课观摩是探讨教学规律、研究教学方法、推广教学经验的一种教学组织形式。学院选派优秀骨干教师上示范课,在课堂上为青年教师做思维的引领,方法的示范。

(2) 示范课的教学示范作用。示范课观摩是有教学经验的教师与青年教师互相交流,取长补短的一种重要手段和途径。示范课教师用直观、新颖的教学方法,传递教学思想、展示教学手段,引导和促进青年教师重视课堂教学研究,提高教学质量。

(3) 教师拟写一篇示范观摩心得体会(达标考核内容)。

6. 专业教学督导检查

(1) 课堂纪律是否符合课堂管理的"三大纪律、五项要求",教师是否注意抓课堂纪律。

(2) 备课是否充分,教材、教学工具和设备是否齐全,符合上课标准。

(3) 教师的师德、师风及课堂教学水平、教学方法、教学效果等评价。

(4) 专业教学督导检查由督导室和教师发展中心执行,教学督导检查情况作为达标考核内容。

7. 说课比赛

(1) 说课考试由学院教学委员会执行。

(2) 说课标准:说课须由教材分析、目的分析、过程分析、教法分析、评价分析五要素组成。

(3) 说课时间不超过20分钟。

七、考核

1. 综合评比(25%):对青年教师的职业道德(师德师风)、备课、讲授、实验课讲授、听课、示范课观摩、经验交流、督导检查等情况实行动态管理,对每位教师进行教学督导检查,同时召开学生座谈会听取学生对教师教学的意见或以调查问卷的形式了解教师上课情况。

2. 备课评比(15%):对教学进度、教材、讲义、备课教案、PPT课件及其他教辅材料等检查评价。

3. 授课评比(15%):推门听课,督导教师是否讲课认真、内容正确、重点突出、难点讲透;是否照本宣科、不注重师生互动;多媒体是否使用恰当,学生能否掌握大部分教学内容。

4. 作业评比(15%):对培训活动各个作业进行评价,这包括专题讲座的笔记和心得体会、自学两篇文章、经验交流发言稿、听课记录、示范课观摩体会。

5. 说课评比（30％）：说课语言、说课教态、说课教案和材料、说课内容（教材分析、目的分析、过程分析、教法分析、评价分析）等评价。

6. 青年教师导师制中已进行的相关活动与此次达标考核有重复的内容，由达标考核领导小组界定。

7. 考核标准：优秀、合格、不合格。不合格者转岗或待岗，待岗整改期为一年。整改合格者，重新上岗。

8. 达标考核的专家成员由考核领导小组统筹安排。

八、具体事宜

1. 培训和达标考核周期为1年。

2. 培训实行请假制度。

3. 培训班设班委会和学习活动小组。

九、组织管理

学院统筹策划、组织和安排青年教师的教学能力与教学管理能力培训和达标考核。

1. 学院成立教师教学能力和教学管理能力考核工作领导小组，负责整个工作的总体安排和组织协调工作。方案具体事宜由教师发展中心协同人事处、教务处及相关部门负责组织实施。二级学院应对培训青年教师给予支持，在工作安排和学习时间上给予照顾。

2. 学院负责制定教学能力和教学管理能力达标考核标准。教师发展中心负责青年教师教学能力和教学管理能力培训、达标考核的监督、验收和统筹管理。凡符合参加培训条件的青年教师必须全部参加，培训结业学院颁发培训结业证书。

3. 培训和达标考核活动本着"经费少投入或不投入，实现效益和效率最大化"理念，开源节流，办好本次活动。经费支出：开幕式和闭幕式、专题讲座、自学教材、经验交流会、说课比赛评比和其他费用。

第十一章 学情管理

民办高职"二元思维"认为,高职生的管理工作作为民办高职院校办学治理和管理的核心内容。随着高职教育事业发展的不断深化,高职生管理工作面临许多新情况和新问题。把握机遇、准确定位、管理创新对推进高职生工作的转型发展具有重要意义。如何加强和改进学生管理工作,使之适应新的形势,是民办高职院校面临的一项重大而紧迫的课题。

第一节 高职生学情管理策略

一、学情分析

民办高职"二元思维"认为,高职生在各种因素的共同影响下,形成了自身的一些特点,优势与弱点并存。要提高高职生教育、教学、管理效率和水平,就必须对高职生的学情特点进行深入调查、主动探索和科学研究。这里,简要探讨管理高职生学情的注意点:

1. 关注高职生的自我效能感

高职生入校之后,表现出了强烈的学习动机:一方面肯定自我,相信自己通过民办高职院校的学习深造,获得高等教育的文凭,有光明的发展前途;另一方面,又觉得自己是高职生,底气不足,思想包袱沉重,影响学习与生活。在他们的内心世界里,既有对新生活的向往,又有对未来的担忧;既有对往日时光的依恋,也有对现实的不知所措;既满怀信心,又常常迷惘、困惑、怀疑自己;既希望得到别人的理解、关心和指引,又不愿他人介入自己的个人生活。这些消极因素的影响,使得部分学生入学之初的良好学习动机及行为往往因经受不住一时的挫败而未能长期坚持下去,进而导致其思想迷惘、生活懒散、自暴自弃,甚至以"当一天和尚撞一天钟"的心态推时度日。

2. 关注高职生的学习习惯

高职生，一方面因过于自卑而表现出极强的自尊心，表现在学习上，无法正视自己在学习方法、学习行为和学习习惯等方面存在的失误与不足，他们希望得到老师、家长的肯定、理解、支持和指点，但又不肯承认自己的不足，不愿接受他人的批评；另一方面，由于社会各方面对高职生的歧视，作为高职生，他们觉得自己低人一等，缺乏自信心。表现在学习上，就是经受不住失败的考验，一旦考试成绩不合格，就会自暴自弃，产生厌学情绪，出现旷课、迟到、早退、逃学或中途退学等现象。造成高职生学业成绩不理想的真正原因，就在于没有养成一个良好的学习习惯。对待学习，他们大多仅凭一时的冲劲或考试前的突击。然而学习贵在持之以恒，贵在长期坚持不懈地努力，养成良好的学习习惯是非常必要的。

3. 关注高职生的自律性

与公办高职院校的学生一样，民办高职院校的学生也正处在智力开发的黄金时期，在智力发展水平上，二者没有显著差异。但高职生的确存在学业成绩不良、思想道德滑坡的现象，根源就在于他们不能严格要求自己，没有养成良好的学习生活习惯，自律性较差。入学后，他们什么都想学，又什么都没学好；什么事都想做，又什么也没做好。很多高职生由于经受不住各种娱乐活动的诱惑，盲目地、过多地参与课外娱乐活动，整天为组织各种活动忙得不亦乐乎，从而耽误了自己的学业。

4. 正确引导高职生的依赖性

高职生是缴费上学的，没有一定的经济基础是不可能完成学业的。在入学之初，他们会因为离开了原来熟悉的环境，面对民办高职院校生活和陌生的环境而产生许多新奇和美好的幻想。但是他们很快就会发现，民办高职院校没有想象中的那样完美和富有浪漫情趣。高职生来自五湖四海，彼此之间语言、生活习惯、行为方式都不一样，他们的性格、爱好也迥然不同。这就使他们很难找到值得自己信赖并且可以倾诉衷肠的朋友，时间长了，容易造成思想封闭与心理障碍。同时，对民办高职院校的理想与现实的差距也给高职生带来了生活上的压力与学习上的阻力。所有这些，都给高职生带来了巨大的心理压力。

5. 正确引导高职生个性鲜明的优势

高职生，多才多艺者比较多，社会活动能力和参与意识比较强，对学校团委、学生会、学生社团以及二级学院学生干部的竞选及活动表现出极大的参与热情，但功利性色彩浓厚,缺乏务实精神。他们入校以后,获得了相对独立和自由的锻炼环境,成人感迅速加强,迫切希望在思想、行为、心理等方面表现出自己的个性。相对于公办高职院校的学生而言,高职生有较强的自主意识,对学校管理的参与程度比较高。他们明白,自己掏钱上学,学校就有义务提供高质量的师资和高水平的管理服务。他们对任课教师有比较灵活的选择余地,对不称职的教师,他们向学校提出替换的要求,这在客观上有效地促进了民办高职院校教学质量与管理水平的提高,形成了良性循环。

总之,高职生具有这一时期青年人生理、心理和时代的特征,他们年轻,有活力,有朝气,学习新事物较快,有一定的想法,注重自身能力培养,注重提升自己在社会中的竞争力;易冲动,有情感需要,但失败的高考经历或从进入小学初中以后屡屡受挫的人生经历,使得这类群体有着与其他本科院校的学生不同的心理差异的特点;如此等等。这正是民办高职院校的顶层决策者、学生管理者、广大教师及学生家长需要认真研究和应对的课题。民办高职"二元思维"认为,民办高职院校的办学发展需要所有高职生管理的参与者和与高职生有联系的接触者,通过工作的参与或接触,积极有效地发挥自身特长,管理好、维护好、发展好高职生管理工作。

二、学情管理的"三贴近"路径

民办高职"二元思维"认为,民办高职院校的管理人员要灵活运用自己手中的权力,有分寸、有尺度地教育管理高职生,不能机械地照"章"办事,以免引起高职生的逆反心理。"人是有情感的,教育的真谛就在于要焕发出蕴藏在学生内心深处的情感,以产生共鸣。"[①]只要我们能够晓之以理、动之以情、导之以行、持之以恒,就会影响一部分高职生、带动一部分高职生、转化一部分高职生、提升一部分高职生,使所有的高职生能实现"在校学技能、就业有所为"的学业目标。民办高职"二元思维"认为,高职生利益无小事,关注、关爱、关心每一位高职生是从事民办高职教育的神圣职责。高职生管理工作的切入点,应该符合"三贴近":

——贴近高职生的学习。了解高职生的学情,关注高职生的学习态度、学习习惯,帮助高职生改进学习方法,提高高职生的学业水平。

---

① 钱焕琦:《高等学校教师职业道德概论》,南京师范大学出版社,2010年,第87页。

——贴近高职生的生活。走进高职生的生活，了解高职生的经济状况，帮助高职生解决生活困难，引导高职生养成良好的生活习惯。

——贴近高职生的思想。与高职生交朋友，了解高职生的思想状况，帮助高职生树立正确的学习观、人生观和价值观，引导高职生正确对待自己目前的学业和将来的就业。

高职生管理"三贴近"是其学生管理机制的创新之一。换句话说，就是对高职生的"三关注"：一是关注高职生的学习；二是关注高职生的生活；三是关注高职生的思想。因此，高职生管理必须营造宽松和谐、积极进取、有利于高职生个性发展的人际氛围；必须发挥高职生校园生活的正能量，提倡管理方法百花齐放，鼓励教师和学生管理人员发挥各自特长，充分展示各种教育风格，与高职生的思想需求、知识需求和技能需求对接。只有这样，高职生在教师和管理人员的帮助和指导下，形成一种热爱专业、态度端正、各显其能、积极创新，相互帮助、共同进步的良好氛围。

三、学情管理的"四结合"机制

民办高职"二元思维"认为，高职生管理的"四结合"与"三贴近"一样，是高职生管理的创新机制之一。机制是管理者有效开展工作的基本依据，机制建设是民办高职院校稳定和发展的根本，高职生管理应坚持正面引导与机制约束相结合的原则，坚持"四结合"管理机制。

1. 专人细管与全员共管相结合机制

所谓专人细管就是要求专职辅导员具备学生管理能力，胜任学生管理工作，有细心和耐心，熟知班级每一位高职生的综合基本情况，有办法解决高职生问题。高职生在学习上有较大的独立性与自主性，但是高职生由于自律性不强、学习积极性不高，容易在学习过程中受挫，出现心理障碍和不良行为倾向。这就需要有专职的管理人员，比如专职班主任，通过与高职生交流、谈心，引导高职生树立健康的人生观、价值观、世界观。同时，高职生管理离不开全员共管，即凡属学校的教师，任何人都有责任管理学生。只要发现问题学生，大家齐抓共管，没有解决不了的问题。

2. 专项管理与日常管理相结合机制

所谓专项管理就是对学校专项活动、节假日、周末和晚自习实施的特别管理。当然,加强高职生日常管理制度建设是搞好高职生管理工作的根本保障。例如:通过入学教育,鼓励高职生重新树立远大理想,走出高考落榜的阴影,使高职生入学伊始就有集体意识和归属感;通过法制教育,增强高职生的自律意识和法制观念,提高高职生遵纪守法的自觉性;通过开展专业学习交流活动,如聘请知名专家、学者做学术报告来勉励、鞭策高职生,激发高职生学习的主动性和积极性;通过开展经常性的、有教育意义的各种活动,为高职生提供发挥特长、展现自我的机会,使高职生旺盛的精力和能量得到合理的释放。

3. 学习教育与心理健康教育相结合机制

民办高职院校的学情相对复杂,对高职生进行学习教育是非常必要的。高职生通过刻苦学习与考试的磨炼,逐步认识到掌握系统知识与关注专业发展新动向的必要性,自我教育能力有很大的提高,学习积极性与自我效能感得到了增强,身心得到了健康发展。但是也有一部分高职生,由于受自身不良的行为习惯、思维方式、学习态度等影响,容易造成学业成绩不理想,人际关系紧张,违纪问题严重,学校一旦对这些问题处理不当,则容易使学生产生抑郁、自卑、空虚、孤独、烦恼等消极心理体验,进而导致自我封闭或精神分裂,出现心理障碍或心理疾病。因此,为了高职生管理工作的科学性,有必要对高职生心理进行研究,并积极开展心理健康教育。抓好高职生心理健康教育是提高高职生管理工作效率的重要手段。

4. 学校与家庭联系沟通机制

建立"学校—家庭"联合管理的模式是提高高职生管理工作效率的有效手段。在民办高职院校,往往有这样几类高职生:一类是家长也知道自己的孩子升学毕业无望,将孩子送到学校的目的,就是让学校帮其看管孩子,以免在社会上闹事;另一类就是学习成绩还过得去,但是性格刚烈、脾气暴躁,自律意识太差。对这两类学生的管理,仅仅依靠学校是不够的,还必须有家长的支持与配合。民办高职院校高职生的教育不应该完全由学校来承担,而应该由学校、家庭和社会共同来完成。作为专门负责高职生日常管理的工作人员,与学生家长保持长期的、定期的联系不仅是必要的,而且也是提高自身管理工作效率和质量的有效手段。

5. 加强校园文化建设,发挥其环境育人作用

在育人的环节上,除了注重教书育人、管理育人、服务育人外,更应该倡导环

境育人。学校是高职生身心健康成长的精神家园。成功的教育需要健康、活泼、多彩、广阔的教育环境为依托，以适应高职生多方面的兴趣爱好和个性特长。校园文化是由有形的物质环境（如建筑物、草坪、树木等）与无形的心理环境（如管理模式、学习氛围等）构成的。杜威将学校教育阐释为：教育即生活、教育即生长、学校即社会。学校是社会的雏形或缩影，学校的一草一木、教育者的一言一行都会对高职生产生潜移默化的影响。因此，民办高职院校应加强校园环境建设。

四、学情管理的"六注重"方法

高职生日常管理应通过科学、规范的制度来完善，从而实现校园和谐，保障学生健康成长。高职生管理制度包括学生的学习、生活、行为规范等制度，通过相关制度来教育和约束学生的道德、纪律和学习等方面的行为，切实做到维护正常的学习、生活秩序，营造良好的学习氛围和环境，保障学生健康成长。高职生管理的"六注重"同样是高职生管理工作机制的创举，其内涵包括以下几个方面：

1. 注重安全稳定工作

高职生日常管理工作做得好不好，首先要看安全稳定工作。做好安全稳定工作需要从"四个坚持"展开：一要坚持定期开展安全教育。随着时代的发展，高职生的生活空间不断拓宽，他们除了进行正常的学习、生活外，还要走出校园参加各种社会实践活动，如果高职生缺乏必要的安全知识，容易导致各种安全问题的发生。所以，要坚持定期对高职生进行安全教育，提高高职生的安全防范意识与自我保护能力。二要坚持定期排查学生的基本情况。注意是否有特殊学生、特殊问题。及时发现问题，妥善处理问题，不麻痹大意，不抱侥幸心理，做好安全防范工作。三要坚持学生周末、节假日去向登记制度。周末、节假日往往是高职生安全问题的酝酿期，也是安全问题的高发期，因此，可以实行学生周末、节假日去向登记制度，及时把握高职生动向，分析安全隐患。四要坚持夜间查宿制度。夜查宿舍必须限制高职生上夜网影响学习，消除高职生校外留宿的安全隐患，定期夜查宿舍，做好次日上报工作。凡是夜不归宿的高职生，班主任第二天要找其谈话，询问情况，进行教育改正，情节严重的要给予处分。

2. 注重学风建设

学风建设是民办高职院校建设的主题之一，是其民办高职院校办学发展的核心,是促进学校人才质量稳定提升的重要保证。通过班会、团日活动、党课团课、感恩教育、讨论辩论、知识竞赛等教育或活动,引导高职生树立正确的价值观,来激发高职生学习的动力,同时班主任主动和任课老师取得联系,及时掌握高职生的学习动态,适时地对高职生做针对性的指导,使高职生端正学习态度,树立正确的学习观。

3. 注重新生入学教育和毕业生工作

高职生的入学和就业是其成长的两个重要阶段。换句话说,新生入学教育和毕业生工作是高职生工作的重要内容。新生和毕业生相较于其他阶段的高职生而言有其独特性,因此应根据新生和毕业生的不同特点,有针对性地开展教育工作。新生入学教育内容包括:校规校纪教育、专业教育、安全教育、心理健康教育等。通过入学教育帮助新生尽快适应民办高职院校的学习生活,树立正确的人生目标,为其在学校更好地成长与发展打下良好的基础。毕业生工作主要包括毕业教育与就业指导两个方面。通过对毕业生的毕业教育和就业指导,帮助学生认识到自己应尽的责任,树立正确的择业目标,为社会的发展做出自己的贡献。

4. 精心组织集体活动

在学生日常管理中,培养学生团队合作能力是提高高职生素质的重要内容。精心组织以增强团队合作能力为目标的各种集体活动,有利于培养高职生的团队合作能力,通过活动锻炼高职生之间相互配合、相互协调、相互合作的能力。

5. 加强心理健康素质的教育

伴随日益激烈的学习竞争、就业竞争所带来的思想重负,部分高职生面对生活和学习中的挫折,出现悲观、焦虑、抑郁等消极情绪,也使得部分高职生心理处于亚健康状态,因此必须注重高职生心理健康教育,要积极开展心理健康方面的咨询和教育活动,正确地开导高职生,培养学生乐观、向上的心理品质,促进高职生人格的健全发展,培养高职生具有健康、良好的心理素质。

6. 建立信息平台,优化管理

民办高职院校应该建立健全高职生管理工作信息平台。通过网络技术构建,高职生管理工作者、任课教师和高职生在日常管理、教学科研等方面可以交流、沟通与反馈信息。于高职生而言,不需要跑到各个部门去查询自己需要了解的基本信息,只需通过输入用户名、密码,系统验证成功即可进入查询,学生只能查看自己的详细信息,没有修改的权限,只有拥有用户管理权限的辅导员、学生处、教务处、财务处、团委等才有权对其相关信息进行修改。通过信息平台来提高学生管理工作效率,进而实现优化学生管理工作的目的。

第二节　高职生主体利益教育机制

民办高职"二元思维"认为,高职生形成正确的价值观尤其重要,这是民办高职院校所有工作的重中之重。作为受教育主体,高职生正确的主体意识的形成与个体规范的行为举止具有正相关频率,与高职生个体具体利益表现也息息相关。强化正确的主体意识和主体利益,不仅对高职生提高道德修养和发展能力及完善人格有重要影响,更有助于高职生价值观发生重大变化,朝着正确的道德品质发展。

一、学生的主体意识培养

主体意识属于自我意识的范畴,主体意识即人意识到自身的主体地位、主体能力和主体价值,认识到自己与周围客观世界的关系,从而自觉地用科学的方法与态度规划自我发展的蓝图。① 主体意识的觉醒是实现人的全面自由发展的前提,是一种更高层次的发展行为。②高职生主体意识表现为学生在自我发展中的主体性,它可以为高校提供更加适切和有效的管理,并充分表现出创新性。高职生主体意识的内涵和能动性、自主性、自为性特征凸显了民办高职院校学生主体意识培养的必要性和可行性,通过对学生主体意识方面的原因分析、地位作用、确立依据、权力保障等方面的必要性及可行性分析,探寻民办高职院校管理中学生主体意识的培养,可以在文化理念、学生参与管理、学生自我管理、评价等方面进行。

高职生的主体意识培养包括以下几个方面:

1. 独立意识

高职生十分追求独立性,但在独立性追逐中又显示出巨大的盲从性,倾向于用一些并没有多少价值甚至具有负面价值的观念武装自身。在这种认识的影响

---

①② 刘大路:《高校管理中学生主体意识的培养》,载《怀化学院学报》,2012年,第4期。

下,所塑造出来的个性是值得怀疑的。民办高职"二元思维"认为,学生如果没有一定的独立意识,就不会在实践活动中具有独立性,个体的独特性就不会很好地发挥出来。从这个意义上来讲,高职生首先要具有独立意识,从而具有一定的独立性,这样才能突出自身的独特性,并采取适合的方法来促进自身的良好发展。培养学生的独立意识与学生自觉锻炼的独立意识是当今时代发展的需求,同时也是行业企业职业岗位的需求。当然,高职生具有的独立意识必须是正能量的、符合社会主义价值观的、不违背法律法规的独立意识。

2. 主动意识

在教育实践过程中我们发现,高职生学习与教学活动发生偏离,教学效果受到了严重的影响。造成这种问题最主要的原因就是民办高职院校的少数学生在学习及其他活动中缺乏主动意识,对自身学习活动重要性的认识不足,在学习活动中缺乏主动性,无法从科学合理的角度对自身学习以及学校教育给予正确认识。所以,民办高职院校一定要在加强学生的主体意识教育的同时,激发其主动意识。主动意识的训练具体体现在思想政治教育课程教学、专业实训和校园内外的各种活动中,通过专项的"主动意识"教育和实训,使学生就业后能正确对待自己的就业、发展,做出作为或不作为的正确判断。

3. 创新意识

创新意识是高职生主体发展所具有的基本能力,其实也是学生主体自身主动性最为突出的表现。学生主体自身要求发展,实际就是一个不断创新的过程。民办高职"二元思维"认为,创新是一个民族进步的灵魂,是国家兴旺发达的不竭动力。作为一名当代高职生,具有创新精神与创新能力,是自身发展的需要,也是时代与社会的要求与需要。只有具备创新精神与能力,才能适应不断变化的社会,使自身成为时代的主体,更好地推动社会发展并实现自我价值。

二、学生的主体利益保护

通俗地讲,利益是指好处。"所谓利益,就是人们受客观规律制约的,为了满足生存和发展而产生的,对于一定对象的各种客观需求。"[①]这里,我们只谈高职生在学校就读期间的利益。民办高职"二元思维"认为,高职生的主体利益应该

---

① 付子堂:《法律功能论》,中国政法大学出版社,1999年,第169页。

主要包括以下几个方面：

1. 满足学生的学习需要

一是满足学生学习利益。帮助学生完成从"要我学"到"我要学"观念的转变，让学生懂得学会学习是学习过程中的关键之所在；二是学校创造一切可能，给学生配备最好的教材、最好的设备和最好的教师。满足学生学习的资源、氛围和环境，实现学生的学习利益最大化；三是转变学生的学习观念，帮助学生提升学习质量。解决的办法除内、外因素积极配合，在思想上给学生以疏导，使之自我觉醒之外，还要求教师在教学中充分发挥学生的主导作用，挖掘学生的主体意识，使其增强学习的主动性，从而成为学习的主体。四是一定要把满足学生学习氛围和环境与改变学生学习观念结合起来。要完成这个项目，要不断总结和创新，需要学校各个部门的共同努力。其中，学校的发展规划逐步实现与当下任课教师、班主任和辅导员的工作到位，都起到了举足轻重的作用。

2. 满足学生在校学习中的主体地位

民办高职"二元思维"认为，高职生在面对专业学习的实际问题时积极性、主动性不够，这主要是民办高职院校的专业教学与学生的知识需求不一致，没有体现高职生在教学活动中的主体地位。让高职生有主体地位，就必须改变课程教学的旧理念、旧方式，还课堂于学生，在课堂教学中设置更多的新知识、新理念、新专业领域，引导学生对问题进行深入思考，鼓励学生提出更多的问题，和学生一起对问题进行深入的研究与分析，在培养其主动性的同时也能培养其创新意识，体现了学生在校学习中的主体地位。

3. 提供充分的技能实践机会，锻炼学生的职业能力

民办高职院校应该创造各种机会去提高学生的实践水平，这样的过程会使学生的自我价值感大大增强，能够敢于面对问题，善于解决问题，对学生形成正确的主体意识起到一定的作用。高职生获得一定的专业知识和技能，进而获得职业能力。要注意的是，并不是人的能力就是职业能力。只有对职业发展有影响的能力才可以成为职业能力，所以，学校一定要提供充分的技能实践机会，使得学生获得职业能力，即为了胜任一种具体职业而必须要具备的能力，表现为在步入职场之后的职业素质和职业生涯管理能力。

4. 满足学生在校期间的各种助学性利益

近年来，高职生的各种补助、奖学金大幅提高，解决学生的困难，帮助学生能

够很好地去进行学习活动。在具体进行分配的时候,学校有关管理部门及老师都遇到了前所未有的新问题。在利益的驱使下,少数学生完全脱离实际,制造虚假资料来获得金钱或其他利益,从而间接或直接地伤害他人以及集体利益。这种现象的存在反映了少数学生极端个人主义的价值观。在这种价值观的影响下,诸多活动都表现出一种"为我"的特性,因而使其价值观出现偏差。也出现了"凡是有益自身的都是好的,凡是有损自身的都是不好的"这样的评判标准。这是学校应该关注的事情。学生利益无小事,尤其是经济利益。学校的各种补助、奖学金的发放,一定要按有关政策规定执行,不可感情用事,公平公正做好各种补助、奖学金的发放,满足每一位学生在校期间的各种助学性利益。

5. 满足学生的就业需求

民办高职院校毕业生就业优势,主要有以下两个方面:一是高职生的实践优势通过几年的学习具备较强的动手能力。在学习的过程中使理论与实践相结合,掌握理论的同时还掌握了过硬的专业技能。民办高职院校的毕业生属于动手型人才,他们的理论知识在一定程度上虽然有所欠缺,但在实践的过程中积累了大量的经验和具备较强的动手能力,为在今后的工作中能更好地适应岗位要求奠定了结实的基础。二是民办高职院校的毕业生能正确地给自己定位,在毕业找工作的过程中能给自己一个恰当的位置。民办高职院校毕业生都能够正确客观地评价自我,根据自己的专业所学,适当地选择就业目标。在就业的过程中,愿意从最基层干起,同时对工资的期望值比较低且对各方面的待遇要求也不高,这就迎合了用人单位的需求。民办高职院校的毕业生凭借较强的实践能力,在高职院校毕业生就业中一直处于较好的地位。随着高职院校毕业生的不断增多,民办高职院校毕业生就业压力也在不断增大。民办高职"二元思维"认为,高职生在就业的过程中有一定的优势,同时也存在一定的不足。在当今激烈竞争的社会环境中,民办高职院校的一切工作应该指向如何定位学生的就业以及有着怎样的就业前景安排,以此满足学生的就业需求。

三、维护好学生的利益诉求

建立和完善高职生利益诉求机制有利于高职生法律意识和维权意识的提高。在进一步完善民办高职院校依法治校的同时,对作为受教育者的高职生来讲,依法、合理维护自身权益也很重要。对于民办高职院校在校学生来讲,一些客观存在的因素会损害学生合法权益。所以,学校相关部门要开展维权方面的教育活动,引导学生树立正确的观念和意识,来帮助解决自身的问题。民办高职院校要正确引导、鼓励在校学生正视自身权益,积极创设法律维权社团,从而能够强化自身法律意识与权利意识。

1. 物质需求方面的诉求

(1) 学校日常管理中的诉求。这方面的诉求包括:一是在奖励、扶助、惩戒、贷款等工作之中的合理利益诉求,涉及民办高职院校现行的学生管理机制中的奖学金评定与发放、国家助学贷款认定与发放、贫困学生助学金认定与发放等;二是涉及物质奖励与精神奖励的荣誉授予、先进评比等合理的利益诉求,涉及各类先进集体、个人的评比等内容;三是实习就业的分配,相对于民办高职院校来讲,学生的关注焦点在实习单位的分配上比较容易出现矛盾。

(2) 学校后勤社会化管理中的诉求。该诉求主要涉及的是高职生群体的生活。由于近些年来的高等教育改革出现了持续深化,民办高职院校的后勤管理开始逐步地趋向于独立化,没有完全让社会的力量注入学校后勤管理,使得学校把更多精力放在招生、教学和教科研及对外行政等方面。高职生群体则对本校的餐饮服务、寝室管理等提出了新的更高的要求,一旦此类诉求无法得到恰当的处理,就会导致后勤管理部门和学生群体间矛盾的爆发,进而为校园增加不安定因素。

(3) 学校安全管理中的诉求。这类诉求主要是指学生在校期间安全管理方面的利益诉求。高职生思想比较单纯,个人防范意识比较低,个人物品或者钱财经常因为粗心和疏忽在宿舍或者学校其他地方被偷盗。这些安全方面的诉求关系到学生日常的生活和心态的稳定,学校相关部门应认真对待,维持校园良好的生活环境。

2. 思想精神方面的诉求

(1) 学生在校学习时受教育权的诉求。高职生群体往往期望学校能在各方面为他们日后的成才创造一个好的环境。这个期望值体现到了学校管理、资源、服务、设施的各个方面,高职生在校时间很短,基本上是两年时间,这就要求学校合理有效地安排学生的学习和生活。

(2) 学生在师生关系上的诉求。民办高职院校的人际关系主体为师生关系以及同学关系。高职生对新形势下的师生关系具有自身的独特见解,对新形势下教师的定位具有独立的评价标准,同时,民办高职院校的学生也有非常强烈的愿望去表达自身的观点、态度及行为,从而营造出和谐的师生关系,这样不但有利于民办高职院校校园的稳定,也有利于自身的发展。所以,民办高职院校应当维护好、服务好高职生群体这样的平台,让他们能够各抒己见,从而及早解决问题。

(3) 学生在心理健康上的诉求。当前经济社会发展正处在转型发展期,随着学生群体就业压力的不断增大,其成长环境也比以前显得更加复杂,这就造成了高职生极为缺乏独立自主解决相应问题的能力,从而导致其排解心理压力的能力有所欠缺。高职生的思想压力更大,专业都是专科批次,面对目前的社会状况,学历、前途等问题会影响他们的思维。因此,民办高职院校生在心理健康上的诉求表达也变得越来越显著。

(4) 构建完善的学生利益诉求机制,有效解决学生的实际问题。应合理引导,让学生正确认识利益诉求机制;用心沟通,及时把握学生利益诉求表达中的深层次思想问题;尊重学生,满足学生合理诉求;强化服务,切实解决学生利益诉求的各种实际问题。把学生的利益诉求和思想政治教育相联系,从而增强思想政治教育的实效性和影响力,维护好、引导好民办高职院校生在校期间的稳定、健康、可持续的学习、科研和创新发展。

第三节 高职生安全教育机制

高职生管理一定要关口前移,重在治本,关注学生差异个性,排查学生的隐性和显性问题,搭建交流平台,畅通与学生沟通渠道,建立学生动态研判机制,把控安稳态势,形成师生共同参与、上下顺畅、相互通达的安全信息网络体系,注重源头治理,促进校园平安和谐。高职生安全教育机制主要落实学生的政治安全、学习安全、校园生活安全和就业安全。四个安全的关系是:政治安全是前提,学习安全是核心,校园生活安全是保障,就业安全是归宿。

一、政治安全

1. 高职生政治安全教育纲要

(1) 坚持马克思主义意识形态指导地位的教育,注重高职生的思想道德品质培养。在政治上、思想上、行动上应该与党中央的路线、方针、政策保持高度一致。

(2) 加强法制教育,强化守法意识。

(3) 重视政治文明建设,增强政治责任感。

(4) 倡导人文精神,激发高职生的政治情怀。

归纳成一句话,就是扎扎实实地对高职生进行社会主义核心价值观的常规教育。高职生与其他高校大学生一样,承担历史的重任,是社会上富有朝气、充满生命力的群体。良好的形象不仅是高职生成才的一个重要方面,也是社会对高职生的内在要求。

2. 高职生应该具备的基本素质

理想远大,热爱祖国。高职生应该树立为振兴中华而勇于奉献的形象,把自己的崇高理想具体落实到建设中国特色社会主义事业上来,始终以国家富强和人民幸福为己任。高职生生逢报效祖国和人民的极好历史机遇,把为振兴中华做贡献作为自己不懈奋斗的目标。

追求真理、善于创新。高职生应当发挥朝气蓬勃、思维敏捷、敢为人先、最少陈旧观念、最多创造活力的诸多优势,坚持追求真理的精神,不断夯实科学文化知识基础,掌握善于创新的技能,努力提高持续创新能力,使自己成为祖国和人民需要的、富有创新精神的高素质人才。高职生要善于从马克思主义理论中汲取营养,树立科学的世界观,把握正确的方法论,努力做科学探索和创新的先锋。

德才兼备、全面发展。高职生要掌握扎实的专业基础知识和最前沿的科学文化知识,以造福国家人民。没有坚实的科学知识,就不能发展经济,更谈不上建设社会主义现代化。高职生要坚持以德为先,德才兼备。对高职生来说,"德"绝不是可有可无的。德才兼备是衡量高职生全面发展的一个重要标准。

视野开阔、胸怀宽广。高职生应当学会以开阔的视野观察不断发展的中国,观察日新月异的世界;用宽广的胸襟向历史学习,向人民群众学习。新时代的高职生,要把个人的"小我"融入国家和集体的"大我"之中,在维护和实现国家与人民利益的过程中创造个人的辉煌人生,实现自我价值。

知行统一、脚踏实地。高职生要努力将书本知识和实际行动密切联系起来,塑造"知行统一、脚踏实地"的良好形象。"知行统一"式和道德人格紧密结合在一起。一个人能否做到言行一致,是他能否在立身处世等方面取得成功的重要条件。在与人的相处中,既要重视言,更要重视行。高职生要看他能否做到言行一致。在日常的学习和生活中,要时时提醒自己,比如应该做的事情,认识到了,但是否做到了;应该改正的错误,认识到了,但是否改正了。高职生如果能够从身边的事情做起,做到言行一致,老老实实做人,踏踏实实做事,他的道德、人格和举止必然会得到不断完善。

3. 创新机制,加强高中生社会主义核心价值观教育

高职生要达到以上素质要求,就要用社会主义核心价值观武装自己。对高职生进行社会主义核心价值观教育,是民办高职院校的重要使命。高职生是社会主义核心价值观培育的主体之一,需要民办高职院校下大力做好此项工作,需要其学生管理和教育的机制创新。

(1) 宣传引导机制。宣传引导是培育高职生社会主义核心价值观的重要方式。一要通过学校广播站、报刊、网站等校园媒体搭建多方位、多维度的社会主义核心价值观宣传平台。学校要在纸质媒体,譬如学报和学生刊物上开辟关于社会主义核心价值观的专栏;在学校广播电台、学校电视台开播社会主义核心价值观专题节目;在学校网站开设社会主义核心价值观主题页面。特别要充分发挥新媒体的优势,拓展社会主义核心价值观的传播渠道。二要组织民办高职院校的高职生集体学习社会主义核心价值观。学校要定期组织学生集中学习社会主义核心价值观经典文本,以院、系或者专业班级为单位开展小组讨论、交流学习心得体会,深化对社会主义核心价值观的理解。三要开展社会主义核心价值观校园宣传活动,通过建立校园宣传栏、组织以"社会主义核心价值观"为主题的征文、评优活动,拉近社会主义核心价值观与现实生活之间的距离。

(2) 课堂教育机制。课堂教育是高职生获取知识的主要途径,在帮助高职生树立社会主义核心价值观的过程中发挥着举足轻重的作用。首先,要合理设置、安排与社会主义核心价值观内容相关的课程,强化高职生对相关知识的系统学习。其次,要进行课程教学方法、技术创新,改变传统思想政治教育以教师为主导的教学结构,注重师生之间的交互启发,激起高职生对此方面知识的学习兴趣、提高其主动性。再次,要不断丰富教学内容,以实际问题为导向、明确教学目标。在教学过程中,一定要紧扣当前社会历史环境,深度把握思想政治理论的脉络、内涵,及时了解相关理论的最新进展,帮助高职生形成社会主义核心价值观的中心目标。

(3) 教师示范机制。教师既是知识的载体,又是道德的表率,"为人师表"是对教师道德责任的高度概括。对高职生培养社会主义核心价值观而言,教师发挥着重要的示范作用。一方面,教师要尽心尽力完成自己的本职工作,对待教学工作一丝不苟、兢兢业业、爱岗尽责;另一方面,教师必须树立高尚的道德情操,具备优秀的道德品质。教师是一项特殊的职业,它不仅担负着知识传承的重任,更担负着培养现代公民的历史使命。教师通常被喻为人类灵魂的工程师,其一言一行都会在青少年的成长中留下印记。只有以身作则,为高职生树立道德的典范,才能帮助他们形成正确的人生观、世界观、价值观,从而把握社会主义核心价值观的本质。

(4) 典型感化机制。典型感化是道德教育的重要环节,通过鲜活的榜样人物和典型事例可以帮助高职生置身于具体情景之中,产生强烈的道德共鸣与价值认同。首先,要加大对道德楷模的宣传力度,采取高职生们所喜闻乐见的方式进行学习和引导。榜样学习是一个长期的过程,不能急功近利,而应该循序渐进,引领高职生学习他们的优秀事迹、分享他们的人生经历,能够拉近榜样和学习者之间的心理距离。其次,要围绕社会主义核心价值观举办学校、二级学院层面的典型选拔活动,让同学们感受到"道德楷模"并不是遥不可及的道德理想,而是可以通过日常学习、生活中的道德实践而达成的现实目标。再次,要建立学习典型的正向激励体系。

(5) 文化陶冶机制。社会主义核心价值观集中体现了中国优秀传统文化、马克思主义政治文化与时代精神。先进文化的陶冶、滋养将有助于高职生吸纳、内化社会主义核心价值观。首先,要把社会主义核心价值观培育与校园文化建设密切结合,将社会主义核心价值观作为校园文化的内核。其次,要紧扣社会主义核心价值观开展校园文化活动,引导高职生形成高雅、高尚的文化品位,向高职生传递正能量。再次,要大力净化校园文化,帮助高职生远离低俗、陈腐、颓废的文化垃圾,为他们创造积极进取、蓬勃向上的文化环境。

(6) 家教协同机制。虽然大多数高职生已步入成年,但家庭教育依然是他们人格完善不可或缺的组成部分。培育高职生的社会主义核心价值观需要学校教育与家庭教育互补互助、双管齐下。首先,学校和学生家庭之间要建立畅通的联系渠道。在以往的高等职业教育中,我们往往忽视了家庭教育对高职职业教育的协同功能,导致当高职生心理健康、人格发展出现问题时不能及时获得家庭的有效介入。民办高职院校一定要通过学工部门收集学生家庭信息、建立信息数据库,一旦发现问题,学校能够和家庭进行及时有效的沟通。其次,学校可以邀请学生家长共同参与校园文化建设,特别是参与以社会主义核心价值观为主题的活动。再次,将社会主义核心价值观融入家庭道德之中,要求学生在家庭生活中孝顺父母、关爱邻居,实践社会主义核心价值观。

(7) 社会实践机制。无论是道德知识的吸取还是道德人格的塑造,最终都强调学以致用、知行合一。实践是检验知识的标准,是知识的来源,更是知识的目的。高职生培育社会主义核心价值观的主旨就在于将之贯彻、实践于社会生活之中。首先,学校要发挥人才和知识优势,鼓励高职生深入开展社会调查,为政府决策和社会管理提供依据、参考。其次,要发挥专业和技术优势,鼓励高职生参与地方科技转化,帮助其形成产业优势、增加经济增长点。再次,组织、发展高职生志愿者队伍,号召高职生广泛参与社会公益活动,为广大高职生参与社会实践提供平台。

(8) 情感认同机制。情感是深化道德认知的基本因素,也是促使道德行为发生的重要内因。社会主义核心价值观的培养也离不开情感认同的驱动。要获得对社会主义核心价值观的情感认同,首先必须为高职生提供正面的群体情感记忆。学校要为学生学习和实践社会主义核心价值观提供良好的情感体验,既要给予热心的指导和支持,又要包容高职生在实践过程中的失误和出现的问题,耐心帮助学生总结、分析经验教训,维护、增强高职生学习、实践的信心。其次,要关注高职生的心理健康和人格发展,引导他们以积极、包容的心态看待生活、看待社会。再次,面对每一位学生,学校都必须做到无差别对待,对生活有困难的同学要给予更多关照和支持,使高职生相互之间建立和谐的关系,创造温情的校园人文环境。

(9) 行为自律机制。任何道德、观念的内化都强调从他律向自律的转化,社会主义核心价值观的培育也是如此。自觉以社会主义核心价值观指导、规范个人行为,是高职生涵养社会主义核心价值观的必然要求。要满足这一要求,学校就必须帮助高职生构建行为自律机制。首先,从他律到自律是一个循序渐进的过程,外界的引导与规制是高职生养成良好个体行为习惯的必要条件。学校要以社会主义核心价值观为基本原则编制高职生行为规范,将社会主义核心价值观具体化、生活化,使之充分体现在高职生个人行为中。其次,要将社会主义核心价值观的实践作为校风校纪建设的主要内容,形成以社会主义核心价值观为内核的校园风尚。再次,要加强高职生道德教育、强化高职生的道德训练,培养高职生的正义感、责任感、使命感,增强是非观念和道德判断力,帮助广大高职生建立内心的道德原则。

(10)制度保障机制。制度是切实落实、贯彻社会主义核心价值观的根本保障。首先,学校要建立健全高职生涵养社会主义核心价值观的考核与评价体系。这项工作主要包括两个层面:一是在个体层面考核、评价高职生学习、实践社会主义核心价值观的成果;二是从学校宏观层面考查高职生培育社会主义核心价值观的整体效果。其次,以考核评价体系为基础构建奖惩机制,把针对高职生的考核情况与学校资源分配直接挂钩,让考核优秀者在资源分配中处于优先地位,给予他们有效激励。再次,学校要建立社会主义核心价值观的反馈机制。学校有关部门要定期对高职生培养社会主义核心价值观情况进行阶段总结,对考核评价结果进行系统分析,发现其中所出现、暴露的问题,对相关制度、措施进行完善和优化。最后,学校要保证各项制度、程序的公平公正。制度设置和运转本身也应该凸显社会主义核心价值观,唯有如此才能维护制度的权威,提高制度的运行能力。

二、学习安全

民办高职"二元思维"认为,民办高职院校创建学习安全机制,就是要求学生在学习上勤奋努力,学习态度端正,学习目标明确,学习方法得当,不骄不躁,谦虚认真,学习效果好,进步空间大。教育学生珍惜现在,珍惜时间,珍惜机遇,刻苦学习,积极开展技能实训,丰富综合才能,确保就业够用。

1. 树立正确的学业观

高职生学业是指在民办高职院校进行以学习为主的一切活动,是广义的学习阶段,它不仅包括科学文化知识的学习,还包括思想、政治、道德、业务、组织管理能力、科研及创新能力等的学习。观念是行动的先导,学生要完成好学业首先必须树立正确的学业观。所谓学业观就是对所学专业、课业的态度和认识,它在很大程度上影响着学生的学习、生活乃至人生前景。高职生在对待学业问题上存在种种误区,或将学业含义理解过窄,或对学业生活预期过高,或学业角色定位不准,或职业期望值过高,以致学业不精甚至荒废学业。为此,高职生应正确

处理以下四种关系:

(1) 正确处理学业与专业的关系。高职生要珍重自己的学业,学得其所,努力培养自己的专业兴趣,把自己的爱好和国家的需要及社会发展的要求有机地统一起来,掌握专业知识、专业技能和相关能力,培养自己的专业素质,使自己获得扎实的专业知识和技能,毕业走进社会,服务于人民。

(2) 正确处理学业与职业的关系。高职生在学习期间就应自觉地学好职业知识,培养职业技能,锻炼职业能力,以期在将来的从业竞争中立于不败之地。想要有良好的职业前景,就必须具备强烈的事业心、广博精深的专业知识、较强的沟通协调能力、良好的心理素质和强健的体魄以及创新精神,这些都应当在完成高职学业过程中养成。

(3) 正确处理学业与事业的关系。高职生要将自己现在的学业、将来的职业和未来的事业联系起来,在学习的过程中,充分认识所学专业在国家建设和社会发展中的意义、作用和发展前景,立志献身其中,在将来的工作中充分实现自己的人生价值。

(4) 正确处理学业与就业的关系。就业与学业存在密切的关系,学业决定就业,就业是学业的导向。民办高职院校以就业为学业的导向,有利于学生专业的选择、学业目标的调整、学习方式的改变、学习外延的拓展以及综合素质的提高。与此同时,就业也构成了衡量学业成就的重要标志。

2. 高职生的在校学习从学业规划开始

高职生的学业规划,即其根据自身情况,结合现有的条件和制约因素,为自己确立整个在校期间的学业目标,并为实现学业目标而确定行动方向、行动时间和行动方案。换言之,就是高职生通过解决"学什么""怎么学""什么时候学"等问题,以确保自身顺利完成学业,为成功实现就业或开辟事业打好基础。对在校的学生来说,只有及早设计自己的学业规划,明确自己的学业目标,提高素质优势,才有可能在将来激烈的竞争中把握住机会,获得成功。

(1) 高职生做好学业规划能增强自我约束力和自我管理能力。没有学业规划,时间、精力容易处于荒废和散乱中,生活漫不经心,心态消极怠慢,很容易进入与学业无关的琐事中,虚度大学美好光阴、浪费青春。而学业规划能让学生明白现在做的每一点都是实现未来目标的一部分,从而重视现在、把握当下,集中时间、精力和资源,选定学业。

(2)高职生做好学业规划能增强生活与学习的主动性。一份有效的学业规划,能够引导学生认识自身的个性特质、现有的和潜在的资源优势,对自己的综合优势与劣势进行对比分析,树立明确的学业发展目标与未来职业理想,评估个人目标与现状之间的距离,学会运用科学有效的方法,采取切实可行的步骤和措施,不断增强自己的学业竞争力,实现学业目标与职业理想。从大一开始,学生就应该认清自己的学习发展方向,并在在校期间为自己的目标努力,而不是到大三快毕业了,才开始想自己到底要干什么,改变以往的被动局面,由"要我学"变为"我要学"。

(3)高职生做好学业规划能促使学生积极向上和自我完善。学业规划是高职生努力的依据,也是对自我的鞭策。随着学业规划的每一个具体目标的实现,学生就会越来越有成就感,思想方式及心态就会向着更积极的方向转变。好的学业规划为学生提供了完成学业的清晰图画,使自己对学业的实现过程有了清晰透彻的认识,进而更有信心、勇气,达到自我完善。

(4)高职生做好学业规划有助于自我定位。高职生要不断地了解自己、发掘自己的特点,进行不断地调整与修正,找出自己感兴趣的领域,确定自己能干的工作即优势所在,明确切入社会的起点,其中最重要的是明确自我人生目标,即自我定位。而学业规划确立的过程是一个有弹性的动态的规划过程,是一个认识自身优势与弱势、机会与挑战的过程,是一个自我定位、规划人生的过程,是一个明确自己"能干什么""社会可以提供给我什么机会""我选择干什么"等问题的过程,使理想具有可操作性,为进入社会提供明确方向。

3. 学业规划的两步骤

(1)学业规划选定。首先,高职生分析自己的兴趣爱好,认定自己想干什么。兴趣是理想产生的基础,兴趣与成功概率有着明显的正相关性。要择己所爱,选择自己喜欢的专业方向和研究领域进行钻研和学习。其次,分析自己的能力、特长,确定自己能干什么。能力是人的综合素质在现实行动中的表现,是正确驾驭某种活动的实际本领、能量和熟练水平。能力是实现人的价值的一种有效方式,也是支配人生命运的一种主导性的积极力量。因为任何一种职业都要求从业者掌握一定的技能,具备一定的条件,所以结合自己的兴趣爱好,在认定想干什么的基础上确定已经具备的能力和应该培养的能力。再次,确定社会要求干什么。着眼将来、预测趋势,立足于社会不断发展变化的需求。选择社会需要,且最适合发挥自身优势的专业方向才是最好的。把自己的兴趣爱好、能力特长同社会需要结合起来,把想干什么、能干什么、社会要求干什么有机地结合起来。几个方面的结合点和链接处正是学业规划的关键所在。

(2) 强化学业规划。当学业规划选定以后,很多高职生置若罔闻或者虎头蛇尾,结果有了学业规划却不能实施或实施后不能持久,最终无法实现既定的学业。这些现象的出现是因为学生在制定学业规划时缺少一个重要环节,即对学业规划的强化。强化学业规划就是规划执行者在执行之前充分运用想象,详细地罗列出学业规划的好处,培养出积极的心态,进而增强动力、产生更大的执行力,确保学业规划顺利完成。

4. 提高认识,认真完成好学业

扎实的学业为就业开路,机遇总是垂青有准备的人。高职生的文化知识素质如何,将决定他在求职择业时的自由度和取得职业岗位的层次。绝大多数高职生一毕业就将走向工作岗位,学生应该为几年后的就业做好知识、能力、素质等全方位的准备,珍惜学校时光抓好学业,为未来的就业、创业、成功立业开山铺路。民办高职院校和其高职生应重点从以下三个方面抓好学业,做好就业准备。

(1) 努力学习,构建合理的知识结构。坚持广博性与精深性、理论与实践、积累与调节相统一的原则,培养宽厚扎实的基础知识、广博精深的专业知识,构建合理的知识结构。这一过程没有捷径可走,其基本途径只能是学习和积累。也绝非一劳永逸,必须持续不断地付出艰辛劳动。高职生只要采取适合自己的科学方法,并且不断努力、辛苦耕耘,就一定能建立和完善自己的知识结构,为顺利就业成才打下良好的基础。

(2) 学训结合,锻炼较强的实践能力。知识并不能简单地与能力画等号,知识与能力是辩证的关系。在一定意义上说,能力比知识更重要。因此,一名优秀的民办高职毕业生应把建构合理的知识结构、培养科学的思维方式和锻炼较强的实践能力统一起来,这样才能在择业、从业过程中立于不败之地。高职生应具备的基本能力包括表达能力、动手能力、适应能力、交际能力、管理能力、创造能力、决策能力等。培养实践能力的方法和途径主要有勤奋学习、积累知识,积极参与、勇于实践,启迪思维、发展兴趣等。

(3) 全面提高职业素养和职业能力。知识、能力、素质是高职生社会化的三大要素。知识是素质形成和提高的基础,能力是素质的一种外在表现,没有相应的知识武装和能力展示,不可能内化和升华为更高的心理品格。但是知识和能力往往只解决如何做事,而提高素质可以解决如何做人。高素质的人才应该将做事与做人有机地结合,既把养成健全的人格放在第一位,又注重专门知识、技能和能力的培养,使自身得到全面、和谐的发展。因此,一名优秀的民办高职毕业生应把构建合理的知识结构、培养科学的思维方式、锻炼较强的实践能力和提高全面的综合素质统一起来,这样才能在择业、从业过程中立于不败之地。综合素质主要包括思想道德素质、专业素质、文化素质、身心素质四个方面。四者相辅相成、不可分割,其中思想道德素质是综合素质的灵魂和根本,文化素质、专业素质和身心素质是基础。

三、校园生活安全

民办高职"二元思维"认为,高职生心理健康安全教育是民办高职院校的校园生活安全重中之重之事。高职生心理承受能力较弱,情绪容易失控,面对社会、学校、家庭的多重压力就极易出现心理问题。因此,在校园生活安全教育中增添心理健康教育内容,并加强心理健康知识教育,消除学生内心不健康、不安稳的因素。

1. 高职生心理健康问题

自卑心理。一些高职生忧郁、孤僻、不敢与人交往,认为自己处处不如别人,性格内向。这类学生主要由以下几种原因引起:过多的自我否定,消极的自我暗示。比如有的学生出身低微、学习不理想等。这类学生在学校中为数不少,这就加大了学生管理的难度和学校教育的管理力度。怎样才能让学生改正这种心理呢? 主要是要教育学生采用积极的态度来面对,让他们正确地认识自己,提高自我评价。这类学生自卑心理的形成主要来源于社交中不能正确认识自己和对待自己。人无完人、金无足赤,要教育学生学会积极与人交往,增强自信,任何一个交际高手都不是天生的,必须从社会实践中亲自体验、锻炼和感悟而获得。

孤独心理。孤独是一种感到与世隔绝、无人与之进行情感或思想交流、孤单寂寞的心理状态。孤独者往往表现出萎靡不振,并产生不合群的悲哀感,从而影响正常的学习、交际和生活。这类学生主要由以下几种原因引起:性格内向、过于自负和自尊、对挫折存在畏难情绪。怎么样才能改变这种心理呢? 首先要把自己融入集体中。民办高职"二元思维"认为,只有在集体中,个人才能获得全面发展的机会。一个拒绝把自己融入集体的人,孤独肯定格外垂青他。其次要克服自负、自尊和自傲的心态,积极参加人际交往。当一个人真正地感到与他人心理相容、为他人所理解和接受时,就容易摆脱这种孤独误区了。

嫉妒心理。嫉妒在人际交往中,因与他人比较发现自己在才能、学习、名誉等方面不如对方而产生的一种不悦、自惭、怨恨甚至带有破坏性的行为。特点包括:对他人的长处、成绩心怀不满,报以嫉妒;看到别人冒尖、出头不甘心,总希望别人落后于自己。嫉妒还有一个特点,即没有竞争的勇气,往往采取挖苦、讥讽、打击甚至不合法的行动给他人造成危害。这种情况严重阻碍了高职生的心理健康和交际能力,给高职生成人和成才带来了莫大的困难,因为嫉妒会吞噬人的理智和灵魂,影响正常思维,造成人格扭曲。有嫉妒心的学生应多从提高自身修养方面下功夫,转移注意力,积极升华自己的劣势为优势,采取正当、合法和理智的手段来消除这一心理。

交往困惑。异性交往本来是很正常的社交活动,同时也是一个一直令民办高职院校的高职生棘手的社交障碍。有一些学生在不良心理因素的作用下,与异性交往时总感到要比与同性交往困难得多,以至于不敢、不愿甚至不能和异性交往。这些学生主要因为不能正确区别和处理友谊与爱情的关系,部分学生划不清友情与爱情的界限,从而把友情幻想成爱情。高职生本来就处于一个情愫迸发的年纪,对异性的渴望本是正常的事。但由于一些学生受传统观念的影响,特别是封建社会"男女授受不亲"的文化传统,认为男女之间除了爱情就没有其他了,使得他们还没有树立起正确的"异性朋友观"。这必然会对学生异性间交往带来一定的消极影响。要摆脱异性交往的困惑,首先要摆脱传统观念的束缚,要开展丰富多彩的集体活动,因为集体活动有利于男女同学建立自然、和谐和纯真的人际关系;其次要讲究分寸,以免引起不必要的误会。

2. 高职生心理健康教育措施

如何做好高职生心理健康教育工作?如何培养学生健康的心理?已成为民办高职院校的思想政治教师、班主任、辅导员、心理健康教育工作者必须认真研究的重大课题。

(1)充分发挥学校心理咨询作用。民办高职院校的心理咨询是增进学生心理健康、优化心理素质的重要途径,也是心理素质教育的重要组成部分。心理咨询可以指导学生减轻内心的矛盾和冲突,排解心中忧难,开发身心潜能。一是提高心理咨询的科学性,专业人员坐诊,制定规章制度和日程安排。二是为一些需要帮助的学生,运用心理学和有关理论及技术,帮助他们自强自立,提高应对挫折和各种不幸事件的能力,或是使来访者产生某种转变。三是建立学生心理档案,高职生的心理差异是客观存在的,只有建立心理档案,才能做到在思想工作中对症下药。四是实施心理普查制度。及时发现问题,及时反馈信息,对一些问题学生进行追踪,而一些有特别严重心理障碍和心理疾病的学生,应转送至专业医院进行相应的治疗。

(2) 开展大一新生心理健康调查,做到心理问题早期发现与预防。民办高职院校开展心理素质教育的前提是了解掌握学生心理素质的状态,从而有针对性地提出教育措施与方案。每年要对新生进行心理健康普查,采用"心理健康问卷",从中筛选出有心理症状的学生,主动约请他们到心理咨询中心进一步分析诊断,根据面谈分析,区别不同的问题类型与程度,采取不同的应对措施,防患于未然,做到心理问题早期发现、及时干预,使学生在入学之初就能得到具体的心理健康指导。

(3) 把心理素质教育渗透在各科教学之中。民办高职院校通过各科教学进行心理素质教育既是学校心理教育实施的途径,也是各科教学自身发展的必然要求。各科教学过程都包含极其丰富的心理教育因素,教师在传授知识过程中,要注重考虑学生的心理需求,激发学生学习的兴趣,并深入挖掘知识内在的教育意义,就能够把人类历史形成的知识、经验、技能转化为自己的精神财富,转化成学生的思想观点、人生价值和良好的心理素质,从而提高学生的综合素质。

(4) 开设心理教育必修课,增强自我教育能力。心理素质的提高离不开相应知识的掌握,系统学习心理、卫生、健康等方面的知识,有助于学生了解心理发展规律,掌握心理调节方法,增强自我教育的能力。心理素质教育的效果在很大程度上取决于学生自我教育的主动性和积极性,取决于学生自我教育能力的高低。因此,心理素质教育就是要注重培养学生自我教育的能力。

(5) 加强校园文化建设,为高职生健康成长创造良好的心理校园环境。高职生的成长离不开健康的心理校园环境,高职生的心理素质培养离不开良好的校园文化氛围。校风是民办高职院校校园文化建设的重要内容,也是影响学生心理发展的重要条件。良好的校风会潜移默化地优化学生的心理品质,如团结友爱的校风是学生形成群体凝聚力、集体荣誉感的土壤,有利于使人与人之间保持和谐的人际关系,促进同学之间相互沟通、相互帮助。丰富多彩的校园文化活动有助于培养学生乐观向上的生活态度和健康愉悦的情绪特征。因此,民办高职院校要重视校园文化建设,开展形式多样的文体活动和学术活动,形成健康向上的氛围和环境,有助于学生深化自我认识,充分发展个性,改善适应能力。

(6) 倡导主体自我教育,树立高职生主体心理健康意识。高职生心理健康教育必须积极倡导主体自我教育,在课堂教学中,教师注意启发学生心理素质的培养。在课外教育指导中,辅导员教师注意引导学生主动参加多种社团活动,使学生不断提高自我生存、自我调控、自我激励、自我发展和自我认知的能力,使学生心理健康的自觉意识不断得到增强,并学会运用自我心理调适的方法,消除心理困惑,以一颗平常心面对自己、面对集体、面对社会。

(7) 建立专业的心理健康教育师资队伍。从目前来看,民办高职院校的心理健康教育工作的师资队伍参差不齐,这些教师有的是心理学专业、有的是医学专业、有的是思政专业或其他专业,而且以兼职居多,工作量大,学习进修机会少,专业能力比较欠缺,有必要对这些教师进行培训。另外,还应对辅导员和班主任进行有关的业务培训,提高其从事思想政治工作的能力,也可以改进工作方法,及时发现学生的心理问题,对学生遇到的心理问题及时疏导、宣泄、转移,走预防之路远胜过"亡羊补牢"。

3. 在高职生管理中除了健全高职生的心理健康教育,校园生活安全教育还涉及以下几方面

(1) 法律知识教育。法律知识教育是增强民办高职院校的高职生法律意识和法制观念的重要途径。教育和引导高职生知法、懂法和守法。

(2) 人身安全教育。人身安全教育是有效避免个人生命、健康、行动不受威胁的重要途径。教育和引导高职生保护好自身的人身安全。

(3) 财产安全教育。财产安全教育包括防抢夺、防盗窃、防骗、防误入一些非法组织等。教育和引导高职生管理好个人的钱财物,提升防抢夺、防盗窃、防骗能力。

(4) 交通安全教育。交通安全教育包括交通法律法规知识宣传教育,指引高职生正确选择安全、合法的交通工具,教育高职生了解交通规则并自觉遵守交通规则。

(5) 消防安全教育。火灾是对人们生命财产安全产生巨大威胁的严重灾

害,进行消防安全教育,能让高职生正确掌握用电、用火安全知识及火灾发生后正确的逃生知识。

(6) 网络安全教育。信息化时代的到来,网络已经全面深入人们日常生活中,进行网络安全教育,是高职生安全教育的重心。有助于让高职生明确了解有关网络安全的法律、法规及条例,并提高高职生网络安全防范意识。

四、就业安全

就业安全,就是帮助、指导高职生在毕业前能和用人单位签订就业协议书,毕业后顺利、稳定落实就业岗位。就业安全的政治影响、社会影响、现实影响及对学生和其家庭的意义重大。落实好、维护好学生的就业岗位是民办高职院校办学目标的重中之重。

1. 校内求职途径

(1) 校园招聘会。每年高职生毕业之际会有很多企业、公司到学校开展校园招聘,这种招聘方式被称为散点式招聘。大多数的毕业生是通过校园招聘信息找到工作的。用人单位直接来校内招聘,学生求职成功率往往比参加社会招聘会的成功率高。因为用人单位是基于对学校及学生的认可而进行招聘的,也避免了院校之间、学生和有工作经验的求职者之间的竞争。校园招聘会的优点是针对性强、安全可靠,降低了学生的求职成本。因此,校园招聘是民办高职院校毕业生的主要求职途径,也是最有效的途径。

(2) 学校推荐就业。民办高职院校的就业推荐是学生求职的一个重要而有效的途径,即通过学校毕业生就业指导中心推荐,获得就业渠道并取得就业成功的方式。有统计显示,每年通过这种方式就业的高职生大约占总就业率的40%。

(3) 学校自行举办的小型招聘会。为提高本校毕业生就业率,民办高职院校每年都会集中邀请一些与学校建立长期合作关系的用人单位,开展与学生供需见面的招聘活动。这种招聘会基本上专门针对本校的毕业生,所招的职位要求与本校的专业方向相符或相近。因此,这种求职途径较受欢迎,对本校毕业生具有吸引力。

(4) 学校联合举办大型校园专场招聘会。这类是民办高职院校与其他同类学校之间分行业、分专业的横向联合举办的专场招聘会。面向本区域民办高职院校的毕业生并具有一定的招聘规模。从校园招聘会的新动向可以看出,行内若干企业联合举办招聘会是今后民办高职院校招聘会的主要发展方向。

(5) 综合性人才招聘会。全国各大城市高新技术人才中心或教师机构每年都会举办各种各样的招聘会。如大型的综合招聘会、中小型的专业招聘会以及专为毕业生服务的专场招聘会等。此类招聘会有许多特殊优势,招聘会规模庞大、招聘单位众多、行业范围广泛,高职生可通过参加这类招聘会了解就业行情,接触和熟悉社会,即使不能顺利签约也能够丰富自己的求职经验。

2. 社会求职途径

高职生还可利用自己的社会关系网络搜集就业信息,并进行求职选择。许多用人单位也愿意录用经人介绍或推荐而来的求职者。在求职过程中,如果关键时刻有关键人物帮自己引荐,效果当然就会更好。因此,建立自己的关系网络对择业是非常必要的。通过亲朋好友找工作最为可靠,成功率也较高。亲戚朋友的推荐分为两种情况:一种是"无力度"的推荐,即你的亲朋好友只是推荐你完成择业应聘过程;另一种是"有力度"的推荐,这种推荐可直接影响教师部门的决策,但前提必须是你要符合该单位该职位的任用条件,或者说完全能胜任工作。

(1) 电话求职。民办高职院校的毕业生可先通过电话簿或已获取求职信息中选定自己喜欢的行业单位,然后按照地址及时与这些行业用人单位进行电话联系,询问和了解自己的应聘机会,向企业推销自己,表达自己的就业意愿。采用电话途径求职时应注意,要敢于主动推销自己,通过声音留给对方一个好的印象,要注意在短暂的时间里完成自己的求职过程,达到求职的目的。诸如对通话时段、通话时间、通话内容都要做精心设计和准备,也要熟悉必要的电话礼仪。

(2) 直接登门自荐。在没有其他关系介绍和推荐的情况下,民办高职院校的高职生可以带着自荐材料,直接到一些选定的公司登门拜访,勇敢地把自己介绍给对方,赢得用人单位的赏识。直接登门自荐之前,首先要通过公司网站对该公司性质、特点进行了解,做到心中有数,要在拜访时表现出对该公司的熟知、了解和喜欢,给用人单位留下深刻的印象。

(3) 中介机构代理。在尝试上述各种就业途径的基础上,民办高职院校的毕业生还可通过人才中介机构来寻找工作。学生可到就业中介机构专设的委托招聘部门去办理就业代理、投放简历、委托推荐等。需要注意的是,学生在选择求职代理的人才中介机构时,应警惕黑中介和假中介,还要注重考察和了解中介机构的信誉度和社会认可度。

(4) 网络求职。网络求职是一种特殊的择业形式。网络求职方便快捷,是一种多快好省的择业新方式。网上求职一般有两种形式:一种是在网上发布求职信息,坐等用人单位与你联系;另一种就是根据网上发布的招聘信息发送自己的求职意向,或直接登录用人单位站点,主动发电子邮件和对方联系。网上择业已得到众多的用人单位和民办高职院校毕业生的认可。网上招聘大多还是通过搜索获得求职者的个人信息。所以,在发布信息时,就须掌握相关技巧。网上招聘也存在不足的地方:虚假招聘消息或虚假简历极大挫伤了求职者或招聘单位的积极性,个人隐私问题也会给求职者带来麻烦,这都制约了网上招聘的健康发展。

第四节 高职生管理定位机制

所谓的高职生管理的定位机制,就是民办高职院校以问题导向,针对高职生的学情差异,通过拓展和创新学生管理工作和思想政治教育的有效途径,充分发挥学校党团组织、学生管理部门和班级组织的作用,不断增强学生管理工作和思想政治教育的针对性、实效性和吸引力、感染力。

民办高职"二元思维"认为,在高职生稳控管理机制的实施过程中,关键是要处理好班主任、辅导员、学生党员以及普通高职生的定位问题,通过正确定位,发挥各个成员的积极作用,确保学校的教育管理和教学秩序,以及校园安全正常化、规范化和优质化。

一、学生的自我定位教育

重视高职生完整人格的培养和个性的充分展示,提高学生的自我管理能力和综合素质,是高职高专院校教育的重要内容,也是当今世界教育现代化的重要目标和共同趋向。如何使学生学会自我教育、自我管理,实现在学习过程中的主体地位,培养具有自尊、自信、自强、自律、自立等奋发进取和独立自主品质的个性,是摆在广大教育工作者面前亟待解决的重要课题。[1]

---

[1] 吴国建:《谈高职生自我管理能力的培养》,载《中国成人教育》,2008年,第15期。

在民办高职院校中,无论正常录取入学,还是注册入学的学生在日常学习生活中的表现,彰显了加强和改善高职生自我管理能力的必要性和迫切性。民办高职院校学生自我管理的缺失主要表现在自我教育意识淡薄、自我认识存在偏差、自我管理能力较弱三个方面。在学生管理培养中,可以从唤醒学生内在需求、创设良好的班级环境、提高学生自我管理技能方面来改善和提高学生的自我管理能力。① 高职生定位目的即从学生入校开始,学校尽快帮助他们解决由于生活环境不同、教学方式不同造成的一系列问题,使学生尽快适应民办高职院校的学习和生活,从而提高学习质量。

高职生的定位教育:一是教育高职生必须有一个清晰认识,明确自己的身份,定位自己的责任、目标,知道在校期间要"做什么""怎样做",给自己设定一个什么样的成长、发展路线图。教育学生一定要刻苦学习专业知识和技能,树立正确的人生观、价值观,积极准备,为将来就业打下良好的学业基础。二是民办高职院校的高职生要了解自己的综合能力。掌握自己的优点和不足,多虚心听从同学的建议和意见,扬长避短,完善自身。高职生面临学校学习、生活独立和未来创业就业等问题,这些不都是纯粹的学习上的问题,比如从事社会实训工作、参加社团活动,打工、做兼职等。高职生应在这个学习和摸索的过程中一点点了解自己,培养自己的兴趣爱好,发掘潜能,为自己以后的学业或就业等的发展方向探路。三是高职生了解自己的个性、兴趣爱好、潜能等方面时,特别要有计划地磨炼自己的心理素质,克服心理上的一些障碍;适当的调整自己的心态,发展知识和技能,提高自身修养;在碰到挫折、失败、痛苦等各种不愉快的事情时,要努力摆平心态、端正态度,勇敢面对现实,尽快以积极乐观的心态面对未来。四是高职生提高自身道德修养,严格要求自己。提高道德修养的一个必不可少的条件是读好书,拥有广博的知识,具备一定的文化修养。高职生一定要多阅读、多观察、多思考,懂得一个真正文明的人应该是什么样子的,至少能够看透其中的道理。

所以,加强高职生自我管理能力的培养是民办高职院校的教育管理和教学的最直接要求,加强学生的自我管理能力教育,也就是培养学生的独立自主的规范意识,在教育过程中必须要坚持以学生为本,发挥学生的主动精神,强调学生

---

① 张伟:《浅析注册入学下民办高职院校学生自我管理能力培养》,载《才智》,2016 年,第 21 期。

自身的主观能动性在其全面发展中的重要作用,将学生由"被动接受管理者"变为"主动参与管理者"。①

二、学生党员定位

民办高职院校的学生党员是一个特殊的群体,兼具学生和党员的双重身份,在机遇与挑战并存的今天,如何发挥其在民办高职院校学生群体中的先锋模范作用,是民办高职院校党建工作的重要组成部分,同时也是大学生思想政治教育的重要内容。高职生党员是学生管理的主要参与者、执行者,在围绕民办高职院校的高职生稳控管理过程中应该率先垂范,起着先锋模范带头作用,是稳控执行者,又是参与者、示范者、被管理者。

民办高职院校学生党员的主体作用表现在强烈的主体意识、带领和团结作用、建议和参与作用。发挥学生党员的主体作用具有深刻的价值意蕴:其一是巩固和加强民办高职院校党组织的民主体制的重要途径;其二是新时期民办高职院校党建工作的必然要求;其三是实现民办高职院校和谐发展的现实需要;其四是保持民办高职院校党的先进性的动力支撑;其五是民办高职院校培养合格的社会需求的技术技能型人才的内在要求。

高职生党员的定位包括:一是注重党性修养,坚定理想信念,坚信党的领导,在思想上、政治上、行动上坚持与党中央保持高度一致;二是加强学习,时刻保持政治上的清醒,不断提高自身综合素质,不断提高学生管理工作能力;三是认真履行学生管理工作职责,按学校制度办事,亲力亲为,努力为学生做好服务工作;四是牢固树立正确的人生观、价值观、世界观,充分发挥共产党员的先锋模范作用,从严要求自己,廉洁自律,做同学满意的服务员;五是遵纪守法,保持学习优良的作风,树立共产党员良好形象。

其职能表现为四个方面:第一,要在自身思考问题的同时,接受来自辅导员和同学提出的问题,并就问题展开活动;第二,要在日常学习生活中,积极主动地发挥作用,及时帮助同学解决学习与生活等方面的问题;第三,要向辅导员及时反馈同学们的思想动态及各方面的信息;第四,要做好制度监测,检查数据统计,以及相关信息的采集登记、处理。

---

① 彭红霞:《强化学生自我管理能力,提升高职生综合素质》,载《华章》,2014年,第27期。

此外，高职生党员最为重要的职责是在学风方面的模范带头作用。学风建设既是民办高职院校提高自身教育教学质量的根本保证，又是民办高职院校加快自身建设和不断发展完善的重要基础。民办高职院校学生党员作为学生中的精英和骨干，以及学校党组织与青年学生联系最紧密的纽带和桥梁，理应在学风建设工作中责无旁贷。

三、班主任定位

民办高职院校的班主任的基本定位：首先，班主任需要有强烈的责任心和较高的管理素质；其次，班主任应该把重点放在培养学生明确的人生目标、正确的价值观和具备一定的提出问题和处理问题的能力；再次，班主任能充分发挥学生在班级管理中的主动性和积极性，实现学生自己管理自己，自己管理班级，自己管理生活、学习等事务。

1. 班主任是一个懂得如何让学生发挥积极性和主动性的指导者。第一，创设良好的学习生活环境，为学生的生活和学习提供必要的指导与帮助；尽量为学生创造参加各种学术活动和社会实践的机会，开阔高职生的眼界、拓展其知识面。第二，充分发挥学生党员和入党积极分子的先锋模范作用，对普通学生实施有效的激励，鼓励和发动更多的普通学生成为学生党员和入党积极分子。第三，有效开展信息双向反馈活动，及时听取学生的信息反馈。

2. 班主任是提高学生的道德修养的教育者和开导者。班主任时刻关注培养高职生的道德和人文素质，将中国传统伦理道德中值得吸取的部分深入渗透到高职生的思想意识深处，可以从三个方面做起：第一，在学生中间开展传统文化教育；第二，使学生理解孝亲尊师的真正含义；第三，让学生在孝顺父母、尊敬师长的基础上，将孝敬之心扩展到整个社会，整个自然，整个宇宙。

3. 班主任是培养学生的信息素养的服务者。当今的学生需要与信息打交道，也必须与信息打交道，因为信息就是知识。课堂上开设的课程是有限的，学生如若想获得更加广阔的知识面，就必须自己搜集信息，搜集信息离不开网络，作为班主任，必须将培养学生信息获得能力的工作贯彻执行，既对学生个人好，也对学校负责。

4. 班主任是学生心理疏导工作的具体执行者。心理问题可以说在学生成长的每个阶段都存在，需要班主任在学生心理健康教育工作中发挥积极的作用，因为班主任比起其他教师来，与学生每日接触更为频繁。面对学校的压力，学生往往会产生不良影响的情绪，班主任应该对自己的工作提出更高的要求，培养学生坚忍不拔、不怕挫折的精神品质，让他们正视现实，正视自己的人生，在当下的情况下放低姿态，走迂回曲折的道路实现人生理想，明白只要是为国家、为人民服务，将来干什么事都是光荣的，不应让世俗的眼光阻挡前进的步伐。

班主任应积极参与学生的就业指导工作。就业难已不是某一个人的问题，而是所有毕业生的问题，作为学生管理者的班主任，是无法回避这一严肃而重要的问题的，必须积极参与到这一项艰巨的任务当中。班主任应该时刻加强自己的心理学修养，使自己的工作顺利展开。

四、辅导员定位

辅导员是民办高职院校的思想政治教育工作的重要力量和骨干力量，是民办高职院校对学生开展日常思想政治教育和管理工作的主要组织者、指导者和实施者。学生的思想政治教育、行为规范、班级建设、实践活动、学生党建、寝室管理、心理健康教育、就业指导、安全稳定等方方面面都和辅导员的工作息息相关。可以说学生入校后的思想、学习、生活各方面都离不开辅导员的引导和帮助。辅导员要努力通过自己的工作，引领学生的政治思想，规范学生的日常行为，督促学生的学习实践，维护民办高职院校校园的正常秩序，指导学生的班团组织建设。辅导员工作在民办高职院校教育管理中的重要性显而易见，辅导员队伍的培养和建设是落实学生健康成长和民办高职院校人才培养质量的前提和保障。

1. 思政工作是辅导员的主要职责

在民办高职院校的教书育人和学生管理的整个过程中，辅导员起到学生的思想稳定与教学保障的重要作用。民办高职院校的每一项安排、每一项要求都要由辅导员安排并传达到学生中去，对学生的到课听课情况，学生的宿舍安全卫生情况，学生的纪律执行情况，学生的文体活动，辅导员都在密切关注着，努力工作着，他们的工作比较琐碎，也不容易出成绩。但正是辅导员的默默努力，才使学校保持了一个良好的教学环境，让教师从容教书，让学生安心学习。辅导员还要起到教育学生的作用。辅导员工作的首要任务是做学生的政治思想工作，他们作为一线学生工作者，对学生思想、心理方面影响和作用很大，特别是对高职生,很多人的学习方法不对路,学习上有依赖心理,心理承受能力差。作为年轻人,他们不可避免地存在一些思想性格上的弱点。所以,加强对学生的思想品德修养,给学生一个完整的高职生活是学生管理的一个中心工作,而这一任务很大程度上落到了辅导员的肩上。

2. 辅导员的基本方法

要针对民办高校大学生的特点,着力开展以培养良好学习习惯和文明言行为主要内容的养成教育,加强民主、法制、纪律和社会公德、家庭美德的教育,培养高职生独立思考和自律能力,树立科学的世界观、人生观、价值观。要探索建立以德育为核心的人文素质教育体系,全面提高高职生的综合素质。

(1) 尊重、宽容的态度。作为管理者,辅导员要正视、要宽容、要尊重高职生的人格。真心实意地关注、关心学生,体贴学生。辅导员要以一律平等的态度对待每一个学生,以同一标准和同一种赏识的目光迎接班级中每一位学生,给学生留下深刻良好的第一印象。教育实践告诉我们,辅导员无须多说,学生会认为班级的事就是自己的事,会以主人翁身份去做。辅导员应该认真仔细地把全班学生的有关情况熟记在心,每个学期至少与每个学生谈话一次。

(2) 针对学生的特点,因材施教。民办高职院校的学生既具有当代大学生的共同特点,又具有高职生自身的成长经历和特点。由于民办高职院校有着与公办高校不同的领导体制、运作机制、办学收费标准等,就要求管理者从这一实际出发,正确认识当代高职生的特点,探索加强对高职生的教育和管理规律。学生高考分数偏低,绝不等同于学生的素质差,主要不是学生智力上的差异,多数是由于学生的学习习惯问题或兴趣的广泛而造成精力上的偏移,他们身上有很多长处和优势。如组织活动能力和交际能力强,有突出的爱好和特长。针对高职生的特点,因材施教,从实际工作中正确地对待学生、欣赏学生和激励学生,有针对性、实效性地解决学生的实际问题。要加强心理健康教育,引导学生人格发展。要及时了解学生的心理健康状况,健全大学生心理健康危机预警机制,重视对心理问题高发群体的预防和干预,提高学生抗挫折能力。结合职业发展教育,充分运用各种现代教育手段,开展发展性心理健康教育,引导高职生人格全面健康发展。

(3) 辅导员创新教育方法。民办高职院校辅导员的工作比较琐碎,主动做学生的保姆,叫学生起床、喊学生睡觉、陪学生自习、伴学生听课,长期扎根学校,辅导员的个人时间较少;也有的辅导员话不答题,常常不知所云;还有的辅导员对待学生缺乏耐心,语言尖刻,对学生鼓励少,说教成山。诸如此类,辅导员管理角色的模糊,影响了辅导员的工作质量和教育服务效果,这种低水平的管理现状很难适应发展中的民办职业院校学生管理工作的要求。

结合辅导员实际工作,民办高职院校辅导员角色定位如下:辅导员在领导班级学生完成学习任务时,是将领;辅导员在学校和学生之间起沟通桥梁作用时,是中间人;辅导员在班级分派学生工作时是教练;辅导员在学生管理中发现问题、解决问题时是稽查员;辅导员在为学生管理服务中是朋友;辅导员在传道、授业、解惑时是师者;辅导员在充分了解每个学生时是心理学家;辅导员在学生就业问题以及职业规划上是专家型的职业指导师。

五、对班主任、辅导员的管理

加强学生管理人员的管理是民办高职院校确保学生稳定的基础。建立一支强有力的学生管理队伍是实施高职生管理工作的基本途径,是高职生管理的根本保障。

1. 对班主任、辅导员管理要求

第一,要求班主任、辅导员对学生热情服务、严格管理。班主任、辅导员要时刻树立服务意识,不断加强自身学习,只有提高了自身的素质与修养,才能更好地管理和教育学生,并且要与学生加强沟通,经常深入学生中了解学生的思想状态,及时发现问题、解决问题,用自己的人格感动学生,教育学生学会学习、学会做人、学会处事。

第二,对班主任、辅导员管理要规范化、制度化。学校应该建立完善的班主任、辅导员考核体系。每周安排业务交流与培训,要求班主任、辅导员在学生思想工作时,做好谈话记录,做到与学生家长的互动。另外,学生的到课率、交作业率、流失率、违纪次数都与班主任、辅导员的业绩挂钩。同时,引入学生评议班主任、辅导员调查工作。注重考察班主任、辅导员的工作方式。进行班主任、辅导员的中期考核,对班主任、辅导员的考评做到量化、公平化、人情化。

第三,加强学生管理,搞好学生自律工作。倡导学生自律是与建设优良的学风、班风和校风相辅相成的。通过倡导学生自律,引导学生学会自己管理自己,培养学生独立的思维能力。要求班主任、辅导员带头自律,并做深入细致的工作,让学生认清形势,摆正位置,做到真正的自觉自律。通过互联网络、教室闭路电视、等离子播放、主题班会、报告会、特别团日等形式对学生进行爱国主义和集体主义教育,引导学生积极向上,培养优良的校风和学风。学风是民办高职院校的生命线,学风上去了,教学质量就上去了。要造就学生勤奋、复合、创新、合作,要搞好教学质量,就要狠抓学风校风建设,相信最严格的管理就是最热情的服务。

第四,在管理上采取了以下措施:一是定期班会制。每周日晚自习作为班会时间,由班主任、辅导员总结上周工作,安排本周工作,及时传达各项的工作要求。二是成立学习辅导员。根据各班情况,设立学习辅导员,辅导学生的学习。三是班主任、辅导员跟班制。要求每位班主任、辅导员必须到所带班级听课,以便组织教学,了解学生的学习动态。班主任、辅导员每周要交听课记录。四是提高到课率的管理办法。在班主任、辅导员日常管理的同时,实行到课情况周报表制及日跟踪汇报制。

第五,实行周报表制度。周报表的具体做法为:一是由班长对每周本班同学的到课情况于周末上报到各二级学院班主任;二是日跟踪汇报制。由各班主任、辅导员对学生每节课的到课人数、科目等情况予以考勤,并于当天晚上报各二级学院办;三是为了加强管理,于每周一发出《学生管理工作纪要》,对上周工作进行评估,对存在问题的环节给以通报,并限期改正;四是学生宿舍走访制:为了学生工作更加细致,要求班主任、辅导员定期到学生宿舍对学生进行看望,了解学生的生活情况;五是查房制度:班主任、辅导员不定期查宿舍,通过查宿舍实际反映学生日常作息,掌握学生生活作风情况,很好地了解并做好学生的一线服务工作。

2. 班主任、辅导员应努力提高自身素质

班主任、辅导员必须具备的职业操守、专业素养和职业能力。一是必须有较高的政治素质。辅导员必须坚定正确的政治方向,才能更好地教育和引导学生树立共产主义的远大理想,确立马克思主义的坚定信念,深入开展社会主义核心价值观教育,帮助学生树立正确的世界观、人生观、价值观。二是必须具有过硬的专业素质和职业能力。班主任、辅导员只有具备较好的观察问题和解决问题的能力、调查研究和解决问题的能力、组织协调能力、统筹宣传能力、语言表达能力等,才能冷静分析、妥善地解决学生之间的矛盾和冲突,做好学生的思想工作,组织指导好学生的各项活动，培养好学生干部队伍，完成好各项学生工作。三是班主任、辅导员必须具有较完善的知识体系。在当今这个知识更新迅速的信息时代，面对朝气蓬勃、思想丰富的高职生群体，班主任、辅导员只有掌握全面的知识体系和结构才能视野开阔，不断去更新知识和信息，形成更加科学有效的价值评判标准。除了了解和掌握思政教育的知识体系，班主任、辅导员还必须掌握足够的教育学、心理学、社会学、法学等方面的系统知识，才能结合教育工作的规律和特点，更好地分析和反馈学生的相关信息，及时发现问题和寻找到解决问题的有效办法和途径，提高为学生服务和做学生工作的水平和能力。

3. 增强班主任、辅导员的职业认同感

职业的认同感直接决定人的工作状态，班主任、辅导员也同样渴望得到社会的认同。但因思想政治教育工作主要是教育人、感化人、引导人，效果很难立竿见影，因此班主任、辅导员容易产生挫败感或倦怠感等不良情绪，导致心理失衡，影响工作情绪和状态。这就需要学校领导、行政管理人员、任课教师以及学生给予班主任、辅导员足够的理解、支持，适时给他们解压，多多给予他们鼓励。当然，班主任、辅导员在接人待物上，尤其在与学生的交往沟通过程中也要注意把握技巧，避免正面冲突，保持积极健康、乐观向上的心态，才能将学生的思想政治工作进行下去并产生实效。

4. 建立健全班主任、辅导员的培养考核体系

民办高职院校应重视班主任、辅导员队伍建设，完善班主任、辅导员培养培训方案，加强班主任、辅导员专业发展规划，确保班主任、辅导员培养培训经费保障。为了调动班主任、辅导员的工作积极性，也要建立科学的班主任、辅导员的工作绩效考核评价机制和管理机制，注重班主任、辅导员职业理想与职业道德教育，明确班主任、辅导员的岗位职责和要求，制定科学和可操作性的考核评价指标体系和考核方式，考核辅导员的德、能、勤、绩各方面表现，并作为评优、评先、培训、晋级的重要依据，奖优罚劣，从而促进民办高职院校班主任、辅导员队伍专业化和职业化发展，提升社会认可度。

案例:"南洋"学情管理

一、学生基础教育

1. 入学教育。为进一步落实学生职业素养教育工作,入学教育紧紧围绕相关教育活动要求,开展相关入学教育活动。入学教育是新生正式开始高职生活的第一堂课,主要帮助新生能尽快了解校园生活、明确校纪校规、理解专业设置、认清就业方向。为此,入学教育成果很大程度上影响着学生在这个新的起跑线上如何正确定位并确立自己的奋斗目标。学院围绕校史发展和校情近况、制度建设和政策解读、校园文化和生活指南、专业设置和就业指导、国防及军训教育五个方面进行入学教育。

2. 校史校情教育。通过介绍学院发展史、发展规划和学院现下教育方针、政策、应往届优秀毕业生典型人物事迹,激发学生对学院、对集体、对学习、对生活的兴趣和向往,增强学生对职业教育的认同感和使命感,坚定信念,正确认识自己的社会责任,树立正确的世界观、人生观、价值观,树立符合自己所选择专业的职业理想,形成正确职业态度持有观。

3. 各项制度建设和政策解读。主要就大学教育理念、校纪校规、教学规章制度、学籍管理、专升本、专转本相关政策进行解读,具体由教务处和继续教育学院落实。新生进入大学学习阶段不仅需要认识到这是角色上的转变,更是需要从思想、理念上进行转变和提升。政策解读的教育目的,让学生在今后学习生活中慢慢学会将校纪校规这些外化型约束机制内化为自觉行为,规范自己,以自律带动他律。

4. 校园文化、生活指南和诚信、安全、心理健康教育。校园文化与社团活动是高职生学习生活中必不可少的精神食粮。校园文化结合社团活动,可见性和操作性强,是理论和实践相结合的典型性产物,易激发学生的参与感,对形成良好的学风和校风有直接作用。诚信教育进一步帮助学生牢固诚信意识,诚信、敬业是学生踏入社会后个人素质的直接体现。安全教育作为现代开放式大学教育重点,在"人身安全、财产安全、交通安全、消防安全"教育基础上,将法制观念教育列入重点项,做到明规循范。心理健康教育旨在培养学生自尊、自爱、自强、自重、自律、自省的心理品质,增强学生抗艰受挫能力,高筑经受考验能力的防火墙。

5. 专业设置和就业指导。专业教育正是职业教育的分支,通过二级学院发展史、师资设备、课程设置的讲解,相关专业对口职业的社会地位的阐述,使学生对所学专业充满信心,为今后的学习成长奠定良好基础。就业指导教育通过就业数据平台和就业数据分析,帮助学生厘清当下就业形式,树立正确的择业观,引导学生开始进行自身职业生涯规划,分析自身优势劣势,取长补短,有效利用大学学习生活提高自身就业竞争力和专业职业素养能力。

6. 国防及军训教育。国防教育是职业教育的重要组成部分。在新的形势下,如何将国防教育置于职业素养教育的框架之下,行之有效地开展国防教育,如何使国防教育在高职院校领导与高职生的观念中成为有力的思想武器,达到真正通过国防教育培养人才、锻炼人才的目的,是一个值得在民办高职院校职业素养教育中深刻思考和研究的问题。

二、就业指导

1. 就业指导课程建设。民办高职院校一般要建立就业指导教研室,设置了专门的管理员,配备了固定的办公场所和相应的设备,将就业指导课列入教学计划,明确为学生必修课,按照课堂教育模式开展就业指导,有专门的师资队伍、统一的教材及大纲、教育工作量明确、有翔实的备课教案,形成一套完整的就业指导教育体系。随着校企合作、工学交替项目的不断深入,从企业的用人反馈中发现就业教育课堂教授只能使学生了解就业知识,职业能力提升有限,应该从人才培养战略上考虑,将职业素养教育纳入教学规划,在职业态度、职业道德、职业规范上加强教育,以企业标准为标准,建立一套全新的就业指导与职业教育体系,使就业指导有完整的培养计划、专门管理机构与教育队伍、教育教学工作量纳入管理考核、各项教育内容有严格的审批制度与执行方案。

2. 生涯规划与职业发展、创业教育。民办高职院校非常重视学生职业生涯规划指导工作。投入经费购买职业测评软件,组织新生开展职业倾向测评,结合测评结果,以二级学院为单位组织职业生涯规划指导教育,组织"职业生涯规划大赛",选送职业目标明确的学生参加全省大赛。同时专门开设"职业生涯规划"选修班,为了解研究自身职业倾向的学生提供深入的课堂教育。此外,为了综合提高学生职业素养,树立良好的就业观,专门开设了"企业讲堂",邀请企业高管、政府主管部门负责人来校开设职业生涯、就业技巧、职场能力培养等方面讲座。

3. 帮扶特殊困难毕业生就业。对家庭困难和就业困难的毕业生就业有针对性地提供援助措施和帮扶行动,在对"双困"毕业生就业援助方面取得较好的效果。从新生入学开始,就建立特殊困难学生档案,通过多种形式从生活、思想、学习、工作等方面给予充分的帮助,部分专业设有工学交替班,班内学生只需承担一半学费,为家庭困难学生解决实际困难。同时通过不同渠道在校内外为其搜集勤工助学岗位,一些表现较好的学生发放奖学金、助学金,组织教师点对点开展就业指导,想方设法为困难学生解决思想、经济及未来就业的困难。对就业困难的毕业生,结合政府的帮扶政策,定期向主管部门报送帮扶情况。

三、心理健康教育

职业心理素质是职业素养的重要内容,学院根据民办高职院校教育的特点,从培养目标出发,结合高职学生心理健康教育现状,融入职业基本素养,开展多种形式的心理主题教育活动,从社会需要和学生实际出发加强教育,促进高职生职业心理素质的养成。

1. 科学、合理重新定位民办高职院校心理健康教育的目的和任务。一是智能方面:培养高职生的基本智力与能力、专业知识与专业技能方面的心理素质。二是品德方面:要促进高职学生树立正确的人生观、价值观,良好的职业道德意识和职业道德行为规范。三是个性方面:结合专业体系和职业教育实践来完成,使学生在专业学习与实践中看到社会对自己所学专业的需求,看到自己的用武之地,鉴定职业信念,培养学生乐观向上的性格、良好的情感、坚定的意志、和谐的人际关系、学会竞争与合作、正确的自我意识,增强心理调适能力,促进学生人格的健全发展。四是职业心理方面:要对高职学生进行职业观教育、职业选择与职业心理分析、职业生涯规划辅导,培养学生形成正确的职业理想、信念、价值观以及良好的职业情感和态度,培养学生敬业的心理品质,提高应对挫折、适应社会的能力。

2. 开设心理咨询平台,提高心理健康教育实效,增强学生个性心理品质。心理咨询,是心理健康教育的重要形式。民办高职院校开放心理咨询,含网络咨询平台和心理咨询室平台,使学生可以以匿名或其他形式,通过QQ、微信、邮箱、聊天室、测评软件等,向心理咨询师寻找帮助,心理咨询师针对学生提出的问题,可以有效、快捷地帮助学生解除不良情绪,学院学生处心理健康教育中心安排两名专业心理咨询师,采用轮流值班制度,每周开放15个小时,帮助学生解决心理层面的困惑,每学期约接待120多名来访者,帮助大多数同学挖掘自身潜能,学会自我突破,改善了自己的人际沟通能力、情绪调节能力、解决问题的能力等。

3. 大力开展心理健康教育实践活动,提高学生自我教育的能力。开展各种心理健康实践活动,引导学生积极参加各种社会实践活动,学习并掌握心理学知识和技能。通过开展讲座、电影赏析、拓展训练、情景剧表演、训练营等多种形式,让学生参与到活动中来,并让学生提高分析解决问题的能力,提升整体职业素养水平。

四、社团活动

从高职生社团本身而言,高职生社团是一个同辈群体组织,在高职生社团中,社团成员都是学生,彼此在年龄、兴趣爱好、成熟程度上差别不大,人生阅历也差不多,没有权威之说,这种关系是由同辈群体自愿结合而成的组织特性而决定的。活动主题及活动安排不会根据某个或某部分个体的要求而改变,因而有利于保证群体中人与人的自由平等交往,有助于个体独立意识的提高。学生社团在职业素养教育中的作用:

1. 提升思想素质。一个优秀的社团,能够通过招收成员、选拔骨干、进行社团活动、加强社团管理等多种途径将其成员紧密地联系在一起,使其由隶属感、荣誉感,最后升华至对集体的责任感,从一个侧面对其成员的人生观和价值观进行潜移默化的影响。完善知识结构。目前我校的学生社团类型多种多样,充分体现了高职生的广泛兴趣爱好和充分的想象力,学生加入社团可以对自身知识结构的完善起到重要作用。

2. 提高组织能力。学生社团通过开展各种各样的活动来锻炼学生的组织能力、表达能力、实践能力等。每个社员都是抱着锻炼自我、提升自我的目的参与到活动中,通过实践把知识转化为素养,把素养转化为自身能力提高的体现,凡是参加过社团,接受过锻炼的学生,智力品质和非智力品质都有很大的提高,特别是在组织协调能力,分析问题和解决问题能力,交往沟通能力,语言表达能力等方面的提高尤为突出。

3. 培养创新精神。培养创新精神是学生社团的精神内涵和目标,学生社团的每一个活动的形成到实施都是一个创造的过程,在这个过程中,学生的辩证思想和发散思维都得到了很好的锻炼和培养。增强个人能力。个人能力的核心内容在于创造性和适应性。社团内部存在一种体系,不断自我更新。成员活跃的互动,增强了创新的动力,培养了社团成员的创新意识。

4. 培养合作精神。学生社团是一个团队,社团活动的顺利开展是团队分工合作的最终成果。通过社团活动,让学生提前培养团队合作精神,有利于衔接社会,对个人融入社会,投身工作起到了很好的铺垫作用。

参考文献

[1] 杨春贵,张绪文,侯才. 马克思主义哲学教程[M]. 北京:中共中央党校出版社,1997.

[2] 陶西平,王佐书. 中国民办教育[M]. 北京:教育科学出版社,2010.

[3] 宋一夫. 二重结构理论[M]. 北京:中国社会科学出版社,2006.

[4] 胡卫. 民办教育的发展与规范[M]. 北京:教育科学出版社,2000.

[5] 潘懋元. 高等教育学[M]. 北京:北京师范大学出版社,1996.

[6] 钱焕琦. 高等学校教师职业道德概论[M]. 南京:南京师范大学出版社,2010.

[7] 王康,吴志宏,柴纯青. 中国民办教育研究[M]. 上海:上海人民出版社,2004.

[8] 秦丽君,李春秋. 高职院校教师职业道德修养[M]. 北京:北京师范大学出版集团,2015.

[9] 刘旺洪. 教育法教程[M]. 南京:南京师范大学出版社,2006.

[10] 刘伟. 教学利益论[M]. 福州:福建教育出版社,2015.

[11] 郑祥福,王珉,王朝增,等. 马克思主义哲学教程[M]. 上海:上海三联书店,2001.

[12] 詹姆斯·D. 格沃特尼,查德里·L. 斯特鲁普,德怀特·R. 李. 经济学常识[M]. 陈强兵,译. 陕西:陕西师范大学出版社,2007.

[13] 李会欣,陈静. 政治学[M]. 上海:上海财经大学出版社,2006.

[14] 陈克斌. 管理学原理与实践[M]. 北京:国防工业出版社,2014.

[15] 张骏生. 公共政策的有效执行[M]. 北京:清华大学出版社,2006.

[16] 赵冰梅,李作学. 高职生职业发展与就业指导[M]. 北京:航空工业出版社,2015.

[17] 高敬. 领导者核心能力提升[M]. 北京:中共党史出版社,2009.

[18] 张文显.法理学(第3版)[M].北京:高等教育出版社,2008.

[19] 王达梅,张文礼.公共政策分析的理论与方法[M].天津:南开大学出版社,2009.

[20] 匡瑛.比较高等职业教育:发展与变革[M].上海:上海教育出版社,2004.

[21] 张立君.论企业利益相关者共同治理[M].上海:上海财经大学出版社,2008.

[22] 史蒂文·F.沃克,杰费里·E.马尔.利益相关者权利[M].赵宝华,刘彦平,译.北京:经济管理出版社,2003.

[23] 李福华.大学治理与大学管理[M].北京:人民出版社,2012.

[24] 高岸起.利益的主体性[M].北京:人民出版社,2008.

[25] 费兰克·H.奈特.风险、不确定性与利润[M].安佳,译.北京:商务出版社,2006.

[26] 李书玲.组织设计:寻找实现组织价值的规律[M].北京:机械工业出版社,2016.

[27] 胡河宁.组织沟通[M].北京:中国科学技术大学出版社,2006.

[28] 尤建新,雷星晖.企业管理概念[M].北京:高等教育出版社,2010.

[29] 梁晟耀.全面风险管理:实务操作指南[M].北京:电子工业出版社,2015.

[30] 鲁建华.定位屋[M].北京:东方出版中心,2015.

[31] 狄振鹏.高效管理[M].北京:金城出版社,2015.

[32] 谷征.基于组织形态学的信息密集型企业绩效测评[M].北京:电子工业出版社,2016.

[33] Scott G. Paris,Linda R. Ayres.培养反思力[M].袁坤,译.北京:中国轻工业出版社,2001.

[34] 祁型雨.利益表达与整合[M].北京:人民出版社,2006.

[35] 李亚慧.薪酬福利管理[M].北京:人民邮电出版社,2015.

[36] 周坤.赢在规范化[M].北京:北京联合出版公司,2015.

[37] 付鹏.创业综合培训教材[M].北京:科学技术文献出版社,2011.

[38] 彭元.高技能人才培养模式的理论与实践[M].北京:科学出版社,2008.

[39] 赵有生,赵宏宇.高等职业教育创新与实践[M].北京:清华大学出版社,2016.

[40] 周游.学校经营——理论,模式与机制[M].北京:中国经济出版社,2004.
[41] 程志翔.十年的实践与探索[M].北京:教学科学出版社,2008.
[42] 王康,柴纯青.民办高职院校五大管理关系[M].北京:中国新闻出版社,2003.
[43] 张志义.私立、民办高职院校的理论与实践[M].北京:中国工人出版社,1994.
[44] 王宗敏,徐广宇.中国民办高职院校研究[M].天津:天津科学技术出版社,1996.
[45] 李冰梅,李作学.高职生职业发展与就业指导[M].北京:航空工业出版社,2015.
[46] 科斯·哈特,斯蒂格利茨.契约经济学[M].李风圣,杨德友,译.北京:经济科学出版社,2003.
[47] 康芒斯,李风圣.制度经济学(上)[M].北京:商务印书馆,1983.
[48] 雅罗斯拉夫·帕利坎.大学理念重审:与纽曼对话[M].杨德友,译.北京:北京大学出版社,2008.
[49] 李钊.民办高职院校办学风险防范研究[M].北京:社会科学文献出版社,2009.
[50] 程静.高职院校人才培养模式多样化[M].北京:北京工业大学出版社,2003.
[51] 周宗奎.高职生学习指南[M].北京:高等教育出版社,2005.
[52] 梅慎实.现代公司机关权力构造论[M].北京:中国政法大学出版社,1996.
[53] 彭宇文.中国高职院校法人治理结构研究[M].北京:中国社会科学出版社,2006.
[54] 谢安邦.高等教育学[M].北京:高等教育出版社,1999.
[55] 顾旭明.民办高职院校办学优势浅析[J].教育发展研究,2006(14).
[56] 宋爱平.民办高职院校人才培养模式的特色探索[J].职业教育研究,2008(09).
[57] 周静.打造职业教育品牌之路的探索[J].继续教育研究,2005(06).
[58] 刘卫红.论高等院校的品牌战略[J].金融教学与研究,2004(03).
[59] 马必学,郭沙.论高等职业教育品牌战略[J].中国高教研究,2004(10).

[60] 潘懋元,吴玫. 高等学校分类与定位问题研究[J]. 复旦教育论坛,2003(03).

[61] 马陆亭. 我国高等学校分类的结构设计[J]. 北京大学教育评论,2005(02).

[62] 邬大光. 中国民办高等教育的市场化特征与政策走向分析[J]. 中国高等教育,2001(11).

[63] 杨肃昌,李辉. 公司治理结构的几个理论问题研究[J]. 西北民族学院学报(哲学社会科学版),2001(01).

[64] 彭宇文. 高职院校法人治理结构的构建[J]. 教育研究,2005(03).

[65] 黄崴. 公办高职院校法人治理结构及其建设[J]. 高等教育研究,2008(08).

[66] 刘绍勤,韩理安. 国内外教学质量监控与评估的比较研究及启示[J]. 中国高教研究,2002(05).

[67] 顾建民,刘爱生. 超越大学治理结构——关于大学实现有效治理的思考[J]. 高等教育研究,2011(09).

[68] 马万民. 高职院校教学质量的督导监控模式及其完善[J]. 教育发展研究,2007(13).

[69] 黄藤,王冠. 对我国民办教育理论研究基本问题的思考[J]. 西安欧亚职业学院学报,2004(03).

[70] 陈玉华. 进入大众化阶段高等职业教育的定位[J]. 机械职业教育,2003(12).

[71] 马树杉. 大众阶段高等教育的质量及其管理[J]. 中国高等教育,2001(22).

[72] 崔玉华. 权变理论——大学管理的有效理论[J]. 扬州大学学报(高教研究版),2006(04).

[73] 王义遒. 我国高职院校的恰当定位为什么这么难[J]. 高等教育研究,2005(02).

[74] 崔建国. 当前我国民办高职院校发展过程中的几个盲点[J]. 中国高教研究,2006(01).

[75] 钱国英. 高职生就业问题对高等教育发展的若干启示[J]. 台州学院学报,2008(02).

[76] 杨旭丽. 谈高职学院的发展取向[J]. 教育与职业,2005(01).

[77] 顾永安. 创建品牌大学的理论依据、现实意义与路径选择[J]. 常熟理工学

院学报,2007(06).

[78] 安建强.论高职院校品牌塑造的意义及策略[J].现代管理科学,2006(06).

[79] 杨树兵,朱永新.品牌建设:民办高职院校的战略选择[J].中国高教研究,2007(03).

[80] 卢小萱.论高等教育发展的品牌战略[J].湖北成人教育学院学报,2006(06).

[81] 高雷,王仲辉,殷树喜.从浙江民办高等职业学校现状看我国民办高职院校的发展[J].辽宁教育研究,2005(08).

[82] 黄蔚,杨晨光.高等教育国际化进程中大学如何制定发展战略——第二届中外大学校长论坛侧记[J].教育研究,2004(10).

[83] 曾玉清,胡志刚.我国高等职业教育发展定位的实证研究[J].湖南社会科学,2005(04).

[84] 卢健民,夏泉.UIS视角下暨南大学的品牌战略[J].高教探索,2004(03).

[85] 娄春辉.我国民办高职院校发展优势及制约因素分析[J].渤海大学学报(哲学社会科学版),2006(04).

[86] 陈衍,张祺午,于海波,等.中国职业教育规模国际竞争力比较分析[J].清华大学教育研究 2010,31(05).

[87] 蒋莉如.德国职业教育对我国职业教育的启示[J].考试周刊,2011(01).

[88] 王磊.职业教育与经济增长关系的实证检验——基于中国1998—2007年数据的验证[J].清华大学教育研究,2011,32(2).

[89] 冯艳妮.深度解读欧洲职业教育与培训学分转换系统[J].职教论坛,2011(06).

[90] 刘敏,李兴保,胡凡刚.欧盟职业教育与培训现代化进展及对我国的启示[J].中国电化教育,2010(08).

[91] 李晓.职业教育吸引力的制度性障碍分析[J].职教论坛,2010(31).

[92] 金兵.近代中华职业教育社职业教育与指导活动考述[J].齐鲁学刊,2011(02).

[93] 邵铁武.高职院校教育信息化建设对策探索[J].产业与科技论坛,2015(11).

[94] 杜明侠,吴笑伟.在终身教育背景下构建职业教育新理念[J].华北水利水

电学院学报(社会科学版),2012(04).

[95] 余红梅.警察职业教育关键能力培养比较研究[J].教育界,2013(28).

[96] 杨劲松,凌培亮,张蔷.民办继续教育培训机构教学质量动态评估方法研究[J].成人教育,2013(03).

[97] 王雁琳.英国职业教育改革中市场和政府的角色变迁[J].职业技术教育,2013(04).

[98] 肖洪寿.江西省民办职业教育现状调查及对策研究[J].江西教育科研,2004(10).

[99] 汪忠武,邓弘.加快办学体制改革大力发展民办职业教育[J].中国职业技术教育,2005(11).

[100] 伏绍宏.四川民办职业教育现状分析[J].四川省情,2005(11).

[101] 陈井安.西部地区民办职业教育发展的SWOT分析及策略选择[J].经济体制改革,2006(01).

[102] 曹淑江.教育中的交易、契约选择和学校组织的契约性质[J].教育科学,2004(03).

[103] 龚怡祖.大学治理结构:现代大学制度的基石[J].教育研究,2009.

[104] 黄洁.关系性契约及其治理机制述评[J].特区经济,2008.

[105] 于茂荐,孙元欣.基于关系契约的专用性投资治理研究[J].兰州商学院学报,2012(02).

[106] 龚静.组织文化:现代大学制度建构取向[J].教育研究,2005(07).

[107] 徐绪卿.民办高职院校内部管理体制改革若干问题探析[J].中国高教研究,2010(05).

[108] 张树广.制定高职院校发展战略规划的思考[J].现代教育科学,2006(03).

[109] 徐敦楷,吴汉东.新时期提升人才培养质量的战略思考[J].中国高等教育,2006(06).

后 记

本书是结合无锡南洋职业技术学院办学发展二十年所做的一个总结,诠释着"南洋"办学治理与管理的经验与实践,但更多的是凝聚了"南洋"广大教职工的集体智慧,凸显了"南洋"人在办学治校漫漫长路上的矢志奋斗经历。本书经过理论研讨、框架构思、内涵凝练和逻辑论证,众人抬举,成书见世,感谢之心难于表达。

首先,衷心感谢中锐控股集团钱建蓉董事长。无锡南洋职业技术学院是钱建蓉董事长一手创办,于1998年由上海中锐控股集团投资兴建,是苏锡常地区第一所全日制民办普通高职院校。"南洋"人近二十年的精心耕耘,饱含着创始人钱建蓉董事长的艰苦付出,凝结出办学治校的累累硕果。这是本书的渊源和根基,更是本书构思的内涵要件。

其次,对学院董事会和学院班子成员表示感谢。长期以来,学院董事会在办学发展、规范学院管理、实施依法治校,维护举办者、学院、教师、受教育者的合法权益,全面贯彻国家教育方针等方面做了全方位的决策和引导,促进了学院持续、稳定、健康发展。学院班子成员团结有力,大家同心同德、齐心协力,使学院的干劲和精神面貌焕然一新,始终在发展的道路上保持积极拼搏、昂扬奋进的姿态。

然后,对广大"南洋"教职工表示感谢。"南洋"人秉承"学成致用"的校训,培育形成了"天道酬勤"的校风,面向长三角地区培养国际化、职业化、个性化的高素质技术技能型人才。在全体教职工的共同努力下,"南洋"现已成为一所校园环境优美、基础设施日趋完备、教学秩序运行良好、教育教学质量较高的民办高职院校。本书的实际案例来自"南洋"教职工的集体智慧,所以,本书的案例成果应该是集体实践的结晶。

具体到本书的顺利出版,这得力于同仁们的帮助。感谢院班子成员王刚、冯春力、江建国、于吉伟、杨惠玲等同志对本书提出的意见和建议。感谢职能部门和二级学院给本书提供的教育教学和管理案例素材。感谢南京大学出版社范余主任对本书的出版给予的大力支持和帮助。感谢责任编辑谭天老师为本书的编辑出版付出的辛勤劳动。

  本书试图探索民办高职"二元思维"视阈下的治校方法,以期促进民办高职办学治理采取适合自身发展的有效途径。但我们水平有限,行文较为仓促,尚有不足之处,恳请职业教育界的同仁们,特别是民办高职院校的专家、学者不吝批评指正。

周肖兴

2017年仲秋于无锡山水东路88号院